高职高专"十二五"规划教材

汽·车·系·列

汽车运用基础

叶新娜　刘景春　主　编
于秩祥　副主编
朱学军　主　审

化学工业出版社

·北京·

本书从高职高专教育的实际出发,既具有较强的理论性、实践性,又有较强的综合性,在内容上则突出针对性和实用性,并且运用了大量的图表,便于读者对于内容的理解和掌握。为方便教学,配套电子教案。

全书共分为10章,内容包括:汽车运用基础知识、汽车使用性能、汽车的合理使用、汽车技术状况及其变化、汽车维修制度、汽车运行材料及其使用、汽车公害及防治、汽车的户籍管理与保险、汽车驾驶与安全行驶及汽车的运用效率和成本等。

本书可作为高职高专院校、成人高校、中等职业技术学校汽车类相关专业的教材,也可作为培训机构用书,并可供相关工程技术人员参考使用。

图书在版编目(CIP)数据

汽车运用基础/叶新娜,刘景春主编. —北京:化学工业出版社,2011.7(2023.6重印)
高职高专"十二五"规划教材——汽车系列
ISBN 978-7-122-11465-5

Ⅰ.汽… Ⅱ.①叶…②刘… Ⅲ.①汽车-驾驶术-高等职业教育-教材②汽车-车辆保养-高等职业教育-教材③汽车-工程材料-高等职业教育-教材 Ⅳ.①U471.1②U472③U465

中国版本图书馆CIP数据核字(2011)第104957号

责任编辑:韩庆利　　　　　　　　　　　装帧设计:尹琳琳
责任校对:王素芹

出版发行:化学工业出版社(北京市东城区青年湖南街13号　邮政编码100011)
印　　装:北京科印技术咨询服务有限公司数码印刷分部
787mm×1092mm　1/16　印张17¾　字数459千字　2023年6月北京第1版第7次印刷

购书咨询:010-64518888　　　　　　　　售后服务:010-64518899
网　　址:http://www.cip.com.cn
凡购买本书,如有缺损质量问题,本社销售中心负责调换。

定　价:49.00元　　　　　　　　　　　　　　　　　版权所有　违者必究

前　言

　　为进一步贯彻落实教育部有关文件精神，反映我国高等职业教育改革发展成果，提高教学质量，加强高职高专院校内涵建设，在化学工业出版社的倡导和组织下，按照高职高专院校汽车类专业"十二五"规划教材建设工作的要求，编写了紧密结合当前汽车后市场职业岗位对人才职业能力和职业素养实际要求的《汽车运用基础》教材。

　　本书共分为10章，内容包括：汽车运用基础知识、汽车使用性能、汽车的合理使用、汽车技术状况及其变化、汽车维修制度、汽车运行材料及其使用、汽车公害及防治、汽车的户籍管理与保险、汽车驾驶与安全行驶及汽车的运用效率和成本等。

　　本书的编写注重以就业为导向，以能力为本位，面向市场，面向社会，体现了职业教育的特色，满足了当前汽车后市场职业岗位对人才职业能力和职业素养实际要求的需要。编写过程中认真总结了交通职业院校多年来的专业教学经验，吸收先进的职业教育新理念和新方法，使本书既具有较强的理论性、实践性，又有较强的综合性，在内容上突出针对性和实用性。

　　本书由河南交通职业技术学院叶新娜和辽宁职业学院刘景春担任主编，江苏建筑职业技术学院于秩祥担任副主编，河南交通职业技术学院朱学军担任主审。其中第1章由河南交通职业技术学院戴建营编写，第2章由黄河水利职业技术学院陈艳艳编写，第3章由河南交通职业技术学院杨明编写，第4章由西南大学教育学院杨超编写，第5章由河南交通职业技术学院叶新娜编写，第6章由江苏建筑职业技术学院于秩祥编写，第7章由河南交通职业技术学院戴建营和黄河科技学院杨许共同编写，第8章由安徽电子信息职业技术学院姚宏亮编写，第9章由濮阳职业技术学院黄伟编写，第10章由辽宁职业学院刘景春编写。全书由叶新娜统稿。

　　本书可作为高职高专院校、成人高校、中等职业技术学校汽车类相关专业教材，也可作为行业有关人员培训学习用书，并可供汽车运用部门的技术管理人员学习参考。

　　在编写过程中，参阅了大量的书籍资料，获益匪浅，在此向这些作者表示衷心的感谢！

　　本书有配套电子教案，可赠送给用本书作为授课教材的院校和老师，如有需要，可发邮件至hqlbook@126.com索取。

　　由于编者水平有限，加之时间仓促，疏漏之处在所难免，竭诚欢迎读者批评指正，以便在今后的修订中不断完善。

编者

目 录

第1章 汽车运用基础知识 … 1

1.1 汽车的分类及识别代号 … 1
1.1.1 汽车的分类 … 1
1.1.2 新能源汽车的种类及技术状况 … 6
1.1.3 汽车和内燃机产品型号编制规则 … 10
1.1.4 车辆识别代号（VIN）编码的识读 … 13
1.2 新车及二手车的选购 … 18
1.2.1 新车的选购原则及方法 … 18
1.2.2 二手车的选购原则及方法 … 24
小结 … 28
思考与练习 … 28

第2章 汽车使用性能 … 29

2.1 概述 … 29
2.1.1 对自然环境条件的适应性 … 29
2.1.2 技术经济性 … 30
2.1.3 劳动保护性 … 30
2.2 汽车动力性 … 32
2.2.1 汽车动力性评价指标 … 32
2.2.2 汽车的驱动力和行驶阻力 … 33
2.2.3 汽车的行驶条件 … 39
2.2.4 汽车动力性分析 … 41
2.2.5 影响汽车动力性的主要因素 … 45
2.3 汽车燃油经济性 … 48
2.3.1 汽车燃油经济性评价指标 … 48
2.3.2 影响汽车燃油经济性的因素及提高措施 … 50
2.3.3 发动机功率与传动系统参数的选择 … 54
2.4 汽车制动性 … 58
2.4.1 制动性评价指标 … 58
2.4.2 制动时车轮的受力 … 59
2.4.3 制动时的方向稳定性 … 61
2.4.4 制动时制动力的分配 … 63
2.4.5 影响制动性的因素及提高措施 … 67
2.5 汽车操纵稳定性 … 68

    2.5.1 汽车行驶稳定性的评价 ·· 68
    2.5.2 轮胎的侧偏特性 ·· 69
    2.5.3 汽车转向特性 ·· 70
    2.5.4 操纵稳定性的影响因素及提高措施 ··· 73
  2.6 汽车行驶平顺性 ·· 74
    2.6.1 汽车平顺性的评价指标 ··· 74
    2.6.2 提高平顺性的措施 ··· 75
  2.7 汽车通过性 ·· 76
    2.7.1 汽车通过性的评价指标 ··· 76
    2.7.2 提高通过性的措施 ··· 78
  小结 ··· 80
  思考与练习 ··· 80

第3章 汽车的合理使用　82

  3.1 汽车在一般条件下的合理使用 ··· 82
    3.1.1 汽车运行条件 ·· 82
    3.1.2 汽车在一般条件下的使用要求 ··· 83
  3.2 汽车在特殊条件下的合理使用 ··· 87
    3.2.1 汽车走合期的使用 ··· 87
    3.2.2 汽车在低温条件下的合理使用 ··· 89
    3.2.3 汽车在高温条件下的合理使用 ··· 92
    3.2.4 汽车在高原山区条件下的合理使用 ··· 94
    3.2.5 汽车在坏路、无路条件下的合理使用 ··· 97
    3.2.6 汽车合理拖挂 ·· 99
  小结 ··· 100
  思考与练习 ··· 100

第4章 汽车技术状况及其变化　101

  4.1 汽车技术状况变化分析 ·· 101
    4.1.1 汽车技术状况变化的特征与原因 ··· 101
    4.1.2 汽车技术状况变化的规律 ··· 102
    4.1.3 汽车技术状况变化的影响因素 ··· 103
  4.2 汽车技术状况的分级与评定 ·· 106
    4.2.1 汽车技术状况等级的划分 ··· 106
    4.2.2 车辆平均技术等级 ··· 107
    4.2.3 车辆技术等级的评定 ··· 107
  小结 ··· 114
  思考与练习 ··· 114

第5章 汽车维修制度　115

  5.1 汽车维护制度 ·· 115
    5.1.1 汽车维护的原则 ··· 116

5.1.2 汽车维护的类别 …… 116
   5.1.3 汽车维护的周期 …… 117
   5.1.4 汽车维护主要内容 …… 118
 5.2 汽车维护工艺 …… 118
   5.2.1 日常维护技术规范 …… 118
   5.2.2 一级维护技术规范 …… 119
   5.2.3 二级维护技术规范 …… 121
 5.3 汽车修理制度 …… 127
   5.3.1 汽车修理制度的发展 …… 127
   5.3.2 汽车修理的分类 …… 128
   5.3.3 汽车和总成的送修 …… 129
   5.3.4 汽车修理方法 …… 130
 5.4 汽车修理工艺 …… 131
   5.4.1 进厂检验 …… 131
   5.4.2 外部清洗 …… 132
   5.4.3 汽车及总成的拆卸 …… 132
   5.4.4 零件清洗 …… 133
   5.4.5 零件检验分类 …… 134
   5.4.6 零件修理 …… 134
   5.4.7 总成装配 …… 134
   5.4.8 总成试验 …… 134
   5.4.9 汽车总装 …… 134
   5.4.10 竣工检验 …… 134
   5.4.11 出厂验收 …… 135
 5.5 汽车维修质量控制 …… 135
   5.5.1 汽车修理技术标准 …… 136
   5.5.2 汽车维修质量检验 …… 136
   5.5.3 汽车维修质量管理制度 …… 137
   5.5.4 提高维修质量措施 …… 139
   5.5.5 质量投诉处理规定 …… 140
 小结 …… 140
 思考与练习 …… 141

第6章 汽车运行材料及其使用 …… 142

 6.1 汽车燃料及其使用 …… 142
   6.1.1 车用汽油及其使用 …… 142
   6.1.2 车用柴油及其使用 …… 150
   6.1.3 汽车使用中的节油措施 …… 156
   6.1.4 汽车燃料新能源 …… 158
 6.2 汽车润滑材料及其使用 …… 162
   6.2.1 发动机润滑油的使用 …… 162
   6.2.2 车辆齿轮油的使用 …… 174

6.2.3 汽车自动变速器油的使用 ·················· 177
　　6.2.4 汽车润滑脂的使用 ························· 179
　6.3 汽车特种液及其使用 ···························· 182
　　6.3.1 汽车制动液及其使用 ······················ 182
　　6.3.2 汽车发动机冷却液及其使用性能 ········· 185
　　6.3.3 汽车添加剂及其使用 ······················ 187
　6.4 汽车轮胎的使用 ································· 190
　　6.4.1 汽车轮胎的基本知识 ······················ 190
　　6.4.2 汽车轮胎的不正常损坏及预防 ············ 198
　　6.4.3 延长轮胎寿命的措施 ······················ 200
　小结 ··· 203
　思考与练习 ··· 204

第7章 汽车公害及防治　　205

　7.1 汽车排放污染及控制 ···························· 205
　　7.1.1 汽车排放污染物及其危害 ················· 205
　　7.1.2 汽车排放污染物的成因及影响因素 ······ 205
　　7.1.3 汽车排放标准 ······························· 207
　　7.1.4 汽车排放检测技术 ·························· 209
　　7.1.5 汽车排放污染物的防治 ···················· 211
　7.2 汽车噪声污染及控制 ···························· 212
　　7.2.1 汽车噪声及危害 ···························· 212
　　7.2.2 汽车噪声的来源 ···························· 213
　　7.2.3 汽车噪声的检测及防治 ···················· 214
　7.3 汽车电波公害 ···································· 220
　　7.3.1 汽车电波概述 ······························· 220
　　7.3.2 汽车电波的防治 ···························· 221
　小结 ··· 221
　思考与练习 ··· 221

第8章 汽车的户籍管理与保险　　222

　8.1 汽车的户籍管理 ································· 222
　　8.1.1 车辆管理概述 ······························· 222
　　8.1.2 车辆的注册登记 ···························· 223
　　8.1.3 车辆的异动登记 ···························· 225
　8.2 汽车的年度检测和审验 ························· 230
　　8.2.1 汽车的年度检测及审验规定 ··············· 230
　　8.2.2 汽车年度检测及审验的分类 ··············· 230
　8.3 汽车的保险 ······································· 232
　　8.3.1 汽车保险的项目及范围 ···················· 232
　　8.3.2 车辆投保的程序 ···························· 234
　　8.3.3 保险的索赔与理赔 ·························· 235

8.3.4　机动车交通事故责任强制保险 ·················· 238
　小结 ······················ 242
　思考与练习 ··················· 242

第9章　汽车驾驶与安全行驶　243

　9.1　汽车的行驶安全及影响因素 ············· 243
　　9.1.1　交通行为人与行车安全 ············· 243
　　9.1.2　车与行车安全 ················ 246
　　9.1.3　道路条件与行车安全 ·············· 246
　　9.1.4　交通环境与行车安全 ·············· 247
　9.2　汽车的安全驾驶 ·················· 249
　　9.2.1　汽车的安全设施 ················ 249
　　9.2.2　驾驶员的安全意识 ··············· 252
　　9.2.3　驾驶员的驾驶技术 ··············· 253
　　9.2.4　驾驶行为与习惯 ················ 253
　9.3　道路交通事故与处理 ················ 254
　　9.3.1　道路交通事故概述 ··············· 254
　　9.3.2　交通事故的影响因素 ·············· 256
　　9.3.3　交通事故的预防措施 ·············· 257
　　9.3.4　交通事故的处理程序 ·············· 258
　小结 ······················ 260
　思考与练习 ··················· 260

第10章　汽车的运用效率和成本　262

　10.1　汽车运输工作过程和运输工作条件 ········· 262
　　10.1.1　汽车运输工作过程 ·············· 262
　　10.1.2　汽车运输效果和运输质量 ··········· 262
　　10.1.3　汽车运输工作条件 ·············· 264
　10.2　汽车利用程度评价指标 ·············· 264
　　10.2.1　速度利用指标 ················ 264
　　10.2.2　时间利用指标 ················ 265
　　10.2.3　行程利用指标 ················ 266
　　10.2.4　载质量(客位)利用指标 ············ 266
　10.3　汽车运输生产率 ················· 267
　　10.3.1　载货汽车运输生产率 ············· 267
　　10.3.2　载客汽车运输生产率 ············· 267
　　10.3.3　出租汽车运输生产率 ············· 268
　　10.3.4　使用因素对汽车运输生产率的影响 ······· 269
　10.4　汽车运输成本 ·················· 270
　　10.4.1　汽车运输费用 ················ 270
　　10.4.2　汽车运输成本 ················ 270
　　10.4.3　使用因素对汽车运输成本的影响 ········ 271

  10.4.4 降低汽车运输成本的途径 ·· 272
小结 ·· 272
思考与练习 ·· 272

参考文献   273

第1章 汽车运用基础知识

【学习目标】

能力目标	知识目标
1. 能解决汽车的归类；能识别车辆的代号；	1. 掌握汽车分类原则、车辆识别代号；
2. 会根据所学知识初步选购车辆。	2. 掌握新车及二手车的选购原则及注意事项。

 ## 1.1 汽车的分类及识别代号

1.1.1 汽车的分类

按照由中国汽车技术研究中心负责修订，于 2002 年 3 月 1 日实施的国家标准（GB/T 3730.1—2001）《汽车和挂车类型的术语和定义》规定，汽车可以按用途分为乘用车和商用车辆两大类，还可以进一步按照车辆的结构不同将车辆分为包括 9 种主要车型在内的乘用车辆和包括客车、半挂牵引车和货车等型式的商用车辆。

1. 乘用车（passenger car）

在其设计和技术特性上主要用于载运乘客及其随身行李和临时物品的汽车，包括驾驶员座位在内最多不超过 9 个座位。如果需要，它也可以牵引一辆挂车。根据汽车所拥有的外在特征，此类车辆可以细分为如下 9 种。

(1) 普通乘用车（saloon 或 sedan） 采用封闭式车身，具有 4 个侧门，间或可设有一个后开启式车门，固定式硬质车顶，有时顶盖的一部分可以开启，车内设有 2 排、1~4 个座位，部分车辆的后坐椅可折叠或移动，以便形成装载空间。当车身较短时，便成为只有 2 个侧门的"紧凑型"轿车，此时，汽车的后部空间往往较小，为了便于后排人员的上下车，前排坐椅可折叠。普通乘用车示意图如图 1-1 所示。

图 1-1 普通乘用车示意图

(2) 活顶乘用车（convertible saloon） 车身为具有固定侧围框架的可开启式车身，具有 2 个或 4 个侧门，车顶为可以活动的硬顶或软顶，通过使用控制装置，能够将由一个或数个硬顶部件或合拢式软顶组成的车顶随意开启和关闭。车内拥有至少 2 排、4 个或 4 个以上座位。活顶乘用车示意图如图 1-2 所示。

(3) 高级乘用车（pullman saloon） 采用封闭式加长车身，固定式硬质车顶，有时顶盖的一部分可开启，前后座之间可以设有隔板，以便后部乘员舱形成私密的空间，具有 4 个或 6 个侧门。车内设置 4 个以上的座位，甚至设有冰箱、酒吧和各种工作、生活设施。高级乘用车示意图如图 1-3 所示。

（4）跑车型乘用车（coupe） 采用封闭式车身，固定式硬质车顶，传统上通常具有2个侧门，单排2个座位，具有较大的发动机动力。现代也出现了具有4个侧门的车型。跑车型乘用车示意图如图1-4所示。

图1-2 活顶乘用车示意图

图1-3 高级乘用车示意图

图1-4 跑车型乘用车示意图

（5）敞篷车（convertible 或 open tourer） 车身采用可开启式车顶，可以为软顶或硬顶形式，至少有2个部分：第一部分遮覆车身；第二部分车顶可卷收或拆除，具有2个或4个侧门。车内设有至少一排的2个或2个以上的座位。敞篷车示意图如图1-5所示。

图1-5 敞篷车示意图

图1-6 旅行车示意图

（6）旅行车（station wagon） 车身采用封闭式，具有固定式硬质车顶，并向后延伸至车尾，而使车厢后部可提供较大的储物空间，设有2个或4个侧门，并有一个可开启式后门。车内可以提供至少2排座位，拥有4个以上的座位，一排甚至多排坐椅可以折叠或拆除，以便于用来储存较大的物品。旅行车的示意图如图1-6所示。

（7）多用途乘用车（multipurpose passenger car） 如图1-7所示，除上述(1)~(6)种车

辆以外的,只有单一车室载运乘客及其行李或物品的乘用车。但是,如果这种车辆同时具有下列 2 个条件,则不属于乘用车而属于货车:

图 1-7　多用途乘用车示意图

① 除驾驶员以外的座位数不超过 6 个,只要车辆具有可使用的坐椅安装点,就应算"座位"存在。

②
$$P-(M+N\times 68)>N\times 68$$

式中　P——最大设计总质量;

M——整车整备质量与一位驾驶员质量之和;

N——除驾驶员以外的座位数。

(8) 越野乘用车(off road passenger car)　采用所有车轮同时驱动(包括一个驱动轴可以脱开的车辆)的方式,整车的几何特性(接近角、离去角、纵向通过角、最小离地间隙)、结构特性(驱动轴数、差速锁止机构或其他形式机构)和技术性能(爬坡度)等均按照允许车辆在非正常道路上行驶的要求设计的一种乘用车。轻型越野车又称为"吉普车",因美国生产此类汽车的著名汽车公司——Jeep 公司而得名。越野乘用车示意图如图 1-8 所示。

图 1-8　越野乘用车示意图

(9) 专用乘用车(special purpose passenger car)　用于运载乘员或物品,完成特定功能的乘用车,一般均具备完成特定功能所需的特殊车身和装备。这种乘用车一般包括旅居车、防弹车、救护车和殡仪车等。

① 旅居车(motor caravan)。是一种至少具有下列生活设施结构的乘用车:座椅和桌子/睡具,可由座椅转换而来;炊事设施;储藏设施。如图 1-9 所示。

② 防弹车(armored passenger car)。用于保护所运送的乘员和/或物品并符合装甲防弹要求的乘用车。

③ 救护车(ambulance)。用于运送病人或伤员并为此目的配有专用设备的乘

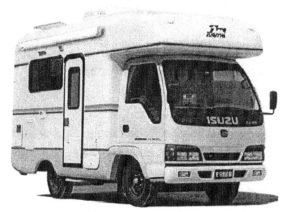

图 1-9　旅居车示意图

用车。

④ 殡仪车（hearse）。用于运送死者并为此目的而配有专用设备的乘用车。

2. 商用车辆（commercial vehicle）

在设计和技术特性上用于运送人员和货物的汽车，并且可以牵引挂车，乘用车不包括在内。

（1）客车（bus） 在设计和技术特性上用于载运乘客及其随身行李的商用车辆，包括驾驶员座位在内座位数超过 9 座。客车有单层的或双层的，也可牵引一挂车。

① 小型客车（minibus）。用于载运乘客，除驾驶员座位外，座位数不超过 16 座的客车。如图 1-10 所示。

图 1-10 小型客车示意图

图 1-11 城市客车示意图

② 城市客车（city bus）。一种为城市内运输而设计和装备的客车。这种车辆设有座椅及站立乘客的位置，并有足够的空间供频繁停站时乘客上下车走动用。如图 1-11 所示。

③ 长途客车（intercity bus）。一种为城市间运输而设计和装备的客车。这种车辆没有专乘客站立的位置，但在其通道内可载运短途站立的乘客。如图 1-12 所示。

图 1-12 长途客车示意图

④ 旅游客车（tourist coach）。一种为旅游而设计和装备的客车。这种车辆的布置要确保乘客的舒适性，不载运站立的乘客。如图 1-13 所示。

图 1-13 旅游客车示意图

⑤ 铰接客车（articulated bus）。一种由两节刚性车厢铰接组成的客车。在这种车辆上两节车厢是相通的，乘客可通过铰接部分在两节车厢之间自由走动。这种车辆可以按②～④进行装备。两节刚性车厢永久连接，只有在工厂车间使用专用的设施才能将其拆开。如图1-14所示。

⑥ 无轨电车（trolleybus）。一种经架线由电力驱动的客车。这种电车可指定多种用途，并按②、③和⑤进行装备。如图1-15所示。

图1-14　铰接客车示意图

⑦ 越野客车（off-road bus）。在其设计上所有车轮同时进行驱动（包括一个驱动轴可以脱开的车辆）或其几何特性（接近角、离去角、纵向通过角、最小离地间隙）、技术特性（驱动轴数、差速锁止机构或其他形式机构）和它的性能（爬坡度）允许在非道路上行驶的一种车辆。如图1-16所示。

⑧ 专用客车（special bus）。在其设计和技术特性上只适用于需经特殊布置安排后才能载运人员的车辆。如图1-17所示。

（2）半挂牵引车（semi-trailer towing vehicle）　装备有特殊装置用于牵引半挂车的商用车辆，此类车辆可以通过改变其后部的挂车装载各种集装箱和大型设备。如图1-18所示。

图1-15　无轨电车示意图

图1-16　越野客车示意图

图1-17　专用客车示意图

（3）载货汽车（goods vehicle）　一种主要为载运货物而设计和装备的商用车辆，可按实际用途决定是否牵引挂车。

① 普通载货汽车（general purpose goods vehicle）。一种在敞开（平板式）或封闭（厢式）载货空间内载运货物的货车。如图1-19所示。

② 多用途载货汽车（multi purpose goods vehicle）。在其设计和结构上主要用于载运货物，但在驾驶员座椅后带有固定或折叠式座椅，可载运3个以上的乘客的载货汽车。小型多用途的载货汽车又称"皮卡"（pick up），大多由轿车或吉普车变型而来。如图1-20所示。

图1-18 半挂牵引车示意图

③ 全挂牵引车（trailer towing vehicle）。一种牵引杆式挂车的载货汽车。它本身可在附属的载运平台上运载货物。如图1-21所示。

④ 越野载货汽车（off-road goods vehicle）。在其设计上所有车轮同时进行驱动（包括一个驱动轴可以脱开的车辆）或其几何特性（接近角、离去角、纵向通过角、最小离地间隙）、技术特性（驱动轴数、差速锁止机构或其他形式机构）及其性能（爬坡度）允许在非道路上行驶的一种车辆。如图1-22所示。

⑤ 专用作业车（special goods vehicle）。在其设计和技术特性上用于特殊工作的货车。例如：消防车（图1-23）、救险车、垃圾车、应急车、街道清洗车、扫雪车、清洁车等。

⑥ 专用载货汽车（specialized goods vehicle）。在其设计和技术特性上用于运输特殊物品的货车。例如：罐式车、乘用车运输车、集装箱运输车（图1-24）等。

图1-19 普通载货汽车示意图

图1-20 多用途载货汽车示意图

图1-21 全挂牵引车示意图

1.1.2 新能源汽车的种类及技术状况

新能源汽车是指采用非常规的车用燃料作为动力来源（或使用常规的车用燃料，但采用新型车载动力装置），综合车辆的动力控制和驱动方面的先进技术，形成的技术原理先进、具有新技术、新结构的汽车。新能源汽车包括有：混合动力汽车（HEV）、纯电动汽车（BEV）、燃料电池汽车（FCEV）、氢发动机汽车以及燃气汽车、醇醚汽车等等。

第1章 汽车运用基础知识

图1-22 越野载货汽车示意图

图1-23 消防车示意车

1. 混合动力汽车

混合动力是指那些采用传统燃料的，同时配以电动机/发动机来改善低速动力输出和燃油消耗的车型。按照燃料种类的不同，主要又可以分为汽油混合动力和柴油混合动力两种。目前国内市场上，混合动力车辆的主流都是汽油混合动力，而国际市场上柴油混合动力车型发展也很快。

图1-24 专用载货汽车示意图

混合动力汽车的优点是：

① 采用混合动力后可按平均需用的功率来确定内燃机的最大功率，此时处于油耗低、污染少的最优工况下工作。需要大功率内燃机功率不足时，由电池来补充；负荷少时，富余的功率可发电给电池充电，由于内燃机可持续工作，电池又可以不断得到充电，故其行程和普通汽车一样。

② 因为有了电池，可以十分方便地回收制动时、下坡时、怠速时的能量。

③ 在繁华市区，可关停内燃机，由电池单独驱动，实现"零"排放。

④ 有了内燃机可以十分方便地解决耗能大的空调、取暖、除霜等纯电动汽车遇到的难题。

⑤ 可以利用现有的加油站加油，不必再投资。

⑥ 可让电池保持在良好的工作状态，不发生过充、过放，延长其使用寿命，降低成本。

缺点：长距离高速行驶基本不能省油。

2. 纯电动汽车

电动汽车顾名思义就是主要采用电力驱动的汽车，大部分车辆直接采用电机驱动，有一部分车辆把电动机装在发动机舱内，也有一部分直接以车轮作为四台电动机的转子，其难点在于电力储存技术。本身不排放污染大气的有害气体，即使按所耗电量换算为发电厂的排放，除硫和微粒外，其他污染物也显著减少，由于电厂大多建于远离人口密集的城市，对人类伤害较少，而且电厂是固定不动的，集中的排放，清除各种有害排放物较容易，也已有了相关技术。由于电力可以从多种一次能源获得，如煤、核能、水力、风力、光、热等，解除人们对石油资源日见枯竭的担心。电动汽车还可以充分利用晚间用电低谷时富余的电力充电，使发电设备日夜都能充分利用，大大提高其经济效益。有关研究表明，同样的原油经过粗炼，送至电厂发电，经充入电池，再由电池驱动汽车，其能量利用效率比经过精炼变为汽油，再经汽油机驱动汽车高，因此有利于节约能源和减少二氧化碳的排量，正是这些优点，使电动汽车的研究和应用成为汽车工业的一个"热点"。

优点：技术相对简单成熟，只要有电力供应的地方都能够充电。

缺点：目前蓄电池单位重量储存的能量太少，还因电动车的电池较贵，又没形成经济规模，故购买价格较贵，至于使用成本，有些试用结果比汽车贵，有些结果仅为汽车的1/3，这主要取决于电池的寿命及当地的油、电价格。

3. 燃料电池汽车

燃料电池汽车是指以氢气、甲醇等为燃料，通过化学反应产生电流，依靠电机驱动的汽车。其电池的能量是通过氢气和氧气的化学作用，而不是经过燃烧，直接变成电能的。燃料电池的化学反应过程不会产生有害产物，因此燃料电池车辆是无污染汽车，燃料电池的能量转换效率比内燃机要高2～3倍，因此从能源的利用和环境保护方面，燃料电池汽车是一种理想的车辆。单个的燃料电池必须结合成燃料电池组，以便获得必需的动力，满足车辆使用要求。

与传统汽车相比，燃料电池汽车具有以下优点：

① 零排放或近似零排放。

② 减少了机油泄露带来的污染。

③ 降低了温室气体的排放。

④ 提高了燃油经济性。

⑤ 提高了发动机燃烧效率。

⑥ 运行平稳、无噪声。

4. 氢动力汽车

氢动力汽车是一种真正实现零排放的交通工具，排放出的是纯净水，其具有无污染，零排放，储量丰富等优势，因此，氢动力汽车是传统汽车最理想的替代方案。与传统动力汽车相比，氢动力汽车成本至少高出20%。中国长安汽车在2007年完成了中国第一台高效零排放氢内燃机点火，并在2008年北京车展上展出了自主研发的中国首款氢动力概念跑车"氢程"。

以氢气为汽车燃料这种说法刚出来时吓人一跳，但事实上是有根据的。氢具有很高的能量密度，释放的能量足以使汽车发动机运转，而且氢与氧气在燃料电池中发生化学反应只生成水，没有污染。因此，许多科学家预言，以氢为能源的燃料电池是21世纪汽车的核心技术，它对汽车工业的革命性意义，相当于微处理器对计算机业那样重要。

优点：排放物是纯水，行驶时不产生任何污染物。

缺点：氢燃料电池成本过高，而且氢燃料的存储和运输按照目前的技术条件来说非常困难，因为氢分子非常小，极易透过储藏装置的外壳逃逸。另外最致命的问题，氢气的提取需要通过电解水或者利用天然气，如此一来同样需要消耗大量能源，除非使用核电来提取，否则无法从根本上降低二氧化碳排放。

5. 燃气汽车

燃气汽车是指用压缩天然气（CNG）、液化石油气（LPG）和液化天然气（LNG）作为燃料的汽车。近年来，世界上各国政府都积极寻求解决这一难题，开始纷纷调整汽车燃料结构。燃气汽车由于其排放性能好，可调整汽车燃料结构、运行成本低、技术成熟、安全可靠，所以被世界各国公认为当前最理想的替代燃料汽车。

目前，燃气仍然是世界汽车代用燃料的主流，在我国代用燃料汽车中占到90%左右。业内专家指出，替代燃料的作用是减轻并最终消除由于石油供应紧张带来的各种压力以及对经济发展产生的负面影响。近期，中国仍将主要用压缩天然气、液化气、乙醇汽油作汽车的替代燃料。汽车代用燃料能否扩大应用，取决于中国替代燃料的资源、分布、可利用情况，替代燃料生产与应用技术的成熟程度以及减少对环境污染等；替代燃料的生产规模、投资、生产成本、价格决定着其与石油燃料的竞争力；汽车生产结构与设计改进必须与燃料相适应。

6. 生物乙醇汽车

乙醇俗称酒精，通俗些说，使用乙醇为燃料的汽车，也可叫酒精汽车。用乙醇代替石油燃料的活动历史已经很长，无论是从生产上和应用上的技术都已经很成熟，近来由于石油资源紧张，汽车能源多元化趋向加剧，乙醇汽车又提到议事日程。

目前世界上已有40多个国家，不同程度应用乙醇汽车，有的已达到较大规模的推广，乙醇汽车的地位日益提升。

在汽车上使用乙醇，可以提高燃料的辛烷值，增加氧含量，使汽车缸内燃烧更完全，可以降低尾气的害物的排放。

知识链接　物理燃料电池汽车

这是2009年关于新能源研究领域的最新方向，原名称叫做"热磁振荡发电技术"，当应用于汽车等可移动的动力设备领域时，因可能会成为氢燃料电池的替代方案，又叫做"物理燃料电池"。目前已处于前期开发研究阶段。

（1）工作原理　通过对处于磁路中的一段软磁体迅速加热并冷却，使其温度在其居里点上下周期性地振荡，引起磁路线圈中的磁通量周期性地增减，从而感应出连续的交流电。能量是通过燃烧产生热能，再直接转化为电能的。它的技术原理是物理原理，而通常概念中的电池，均属化学原理，两者不是一回事。

（2）优点　采用外燃方式，发电过程高效平稳，对燃料性质要求不高，甚至可以用固体燃料作能源。能使热能直接高效地转化为电能，少了一个机械传动的中间环节，计算值在40%以上；运动部件只有一个活塞，省去了机械传动系统，因此使用寿命长，维护少，实现成本低，技术难度小。

目前的燃料电池是通过低温化学作用产生电能，因需要催化剂、燃料要求高等，难以商业转化。这项技术完全克服了化学燃料电池的上述弱点。

各种能源方案优缺点综合分析见表1-1。

表1-1　各种能源方案优缺点

类别	能源来源	能源效率	排放	制造成本	使用成本	维护成本	补充燃料	功率	重量	行驶里程	配套设备
普通内燃机	受限	低	差	一般	一般	一般	方便	大	轻	>400	完善
纯电池力	一般	最高	无	高	最低	高	不方便	小	重	<300	不完善
混合动力	受限	较高	一般	较高	一般	最高	方便	一般	较重	>500	完善
氢燃料电池	困难	高	无	高	最高	高	不方便	小	一般	<300	不完善
物理燃料电池	丰富	一般	一般	低	低	低	方便	大	轻	>600	可扩展

上表中，能源来源、能源效率、排放三项指标确定了方案的新能源特征，即政府的政策支持力度；制造成本、使用成本、维护成本三项指标确定了方案的市场成本；补充燃料、功率、重量、行驶里程、配套设备四项指标确定了方案的竞争力，即用户接受程度。

从上表中可以看出，纯电池力、氢燃料电池虽然具有较优的新能源特征，但市场竞争力弱，混合动力则具有微弱的优势。因此，混合动力属于过渡方案，纯电池力属于辅助方案，而氢燃料电池属于难以实施的方案。物理燃料电池则兼顾了新能源特征、市场及用户的诸多优点，所以具有广阔的开发前景。

特别提示

掌握汽车划分的标准，尤其是新能源汽车的种类以及各自的特点。

1.1.3 汽车和内燃机产品型号编制规则

1. 汽车产品型号编制规则

汽车型号应能表明汽车的厂牌、类型和主要特征参数等。GB9417《汽车产品型号编制规则》规定，国产汽车型号均应由汉语拼音字母和阿拉伯数字组成。汽车型号包括如下三部分。

① 首部——由2个或3个汉语拼音字母组成，是识别企业名称的代号。例如CA代表第一汽车制造厂，EQ代表第二汽车制造厂。

② 中部——由4位阿拉伯数字组成。左起首位数字表示车辆类别代号，中间两位数字表示汽车的主要特征参数：

载货汽车、越野汽车、自卸汽车、牵引汽车、专用汽车与半挂车的主参数代号为车辆的总质量（t）。牵引汽车的总质量包括牵引座上的最大质量。当总质量在100t以上时，允许用三位数字表示。

客车及半挂车的主参数代号为车辆长度（m）。当车辆长度小于10m时，应精确到小数点后一位，并以长度（m）值的十倍数值表示。

轿车的主参数代号为发动机排量（L），应精确到小数点后一位，并以其值的十倍数值表示。

专用汽车及专用半挂车的主参数代号，当采用定型汽车底盘或定型半挂车底盘改装时，若其主参数与定型底盘原车的主参数之差不大于原车的10%，则应沿用原车的主参数代号。

若主参数不足规定位数时，在参数前以"0"占位。最末位是由企业自定的产品序号，如表1-2所示。

表1-2 汽车型号中4位阿拉伯数字代号的含义

首位数字表示车辆类别		中间两位数字表示各类汽车的主要特征参数	最末位数字表示
载货汽车	1		
越野汽车	2		
自卸汽车	3	表示汽车的总质量(t)① 数值	
牵引汽车	4		
专用汽车	5		企业自定产品序号
客车	6	表示汽车的总长度(0.1m)② 数值	
轿车	7	表示发动机的工作容积(0.1L)数值	
	8		
半挂车及专用半挂车	9	表示汽车的总质量(t)① 数值	

① 当汽车总质量大于3t时，允许用3位数字。
② 当汽车总长度大于10m时，计算单位为m。

③ 尾部——分为两部分，前部由汉语拼音字母组成，表示专用汽车分类代号，例如X表示厢式汽车、G表示罐式汽车等。后部是企业自定代号，可用汉语拼音字母或阿拉伯数字表示。基本型汽车的编号一般没有尾部，其变型车（例如采用不同的发动机、加长轴距、双排座驾驶室等）为了与基本型区别，常在尾部加A、B、C等企业自定代号。

> 🚗 **知识链接 编制型号举例**
>
> 1. 第一汽车制造厂生产的第二代载货汽车，总质量为9310kg，其型号为：CA 1091。
> 2. 第二汽车制造厂生产的越野汽车，总质量为7720kg，其型号为：EQ 2080。
> 3. 上海重型汽车厂生产的第一代自卸汽车，总质量为59538kg，其型号为：SH 3600。

4.汉阳特种汽车制造厂生产的第一代公路上行驶总质量为30000kg的牵引汽车,其型号为:HY 4300。
5.济南汽车改装厂生产的第一代保温汽车,采用 EQ 1090 汽车底盘忙改装时,其型号为:JG 5090X1。
6.兰州专用汽车制造厂生产的第一代野外淋浴半挂车,总质量为5000kg,其型号为:LQ 9050X。
7.天津客车厂生产的第二代4750mm的客车,其型号为:TJ 6481。
8.上海汽车厂生产的第二代轿车,发动机排量为2.2321,其型号为:SH 7221。
9.青岛汽车制造厂生产的总质量为15010kg的第二代半挂运输车,其代号为:QD 9151。

2.内燃机产品的名称和型号编制规则

我国于2008年对内燃机名称和型号编制方法进行了重新审定,并颁布了国家标准(GB/T 725—2008)。该标准的主要内容如下:

① 内燃机产品的名称均按所采用的燃料命名,如柴油机、汽油机、煤气机、沼气机、双(多种)燃料发动机。

② 内燃机型号由阿拉伯数字(以下简称数字)、汉语拼音字母或国际通用的英文缩略字母(以下简称字母)组成。型号编制应优先选用表1-3～表1-5规定的字母,允许制造商根据需要选用其他字母,但不得与表1-3～表1-5规定的字母重复。符号可重叠使用,但应按图1-25顺序表示。

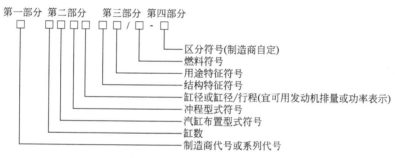

图1-25 型号表示法

③ 内燃机的型号应简明,第2部分规定的符号必须表示,但第1、3、4部分符号允许制造商根据具体情况增减,同一产品的型号应一致,不得随意更改。

④ 由国外引进的内燃机产品,允许保留原产品型号或在原产品基础上进行扩展。经国产化的产品也应按本标准的规定编制。

⑤ 内燃机型号依次包括下列四部分,表示方法见图1-25。

第1部分:由制造商代号或系列符号组成。本部分代号由制造商根据需要选择相应1～3位字母表示。

第2部分:由汽缸数、汽缸布置型式符号、冲程型式符号、缸径符号组成。

a.汽缸数用1～2位数字表示。

b.汽缸布置型式符号按表1-3规定。

c.冲程型式:四冲程时符号省略,二冲程用 E 表示。

d.缸径符号:一般用缸径或缸径/行程数字表示,也可用发动机排量或功率数表示。其单位由制造商自定。

第3部分:由结构特征符号、用途特征符号组成。其符号分别按照表1-4、表1-5的规定。燃料符号参见表1-6。

第4部分:区分符号。同系列产品需要区分时,允许制造商选用适当符号表示。第3部分与第4部分之间可用"-"分隔。

表 1-3　汽缸布置型式符号

符号	含义	符号	含义
无符号	多缸直列及单缸	H	H 型
V	V 型	X	X 型
P	卧式		

注：其他布置型式符号见 GB/T 1883.1。

表 1-4　结构特征符号

符号	结构特征	符号	结构特征
无符号	冷却液冷却	Z	增压
F	风冷	ZL	增压中冷
N	凝气冷却	DZ	可倒转
S	十字头式		

表 1-5　用途特征符号

符号	用途	符号	用途
无符号	通用型及固定动力（或制造商自定）	D	发电机组
T	拖拉机	C	船用主机、右机基本型
M	摩托车	CZ	船用主机、左机基本型
G	工程机械	Y	农用三轮车（或其他农用车）
Q	汽车	L	林业机械
J	铁路机车		

注：内燃机左机和右机的定义按 GB/T 726 的规定。

表 1-6　燃料符号

符号	燃料名称	备注
无符号	柴油	
P	汽油	
T	天然气（煤层气）	管道天然气
CNG	压缩天然气	
LNG	液化天然气	
LPG	液化石油气	
Z	沼气	各类工业化沼气（农业有机废弃物、工业有机废水物、城市污水处理、城市有机垃圾）允许用 1~2 个字母的形式表示，如"ZN"表示农业有机废弃物产生的沼气
W	煤矿瓦斯	浓度不同的瓦斯允许用 1 个小写字母的形式表示，如"Wd"表示低浓度瓦斯
M	煤气	各类工业化煤气如焦炉煤气、高炉煤气等，允许在 M 后加 1 个字母区分煤气的类型
S SCZ	柴油/天然气双燃料 柴油/沼气双燃料	其他双燃料用两种燃料的字母表示
M	甲醇	
E	乙醇	
DME	二甲醇	
FME	生物柴油	

注：1. 一般用 1~3 个拼音字母表示燃料，亦可用成熟的英文缩写字母表示。

2. 其他燃料允许制造商用 1~3 个字母表示。

第1章 汽车运用基础知识

知识链接 型号示例

柴油机型号：

① G12V190ZLD——12缸、V型、四冲程、缸径190mm、冷却液冷却、增压中冷、发电用（G为系列代号）

② R175A——单缸、四冲程、缸径175mm、冷却液冷却（R为系列代号 A为区分符号）

③ YZ6102Q——六缸、直列、四冲程、缸径102mm、冷却液冷却、车用（YZ为扬州柴油机厂代号）

④ 8E150C-1——8缸直列、二冲程、缸径150mm、冷却液冷却、船用主机、右机基本型（1为区分符号）

⑤ JC12V26/32ZLC——12缸、V型、四冲程、缸径260mm、行程320mm、冷却液冷却、增压中冷、船用主机、右机基本型（JC为济南柴油机股份有限公司代号）

⑥ 12VE230/300ZCZ——12缸、V型、二冲程、缸径230mm、行程300mm、冷却液冷却、增压、船用主机、左机基本型

⑦ G8300/380ZDZC——8缸直列、四冲程、缸径300mm、行程380mm、冷却液冷却、增压可倒转、船用主机、右机基本型（G为系列代号）

汽油机型号：

① 1E65F/P——单缸、二冲程、缸径65mm、风冷、通用型

② 492Q/P-A——四缸、直列、四冲程、缸径92mm、冷却液冷却、汽车用（A为区分符号）

燃气机型号：

① 12V190ZL/T——12缸、V型、四冲程、缸径190mm、冷却液冷却、增压中冷、燃气为天然气

② 16V190ZLD/MJ——16缸、V型、四冲程、缸径190mm、冷却液冷却、增压中冷、发电用、燃气为焦炉煤气

双燃料发动机：

① G12V190ZLS——12缸、V型、缸径190mm、冷却液冷却、增压中冷、燃料为柴油/天然气双燃料（G为系列代号）

② 12V26/32ZL/SCZ——12缸、V型、缸径260mm、行程320mm、冷却液冷却、增压中冷、燃料为柴油/沼气双燃料

特别提示

掌握内燃机产品的名称和型号编制规则。

1.1.4 车辆识别代号（VIN）编码的识读

1. 车辆识别代号（VIN）编码的作用

现在世界各国汽车公司生产的汽车大部分都使用了VIN（Vehicle Identification Number）车辆识别代号编码。VIN车辆识别代号编码由一组字母和阿拉伯数字组成，共17位，又称为17位识别代号编码。它是识别一辆汽车不可缺少的工具。

VIN的每位代码代表着汽车的某一方面信息参数。按照识别代号编码顺序，从VIN中可以识别出该车的生产国家、制造公司，或生产厂家、车的类型、品牌名称、车型系列、车身型式、发动机型号、车型年款（属哪年生产的年款型车）、安全防护装置型号、检验数字、装配工厂名称和出厂顺序号码等。

17位代号编码经过排列组合的结果，可以使车型生产在30年之内不会发生重号现象，就像人们的身份证号码一样，不会产生重号确认，故又称为"汽车身份证"。各国机动车管理部门办理牌照时，可以将车辆的识别代号编码输入计算机存储，以备需要时调用，如处理交通事故、保险索赔、查获被盗车辆、报案等。有的国家规定没有17位车辆识别代号编码

的汽车不准进口；有的国家客户在买车时，没有17位识别代号编码就不购买，因此没有VIN识别代号编码的汽车是卖不出去的。

由于汽车修理逐步实行计算机管理和故障诊断，在各种测试仪表和维修设备中都存储有17位识别代号编码VIN的数据，以作为修理的依据。17位识别代号编码在汽车配件经营管理上也起着重要作用，在查找零件目录中的汽车零件号之前，首先要确认17位识别代号编码的车型年款，以免发生误购、错装等现象。

在进行汽车评估时，通过车辆的17位识别代号编码，不仅可以获得车辆的车型年款、发动机型号、车身型式等必要的技术资料，而且对于识别非法组装、拼装车辆等，都有着十分重要的作用。

2. 车辆识别代号（VIN）的管理规则

各国政府及各汽车公司对本国或本公司生产的17位识别代号编码都有具体规定。各国的技术法规一般只规定车辆识别代号的基本要求，如其应由17位代号编码组成；字母和数字的尺寸、书写形式、排列位置和安装位置都有相应规定，并且应保证30年内不会重号。除对个别符合的含义有硬性规定外，其他不作硬性规定，而由生产厂家自行规定其代表的含义等。各国有关车辆识别代号的技术法规各有差异，也有共同之处，如美国的技术法规规定车辆识别代号的第⑨位必须是工厂检查数字；而EEC（欧洲共同体）指令将17位代号编码分成三组（WMI、VDS、VIS），只对每一组的含义范围作了规定。

对于识别代号编码的位置，美国的技术法规定应安装在仪表板左侧，在车外透过挡风玻璃可以清楚地看到；而EEC的技术法规规定识别代号编码应安装在汽车右侧的底盘车架上或标写在厂家铭牌上。

我国于1996年12月25日，由机械工业部发布了《车辆识别代码（VIN）管理规定》。该规定从1997年1月1日起实施，过渡期24个月。1999年1月1日后，适用范围内的所有新生产车必须使用车辆识别代码。该规定的基本内容包括以下方面。

（1）车辆识别代号应由三个部分组成：第一部分，世界制造厂识别代号（WMI）；第二部分，车辆说明部分（VDS）；第三部分，车辆指示部分（VIS）。车辆识别代号编码各部分的具体内容如图1-26所示。

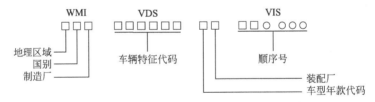

图1-26 车辆识别代号编码各部分的具体内容
□代表字母或数字；○代表数字

① 第一部分——世界制造厂识别代号，必须经过申请、批准和备案后方能使用。

a. 世界制造厂识别代号的第一位字码，是标明一个特定地理区域的字母或数字。第二位是标明一个特定地区内的一个国家字母或数字。第一、二位字码的组合将能保证国家识别标志的唯一性。

b. 世界制造厂识别代号的第三位字码，是标明某个特定的制造厂的字母或数字。第一、二、三位字码的组合，能保证制造厂识别标志的唯一性。

c. 对于年产量大于或等于500辆的制造厂，世界制造厂识别代号由三位字码组成。对于年产量小于500辆的制造厂，世界制造厂识别代号的第三位字码为数字9。此时车辆指示部分的第三、四、五位字将与第一部分的三位字码作为世界制造厂识别代号。

② 第二部分——车辆说明部分，由六位字码组成。如果制造厂不用其中的一位或几位字码，应在该位置填入制造厂选定的字母或数字占位。此部分应能识别车辆的一般特性，其代号顺序由制造厂决定。

③ 第三部分——车辆指示部位，由八位字码组成，其最后四位字码应是数字。

a. 第一位字码应指示年份，年份代码按表1-7规定使用。

表1-7 标示年份的代码表

年份	代码	年份	代码	年份	代码	年份	代码
1971	1	1981	B	1991	M	2001	1
1972	2	1982	C	1992	N	2002	2
1973	3	1983	D	1993	P	2003	3
1974	4	1984	E	1994	R	2004	4
1975	5	1985	F	1995	S	2005	5
1976	6	1986	G	1996	T	2006	6
1977	7	1987	H	1997	V	2007	7
1978	8	1988	J	1998	W	2008	8
1979	9	1989	K	1999	X	2009	9
1980	A	1990	L	2000	Y	2010	A

b. 第二字码可用来指示装配厂。若无装配厂，制造厂可规定其他的内容。

c. 如果制造厂生产的某种类型的车辆年产量大于或等于500辆，此部分的第三至第八位字码表示生产顺序号；如果年产量小于500辆，则此部分的第三、四、五位字码应与第一部分的三位字码一起来表示一个车辆制造厂。

（2）车辆识别代号中，仅能采用下列阿拉伯数字和大写英文字母：

1 2 3 4 5 6 7 8 9 0
A B C D E F G H J K L
M N P R S T U V W X Y Z

（字母I、O和Q不能使用）

（3）车辆识别代号在文件上表示时应写成一行，且不要空格；打印在车辆上或车辆标牌上时也应标示在一行。特殊情况下，由于技术上的原因必须标示在两行上时，两行之间不应有间隙，每行的开始与终止处应选用一个分隔符表示。分隔符必须是不同于车辆识别代号所用的任何字码。

（4）车辆识别代号，应尽量位于车辆的前半部分，易于看到且能防止磨损或替换的部位。

（5）9人座或9人座以下的车辆和最大总质量小于或等于3.5t的载货汽车的车辆识别代号，应位于仪表板上。在白天日光照射下，观察者不需移动任一部件，从车外即可分辨出车辆识别代号。

（6）每辆车的识别代号应在车辆部件上（玻璃除外），该部件除修理以外是不可拆的；车辆识别代号也可表示在永久性地固定上述车辆部件上的一块标牌上，此标牌不损坏则不能拆掉。

（7）车辆识别代号的字码，在任何情况下都应是字迹清楚、坚固耐久和不易替换的。

（8）车辆识别代号的字码高度：若直接打印在汽车和挂车（车架、车身等部件）上，至少应为7mm高；其他情况至少应为4mm高。

知识链接　车辆识别代号编码的识读举例

1. 中国北京吉普汽车有限公司（BJC）VIN

L	E	4	E	J	6	8	W	A	V	5	7	0	0	3	2	1
①	②	③	④	⑤	⑥	⑦	⑧	⑨	⑩	⑪	⑫	⑬	⑭	⑮	⑯	⑰

第①位　生产地理地区代码

由ISO统一分配亚洲地区代码　中国定为"L"

第②位　生产国家代码

由ISO统一分配中国的代码　BJC（北京吉普汽车公司）使用为"E"

第③位　生产厂被批准备案的车型类别代码

4——BJ2021系列

第④位　厂定最大总质量分级代码

E——1361～1814kg

第⑤位　（按驱动车轮和转向盘位置）车型种类代码

J——4X4 左置转向盘

第⑥位　（对BJ2020和BJ2022系列）装配类型代码，（对BJ2021系列）车型系列代码

6——中档型（用于BJ2021E和BJ2021EL）

第⑦位　车身类型代码

8——4门金属硬顶

第⑧位　发动机类型代码

W——2.5L 四缸化油器式汽油机

第⑨位　（对BJ2020和BJ2022系列）工厂检验代码，（对BJ2021系列）包装代码

A——BJ2021EL

第⑩位　车辆年度型（年款）代码

V——1997

第⑪位　装配工厂代码

5——BJC（北京吉普汽车有限公司）总装厂

第⑫～⑰位　出厂顺序号代码

第⑫位为日历年的末位数字：7—1997

第⑬～⑰位按照每个日历年的生产顺序从00001～99999顺序编排（顺序号根据不同装配线和非装配线装配车辆分别编号，可由所在装配车间控制）

2. 美国通用汽车公司（GMC）轿车（1983～1994年）VIN

1	G	1	L	T	5	3	T	6	P	E	1	0	0	0	0	1
①	②	③	④	⑤	⑥	⑦	⑧	⑨	⑩	⑪	⑫	⑬	⑭	⑮	⑯	⑰

第①位　表示生产国代码

1——美国

第②位　生产厂家代码

G——通用汽车公司

第③位　具体生产部门代码

1——雪佛兰车部

第④～⑤位　车型及系列代码

LT——科西佳（Corsica）

第⑥位　车身类型代码

5——四门轿车

第⑦位　乘客安全保护装置代码

3——手动安全带及驾驶员侧安全气囊

第1章 汽车运用基础知识

第⑧位 发动机类型代码
T——3.1L V6 MFI
第⑨位 VIN检验数代码
第⑩位 车型车款代码
P——1993
第⑪位 总装工厂代码
E——LINDEN,NJ
第⑫～⑰位 出厂顺序号代码

知识链接 车型铭牌的识读

除车辆识别代号（VIN）牌外，一些汽车制造厂家根据本国法规或企业标准，常在车辆的某一位置设有汽车的车型铭牌。以三菱太空汽车为例，其铭牌被铆接在上车架外板（中内）上，如图1-27所示。不同类型汽车的车型铭牌，其位置可能有所不同。

常见车型标牌的主要内容包括：车型代号、发动机型号、变速器型号、车身颜色代号等。现仍以三菱太空汽车为例，如图1-28所示。

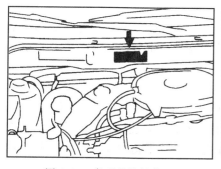

图1-27 车型铭牌的位置　　　　　图1-28 常见车型标牌的主要内容

1. 车型代号

N31　W　L　N　U　L　1C
①　　②　③　④　⑤　⑥　⑦

① 改型等级　N31——1834cm³（发动机排量）
② 车型种类　W——厢式轻型客车
③ 车身外形　L——四车门厢式车身
④ 变速器形式　N——5挡手动变速器
⑤ 装饰等级　U——GLX
⑥ 转向盘位置　L——左侧
⑦ 目的地　1C——中国

2. 发动机型号　4G93

3. 车身外形代号　CA6

4. 变速器型号（F5M22）　主减速传动比（4592）

5. 车身颜色代号（R25）　车室代号（87V）　设备代号（03V）

除车型铭牌外，在车辆的主要部件上，还常设有铭牌或直接刻印到具有特定含义的号码。如在美国通用公司的汽车上，常有选择的给某些部件加上车辆识别代号（VIN）铭牌。此铭牌的目的，就是要通过帮助追查失窃的汽车和回收失窃的部件减少车辆失窃。此铭牌永久性固定在部件的表面上，其上有VIN码，在更换的部件上有字母"R"、制造厂标识和符号"DOT"。在喷漆、防锈处理之前，必须将主要板件、发动机、变速器等上的铭牌盖起来。作业完毕后，应除去覆盖物。如果不能保持铭牌清晰可辨，要承担"联邦汽车防盗标准"的责任，并遭受部件为盗窃品的嫌疑。

特别提示

掌握车型铭牌的识读和车辆代号的编制规则。

1.2 新车及二手车的选购

随着时代的发展，汽车已成为许多人生活中必不可少的交通工具。面对市场上众多的车型以及逐渐完善的售后管理体系，了解并掌握购车的主要考虑因素、基本程序以及相关手续的办理知识对购车者来说是非常必要的。

1.2.1 新车的选购原则及方法

1. 购买新车前应考虑的因素

随着国内汽车市场的发展，国产和进口汽车大量投放市场。面对不同品牌、用途各异的汽车，购车者往往无从下手，尤其对初次购车者，此问题更显突出。要根据自己的需要，正确地挑选汽车，一般应从下面几方面考虑。

（1）车辆安全性能　汽车的安全直接影响着人们生命财产的安全，国家制定了许多强制性标准加以限制。在QC/T 900—1997《汽车整车产品质量检验评定方法》中，安全环保项为四方面检验内容的首位，并实行"一票否决"制，即安全环保项不合格，整车产品质量就不合格，其他性能再好也无用。

汽车安全是消费者的第一要求，汽车的安全性能又分为主动安全性能与被动安全性能。主动安全性能是在正常情况下汽车预防和避免事故发生的能力，主要受到汽车操纵性能的影响，如超车时的加速性能（发动机功率、转矩），制动性能，行驶平衡控制系统，四轮驱动力平衡控制，驾驶员的视野，汽车的灯光，汽车的重心等。

汽车的被动安全性能是汽车在事故发生后的承受能力，也就是对车内所有乘客在事故发生后的保护能力。影响汽车被动安全性能的因素主要有：安全带、安全气囊数目、前后保险杠、汽车的大小、车体整体结构的抗冲击和变形能力、脑后护垫等。

要注意的是，主动安全性能和被动安全性能有时候在设计上是冲突的，比如汽车大对被动安全性能有利，但是由于质量加大使得制动距离加大不利于汽车的主动安全性能。而同一种安全性能中也会有冲突，比如重心高一般有利于改善驾驶员的视野，但是同时也造成容易翻车。

一般来说，大车、豪华车的安全性能比小车和经济车要好。同一档次，同一价位，相同配置的不同车型，就要看具体资料了。

（2）车辆经济性　汽车的经济性主要是指汽车燃料经济性。汽车行驶的燃料经济性是汽车性能的一个重要指标，其性能的优劣，不但反映了汽车整体设计水平，同时也影响到用户的汽车使用费用。

目前，在市场销售的汽车中，进口汽车燃料消耗一般相对较低，但汽车售价较高。国产汽车燃料消耗相对较高，但汽车售价偏低。国产轿车，经过汽车界人士的不断努力，积极消化引进技术，使燃料消耗降到5~8L/100km，为轿车进入家庭起了很大的推动作用。燃料消耗的单位有：L/100km，L/t·km，km/L和L/kW·h，目前常用的是通过每行驶100km耗油多少升来计算。汽车耗油越大，燃料消耗费用方面的支出就越高。因此，耗油量是购车者格外关注的性能。从总体上看，汽车发动机的排量越大，其耗油量也就越高。但是新技术的采用也能使耗油量降低。一般在购车前可通过汽车使用说明书、厂家宣传资料、车型用户反映等得到各车型的汽车燃料经济性，通过比较来挑选适合自己的汽车。

(3) 购车用途　个人购车的目的是用来代步或是用来从事营业性客运或货物运输，或是两者兼顾等，这一点是相当重要的，因为汽车型号的选择主要取决于此。城市家庭用车一般以代步为主，且以方便和舒适为主要考虑要素，所以轿车是首选目标。若是从事营业性运输，如出租、客运、货运等，即以赢利为目的，则以价格较低廉的汽车为首选目标。

大多数人都受经济能力的限制，不可能得到所有想要的东西，而每个人的需求又不同。因此购车者必须非常明确自己真正需要什么，想要什么，什么是可以放弃的，什么是一定不能放弃的。因此，购车者一开始就要把汽车的用途进行明确划分。

(4) 个人的经济承受能力　对大多数人而言，经济能力是有限的，汽车的费用也就成了考虑的首要因素。在考虑汽车的费用时必须考虑汽车使用的"真实费用"。真实费用包括：原始购买价，税、牌照、保险等费用，油费，每年折旧率及平均折旧率，每年平均保养、维修、零部件费用等。汽车的真实费用直接与车主对车的使用（持有车的年数及每年行驶平均千米数）有关，更与汽车的可靠性及生产厂家（品牌）的声望有关。

(5) 可靠性与维修性　汽车的可靠性是指汽车在规定的使用条件下和规定的行驶里程（或时间）内，不发生故障的性能；而维修性则指一旦发生故障后，是否能迅速排除故障。二者都是汽车质量水平的综合反映，主要和设计、制造、装配、材料等因素有关，它直接关系到运输的经济效益。可靠性和维修性不好的汽车，不仅给车主带来很多不便，而且增加车主的维修费用和汽车的折旧率，从而大大增加车主的真实费用，同时有些故障甚至可能造成安全问题。

汽车用户都希望自己购买的汽车在运行中不出故障或少出故障，一旦发生故障能在短时间内加以排除，这样才不至于影响经营运输，才会产生较高的经济效益。汽车的可靠性如何，多数生产厂家有这方面的指标，尤其是进口汽车必不可少，可直接了解。对有些汽车没有此项指标的，可间接向老用户、修理企业、配件商店等了解。经常维修、配件销售量大，则说明该车可靠性差。所以，购车时应多花点时间了解情况，不要急于盲目买车。

2. 如何确定车辆的具体品牌和款式

(1) 综合考虑品牌因素　品牌作为汽车的性能因素具有一定的抽象性。因为从品牌上看不到任何有关数据和指标。但品牌是在几十年甚至上百年的时间形成的。它包含着企业对顾客的一种承诺。这个承诺既包含着产品的内在质量也包含着企业对售后服务的责任和让顾客满意的良好信誉。当然这种无形的资产还包含着产品的外形美观及技术的先进性。

一般品牌就是质量的象征，欧美的品牌是以扎实著称，而日韩的品牌则是物美价廉。不过车无完美的车，比如选择了欧洲车，那可能在油耗方面就没有日本车省油；而如果选择了做工精细、省油的日本车，那么在安全系数上又有可能比不上欧洲的。

(2) 看技术的成熟性　一般上市时间比较长的车型在维修保养方面比较成熟，就拿上海大众公司的桑塔纳来说，无论它的配件还是维修，在全国各地都能找到。但是上市时间长的车型肯定会老一点。还有一点就是，上市时间长的车型，购买者能够问到一些用户的真实使用感受。买车一般不要去当"出头鸟"，因为一款汽车刚刚生产出来，各方面的性能参数都只是厂方的测试数据，实际使用的数据还没有。如果实在抵制不了诱惑，那就另当别论了。

(3) 看性价比　买一款称心如意的车当然包括称心如意的价格，但所谓"性价比"高的车是指各个方面不错加上价格合理。所以消费者在购车时，所考虑的内容不仅是价格，也包括不同车型的综合价值比较，其中特别是在操控性能。可以去经销商那里试驾备选车型，因为只有试驾时才能真切感受到该型汽车的综合性能。试驾时要着重了解汽车的动力系统、安全配置和驾驶舒适性能。进车时可以感觉视野情况，各仪表操纵设置是否方便易触。动力性能要看它的起步阶段动力输出情况，是否有抖动，挡位是否清晰，挡位间距离长短、是否容易进入挡位。行驶时要注意车内及发动机噪声，转向盘是否抖动，转向和挡位是否精确，踏板需要的力度等。另外，还要看在颠簸路面的行驶情况。

安全性能要观察制动系统，除了常见的前盘后鼓式升级为四轮盘式，现在较多的车型都有 ABS、EBD 系统的配置，安全气囊也是每个车型的必备，一般多是前排双气囊，加上后排的气囊设置，可以为车主提供更多的安全保障。

另外，儿童安全锁、前后雾灯、后车窗除雾线和防夹电动窗是车辆必要的配置。舒适性能则首先要看车内密封情况，是否可以将噪声隔在车外。要在驾驶中切实体验其悬架的减振效果，看悬架对路面的颠簸及发动机振动的吸收控制。

即使是相同排量不同品牌的两款车，在性能上也是有很大的差别，切身体验后，更容易进行选择。

（4）比较造型和外观　有时选车就是凭第一印象，觉得这款车够时尚，就有要买的冲动。当然看外观也是有很多讲究的。外观主要看车型设计，除了解汽车外形、颜色外，可以对照生产商的资料介绍看车长和车高。看车长可以了解车内空间及后备箱容量，看车高可以观察其与整车的比例以及后座乘坐空间是否充裕。

汽车外形还要观察它的 C 柱是否坚实，车顶至后备箱弧线设计是否和谐，看车胎宽窄、品牌产地以及轮毂外观是否时尚动感、稳重大方。细节部分还要特别注意观察汽车间隙是否均匀，这既代表着总装质量也反映着制作加工水平。看车门和 C 柱是否是一体成形的，就是看车门或者 C 柱中间是否有接缝，如果是一体成形的，那么安全性会更好一些。

另外，看车内的塑料装饰部件与车体之间是否紧凑，看汽车安全保险杠的紧凑度，是否和车身紧密结合在一起。储物箱是不是能稳定关上，关车门的声音最好是清脆而没有杂音。

（5）看内饰和配置　对于车的外形是否喜欢是一眼就能决定的。但是内饰就不同了，要看仪表盘的指针是否明确，中控台是否方便驾驶员触摸。有没有为乘员设计的人性化装置。另外就是要看内饰做得是否精致了。一般经济型轿车在内饰方面都做得比较精细，但是一些低端的越野车则在内饰方面不够精细。

另外一个问题是车的配置。其实购车不必把配置看得太重。如果是用不着的东西价值也不大。配置多了，可能发生故障的部位也相应增多，要修理的东西也多了，可能增加养车费用。

（6）售后服务　购车是消费的开始而非终结，维修服务在汽车整体使用价值中占据着很大比重。汽车售出后是否有质量保证期？各地区是否有售后服务站、维修站？是否实行"三包"、上门服务？维修配件是否供应充足？这些都是购车者需要认真考虑的问题。一旦汽车出现故障得不到及时维修，或因缺少汽车配件使汽车停驶，或延长汽车维修停厂时间，都会给车主造成经济损失。通常情况下，买车时需要选择可靠的品牌和具备实力的经销商。这样，既可确保维修水平，也可保证合理的工时费、正宗的配件和便利的服务。

一般情况下，应尽量找大经销商或专门的 4S 店。因为这里的车比较多，挑选的余地也就大一些。同时它们的产品往往周转得快，购买者可以买到刚出厂的产品。有时万一看中的是一些货源不足的品牌，大经销商或专门的 4S 店也能依靠其进货渠道让购买者尽早提到车。此外，大经销商或专门的 4S 店的运营渠道有时候还能帮助购买者顺利而快速地办齐相关手续。

3. 提车时的主要工作

目前新车都是流水线规模化生产，同一批车之间质量相差不大。但由于制造、装配、运输、销售等多个环节中的不确定因素，并不能保证商家的每一辆车都能令人满意，因此，有必要在提车时对车辆进行认真的挑选和验收。如果感觉自己一个人会有疏漏，可以找一两个较内行的人帮忙，但由于提车前肯定已经做了大量工作，因此也没必要找很多"专家"。

下面就新车的挑选和验收两个部分分别介绍一些注意事项，由于这两个部分的工作无法严格区分，因此有的内容作了适当重复。

（1）新车的挑选

① 看外观。重点看车身外部有无瑕疵。要环绕汽车仔细检查，不要让脏物或灰尘遮住残损处，查看全车颜色是否一致，若不一致，用手摸一摸，看是否有修补痕迹，假若修补痕迹较多，则可判断该车为旧车。

② 看车门及车窗开关是否灵活到位。

③ 原地着车，等怠速稳定后听发动机的声音有无杂音，踩下离合器踏板后听发动机声音有无变化，将发动机转速提至 3000r/min，再听声音有无变化。

④ 试音响系统、灯光系统（包括：近光、远光、示宽灯、前后雾灯、制动灯、转向灯、双蹦、仪表灯、阅读灯、后备箱灯）。

⑤ 调试空调系统。

⑥ 试刮水器，前风挡清洁系统。

⑦ 试转向有无助力。在着车和熄火状态下，分别打轮（转向盘转动不小于180°），体会力量大小。

⑧ 试制动助力。熄火后，踩制动踏板 3~5 次，踩下的行程一次比一次小说明助力系统正常，否则就可能有问题；注意新车制动一般未经磨合都比较软，在上路前应在安全场地内多踩几脚以便自己体会，否则易出事故。

⑨ 场地试车。

⑩ 检查随车工具。

（2）新车的验收

① 核对车型及参数。先核对汽车型号，由于不少汽车是用多个英文字母代表其结构特点及有关参数，型号代码比较长，核对时一定要细心；核对发动机型号与说明书、发票上的是否相同，核对发动机号码、车身（架）号码，要与说明书上的一致，若不一致，机动车市场管理所不给办理上牌手续；查看汽车出厂日期。

② 核对车身颜色、烤漆是否与预先选定的一致。

③ 检查是否漏水漏油。检查散热器是否有水滴在地面或者散热器下部是否有明显的水滴凝集，用手摸摸散热器底部，若有较多的水分，则可能散热器存在漏水问题；检查发动机油底壳是否有机油渗漏；检查后桥主减速器壳是否有润滑油渗出；检查转向器（动力转向）是否渗油；检查燃油供给系统，特别是燃油滤清器、各燃油管路是否漏油等。

④ 检查车内设施。打开车门，检查车内座位是否完整，坐垫及椅套是否美观大方，坐椅能否前后调整，乘坐是否舒适，有无安全系统，安全带伸缩是否自如。检查车门与侧窗开关是否灵活、安全、可靠，手动或电动车窗操纵是否正常，门窗及前后风窗玻璃密封是否良好，玻璃有否存在裂纹，检查各后视镜中景物图像是否清晰。检查车内各装饰件安装是否牢固可靠，特别是车门拉手有否松动，内顶篷是否有松脱现象等。

⑤ 检查电气系统。检查蓄电池各接线是否牢固可靠；检查蓄电池电解液液面高度是否

符合要求；检查刮水器、喷水器是否工作正常；检查各车灯，如前照灯、小灯、制动灯、转向灯、防雾灯、牌照灯、车厢灯等是否工作正常；按扬声器按钮开关，检查声音是否响亮；检查里程表有无读数记录，对于新车，其数值不应超过10km；拉紧驻车制动，挂上空挡，启动发动机，检查发动机启动是否容易，并观察各仪表及电气报警装备是否正常等。

⑥ 其他静止检查。检查轮胎规格，备胎及其他4个轮胎是否相同，轮胎气压是否合适；检查发动机、变速器、后桥的润滑油油量是否在规定范围内，润滑油是否变质；检查散热器冷却水高度是否符合要求；检查发动机各传动带（发电机、压缩机等设备处）是否有损坏及缺陷，张紧力是否合适；检查随车工具是否齐全等。

⑦ 路试检查。启动发动机，聆听转速情况，检查发动机运转是否轻快、连续、平稳而无杂音、异响，轻踩节气门，发动机转速应是连续、平稳地提升；车辆起步前行，换挡时应平顺，不应出现换挡困难及出现齿轮异响的现象；轻踩制动，检查制动系统的制动力度，以及制动时的方向稳定性是否良好；检查滑行性能，在20km/h的速度下挂空挡滑行，应可滑行50～80m；多绕些弯路，检查转向系统，看汽车是否有良好的操控性；在不平路面上加速行驶，感受汽车的减振性能是否令人满意；高速行驶，检查汽车的高速行驶性能等。

4. 购买新车所办手续

买辆新车从验证到正式上路需经过办移动证、占地证、保险、验车、缴附加费、上牌、领照、缴养路费、缴车船使用税、建档等十道程序及工商、交通、机动车市场管理所等七八道窗口，现在一些交易市场都设立有现场办事机构，许多手续在市场内即可办理，甚至可以委托商家一条龙服务，省时省力。这种流水作业的购车形式已成为商家服务竞争的重要手段。

一般购车的流程可表述如下：决定购车；提供相关证明及办理停车泊位证明；选购汽车；工商验证；办理车辆移动证；到车辆检测场验车；缴纳车辆购置附加费；上汽车保险；领取汽车牌照；缴纳养路费；办理行驶证照；缴纳车船使用税；正式上路。

各环节所需材料如下。

(1) 购车 购车者需要提供以下证明：个人提供身份证；单位提供企业法人代码证，国有单位还需提供"控办"指标；如军人购车，需部队出具本人姓名、单位、住址证明。

汽车经销商须向购车者提供的合法证明：正规购车发票；厂家提供的汽车质量合格证；进口车须提供海关货物进口证明或罚没证明书、商检证明书。

(2) 工商验证 购车后，车主需要带上经销商提供的购车发票和购车合同到工商局所属的机动车市场管理所办理发票验证手续，并在发票上加盖验证章。

所需材料包括：购车发票；汽车质量合格证；企业法人代码证或个人身份证；进口车辆须提供海关货物进口证明，商检证明书；罚没车须出示罚没证明书。凡车价差异较大或售车后退货又重新出售的车须由售车单位出具证明，后者则须出示原售车发票。

(3) 缴纳印花税 到地税局缴纳印花税，此时需要提供购车发票和购车合同。印花税的计算公式是：印花税＝购车价格×0.3‰。

(4) 缴纳购置附加费 购置附加费是到交通管理部门指定的车辆购置附加费征稽管理处缴纳，国产车的购置附加费是车价扣除增值税后金额的10%，计算公式是：购置附加费＝购车价格÷1.17×10%。进口车的购置附加费的数额是购车价格的10%。

须提供资料：工商验证发票原件及复印件两张；汽车质量合格证；进口车须提供海关货物进口证明或罚没证明书、商检证明书。个人提供身份证，单位提供企业法人代码证，属国家控制车辆还需提供控办"准购证"。

第1章　汽车运用基础知识

（5）办理移动证　购车后，没有牌照的车辆是不能上路的。因此，在领取正式牌照之前，本地车只有办理了移动证才能上路行驶，外地车还应办"临时牌照"方能上路。车辆移动证需要到所在区、县的交通警察大队办理。须带手续有：身份证、购车发票；进口车还须带海关货物进口证明（或罚没证明书）、商检证明书；单位的车须带企业法人代码证和公章。

（6）办理保险　新车必须要办理保险，否则去车辆检测场验不了车、到机动车市场管理所领不了牌照。从2003年1月1日起，全国正式推行车险条款、费率改革。各大保险公司的服务内容和保险费率也不尽相同，更趋向个性化，车主要根据自身需求慎重选择保险公司及险种。另外，车险的手续也比过去复杂了一点。

车主需要提供的资料有：车主名称；车型；车辆的座位或吨位；发动机号；车架号。其中后几项可在新车合格证上找到。

在投保单上签字或盖章并交保险费后，就可以从保险公司得到一张正式的保险单。有了这张保险单，就可以去验车、领牌照，在1年之内就有人为你的爱车保驾护航了。

（7）车辆检验　验车时要根据车主的户口所在区、县和所买的是国产车还是进口车选择交通警察大队指定的检测场。

验新车时须带的材料有：车主身份证或企业法人代码证；汽车质量合格证、购车发票、购置附加费缴费凭证、占地证明、保险单。进口车须带海关货物进口证明（或罚没证明书）、商检证明书。

新车检测合格后，便可以领到由驻检测场交通警察签发的验车表。

（8）领取牌照　领牌照的机动车市场管理所就是管辖为车主验车的检测场的机动车市场管理所。

须带的手续有：购车发票、汽车质量合格证、身份证及以上3项的复印件、保险单、购置附加费缴费凭证、验车表；进口车还须带海关货物进口证明（或罚没证明书）和商检证明书；单位购车还须带"控办"证明、企业法人代码证，并须在机动车登记表上加盖单位公章。

领取牌照须本人亲自到场，在领回牌照的同时，车主还能领到"检"字和临时行车执照。临时行车执照替代行驶证使用，同时供下一步备案新车和办正式行驶证时使用。

（9）保险公司登记车牌号　尽快把新车车牌号通知保险公司是非常必要的，《机动车辆保险条款》中有规定：保险车辆必须有交通管理部门核发的行驶证和车牌号，否则本保险单无效。

（10）新车备案　新车领回牌照后，应先去备案，然后再办行驶证。单位车辆到所在区、县交通警察支（大）队集体办理。个人车辆的备案地点是所在地的安委会。备案时须带车主身份证和临时行车执照。

（11）办行驶证　领牌照的3日之后方可办理行驶证，需要准备两张新车照片，到相应的机动车市场管理所办理。须带的手续有：两张新车照片、临时行车执照、备案卡、车主身份证和养路费缴费凭证。

（12）新车建档　新车建档是在车主购置附加费征稽所进行，建档后，他们将在购置附加费证上加盖"已建档"的章。

（13）交车船使用税　新车领回行驶证后，应尽快去交纳车船使用税。

所需手续：购车发票、行驶证。

纳税时间：上牌照1个月内。

纳税地点：各区、县地方税务机关或大型汽车交易市场。

纳税税额：轿车每辆年税额为200元。

交完车船使用税后，车主可以领到一张有效期为一年的"税"字，把它贴在前风窗玻璃上。到此为止，与购买车辆有关的手续就全部办完了。

5．购车时应索取的凭证

（1）购车发票　购车发票是购车最重要的证明，同时也是汽车上户时必需的凭证之一，所以在购车时务必向经销商索要正规购车发票，并要确认其有效性。

（2）汽车质量合格证　汽车质量合格证是汽车的另一个重要的凭证，也是汽车上户时必备的证件。只有具有合格证的汽车才符合国家对机动车装备质量及有关标准的要求。

（3）三包服务卡　根据有关规定，汽车在一定时间和行驶里程内，若因制造质量问题导致的故障或损坏，凭"三包"服务卡可以享受商家的无偿服务。不过像灯泡、橡胶等汽车易损件不包括在内。

（4）车辆使用说明书　用户必须按照车辆使用说明书的要求合理使用车辆。若不按使用说明书的要求使用而造成的车辆损害，厂家不负责"三包"。使用说明书同时注明了车辆的主要技术参数和维护调校所必需的技术数据，是修车时的参考文本。

（5）其他文件或附件　有些车辆发动机有单独的使用说明书，有些车辆的某些选装设备有专门的要求或规定，这时消费者都要向经销商索要有关凭证。

6．购买进口新车时应注意事项

进入2004年以后，国内的进口汽车市场的竞争越来越激烈，由于中国汽车市场最近几年发展非常迅速，使得各种进口高档轿车纷纷在国内市场上亮相。

但随着国内进口汽车的数量和品种大幅度上升，有关进口汽车质量的纠纷也在不断增多。在购买进口新轿车时，应特别注意以下3点：

（1）购买符合中国规格的进口车　每个国家都有各自不同的气候、道路、燃油等特点。作为外国汽车厂商在生产车辆销往不同的国家和地区时，均会针对不同国家和地区的情况作些相应改进，以适合当地的使用状况。因此国内的消费者在购买进口车时一定要买符合中国规格的进口车，只有这些车才符合中国的使用条件和符合厂商的保修条件，并且不会出现因非中国规格车辆而买不到零配件的情形。

（2）查看新车手续　现在买车多是享受一条龙服务，尽管如此，车主仍要尽可能亲自参与买车程序，做到心中有数。不要为图省事，把一切都交给经销商去办。如检查轿车与其品牌是否相符；发动机号、车架号、产品合格证及出厂日期，这些都是标明一辆车"合法身份"的特征。查验进口单据，在购买进口车时，应仔细查验进口货物证明以及关税、增值税等各项应缴的税单。否则，买到了手续不全的进口车，一是质量无法保证，二是办理牌照时会因进口手续不全而无法上牌。

（3）购买有完善维修网点的进口车　现代轿车电子化程度高，并非所有汽车维修厂都能进行维修保养。国外汽车厂商对售出的车辆都有保修承诺，只有在厂商的特约维修站才能进行维修保养和索赔服务。因此消费者在选车型时，还要考虑其售后服务。只有这样才能无后顾之忧。

特别提示

了解购车的五个原则、提车时的注意事项、购买新车所需手续。

1.2.2　二手车的选购原则及方法

二手车又称旧车，在国外交易率很高，事实上，每年欧美市场的二手车交易量大大高出了新车市场,大多数年轻消费者更倾向于购买更加经济合算的二手车。但是以前我国对于家用轿车的定义似乎基本上局限在了新出厂的车型这一个方面,随着消费者消费目的和消费价值观的不断发展,近几年我国的二手车市场也开始逐渐升温。很多消费者受车价因素的影响,愿意购买二手车,这首先是因为新车价钱昂贵,而二手车比较便宜,尤其是企业淘汰下来的七八成新的二手车其价格一般只是新车价格的30%~50%;其次对于一些驾驶技术不成熟或用车率较高的车主来说,开二手车不必担心磕碰,照料起来也比较省心;第三,由于新车型的不断推出及价位的不稳定性,一些急于用车而又短时间不能选中满意车型的消费者,常会选择购买二手车。这样不但可以尽早享受到驾车之便,而且又可不必等待选择满意车型。

然而许多消费者由于缺乏经验;对车辆技术状况不甚了解,盲目购买二手车,结果上当受骗,由此引发的经济纠纷屡见不鲜。另外,二手车具有许多不确定因素,因此在选购二手车时不能操之过急,而应慎之又慎。

1. 如何对二手车进行检查

(1) 车辆手续的检查　按照有关规定,机动车辆自购回之日起1个月内,应到机动车辆管理机关办理申领牌证手续方可上路行驶。若所购的车辆证照不全,则有可能是私自改装、组装拼凑的车辆,另外转向盘右置的车辆或走私的车辆,这类车辆是办不了证照的。如若是证照遗失、多年未年检等原因导致证照不全,买了以后也要花一大笔费用来办证。

根据《中华人民共和国道路交通安全法》等法规规定,机动车辆必须参加年度检验,经检验合格后方可继续使用,否则不许使用。另外,未经安全检测和质量检测的各类机动车,质量无保证,按规定不予入户。

在道路上从事运输或兼营运输的机动车辆,必须按规定向国家缴纳养路费、工商行政管理费、营业税等税费。如果买下拖欠税费的车辆,那么这些拖欠的税费随车辆转移给新车主。

所以在买二手车前,首先要看清车辆出厂投入运营时间,应该何时报废,必要时可请有经验的维修人员路试和检验。要查验车主的身份证、车辆原始发票、车辆购置附加费(税)缴费证明、机动车行驶证、养路费缴费证明、年检证明及保险单等,必要时可与车主到车管部门逐一核实。

(2) 外观检查

① 车漆部分。

a. 漆色。新补的油漆,往往色彩不同于原车漆色,如果车开得年头比较长,补漆往往比较多,因而整个车身各个部位颜色都有差异,有时甚至找不出原车的漆色。

b. 车身平整度。特别是有大面积撞伤的部位,补腻子的面积比较大,在工人打磨腻子时往往磨不平,因而补过漆后,车身表面看上去如同微微的波浪一样凹凸不平。

c. 油漆质量。补过的漆往往有如下质量问题:丰满度不如原车的油漆;油漆表面有流痕;表面有不规则的小麻坑;表面有小麻点。

车辆成色越好,上述质量问题越少。

② 车门部分。从车门框B柱来观察是否呈现为一直线,若无波浪形,表示此车无大问题;再从车门查看,在未打开车门时,可先看车门接缝处是否平整,如果接合的密合度自然平整,表示此车无大毛病,但不能就此断定此车没问题,可以再打开车门来详细查看A、B、C柱,也就是观察车门框是否呈一线,如果不平整,有类似波浪的形状,表示此车经过钣金修理。也可将黑色的水胶条揭开来看是否平整,车门附近是否留有原车接合时的铆钉痕迹,如果留有痕迹,表示此车为原厂车,否则表示此车烤过漆。最后可来回开关车门检查车

门开启的顺畅度，无异响或开启时极为顺手，表示此车无大问题。

③ 引擎盖和行李厢部分。前后盖更换则要更小心检查，通常引擎盖更换代表撞击后引擎盖产生卷曲，金属产生卷曲要用钣金技术整平极为困难，所以才会更换引擎盖，若发现更换引擎盖则下一步必须更仔细地检查散热器架是否有切焊或换新，是否因为撞击力道过强导致车头溃缩，同理，后厢盖更换也有可能是因为来自后方撞击力道过大产生溃缩。这种原因流入二手车市的车辆，通常维修会采用包修的做法将车辆修到尽量恢复原状即脱手，所以别期望修好的车没问题，安全性没办法保证。查看行李厢开口处左右两边的钣金件或与后保险杠接合处时，可先翻开行李厢下的地毯，检查该处有无烧焊痕迹，虽然现在的钣金技术已经非常先进，但只要细心观察还是能够分辨出是否进行过钣金维修，这一点非常重要，如果车辆维修得比较粗糙，可能存在下雨天行李厢漏水的问题。

④ 底盘部分。检查轮胎磨损程度，可能的话实际试车，感觉行驶时打方向的感觉，从而判断该车车轮定位及转向系统和悬架部分中各球头的好坏。另外通过简单的驾驶还能判断该车离合器及变速器或自动变速器的性能。通过目视检查减振器是否漏油，用手由上向下按压车身，体会减振器阻尼作用的好坏。

（3）内饰检查

① 坐椅及地毯。坐椅松动和严重磨损、凹陷，此时应该进行维修。从地毯磨痕可推断出汽车使用频繁程度，新地毯更要注意检查真实车况。

② 打开空调，观察冷气和暖气是否良好，同时注意体会在压缩机运转时是否伴随异常噪声和车身的严重抖动。

③ 一般来说，汽车每年行驶2万～3万千米左右，累积里程表过低不一定是好现象，里程表有可能被更改过。

④ 检查仪表板和汽车外部所有灯光及控制系统是否完好。

⑤ 现代轿车配备多种电子设备，注意观察发动机故障灯、气囊灯、ABS灯及其他报警灯是否在车辆着车后长时间不熄灭，或在打开点火开关后根本不亮，这些都表明故障存在。

⑥ 检查驻车制动是否好用。

（4）发动机罩检查

① 外观。仔细查看与翼子板的密合度或发动机留有的缝隙是否一致，不要有大小不一的情形，发动机与风窗玻璃之间的间隙是否一致或留有原车的胶漆，这些都是检查的重点。

② 内部。发动机罩内的检查更是重点中的重点，打开发动机罩后，先检查其内侧，如果有烤过漆的痕迹，表示这片盖板碰撞过，因为一般人不会在这个地方乱烤漆，原因是它不具有美观的价值。然后检查发动机前部的端框，该部件往往是固定散热器和冷凝器的，同时它还是前照灯定位和调整的基准，所以非常重要。

（5）试驾操作

① 灯光。转动钥匙至2挡开关，检视仪表板指示灯是否正常（带ABS的车应有显示）。

② 离合器。发动机启动时，油压灯和蓄电池灯应熄灭。踩动离合器注意噪声，以确定离合器分离轴承是否破损；转入4挡及拉驻车制动，慢慢放松离合器，如离合器状况良好，发动机应立刻停止工作。

③ 转向。检查转向器时，可以在原地把转向盘从左到右打满，待回位后再从右至左打到头，看两次的圈数是否一致。还可以将车启动后检查：方法是确定一个参照物，把方向打满，从左至右转一圈，再反回来，看是否回到参照物处，如未回到原处，则证明转向盘有问题，或是受撞击后变形了。启动车后还可以看看转向盘回位是否良好，也就是说方向打到

头,不用手动转向盘看车子是否能自动回到直线行驶。

④ 发动机。发动机的好坏只能凭感觉鉴定。一般来讲,声音清脆而且节奏感强的就是好机器,但也有的车在设计时发动机的响声就闷。发动机的声音不能乱。另外,还应看看发动机机舱内的走线是否整齐。在蓄电池上应该只有两条总线走出。

⑤ 倒车。倒车时变速器应无异响,发动机发出的声音应具有连续性。有的车在倒车时会有"咯噔咯噔"的声音,且车子也随之一振一振的,这可能是球头松动的缘故。

⑥ 制动。试制动的时候最好能找一处行人和车辆较少的地方。在车速提起来后再踩制动,看车轮是否被抱死,一脚制动是否有效,等等。在试完制动后,还应检查驻车制动,方法是在路上找一个小坡道,在踩住制动的同时,拉起驻车制动。驻车制动应该很有弹性地拉起三四个齿时就能使车停住。但还得有两个齿的余量可以再拉紧,并在松驻车制动时不用费力。另外在试制动时,观察其停车距离,是否有侧滑、跑偏等现象。

⑦ 异常抖动。正常的车辆在启动发动机后,无论是暂停状态,还是行车中,车身都应保持平稳状态。如果消费者发现要买的车辆有不正常的抖动发生,则表示该车的某部分可能产生问题。例如:急速时车身抖动,则表示发动机部位有问题;行驶时发现转向盘有抖动现象,则为轮胎部分有问题,可能要做前轮定位。这些异常抖动的情况,如果问题不大,则较易解决,但如果情况严重,则极易威胁到车辆本身的安全。

⑧ 减振系统。车辆减振系统的好坏,对该车在行驶中的舒适性有很大影响,因此在试车时,可特意将车辆开到不平的路段,以测试其减振系统。如果减振不佳,坐在车内便会有强烈的颠簸感,车辆的舒适性自然大打折扣。还要注意行驶在这种路面时,车身是否有杂音及异音产生,并注意确定是从何处发出来的,以此来判断该车各部位可能出现的问题。

⑨ 试行各种路面。只在一般的道路上驾驶,无法判断车辆的真正状态如何。因此在试车时,最好能在各种路况上行驶。如颠簸的路、多弯道的路、上坡、下坡等,以实际的驾车感受,体验该车的各种性能,并体会这部车开起来是否顺手,或是否易操控。一旦发现该车有不正常的地方或驾驶困难,则最好考虑更换其他车辆,否则,购买后开起来也会遇到同样的麻烦。

⑩ 异常气味。车辆行驶时,该车的各个机件也会跟着运转,如果此时闻到车内或车外有异常的气味,且能确定是该车本身的问题时,则表示此车某个部位有问题。例如:闻到焦味,可能是发动机室内的电线有烧焦的现象,或传动带、制动蹄片因严重磨损而产生焦味;如果闻到汽油味,则可能是发动机油底壳破损漏油,或是输油管、油箱部分有漏油的现象,因此在车内就会闻到浓浓的汽油味,无论是哪一种因素导致的,其对车辆本身都具有潜在的危险性,因此车主在购买前要多加考虑。

2.旧车过户相关规定

车辆所有权变更须按以下规定办理过户手续。过户后使用不足半年,不准再次出售过户。

① 所有旧机动车,须由原车主到指定的机动车检测场经车辆检验合格,在其行车执照上加盖"售前检验合格章"后方准出售。

② 公车须持旧机动车交易市场发票和该车行车执照,由新车主填写过户审批申请表,盖单位公章办理过户手续。单位出售或购买控购车辆,须持有批准手续,新车主单位按规定交纳专项控制商品附加费后方准办理过户手续。

③ 私人机动车,须持旧机动车交易市场发票,新车主填写过户审批申请表并签名盖章,持新车主身份证(户口簿)及其复印件,一寸免冠照片办理过户手续。

④ 直系亲属之间过户,凭双方户口簿或双方单位证明信,证实确属直系亲属的可不经

交易市场。填写过户审批申请表,经审查无误即可直接办理过户手续。

特别提示

掌握二手车的检查方法和过户手续。

知识链接　新车船税法解读

十一届全国人大常委会第十九次会议表决通过了《中华人民共和国车船税法》,该法自2012年1月1日起施行。2006年12月29日国务院公布的《中华人民共和国车船税暂行条例》同时废止。

车船税法规定乘用车车船税按排气量划分为七档征收。1.0L(含)以下的乘用车年基准税额为60元至360元;1.0L以上至1.6L(含)的年基准税额为300元至540元;1.6L以上至2.0L(含)的年基准税额为360元至660元;2.0L以上至2.5L(含)的年基准税额为660元至1200元;2.8L以上至3.0L(含)的年基准税额为1200元至2400元;3.0L以上至4.0L(含)的年基准税额为2400元至3600元;4.0L以上的年基准税额为3600元至5400元。

乘用车是指核定载客9人或9人以下的小型客车。据统计,目前2.0L及以下乘用车占我国乘用车总数的87%左右。有关专家表示,这样2.0L及以下乘用车的名义税负不会增加,存量车船的车船税收入与原来收入基本持平。

小　　结

本章介绍了汽车的分类标准、汽车产品型号编制规则、车辆识别代码以及选购新车和二手车的原则方法。学完之后要重点掌握车辆识别代码以及选购新车、二手车的原则。

思考与练习

1. 简单说出汽车的分类。
2. 汽车型号编制规则是什么?车辆识别代号是什么?
3. 新车和二手车的选购原则是什么?

 # 第2章　汽车使用性能

【学习目标】

能力目标	知识目标
1.能通过汽车参数和曲线来说明不同汽车动力性、经济性的区别。在汽车使用过程中会通过驾驶和使用技巧来使动力性得到最大限度发挥、使油耗最低；	1.掌握汽车动力性、经济性的评价指标，了解与动力性、经济性有关的专业术语；知道动力性、经济性的影响因素及提高措施；
2.会对不同车辆在各种路面上的行驶制动情况做简要分析；能解决使用条件改变而引起的汽车转向特性变化；	2.掌握制动性的评价指标、制动过程中三力的关系、理想和实际制动器制动力分配特点；掌握汽车转向特性的分类、各自特点和影响因素；了解制动性、操纵稳定性的影响因素及提高措施；
3.能说明平顺性和通过性的评价指标及各指标的含义，知道怎样提高平顺性和通过性。	3.掌握 ISO 2631—1997E 标准；了解怎样通过改进悬架结构来提高平顺性；掌握通过性评价指标的结构参数，了解怎样提高通过性。

 ## 2.1　概述

汽车的使用性能是评价汽车的基础。和其他产品类似，汽车的使用性能也大致可分为三类：对自然环境条件的适应性、技术经济性以及劳动保护性能。

2.1.1　对自然环境条件的适应性

这类性能与是否能保证运输要求有关，主要有动力性、通过性、操纵性等。

1.动力性

动力性是指汽车在良好直线路面上直线行驶时由汽车受到的纵向外力决定的、所能达到的平均行驶速度。汽车的动力性能用最高车速、加速时间和最大爬坡度来衡量。

2.通过性

通过性是指汽车能以最高的平均速度通过各种坏路和无路地带及各种障碍的能力。通过性大致可从两方面来考虑。

（1）汽车支承通过性　在潮湿和松软地面上，汽车易发生下陷、车轮严重打滑等现象，影响汽车的正常作业。在潮湿松软地面上附着性差、滚动阻力大。当汽车的附着力小于其牵引载荷与滚动阻力之和时，汽车列车就无法作业；当附着力小于滚动阻力时，空车也无法通过。汽车在潮湿松软地面上的通过性又称支承通过性。目前，常采用牵引系数、牵引效率及燃油利用指数来评价。

（2）汽车几何通过性　由于汽车与地面间隙不足被地面托住而无法通过的情况，称为间隙失效。当车辆中间底部的零件碰到地面而被顶住时，称为顶起失效；当车辆前端或尾部触及地面而不能通过时，则分别称为触头失效和托尾失效。与几何通过性有关的汽车整车几何尺寸，称为汽车通过性的几何参数。这些参数包括最小离地间隙 h、纵向通过角 β、接近角 γ_1、离去角 γ_2、最小转向半径 R_H 等，见图2-1。

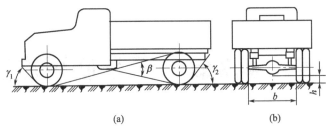

图 2-1 汽车的通过性几何参数

h—最小离地间隙；b—两侧轮胎内缘参数；γ_1—接近角；γ_2—离去角；β—纵向通过角

3. 操纵性

操纵性是指汽车能否按驾驶人的意图沿给定方向行驶的性能。它可用直线行驶性和最小转向半径来衡量。

直线行驶性可用不加操纵情况下直线行驶一定距离后汽车偏离原定方向的偏移量来衡量。汽车直线行驶性较差时驾驶人须经常纠正行驶方向，产生过度疲劳；转向机构因此也易磨损。

最小转向半径是指转向盘（旧称方向盘）转至极限位置时从转向中心到前外轮接地中心的距离。它是机动性的主要指标，对通过性有很大意义。因为它在很大程度上表征了汽车能够通过狭窄弯曲地带或绕开不可越过的障碍物的能力。

2.1.2 技术经济性

汽车的技术经济性主要用生产率、燃油经济性和可靠性与耐用性来表示。

1. 生产率

汽车的生产率用单位时间内完成的运输吨公里数来表示。生产率的大小与汽车的行驶速度、装载质量和道路条件等有关。

2. 燃油经济性

燃油经济性可用百公里油耗来衡量。油耗包括燃油消耗和全损耗系统用油消耗。燃油消耗用满载时每公里所耗燃油量来表示，全损耗系统用油消耗量常用占燃油消耗量的百分比来表示。

3. 可靠性与耐用性

汽车的可靠性用在一定行驶路程内发生的零部件损坏及故障的性质、严重程度、次数等来衡量。耐用性用主要零部件需更换（或修理）时已使用的时间来衡量。

汽车的可靠性与耐用性好，不仅可保证正常出车，提高生产率，而且可减少维修费用，延长使用寿命；延长使用寿命又可减少折旧费。

影响汽车技术经济性的还有维护保养方便性等。维护保养方便性好，则用于技术保养、零部件拆装的工时少。

2.1.3 劳动保护性

劳动保护性是指驾驶人工作的安全性和使驾驶人的身体健康不受损害的性能。它主要包括汽车的舒适性、稳定性、制动性和驾驶室的牢固程度等。

1. 舒适性

随着经济发展和社会文明进步，人们愈来愈关心自身工作和生活环境的质量，因而汽车舒适性问题就自然地被人们所关注。同时，从提高工作效率和降低事故发生率的要求出发，汽车乘坐及工作环境也必须具有一定的舒适性。

第2章 汽车使用性能

汽车舒适性是指为乘员提供舒适、愉快的乘坐环境和方便安全的操作条件的性能。汽车舒适性包括：汽车平顺性、汽车噪声、汽车空气调节性能、汽车乘坐环境及驾驶操作性能等。它是现代高速、高效率汽车的一个主要性能。

汽车平顺性就是保持汽车在行驶过程中乘员所处的振动环境具有一定舒适度的性能。对于载货汽车还包括保持货物完好的性能。汽车行驶时，由于路面不平等因素引起汽车的振动，振动影响人的舒适、工作效率和身体健康，并影响所运货物的完好；振动还在汽车上产生动载荷，加速零件磨损，导致疲劳失效。因此减少汽车振动是汽车平顺性研究的主要问题。

汽车噪声造成环境污染，影响乘员舒适。随着环保要求日趋严格，研究汽车上主要噪声源特性、传递途径、降噪措施已成为汽车理论不可缺少的内容。噪声主要用分贝值等来衡量。

汽车空气调节性能是指对车内空气的温度、湿度、粉尘浓度实现控制调节，使车室内空气经常保持使乘员舒适状态的性能。汽车空调是改善工作条件、提高工作效率的重要手段。

汽车乘坐环境及驾驶操作性能是指乘坐空间大小、座椅及操纵件的布置、车内装饰、仪表信号设备的易辨认性等。

随着现代文明的进程，汽车越来越多地介入了社会的各个方面，成为与人们工作和生活紧密相关的、大众化的产品，汽车作为"活动房间"的功能日趋完善。与汽车其他性能不同，汽车舒适性各方面的评价都与人体主观感觉直接相关。

2. 稳定性

稳定性是指汽车在行驶过程中，具有抵抗改变其行驶方向的各种外界干扰，并保持稳定行驶而不失去控制，甚至翻车或侧滑的能力。稳定性好坏直接影响操纵性，因此通常统称为操纵稳定性。

汽车稳定性的丧失表现为汽车的翻倾或滑移。随着翻倾或滑移的方向不同可分为纵向与横向稳定性。由于侧向力（重力的侧向分力、侧向风形成的侧向力等）的作用而发生横向稳定性破坏的可能性较大，也更为危险。图2-2为汽车在横向坡道上转向时的受力图。

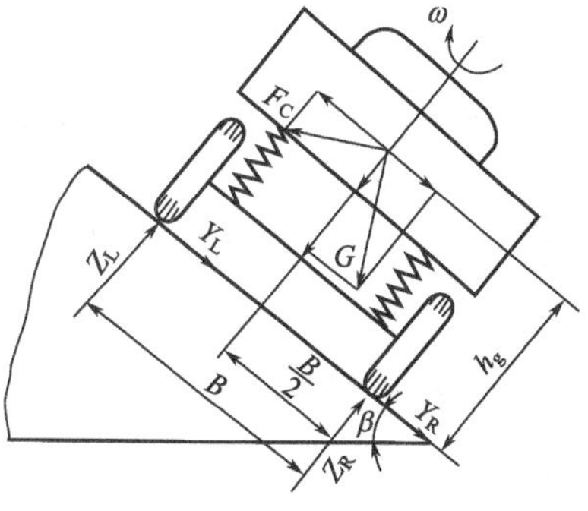

图2-2 汽车在横向坡道上转向时的受力图

3. 制动性

汽车的制动性是指在给定的坡道上能制动住以及在较短的距离内能制动至停车且维持行驶方向稳定的性能。如果制动性好，则汽车在较大坡度的道路上行驶以及在平地上进行高速行驶时皆较安全。

4. 驾驶室的牢固程度

如果驾驶室的强度和刚度好，则当汽车发生翻倾事故时，仍能保证驾驶人的人身安全。

因此，有些国家对驾驶室的强度和刚度都提出一定要求，驾驶室需进行撞击试验和翻车试验。

不同类型的汽车其使用性能要求是不同的，如越野车对通过性要求较高，而轿车则对最高车速等动力性要求甚高。上述各种使用性能是评价汽车的一般要求。在设计、使用和试验中，必须根据汽车的用途、工作环境等具体情况，分清主次，全面地进行衡量。

为了提高汽车的燃油经济性，世界各汽车制造商大力开发研制有关节能技术。在整车上，美国通用公司采用减小外形尺寸来减轻整车质量；而福特汽车公司则通过提高铝等轻合金以及塑料等氧化树脂材料的使用率，达到减轻汽车质量的目的。在整车布置上，采用发动机前置前轴驱动方式或发动机后置后轴驱动方式等，通过直接传动驱动轴，以提高传动效率，同时减小传动系统的质量；为了减小发动机的空间和质量，采用V形4缸机、V形6缸机。奔驰、奥迪开发的直列5缸机，日本开发的直列3缸机等都是针对节能问题而开发的。由此降低比质量（单位输出功率的整车质量），有效地改善了燃油经济性。再如，随着社会经济的发展，汽车保有量急剧增加，交通事故也大幅度增加。为提高汽车行驶的安全性，各汽车公司纷纷研究汽车的积极安全措施，开发安全带、安全气囊等被动安全装置。

如果说20世纪前期是发明了汽车的基本结构，那么20世纪后期直到现在，汽车的发展主要是提高性能以与人类社会的要求相协调。汽车理论学科也就随着汽车结构的改进和新型式的出现而有所发展。例如，由于铰接式汽车的出现，促使对这种具有特殊结构形式的汽车的运动学和动力学进行研究。随着汽车行驶速度的提高，以及对安全性、舒适性等问题的重视，对振动、操纵的动态稳定性进行了研究；随着电子计算机和电子技术的发展，自动变速、无级变速及自动防抱死理论与实践得到了发展。又如在发动机控制领域，开发研制出了一系列执行器，利用高的演算精度和复合判断机能实现了多自由度控制系统，从而构成了最大限度地发挥整车运动性能的复合控制系统。

特别提示

汽车的使用性能主要有动力性、燃油经济性、制动性、操纵稳定性、平顺性、通过性等。

2.2 汽车动力性

汽车动力性是指汽车在良好路面上直线行驶时，由汽车受到的纵向外力决定的所能达到的平均行驶速度。作为一种高效率的运输工具，其运输效率高低在很大程度上取决于汽车的动力性。动力性是汽车各种性能中最基本、最重要的性能。

2.2.1 汽车动力性评价指标

汽车平均行驶速度是评价汽车动力性的总指标，从这一观点出发，汽车动力性的评价指标主要是：汽车的最高车速 u_{amax}、汽车的加速时间 t 和汽车的最大爬坡度 i_{amax}。

1. 汽车的最高车速

汽车的最高车速是指在水平良好的路面（水泥或沥青）上汽车能达到的最高行驶车速。

我国对汽车最高车速的试验测定有相关的标准来明确规定。测试时，车辆装载质量应为厂定最大装载质量，装载质量应均匀分布、固定牢靠。轮胎冷充气压应符合试验车辆技术条件规定，误差不超过10kPa。气象方面，应是无雨无雾天气，相对湿度小于95%，气温0～40℃，风速不大于3m/s。试验道路应为清洁、干燥、平坦的沥青或混凝土铺装的直线道路，长度2～3km，宽度不小于8m，纵向坡度在0.1%以内。

试验时，在规定路面上选200m长度为测量路段，测量路段两端为加速区间。试验车辆关闭门窗，在加速区间以最佳加速状态行驶，在到达测量路段保持变速器（及分动器）在汽车设计最高车速的相应挡位，油门全开，使试验车辆以最高稳定车速通过测量路段。试验往返各进行一次。测定汽车通过测量路段的时间。

2. 汽车的加速时间

汽车的加速时间表示汽车的加速能力，它对平均行驶车速有着很大影响，特别是轿车对加速时间更为重视。常用原地起步加速时间与超车加速时间来表明汽车的加速能力。原地起步加速时间是指汽车由一挡或二挡起步，并以最大的加速强度（包括选择恰当的换挡时机）逐步换到最高挡后到某一预定的距离或车速所需的时间。轿车常用 0～100km/h 所需的时间来表明加速能力的,也有用加速过程曲线即车速-时间关系曲线全面反映加速能力的。超车加速时间是指用最高挡或次高挡由某一较低车速全力加速至某一高速所需的时间。因为超车时汽车与被超车辆并行,容易发生安全事故,所以超车加速能力强,并行行程短,行驶就安全。

3. 汽车的最大爬坡度

汽车的上坡能力是用最大爬坡度 i_{amax} 表示的。显然,最大爬坡度是指汽车满载时用变速器最低挡位在良好路面上等速行驶所能克服的最大道路坡度。轿车最高车速大,加速时间短,经常在较好的道路上行驶,一般不强调它的爬坡能力;但为了保证其良好的加速能力,发动机功率应较大,故其爬坡能力自然较强。货车要在各种地区的各种道路上行驶,所以必须具有足够的爬坡能力,一般其 i_{amax} 在 30% 即 16.7°左右。越野汽车要在坏路或无路条件下行驶,因而爬坡能力是它一个很重要的指标,它的最大爬坡度可达 60% 即 31°左右。

> **特别提示**
>
> 汽车动力性的评价指标是最高车速 u_{amax}、加速时间 t、最大爬坡度 i_{amax}。

2.2.2 汽车的驱动力和行驶阻力

汽车行驶过程中,受到各种行驶阻力的作用。因此,为了保证汽车的正常行驶,必须有一定的驱动力,以克服各种行驶阻力。根据这些力的平衡关系建立汽车行驶方程式,就可以估算汽车的最高车速、加速度和最大爬坡度。

汽车的行驶方程式为

$$F_t = \Sigma F = F_f + F_w + F_i + F_j$$

式中 F_t——驱动力;
ΣF——行驶阻力之和;
F_f——滚动阻力;
F_w——空气阻力;
F_i——坡度阻力;
F_j——加速阻力。

驱动力是由发动机的转矩经传动系统传至驱动轮上得到的。行驶阻力有滚动阻力 F_f、空气阻力 F_w、坡度阻力 F_i 和加速阻力 F_j。现在分别研究驱动力和这些行驶阻力,并最后将 $F_t = \Sigma F$ 具体化,以便研究汽车的动力性。

1. 汽车的驱动力

汽车发动机产生的转矩经传动系统传至驱动轮,驱动轮便产生一个作用于地面的圆周力 F_0,地面则对驱动轮作用一个反作用力 F_t,F_t 与 F_0 大小相同,方向相反,如图 2-3 所示,即是驱动汽车的外力,称为汽车的驱动力,其数值为

$$F_t = \frac{T_t}{r}$$

式中 T_t——用于驱动轮上的转矩;
r——车轮半径。

作用于驱动轮上的转矩 T_t 是由发动机产生的转矩经传动系统传至车轮上的,由传动过程可知

$$F_t = \frac{T_{tq} i_g i_0 \eta_T}{r}$$

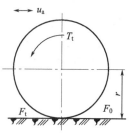

图 2-3 汽车的驱动力

式中 T_{tq}——发动机转矩;
i_g——变速器的传动比;
i_0——主减速器的传动比;
η_T——传动系的机械效率。

下面对驱动力的影响因素作简要分析并画出汽车的驱动力图。

(1) 发动机转矩 求解汽车动力性的主要指标最重要的依据之一是驱动力随车速的变化关系,这一关系依从于发动机转矩与其转速的变化关系,即发动机的速度特性。如将发动机的功率 P_e、转矩 T_{tq} 以及燃油消耗率 b_e 与发动机曲轴转速 n 之间的函数关系以曲线表示,则此曲线称为发动机速度特性曲线。如果加速踏板位置最大,即发动机节气门全开(或高压油泵调速手柄在最大供油量位置),则此速度特性曲线称为发动机外特性曲线;如果节气门部分开启(或部分供油量位置),则称为发动机部分负荷速度特性曲线。

图 2-4 为一台汽油发动机外特性中的功率与转矩曲线。n_{min} 为发动机的最小稳定工作转速,随着发动机转速增加,发动机发出的功率和转矩都在增加,最大转矩 T_{tqmax} 时的发动机转速为 n_{tq},再增加发动机转速时,T_{tq} 有所下降,但功率继续增加,一直到最大功率 P_{emax},此时发动机转速为 n_p;继续增加转速时,功率下降,允许的发动机最高转速为 n_{max}。

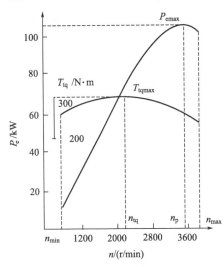

图 2-4 汽油发动机外特性中的功率与转矩曲线

如转矩 T_{tq} 的单位为 N·m,功率 P_e 的单位为 kW,转速 n 的单位为 r/min,则功率与转矩有如下关系

$$P_e = \frac{T_{tq} n}{9550}$$

发动机制造厂提供的发动机外特性曲线,是在实验室的试验台上只带发动机运转所必需附件,而未带发电机等附件的条件下测得的。带上全部附件设备时的发动机特性曲线称为使用外特性曲线。使用外特性曲线的功率小于外特性曲线的功率。一般汽油发动机使用外特性的最大功率比外特性的最大功率约小 15%;货车柴油机的使用外特性最大功率约小 5%;轿车与轻型汽车柴油机约小 10%。

还应指出,发动机的台架试验是在发动机各种工况相对稳定(即水温、机油温度在规定的范围内),发动机转速稳定情况下测得的。而在实际使用时,发动机工况是不稳定的,驾驶员为了适应行驶工况的需要不断改变节气门开度。例如汽车在加速工况下,发动机节气门迅速增大,曲轴在转速连续由低到高的变化过程中工作,此时发动机热状况和可燃混合气的浓度等都与台架试验时不同,这时发动机能提供的功率一般比台架试验的功率小 5%~8%。由于对变工况下发动机特性研究不够,且与稳态工况数值相差不大,所以在动力性计算中,一般仍用稳态工况时发动机台架试验所测得的使用外特性中的功率和转矩曲线。

为了便于计算,常采用多项式来描述由试验台测得的、接近于抛物线的发动机转矩曲线。

$$T_{tq} = a_0 + a_1 n + a_2 n^2 + \cdots + a_k n^k$$

式中,系数 a_0、a_1、a_2、$\cdots$、a_k 可由最小二乘法来确定;拟合阶数 k 随特性曲线而异,一般在 2、3、4、5、$\cdots$ 中选取。

(2) 传动系统的机械效率 发动机产生的功率 P_e，经传动系统传至驱动轮的过程中，必须克服传动系统各部件的摩擦，因而消耗一部分功率，这部分损失功率称为传动系统的功率损失 P_T，P_T 由传动系统的部件（变速器、传动轴、万向节、主减速器等）功率损失所组成。其中变速器和主减速器的功率损失所占比重最大。传动系统的机械效率为

$$\eta_T = \frac{P_e - P_T}{P_e} = 1 - \frac{P_T}{P_e}$$

传动系统功率损失可分为机械损失和液力损失两大类。机械损失是指齿轮传动副、轴承、油封等处的摩擦损失。机械损失与啮合齿轮的对数、传递的转矩等因素有关，也受制造和装配质量的影响。液力损失与润滑油的黏度（黏度取决于润滑油的品种和温度）、箱体内的油面高度以及齿轮等旋转零件的转速有关。

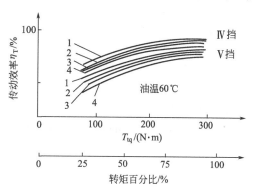

图 2-5 解放牌 4t 载货汽车 CA10B 变速器在Ⅳ挡、Ⅴ挡工作时的传动效率
1—1200r/min；2—1600r/min；
3—1900r/min；4—2200r/min

传动系统的效率是在专门的试验台上测得的。图 2-5 为解放牌 4t 载货汽车 CA10B 变速器在Ⅳ挡、Ⅴ挡工作时的传动效率。试验结果表明，在Ⅳ挡（直接挡）工作时，啮合的齿轮并没有传递转矩，因此比Ⅴ挡（超速挡）时的传动效率要高。同一挡位转矩增加时，润滑油损失所占比例减少，传动效率较高。同一挡位、同一转矩下，转速低时搅油损失小，传动效率比转速高时要高。

对于变速器所有的挡位来说，较高的挡位，传动效率也较高，直接挡的传动效率最高，所以尽可能采用高速挡行驶，最好为直接挡。

传动效率因受到多种因素的影响而有所变化，但对汽车进行一般动力性分析时，可把它看作一个常数。表 2-1 为传动系统各部件的传动效率。

表 2-1 传动系统各部件的传动效率

部件名称	$\eta_T/\%$	部件名称	$\eta_T/\%$
4～6 挡变速器	95	单级减速主减速器	96
副变速器或分动器	95	双级减速主减速器	92
8 挡以上变速器	90	传动轴和万向节	98

传动系统效率等于各总成传动效率的乘积。一般对汽车进行动力性分析时，对采用非无级机械变速器传动系统的轿车，其传动效率可取为 0.9～0.92；货车、客车及越野汽车的传动系统有多种组合方式，可按表 2-1 推荐的数值来估算整部汽车的传动效率。

(3) 车轮的半径 汽车普遍采用弹性充气轮胎，其在径向、切向和横向均有弹性，故车轮半径会因受力和运动状态的不同而不同。

自由半径：车轮处于无载时的半径。

静力半径：汽车静止时，车轮中心至轮胎与路面接触面间的距离，以 r_s 表示。由于径向载荷的作用，轮胎发生显著变形，所以静力半径小于自由半径。

滚动半径：车轮中心到车轮运动瞬心的距离。以车轮转动圈数与实际车轮滚动距离之间的关系来换算，则可求得车轮的滚动半径 r_r 为

$$r_r = \frac{S}{2\pi n_w}$$

式中 n_w——车轮转动的圈数；

S——转动 n_w 圈时车轮滚过的距离。

显然，对汽车作动力学分析时，应该用静力半径 r_s；而作运动学分析时，应该用滚动半径 r_r。但一般常不计它们的差别，统称为车轮半径 r，即认为 $r_r \approx r_s \approx r$。

静力半径 r_s 可用下式估算

$$r_s = 0.00254\left[\frac{d}{2} + b(1-\lambda)\right]$$

式中 d——轮辋直径；

b——轮胎断面宽度；

λ——轮胎变形系数，轿车 $\lambda=0.12\sim0.14$，载货汽车、客车 $\lambda=0.10\sim0.12$，超低压胎 $\lambda=0.12\sim0.18$。

(4) 汽车的驱动力图　汽车驱动力 F_t 与车速 u_a 之间的函数关系曲线，即 F_t-u_a 图，称为汽车驱动力图。

在发动机的外特性曲线、传动系统的传动比、传动效率、车轮半径等参数已知后，即可用式

$$F_t = \frac{T_{tq} i_g i_0 \eta_T}{r}$$

求出各个挡位的 F_t 值，再根据发动机转速与汽车行驶速度之间的转换关系求出 u_a。由此作出各个挡位的 F_t-u_a 曲线。发动机转速与汽车行驶速度之间的关系式为

$$u_a = 0.377\frac{rn}{i_g i_0}$$

式中 u_a——汽车行驶速度，km/h；

n——发动机转速，r/min；

r——车轮半径，m；

i_g——变速器传动比；

i_0——主减速器传动比。

对应不同的挡位，有不同的驱动力曲线。图 2-6 是具有五挡变速器的某客车驱动力图。

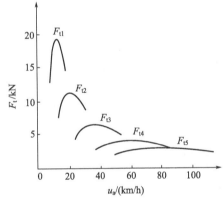

图 2-6　五挡变速器的某客车驱动力图

由于驱动力图中的驱动力是根据发动的外特性求得的，因此它是使用各挡位时驱动力最大值随车速变化的规律。实际行驶中发动机常在节气门部分开启下工作，相应的驱动力要比它小。

特别提示

汽车驱动力的公式为 $F_t = \dfrac{T_{tq} i_g i_0 \eta_T}{r}$；车速的公式为 $u_a = 0.377\dfrac{rn}{i_g i_0}$

2.汽车的行驶阻力

汽车在水平道路上直线等速行驶时，必须克服来自地面的滚动阻力和来自空气的空气阻力。滚动阻力以符号 F_f 表示，空气阻力以 F_w 符号表示。当汽车在坡道上，直线上坡行驶时，还必须克服重力沿坡道的分力，称为坡度阻力，以符号 F_i 表示。汽车直线加速行驶时，还需要克服加速阻力，以符号 F_j 表示。因比，汽车行驶的总阻力为

$$\sum F = F_f + F_w + F_i + F_j$$

上述各阻力中，滚动阻力和空气阻力始终作用于行驶的汽车上，坡度阻力和加速阻力仅

在相应行驶条件下存在。在水平道路上等速行驶时就没有坡度阻力和加速阻力。汽车下坡时，F_i 为负值，这时汽车重力沿路面方向的分力已不是汽车的行驶阻力，而是动力。汽车减速行驶时，惯性作用力是使汽车前进的力，此时 F_j 也为负值。

（1）滚动阻力　按力学上定义力的概念，滚动阻力不是力，它是指车轮在路面上滚动时，由于轮胎与路面的相互作用而引起的能量损失。这些能量损失可用滚动阻力系数来概括其总效应。滚动阻力系数与路面种类、行驶车速以及轮胎的结构、材料、气压等有关，由试验确定。汽车用同一轮胎在不同路上以中低速行驶试验所得到的滚动阻力系数，如表 2-2 所示。

表 2-2　滚动阻力系数

路面类型	滚动阻力系数	路面类型	滚动阻力系数
良好的沥青或混凝土路面	0.010～0.018	雨后压紧土路	0.050～0.150
一般的沥青或混凝土路面	0.018～0.020	泥泞土路	0.100～0.250
碎石路面	0.020～0.025	干砂路面	0.100～0.300
良好的卵石路面	0.025～0.030	混砂路面	0.060～0.150
坑洼的卵石路面	0.030～0.050	结冰路面	0.015～0.030
干燥的压紧土路	0.025～0.035	压紧雪道	0.030～0.050

特别提示

轮胎的弹性迟滞损失表现为阻碍车轮滚动的一种阻力偶矩，滚动阻力是定义的力，在受力图上不存在，滚动阻力 $F_f=Wf$。

（2）空气阻力　汽车行驶时所受的空气作用力在行驶方向上的分力称为空气阻力。汽车在空气介质中运动，空气介质本身也有运动，空气阻力的方向并不一定与汽车行驶方向相反。

空气阻力分为摩擦阻力和压力阻力两部分。摩擦阻力是由于空气的黏性在车身表面产生的切向力在行驶方向上的分力。压力阻力是作用在汽车外形表面上的法向压力在行驶方向上的分力，压力阻力分为形状阻力、干扰阻力、内循环阻力和诱导阻力四部分。形状阻力是指汽车形状引起的阻力，与车身主体形状有关；干扰阻力是车身表面上一些如把手、后视镜、引水槽、驱动轴等突起物而引起的阻力；内循环阻力为发动机冷却系统以及车身通风等所需要的空气在车体内部流动时形成的阻力；诱导阻力是汽车行驶时的空气升力在行驶方向上的分力。在一般轿车的空气阻力中，形状阻力占 58%，干扰阻力占 14%，内循环阻力占 12%，诱导阻力占 7%，摩擦阻力占 9%。

空气阻力是真实存在的力，用符号 F_w 来表示，单位为 N。计算公式如下：

$$F_w=\frac{C_D A v_a^2}{21.15}$$

式中　C_D——空气阻力系数；

　　　A——迎风面积，m^2；

　　　v_a——汽车与空气的相对速度，一般取汽车的行驶速度，km/h。

空气阻力与汽车相对速度的平方成正比，相对速度越高，空气阻力越大。空气阻力系数 C_D 和迎风面积 A 取决于汽车的外形。汽车迎风面积指汽车在其纵轴的垂直平面上投影的面积，这面积可直接在投影面上测得，亦常用汽车的轮距与汽车的高度之乘积近似地表示。由于受汽车运输效率和乘坐使用空间等的限制，依靠降低行驶速度或减小迎风面积来减小空气阻力也受到一定限制，通过合理的汽车外形设计，降低空气阻力系数是减小空气阻力的主要手段。

空气阻力系数可由道路试验、风洞试验等方法测得。一般汽车的空气阻力系数和迎风面积，如表 2-3 所示。

表 2-3 汽车的空气阻力系数和迎风面积

车型	迎面面积/m²	空气阻力系数	车型	迎面面积/m²	空气阻力系数
轿车	1.4～1.9	0.32～0.5	客车	4～7	0.5～0.8
货车	3～7	0.6～1.0			

特别提示

空气阻力
$$F_w = \frac{C_D A v_a^2}{21.15}$$

（3）坡度阻力　当汽车上坡行驶时，汽车重力沿坡道方向的分力称为汽车的坡道阻力，用符号 F_i 表示，单位为 N，如图 2-7 所示。坡道阻力按下式计算：

$$F_i = G\sin\alpha$$

式中　G——汽车的总重力，N；
　　　α——坡道角度。

道路坡度 i 是以坡高与底长之比来表示的，按图 2-7 中所示尺寸，坡度与坡道角度的关系为

$$i = \frac{h}{s} = \tan\alpha$$

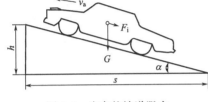

图 2-7 汽车的坡道阻力

当坡道角度不大（$\alpha < 10°～15°$）时，因为 $i = \tan\alpha \approx \sin\alpha$，则坡道阻力可按下式计算：

$$F_i = Gi$$

在坡度较大时，坡度阻力按上式计算误差较大，仍应按定义式计算。

由于坡度阻力与滚动阻力都是与道路有关的阻力，而且都与汽车重力成正比，所以可把这两种阻力合在一起考虑，称为道路阻力，用 F_φ 表示。

$$F_\varphi = F_f + F_i = fG\cos\alpha + G\sin\alpha$$

当坡道角度不大时，$\cos\alpha \approx 1$，$\sin\alpha \approx i$，则

$$F_\varphi = Gf + Gi = G(f + i) = G\varphi$$

式中　φ——道路阻力系数，$\varphi = f + i$。

特别提示

坡度阻力与滚动阻力合在一起称为道路阻力 F_φ，$F_\varphi = F_f + F_i = fG\cos\alpha + G\sin\alpha = G\varphi$

（4）加速阻力　汽车加速行驶时，需要克服汽车质量加速运动的惯性力，这就是加速阻力 F_j。汽车的质量包括平移质量和旋转质量两部分，加速时平移质量产生惯性力，旋转质量产生惯性力偶矩。为了计算方便，通常把旋转质量的惯性力偶矩转化为平移质量的惯性力，计算时，用系数 δ 作为计入旋转质量惯性力矩的汽车质量换算系数。因此，汽车的加速阻力计算公式为

$$F_j = \delta m \frac{du}{dt}$$

式中　δ——汽车旋转质量换算系数；
　　　m——汽车总质量，kg；

du/dt——汽车加速行驶的加速度，m/s^2。

旋转质量换算系数主要与飞轮的转动惯量、车轮的转动惯量和传动系统的传动比有关，在进行汽车动力性一般计算时，可以按下面的经验公式估算：

$$\delta = 1 + \delta_1 + \delta_2 i_g^2$$

式中 δ_1——车轮旋转质量换算系数，轿车 $\delta_1 = 0.05 \sim 0.07$，货车 $\delta_1 = 0.04 \sim 0.05$；

δ_2——飞轮旋转质量换算系数，$\delta_2 = 0.03 \sim 0.05$；

i_g——变速器传动比。

3. 汽车行驶方程式

将驱动力与各种行驶阻力的表达式代入行驶方程式，则汽车行驶方程式为

$$\frac{T_{tq} i_g i_0 \eta_T}{r} = Gf\cos\alpha + G\sin\alpha + \frac{C_D A v_a^2}{21.15} + \delta m \frac{du}{dt}$$

汽车行驶方程式说明了汽车的结构参数与使用参数的内在联系，概括了汽车直线行驶时，驱动力与行驶阻力之间的数量关系，是研究汽车动力性的基本依据，同时也为汽车燃油经济性等分析奠定了基础，应用很广泛。理解此方程式时，必须明确有些项并不是真正作用在汽车上的外力，如滚动阻力是以滚动阻力偶的形式作用在车轮上的，如图 2-8 所示；驱动力只是为分析问题方便起见提出来的；真正作用在汽车重心上的惯性力只能是 $m\frac{du}{dt}$，而不是加速阻力 F_j；$\delta m \frac{du}{dt}$ 只是在进行汽车动力分析时，考虑汽车平移质量惯性力和旋转质量惯性力偶矩对汽车运动影响总效应的一个数值。

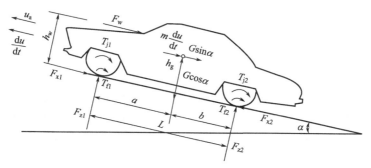

图 2-8 汽车上坡加速行驶受力图

特别提示

汽车行驶方程式为：$\dfrac{T_{tq} i_g i_0 \eta_T}{r} = Gf\cos\alpha + G\sin\alpha + \dfrac{C_D A v_a^2}{21.15} + \delta m \dfrac{du}{dt}$

2.2.3 汽车的行驶条件

1. 汽车行驶的驱动-附着条件

汽车要想开动，保持行驶，必须有加速能力。根据汽车行驶方程式

$$\delta m \frac{du}{dt} = F_t - (F_f + F_w + F_i) \geqslant 0$$

即 $F_t \geqslant F_f + F_w + F_i$ 称为汽车的驱动条件。

汽车的驱动力越大，加速能力就越好，爬坡能力也强。不过这个结论只在轮胎和路面间有足够大的驱动力时才能成立。在附着性能差的路面上，从发动机传来的大驱动力可能引起车轮在路面上急剧加速滑转，地面切向反作用力并不很大，动力性也未必进一步提高。由此

可见，地面作用在驱动轮上的切向反力，受地面附着条件的限制，并不能随意增大。汽车行驶时除满足驱动条件外，还要满足地面附着条件，汽车才能正常行驶。

地面对轮胎切向反作用力的极限值称为附着力 F_φ，在硬路面上它与驱动轮法向反作用力 F_z 成正比，常写成

$$F_{xmax} = F_\varphi = F_z \varphi$$

式中　φ——附着系数，它是由路面和轮胎决定的，在良好、干燥的沥青、混凝土路面上，φ 为 0.7~0.8。

地面对驱动轮的切向反力不能大于附着力，即对于后轮驱动的汽车，行驶的附着条件为

$$F_{x2} \leqslant F_{\varphi 2}$$

$$\frac{T_t - T_f}{r} \leqslant F_{z2} \varphi$$

或者 $F_t - F_f \leqslant F_{z2} \varphi$，即 $F_t \leqslant F_{z2} \varphi + F_{z2} f$

附着系数 φ 比滚动阻力系数 f 大很多，故可略去 f，上式可近似写为

$$F_t \leqslant F_{z2} \varphi$$

两式连起来写，得

$$F_f + F_w + F_i \leqslant F_t \leqslant F_{z2} \varphi$$

此式表示了汽车直线行驶的必要和充分条件，称汽车行驶的驱动附着条件。

应该注意上式中，地面作用于驱动轮的法向反力 F_{z2} 与汽车轴荷分配、行驶工况和道路条件有关。在行驶中 F_{z2} 会发生变化，不再等于作用在静止的驱动轮上的法向反力，其可以根据汽车的受力情况（图 2-12）和平衡条件求出。

特别提示

汽车行驶的驱动附着条件是：$F_f + F_w + F_i \leqslant F_t \leqslant F_{z2} \varphi$

2. 附着系数

由汽车的行驶条件不难得出，提高附着系数以提高附着力，是保证汽车驱动力充分利用的重要措施。提高附着系数，不仅有利于汽车动力性的发挥，也可提高汽车的制动性。

附着系数主要取决于路面的种类和表面状况，同时也与轮胎结构、胎面花纹以及使用条件等有关。

车轮在硬路面上滚动时，轮胎的变形远比路面的变形大，路面的微观结构粗糙且有一定的尖锐棱角，路面的坚硬微小突起会嵌入轮胎的接触表面，使车轮与路面有较好的附着能力。当路面覆盖有尘土时，路面的微观凹凸处为尘土所填，附着力系数则降低。在潮湿的路面上，轮胎与路面间的液体起着润滑剂的作用，所以附着性能显著下降。

车轮在松软路面上滚动时，土壤变形较轮胎变形大，轮胎花纹的凸起部分嵌入土壤，这时附着系数的数值不仅取决于轮胎与土壤间的摩擦，同时取决于土壤的抗剪强度，因为只有在嵌入轮胎花纹凹入部分的土壤被剪切后，车轮才能滑转。土壤的抗剪强度与土壤的粒度、湿度、多孔度、土壤内摩擦系数等有关。

轮胎的结构及材料对附着系数的影响也很显著。具有细而浅花纹的轮胎在硬路面上有较好的附着能力；而在软土壤上，具有宽而深花纹的轮胎则可得较大的附着系数。花纹纵向排列的轮胎所能传递的侧向力较高；而横向或人字形排列的花纹的轮胎则传递切向力的能力较大。轮胎材料不同，附着系数也不同，合成橡胶轮胎较天然橡胶轮胎有较高的附着系数。轮胎气压不同，附着系数也不同，在硬路面上轮胎气压对附着系数的影响如图 2-9 所示。低气压、宽断面的子午线轮胎与地面的接触面积较大，附着系数比普通轮胎高。轮胎的磨损会影

响附着能力,随着胎面花纹深度的减小,其附着系数将有显著下降。

汽车行驶速度对附着系数也有显著影响,如图 2-10 所示。在干燥硬路面上,如果行驶速度过高,由于胎面橡胶来不及与路面微观凹凸构造完全啮合,所以附着系数有所降低;在潮湿路面上提高行驶速度时,轮胎不易将液体挤出,所以附着系数有显著的降低。在松软路面上行驶时,车速过高,车轮的动力作用易破坏土壤的结构,附着系数也会显著下降。

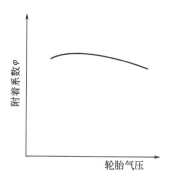

图 2-9 轮胎气压对附着系数的影响

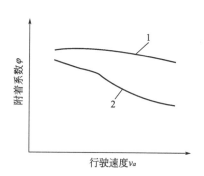

图 2-10 车速对附着系数的影响
1—在干燥硬路面上附着系数随行驶速度变化曲线;
2—在潮湿路面上附着系数随行驶速度变化曲线

不同轮胎在各种路上的附着系数如表 2-4 所列。实际计算时,在良好的混凝土、沥青路面上,路面干燥时可取 $\varphi=0.7\sim0.8$,路面潮湿时可取 $\varphi=0.5\sim0.6$;干燥的碎石路上可取 $\varphi=0.6\sim0.7$;干燥的土路可取 $\varphi=0.5\sim0.6$;湿土路面上可取 $\varphi=0.2\sim0.4$。

表 2-4 附着系数

路面		轮胎		
类型	状态	高压轮胎	低压轮胎	越野轮胎
沥青、混凝土路面	干燥	0.50~0.70	0.70~0.80	0.70~0.80
	潮湿	0.35~0.45	0.45~0.55	0.50~0.60
	污染	0.25~0.45	0.25~0.40	0.25~0.45
碎石路面	干燥	0.50~0.60	0.60~0.70	0.60~0.70
	潮湿	0.30~0.40	0.40~0.50	0.40~0.55
土路	干燥	0.40~0.50	0.50~0.60	0.60~0.70
	湿润	0.20~0.40	0.30~0.40	0.35~0.50
	泥泞	0.15~0.25	0.15~0.25	0.20~0.30
积雪荒地	松软	0.20~0.30	0.20~0.40	0.20~0.40
	压实	0.15~0.20	0.20~0.25	0.30~0.50
结冰路面		0.08~0.15	0.10~0.20	0.05~0.10

2.2.4 汽车动力性分析

汽车动力性分析的目的就是确定动力性的评价指标,能够比较不同汽车的动力性,动力性的分析方法有如下三种。

1. 驱动力-行驶阻力平衡图

在汽车驱动力图上画出汽车行驶中经常遇到的行驶阻力(滚动阻力和空气阻力之和)曲线,即为汽车的驱动力-行驶阻力平衡图,并可用来确定汽车的动力性指标。

装用四挡变速器的汽车驱动力-行驶阻力平衡图,如图 2-11 所示。

(1)最高车速的确定 根据汽车最高车速的定义,最高挡位的驱动力曲线与行驶阻力 (F_f+F_w) 曲线的交点所对应的车速即为汽车的最高车速 u_{amax}。汽车以最高车速行驶时,驱动力全部用来克服滚动阻力，无多余的驱动力来爬坡或加速，如遇坡度等汽车的行驶阻力增加时，汽车的行驶速度就会降低，为保证汽车正常行驶，必要时还需降低挡位。

（2）加速能力的确定　汽车的加速能力通常用它在水平良好路面上行驶时能产生的最大加速度或最短加速时间来表示。汽车达到最大加速能力时，坡道阻力 $F_i=0$，附着力必须足够大，根据汽车的驱动力平衡方程可得

$$\frac{\mathrm{d}u}{\mathrm{d}t}=\frac{g}{\delta G}[F_t-(F_f+F_w)]$$

根据上式和汽车的驱动力-行驶阻力平衡图，即可计算对应某一挡位和车速时汽车所能产生的最大加速度，由此可制取汽车的加速度曲线 $j=f(v_a)$，如图 2-12 所示。

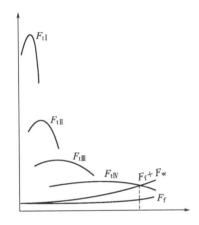
图 2-11　驱动力-行驶阻力平衡图

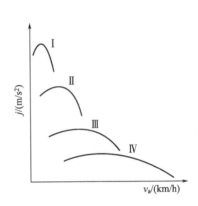
图 2-12　汽车的加速度曲线

由加速度的定义可推导出如下加速时间的积分表达式

$$t=\int_{v_1}^{v_2}\frac{1}{j}\mathrm{d}v$$

由数学中定积分含义可知，汽车从某一低速 v_1 加速到某一高速 v_2 所需的时间为加速度倒数曲线下的面积。根据汽车的加速度曲线可制取加速度倒数曲线，然后再根据加速度倒数曲线用图解法即可求得加速时间曲线。同理可由加速时间曲线求得加速行程曲线，加速行程的积分表达式为

$$s=\int_{t_1}^{t_2}v\mathrm{d}t$$

（3）爬坡能力的确定　汽车达到最大爬坡能力时，必然不会再有加速能力，所以加速阻力 $F_j=0$，根据汽车的驱动力平衡方程可得

$$F_i=F_t-(F_f+F_w)$$

汽车以较低挡位行驶时，能爬过的坡道角度较大，$F_i=G\sin\alpha$，所以汽车的爬坡度应根据汽车的驱动力-行驶阻力平衡图按下列公式进行求解

$$\alpha=\arcsin\frac{F_t-(F_f+F_w)}{G}$$

$$i=\tan\alpha$$

汽车以较高挡位行驶时，能爬过的坡道角度较小，$F_i\approx Gi$，所以汽车的爬坡度可根据汽车的驱动力-行驶阻力平衡图按下式求得：

$$i=\frac{F_t-(F_f+F_w)}{G}$$

由上述计算结果即可制取汽车的爬坡度曲线,如图 2-13 所示。

2.动力特性图

利用汽车的驱动力-行驶阻力平衡图可以确定一辆汽车的最高车速、加速能力和爬坡能力,可以评价统一类型汽车的动力性。但是它不便于评价不同类型汽车的动力性。因为车的道路阻力和加速阻力均与汽车重力成正比,空气阻力则与汽车外形等因素有关,所以不能单纯根据汽车驱动力的大小,简单判定汽车的动力性。因此,需要有一个既考虑驱动力又包括汽车重力和空气阻力的综合性参数。这个参数为动力因数。

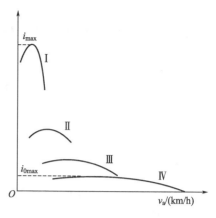

图 2-13 汽车的爬坡度曲线

由汽车的驱动力与行驶阻力平衡方程可得

$$F_t - F_w = F_f + F_i + F_j = Gf\cos\alpha + G\sin\alpha + \frac{\delta G}{g} \times \frac{dv}{dt}$$

$$\frac{F_t - F_w}{G} = f\cos\alpha + \sin\alpha + \frac{\delta}{g} \times \frac{dv}{dt}$$

上式中左端主要取决于汽车的结构参数,而右端则与汽车的结构基本无关,它主要取决于汽车的行驶条件和状况。令上式左端等于 D,称为动力因数,即

$$D = \frac{F_t - F_w}{G} = f\cos\alpha + \sin\alpha + \frac{\delta}{g} \times \frac{dv}{dt}$$

当坡道角度较小时,$\cos\alpha \approx 1$,$\sin\alpha \approx i$,则

$$D = = f + \frac{\delta}{g} \times \frac{dv}{dt}$$

上式也可称为动力平衡方程。汽车各挡的动力因数与车速的关系曲线称为动力特性图。动力特性图是以动力因数 D 为纵坐标,以车速 v_a 为横坐标的各挡 D-v_a 曲线,可根据 F_t-v_a 曲线和 F_w-v_a 曲线来制取。装用四挡变速器的汽车动力特性图如图 2-14 所示。

利用动力特性图也可以确定汽车的动力性指标。

(1) 最高车速的确定 因为汽车达到最高车速时,$i=0$,$dv/dt=0$,所以根据动力平衡方程可得 $D=f$。在动力特性图上,作出滚动阻力系数和车速 f-v_a 关系曲线(见图 2-14),则 f-v_a 曲线与直接挡 D-v_a 曲线的交点所对应的车速就是汽车的最高车速。

(2) 加速能力的确定 因为要使汽车在各种条件下达到最大加速能力时,$i=0$,所以根据动力平衡方程可得

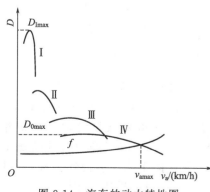

图 2-14 汽车的动力特性图

$$D = f + \frac{\delta}{g} \times \frac{dv}{dt}$$

$$\frac{dv}{dt} = \frac{g}{\delta}(D-f)$$

汽车以一定挡位行驶时,δ 为常数,因此在动力特性图上 D-v_a 曲线与 f-v_a 曲线间距离的 g/δ 倍就是各挡的加速度。粗略直接挡的加速能力时,可取 $\delta \approx 1$,$g \approx 10\text{m/s}^2$

(3) 爬坡能力的确定 因为汽车达到最大爬坡能力时,无力加速,加速度为 0,所以由动力平衡方程可得

$$D = f\cos\alpha + \sin\alpha$$

求较低挡位的爬坡度时，首先解上述三角函数方程求得一定挡位、一定车速时能爬过的最大坡道角度，再按 $i = \tan\alpha$ 求出爬坡度。解三角函数方程可得

$$\alpha = \arcsin\frac{D - f\sqrt{1 - D^2 + f^2}}{1 + f^2}$$

求较高挡位的爬坡度时，可略去解三角函数方程的麻烦，按下式计算误差不大，即

$$i = D - f$$

特别提示

利用汽车的驱动力-行驶阻力平衡图可以评价统一类型汽车的动力性。但是它不便于评价不同类型汽车的动力性。利用动力特性图可以评价不同类型汽车的动力性。

3. 功率平衡图

汽车行驶时，不仅驱动力与行驶阻力平衡，发动机输出的有效功率与克服传动损失和各种行驶阻力所消耗的功率也平衡，即

$$P_e = \frac{1}{\eta_T}(P_f + P_w + P_i + P_j)$$

式中　P_e——发动机输出的有效功率，kW；

　　　η_T——传动系的传动效率；

　　　P_f——克服滚动阻力消耗的功率，kW；

　　　P_w——克服空气阻力消耗的功率，kW；

　　　P_i——克服坡道阻力消耗的功率，kW；

　　　P_j——克服加速阻力消耗的功率，kW。

如果汽车的行驶阻力用 F 表示，单位为 N；汽车的行驶速度用 v_a 表示，单位为 km/h；克服该行驶阻力所消耗的功率用 P 表示，单位为 kW，则

$$P = \frac{Fv_a}{3600}$$

由此可得汽车的功率平衡方程，当坡道角度较小时，汽车的功率平衡方程为

$$P_e = \frac{1}{\eta_T}\left(\frac{Gfv_a}{3600} + \frac{Giv_a}{3600} + \frac{C_D A v_a^3}{3600} + \frac{\delta m v_a}{3600} \times \frac{dv}{dt}\right)$$

与汽车的驱动力-行驶阻力平衡一样，汽车的功率平衡也可用功率平衡图来表示。汽车的功率平衡图以发动机的功率为纵坐标，以行驶速度为横坐标，包括各挡位的 $P_e - v_a$ 曲线和克服汽车经常遇到的行驶阻力所需的功率随车速的变化关系曲线（称阻力功率曲线）。汽车行驶中经常遇到的行驶阻力为滚动阻力和空气阻力，克服这两种阻力所需的发动机功率为：

$$P_e = \frac{1}{\eta_T}(P_f + P_w)$$

汽车的功率平衡图如图 2-15 所示，可用发动机外特性 P_e-n 曲线和转速 n 与车速 v_a 的关系式来制取。利用功率平衡图也可确定汽车的动力性指标，但比用驱动力-行驶阻力平衡图或动力特性图复杂，所以一般不用功率平衡图来确定动力性指标，但用功率平衡图分析某些动力性问题比较方便。

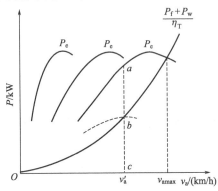

图 2-15　汽车的功率平衡图

第2章 汽车使用性能

> 🚗 **特别提示**
>
> 功率平衡方程式为：$P_e = \dfrac{1}{\eta_T}\left(\dfrac{Gfv_a}{3600} + \dfrac{Giv_a}{3600} + \dfrac{C_D A v_a^3}{3600} + \dfrac{\delta m v_a}{3600} \times \dfrac{dv}{dt}\right)$
>
> 不用功率平衡图来确定动力性指标，一般用功率平衡图来分析某些动力性问题。

2.2.5 影响汽车动力性的主要因素

为了提高汽车的动力性，使汽车具有合理的动力性参数，必须对影响汽车动力性的各种因素进行分析，以便更好地找到提高汽车动力性的措施。在此，将决定和影响汽车动力特性的因素大致分为下列几方面。

1. 发动机参数对汽车动力性的影响

发动机的最大功率、最大转矩和外特性曲线形状对汽车动力性影响最大。

发动机功率越大，汽车的动力性越好。设计中发动机最大功率的选择必须保证汽车预期的最高车速。最高车速越高，要求的发动机功率越大，其后备功率也大，加速和爬坡能力必然较好。但发动机功率过大，也是不合理的，一方面发动机功率过大会导致发动机尺寸、质量及制造成本增大，特别是运行时的燃料经济性显著降低。另一方面，从前面的分析知道，汽车驱动力的提高受到附着条件的限制，所以过分地增大发动机功率也是无益的。通常用发动机比功率（即发动机最大功率与汽车总重力之比）衡量汽车发动机功率匹配。发动机比功率大小对汽车动力性和燃料经济性等有很大影响，是选择汽车发动机功率的重要依据之一。

发动机的最大转矩大，在传动系统传动比一定时，最大动力因数较大，汽车的加速和上坡能力也强。

发动机外特性曲线的形状也会影响到汽车的动力性。如图2-16所示，两台发动机的外特性曲线的最大功率和对应的转速相等，但其形状不同。假定汽车的总质量、空气动力特性、传动比均为已知，为了便于比较，并假定总阻力功率曲线与两台发动机功率曲线交于最大功率点，由图可见，外特性曲线1的后备功率较大，使汽车具有较大的加速能力和上坡能力，因而动力性能较好。同时使汽车具有较低的稳定车速，换挡次数可以减少，因而有利于提高汽车的平均行驶车速。又如某发动机，为满足增压与排放要求，牺牲了低速性能，在低速段（$n < 1500\text{r/min}$）T_{tq}急剧下降，如图2-17中曲线1。由于我国道路条件多变、汽车超载现象较为严重。装有该发动机的汽车反映出其低速加速、爬坡性能较差，在丘陵地区情况更糟。在对其发动机进行改进后，发动机转矩曲线如图2-17中曲线2，汽车各挡跟车能力增强、减少了换挡次数、熄火的可能性也下降了。

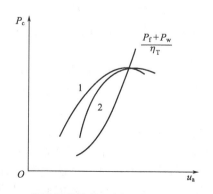

图2-16 发动机外特性不同时的汽车功率平衡图

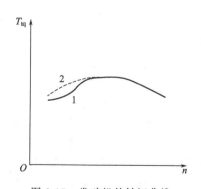

图2-17 发动机的转矩曲线

2. 传动系统参数对汽车动力性的影响

(1) 传动效率 η_T　传动损失功率可表示为 $P_t = P_e - P_e\eta_T$，可见传动效率越高，传动损失功率越小，发动机有效功率将更多地转变为驱动力，汽车动力性越好。目前可采用提高加工精度、在润滑油中加入减磨添加剂和选用黏度适当且受温度影响小的润滑油等措施，来提高传动效率。

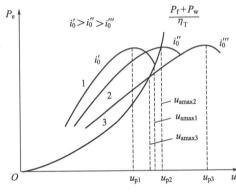

图 2-18　主减速器传动比不同时的功率平衡图

(2) 主减速器传动比　变速器处于直接挡时，主减速器传动比将直接影响汽车动力性。对于变速器无超速挡的汽车，主减速器传动比将决定汽车最高车速和汽车在良好路面上克服行驶阻力的能力。

图 2-18 表示其他条件相同而主减速器传动比不同时的功率平衡图，其中 $i_0' > i_0'' > i_0'''$。分析该功率平衡图可知，当汽车以最高车速行驶消耗的功率等于发动机的最大功率时，即采用 i_0'' 的汽车可以得到最大的最高车速。在其他条件不变，无论使主减速器传动比增大或减小，都使汽车行驶的最高车速降低。在这些情况下，$(P_f+P_w)/\eta_T - u_a$ 曲线与发动机外特性曲线不能相交于发动机输出最大功率处，不能利用最大功率来提高汽车车速。

从图 2-18 还可看出，采用 i_0' 汽车的后备功率大于 i_0'' 或 i_0''' 的汽车，表明 i_0' 汽车具有更好的加速性和爬坡能力。三者中采用 i_0''' 的汽车无论最高车速还是后备功率均为最小，动力性严重恶化。可见，一般情况下，提高主传动比 i_0，可改善汽车的动力性，但 i_0 过大，使传动系统速比与发动机外特性匹配失调，反而将导致动力性的下降。因此，综合考虑主减速器对汽车动力性影响时，选择主减速器传动比接近 i_0'' 或稍大些。

🚗 特别提示

对于一般用途的汽车，在选择 i_0 时，应使阻力功率曲线与发动机功率曲线的交点所决定的最高车速略高于最大功率时的车速。

(3) 变速器传动比及挡数对汽车动力性的影响　汽车以最低挡（Ⅰ挡）行驶时，必须保证具有最大的驱动力，使汽车具有克服最大行驶阻力的能力。如其他条件相同，Ⅰ挡的传动比直接影响汽车起步加速性能和最大爬坡能力。

现代大多数汽车仍然保持变速器的最小传动比为 1，一些变速器设有传动比小于 1 的挡位，称为超速挡，利用超速挡的目的主要是提高汽车行驶在良好道路上的最高车速和高速行驶时的汽车燃料经济性。

变速器挡数增多，增加了发动机发挥最大功率附近高功率的机会，提高了汽车加速能力和爬坡能力。挡位的增加，使得汽车在加速或行驶阻力改变的过程中，发动机的转速和功率就在接近于最大功率的较狭小范围内改变着，因而就可以提高汽车的动力性，因此无级变速可使发动机后备功率利用程度最高，加速性和爬坡能力也相应提高。

由液力变矩器和行星齿轮变速器组成的液压式自动变速器，由于机械式变速器的传动比 i_g 仅可取几个有限的挡位，所以液力变矩器和机械变速器联合工作时（总速比为二者速比的乘积），只能在一定挡位之间实现自动无级变速。当阻力变化过大时，还需通过驾驶员操作或电控手段换挡以实现功率平衡。自动变速器的其他优点是：无需切断发动机动力就可以

第2章 汽车使用性能

进行变速,不会错挡,操作轻便,安全性高;低速时驱动力大,坡道起步能力强,最大爬坡能力大;发动机转矩传递平稳,起步冲击小,可缓和动力传动系统的振动。它的缺点是:最高车速略有下降,燃油消耗率也有所上升,购车成本较大。目前高级轿车较多采用,并有向中级轿车上推广的趋势。

🚗 特别提示

> 增加变速器挡数,可在不同行驶条件下选择最佳的挡位,使发动机输出最大功率,从而提高汽车的后备功率,使汽车具有较强的加速能力和爬坡能力。对有级变速来说挡位数多导致结构复杂,换挡困难,解决上述矛盾的最佳选择是采用无级变速。

(4) 使用先进的自动变速器 通过使用金属带式或金属链式无级自动变速器(Continuously Variable Transmission,CVT)或电控机械式自动变速器(Automated Mechanical Transmission,AMT)对发动机的运行状态进行控制,对换挡时刻进行调节,从而提高汽车的动力性。特别是使用近年来出现的双离合器式自动变速器,即 DCT(Dual Clutch Transmission)。它能在换挡过程中不间断地传递发动机的动力,因此可进一步提高汽车的动力性。

此外,汽车的牵引力控制系统 TCS(Traction Control System),或称防滑调节系统 ASR(Anti-Slip Regulation)也可以提高汽车的动力性能。

3. 空气阻力系数对汽车动力性的影响

空气阻力系数 C_D、迎风面积 A 及车速决定于汽车空气阻力的大小。空气阻力在汽车低速行驶时,对汽车动力性影响较小;而在汽车高速行驶时,空气阻力和车速平方成正比,因而其在汽车行驶阻力总值中占很大比例,对汽车动力性影响较大。所以改善汽车流线形状,减少空气阻力,对高速行驶汽车提高动力性是非常必要的。

4. 汽车质量对汽车动力性的影响

汽车质量对汽车动力性影响很大,因除空气阻力外,其他行驶阻力都与汽车总重力成正比。其他条件相同,动力因数与汽车总重力成反比。因此,随汽车总重力的增加(汽车使用中装载变化很大,常出现这种现象),其动力性变差,汽车行驶的平均速度显著下降。如果能减轻汽车的自重,可成比例地减小汽车行驶的滚动阻力、上坡阻力和加速阻力,使汽车动力性得到改善,且使其燃料经济性变好。

5. 轮胎尺寸与形式对汽车动力性的影响

汽车的驱动力与滚动阻力以及附着力都受轮胎的尺寸与形式的影响,故轮胎的选用对汽车的动力性影响较大。

当其他条件相同时,驱动力与轮胎半径成反比,而汽车的行驶速度与轮胎半径成正比。这就是说,轮胎半径对与动力性有关的驱动力和车速是矛盾的。现在,良好路面上行驶的汽车,轮胎尺寸有减小的趋势。首先,汽车在良好的路面行驶时,附着力较大,允许用小直径的轮胎,可得到较大的驱动力。车速的提高可以用减小主减速器传动比来解决。轮胎尺寸和主减速器传动比减小,使汽车重心高度降低,从而提高了汽车行驶稳定性,为汽车高速化提供了有利条件。软路面上行驶的汽车,车速不高,要求轮胎半径大一些,主要是为增加轮胎与路面间的附着系数。

轮胎形式、花纹和气压对汽车动力性也有影响。为提高汽车动力性应尽量减少汽车轮胎的滚动阻力,同时增加道路与轮胎间的附着力。根据这一原则,硬路面上行驶的汽车,用子午线胎,小而浅的花纹,较高的轮胎气压,这对提高汽车的动力性有一定作用;在软路面上行驶的汽车用大而深的花纹、较低的轮胎气压,这对提高汽车动力性和通过性有良好的

6. 使用因素对汽车动力性的影响

使用因素时刻影响汽车动力性。一台本来具有良好动力性的汽车，若使用、保养和调整不当，发动机发不出应有的功率，底盘部分机械传动阻力也会很大，其动力性就不能充分发挥出来。使用因素对汽车动力性影响的主要方面有发动机技术状况、汽车底盘技术状况、驾驶技术和汽车行驶条件等。

发动机的技术状况是保证汽车动力性的关键。需要正确维护和调整的有：混合气的浓度、点火时间、润滑油的选择和更换、冷却水的温度和气门间隙等。只有保持发动机应有的输出功率和转矩，才能保证汽车的动力性不下降。

汽车底盘的技术状况直接影响传动系的机械效率。传动系统各部轴承预紧度、制动器、离合器和前轮定位角调整不当，润滑油品种、质量、数量和温度不当，都会增加传动系统的功率损失，使机械效率下降，影响汽车动力性的正常发挥。

使用条件主要指道路条件、气候条件及海拔高度等。道路的附着系数大、滚动阻力系数小、弯道少，汽车的动力性就好。如汽车行驶在坏路和无路的条件下，由于路面与轮胎间的附着系数减小、滚动阻力增加，因而使汽车动力性变坏。另外，风、雨、雪、高温、严寒等气候条件均不利于汽车的动力性。在高原地区行驶的汽车，由于海拔高，气压低，使发动机充气量下降，从而导致发动机有效功率下降。试验证明：在海拔4000m的高原地区，发动机功率比原来降低40%～45%。提高驾驶技术有利于发挥汽车的动力性。如加速时能适时迅速地换挡，可减少加速时间。换挡熟练、合理冲坡，有助于提高汽车的爬坡能力。

2.3 汽车燃油经济性

在保证动力性的条件下，汽车以尽量少的燃油消耗完成运输工作的能力，称为汽车的燃油经济性。

在汽车运输成本中，燃油费用占有一定比例。燃油经济性好，可以降低汽车的使用费用。汽车排出的尾气中含有碳氢化合物、一氧化碳、氮氧化物等有害物质，严重影响了人体的健康。发动机的燃油消耗率与排放污染是有密切关系的，降低汽车发动机的燃油消耗率，改善汽车的燃油经济性，是保护环境，保证汽车发动机排放达到有关法规要求的有力措施之一。由于节约燃料、保护环境已成为全球关注的重大事件，汽车燃油经济性受到各国政府、汽车制造企业与汽车使用者进一步的重视。

2.3.1 汽车燃油经济性评价指标

汽车的燃油经济性常用一定运行工况下汽车行驶百公里的燃油消耗量或一定燃油量能使汽车行驶的里程来衡量。

在美国、英国等一些国家则用MPG（mile/gal）表示法作为汽车燃油经济性的指标，即用每消耗1加仑燃油汽车行驶的英里数来表示［1mile＝1.6093km，1美加仑（USgal）＝3.785L，1英加仑＝4.546L］，相同载质（客）量的汽车，该数字越大，说明该车的燃油经济性越好。

在我国及欧洲，燃油经济性指标的单位为L/100km，即汽车每行驶100km所消耗的燃油升数。其数值越大，表明汽车燃油经济性越差。如相同载质（客）量的汽车，百公里油耗数字越小，说明该车的燃油经济性越好。

1. 等速行驶百公里燃油消耗量

汽车百公里油耗可以用下面的表达式表示。

$$Q_s = \frac{100q}{s}$$

式中 Q_s——百公里油耗,L/100km;

q——汽车通过测试路段的燃油消耗量,mL;

s——测量路段长度,m。

汽车运输企业还常用完成每百吨公里或千人公里运输工作量的燃油消耗量来表示汽车的燃油经济性,该指标便于比较不同装载量汽车的燃油经济性。表示方法如下:

$$Q_t = \frac{100q}{Ws} \quad \text{或} \quad Q_p = \frac{1000q}{Ns}$$

式中 Q_t——汽车百吨公里油耗,L/(ht·km);

W——汽车载质量,t;

q——汽车通过测试路段的燃油消耗量,mL;

s——汽车行驶里程,m;

Q_p——汽车千人公里油耗,L/(kp·km);

N——载客量,人。

等速百公里燃油消耗量是常用的一种评价指标,指汽车在一定载荷下(GB/T 12545.1—2001、GB/T 12545.2—2001),以最高挡在水平良好路面上等速行驶 100km 的燃油消耗量。通常是测出每隔 10km/h 速度间隔的等速百公里燃油消耗量,然后在图上连成曲线,称为等速百公里燃油消耗量曲线,用它来评价汽车的燃油经济性,如图 2-19 所示。几种车型的汽车 90km/h 等速百公里油耗量见表 2-5。

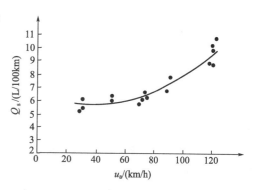

图 2-19 汽车等速行驶百公里燃油消耗量曲线

表 2-5 几种车型的汽车 90km/h 等速百公里油耗量

车 型	别克 GL8	神龙富康 988EX	赛欧 sL	夏利 2000	宝来 1.8L-MT	波罗 ALi	奥迪 A4-3.0
90km/h 等速油耗/(L/100km)	8.6	≤6.5	5.3(手动变速) 5.7(自动变速)	≤5	6.4	5.8	9.7

2. 循环工况行驶百公里燃油消耗量

等速行驶工况不能全面反映汽车的实际运行情况,特别是在市区行驶时频繁出现的怠速停车、加速、减速等行驶工况。因此,在对实际行驶车辆进行跟踪测试统计的基础上,世界各国都制定了一些典型的循环行驶试验工况来模拟实际汽车运行状况,循环行驶试验工况指等速行驶、加速、减速和怠速停车等行驶工况。并以百公里燃油消耗量或 MPG 来评定相应行驶工况的燃油经济性。

我国制定了乘用车模拟城市工况循环燃料消耗量试验方法(GB/T 12545.1—2001)和商用车模拟城市工况燃料消耗量试验方法(GB/T 12545.2—2001)。我国制定了货车与客车的路上行驶循环工况,货车为 6 工况,1.075km 循环;客车为城市 4 工况,0.70km 循环。我国规定以等速百公里燃油消耗量和最高挡全油门加速行驶 500m 的加速油耗油作为单项评价指标,以循环工况燃油消耗量作为综合评价指标。

欧洲经济委员会(ECE)规定,要测量车速为 90km/h 和 120km/h 的等速百公里燃油消耗量和按 ECE-R.15 循环工况的百公里燃油消耗量,并各取 1/3 相加作为混合百公里燃油消耗量来评定汽车燃油经济性。

美国环境保护局（EPA）规定，要测量城市循环工况（UDDS）及公路循环工况（HW-FET）的燃油经济性（单位为每加仑燃油汽车行驶英里数），并按下式计算综合燃油经济性（单位为 mile/gal）：

$$综合燃油经济性 = \frac{1}{\frac{0.55}{城市循环工况燃油经济性} + \frac{0.45}{公路循环工况燃油经济性}}$$

以它作为燃油经济性的综合评价指标。

循环工况规定了车速-时间行驶规范，例如何时换挡、何时制动以及行车的速度和加速度等数值。在路上进行循环工况燃油经济性试验比较困难，一般多规定在室内汽车底盘测功机上进行测试；而规定在路上进行试验的循环工况均很简单。

特别提示

在美国、英国等一些国家则用 MPG（mile/gal）表示法作为汽车燃油经济性的指标，相同载质（客）量的汽车，该数字越大，说明该车的燃油经济性越好。在我国及欧洲，燃油经济性指标的单位为 L/100km，其数值越大，表明汽车燃油经济性越差。

知识链接

许多车主对汽车厂家提供的百公里油耗数值迷惑不解：为什么我的车辆耗油量总是比这个数值大？要想了解这个问题，首先要明白这个数值的含义与测定方法。

汽车在无坡度的平坦好路上以等速行驶时的油耗为等速百公里油耗。所谓等速还要计入以不同车速等速行驶的情况，不同车速的等速行驶，百公里油耗是不同的。选择一段无坡度的平坦水泥路面或沥青路面，汽车以最高挡分别以不同车速（可每隔10km/h的车速取一个点）等速行驶完这段路程，往返一次取平均值（消除风和坡度影响），记下油耗量，即可获得不同车速下汽车百公里油耗，即所谓等速百公里油耗。其形状一般是两头高中间凹。其中某一车速的油耗是最低的，该车速即称为经济车速。如果厂家标出某种车的油耗5L/100km，那么一般指的就是该车在经济车速时最省油的百公里耗油量。其实，这样的油耗指标在平日的驾驶中是永远也达不到的，因为实际驾驶情况与设定的实验条件相差太大了。

由于等速油耗与实际行驶情况有很大差别，实际上不能全面地评定汽车的燃油经济性。现在一般都采用循环油耗来评定汽车的燃油经济性。循环油耗是指在一段指定的典型路段内汽车以设定的不同工况行驶时的油耗，起码要规定等速、加速和减速3种工况，复杂的还要计入启动和急速停驶等多种工况，然后折算成百公里油耗。例如我国有6工况循环油耗（货车）和城市4工况循环油耗（客车），欧洲有ECE-R15工况循环油耗，美国有公路循环和城市循环油耗。一般而言，求得的循环油耗还要与等速百公里（指定车速）油耗加权平均取得综合油耗，以便更科学地评价汽车的燃油经济性。不过有时也不严格地称这种综合油耗为循环油耗，所以现代轿车给出的城市油耗和公路油耗更全面地说，应该是城市综合油耗和公路综合油耗，也有简称为城市循环油耗和公路循环油耗，在我国更简单地称为城市油耗和公路油耗。

2.3.2 影响汽车燃油经济性的因素及提高措施

影响汽车的燃料经济性因素主要有三个方面：发动机的有效燃油消耗率、汽车的行驶阻力和传动系统的传动效率。因此，要提高汽车燃料经济性，必须在结构和使用两方面采取具体措施，来降低发动机有效燃油消耗率、减小汽车的行驶阻力和提高传动系统的传动效率。

由发动机性能指标之间的关系和发动机的速度特性和负荷特性可知，发动机的有效燃油消耗率主要取决于发动机的有效热效率和发动机的工况。有效热效率主要取决于发动机的结构类型和压缩比；对一定的发动机而言，负荷一定时，有效燃油消耗率随发动机转速变化不大，只是在某一中等转速时略低；而转速一定时，燃油消耗率随负荷变化很大，负荷在80%~90%范围内有效燃油消耗率最低，超出此范围有效燃油消耗率明显增加。由此可见，降低发动机的有效燃油消耗率,主要应选用热效率高的发动机,并在结构和使用两方面都尽量使发动机的负荷保持在有效燃油消耗率较低的范围内。

汽车的行驶阻力主要取决于汽车的结构、行驶工况和行驶条件。从各行驶阻力计算公式不难看出,要减小汽车的行驶阻力,在结构上主要应减小汽车总质量、减小空气阻力系数和迎风面积,在使用中主要应选择良好的道路条件并尽量减小汽车行驶的加速度。

传动系统的传动效率取决于传动系统各总成的机械效率,而各总成的机械效率主要取决于总成的结构,所以改进传动系统各总成的结构是提高传动系统传动效率的主要措施。

以下从汽车结构和使用两方面,分别介绍提高汽车燃料经济性的主要措施。

1. 结构措施

提高汽车燃料经济性的结构措施主要是在设计与制造过程中,合理设计结构、合理选择参数、采用先进技术和提高制造精度。

(1) 合理选用发动机　在汽车设计时,发动机一般是作为总成来选用的。为提高汽车的燃料经济性,在选用发动机时,主要应注意其类型、压缩比和最大功率。

① 发动机的类型。不同类型发动机的性能有很大差异,选用热效率高的发动机,在一定工况下,发动机的有效燃油消耗率也比较低,是提高汽车燃料经济性的重要措施之一。

目前在汽车上应用的发动机按燃料不同,主要分为汽油机、柴油机和燃气发动机。三者相比,柴油机的热效率最高,尤其发动机在部分负荷工作时的燃油消耗率较低,柴油机的燃料消耗(按容积计算)比汽油机要节省20%～40%,因此选用柴油机,对提高汽车的燃料经济性极为有利。

按发动机对燃料供给量的控制方式不同,汽油机、柴油机和燃气发动机都可分为传统机械控制方式和电控方式。对燃料供给量采用电控方式的发动机,在各种工况下均可精确地控制混合气的浓度,保证各缸供应混合气的均匀性,燃料燃烧完全,发动机的经济性较好。因此,为提高汽车的燃料经济性,应尽量选用电控燃料喷射式发动机。

汽车上选用燃气发动机时,应尽量选用单燃料的燃气发动机。因为单燃料燃气发动机是专门根据燃气特点设计制造的,其性能明显优于双燃料或混合燃料燃气发动机。

② 发动机的压缩比。压缩比较高的发动机,一般热效率高,发动机动力性、经济性都比较好。因此,选用发动机时,压缩比也是一个重要参数。

③ 发动机的最大功率。由发动机的负荷特性可知,在转速一定的条件下,负荷率在80%～90%时,有效燃油消耗率最低。发动机在中等转速较高负荷率下工作时,其燃料经济性较好。在汽车的实际使用中,大部分使用时间内发动机的负荷率都达不到经济范围,试验表明,一般汽车在水平良好路面上以常用速度行驶时,克服各种阻力所需的功率仅为发动机相应转速下最大功率的50%～60%,相当于发动机最大功率的20%左右。因此,为提高汽车使用中发动机的负荷率,以提高汽车的燃料经济性,在保证汽车动力性足够的前提下,不宜选用大功率的发动机。

(2) 合理选择变速器挡数　由汽车的功率平衡图可知,汽车的行驶速度和阻力功率一定时,发动机的负荷率随使用的变速器挡位不同而变化,挡位越高,负荷率越大。只要变速器的挡位足够多,就可选择某一合适的挡位,使发动机的负荷率保持在80%～90%的经济范围内,从而使汽车的燃料经济性最佳。由此可见,增加变速器的挡位数量,可增加汽车以经济工况行驶的机会,有利于提高汽车的燃料经济性。但挡数太多,会使结构复杂,操作不便。

(3) 提高传动系统的传动效率　传动系统的传动效率等于传动系统各总成传动效率的乘积。在传动系统的结构设计中,合理选择传动方式和各总成的结构形式、改善润滑条件、缩短传动路线等,可减少传动过程中的功率损失,提高汽车的燃料经济性。

(4) 减小汽车总质量　汽车的总质量直接影响滚动阻力、坡道阻力和加速阻力的大小，减小汽车总质量，是减小行驶阻力以降低燃料消耗最有效的措施之一。

减小汽车总质量的措施主要有：采用高强度的低合金钢，铝合金，塑料等轻质材料制造汽车零件；改进汽车结构，尽量减少大型零部件尺寸和数量，提高零部件承载能力，如采用前轮驱动、承载式车身等；零件设计时，在保证零件强度和刚度的前提下，不追求过高的安全系数，以减小零件的尺寸和质量。

(5) 合理设计汽车外形　汽车的外形是影响空气阻力系数的主要因素，流线型的车身外形，并尽量减少身外部凸出物的数量和面积，可有效减小迎风面积、降低空气阻力系数，从而减小汽车行驶时的空气阻力，尤其对提高汽车中、高速行驶时的燃料经济性，有显著的效果。但随着社会的发展，人们的审美观点也在不断变化，汽车的外形设计，也必须符合美学要求。

(6) 改进轮胎结构　在硬路面上行驶时，轮胎变形引起的能量损失是滚动阻力的主要组成部分，而滚动阻力和空气阻力是汽车行驶中始终存在的行驶阻力，所以改进轮胎结构，减少轮胎引起的能量损失，对减小行驶阻力、提高汽车的燃料经济性有重要意义。改进轮胎结构以减小滚动阻力的方法主要是：改进橡胶材料和采用子午线结构等。子午线轮胎与普通斜交胎相比，滚动阻力大幅度减小，而且行驶速度越高，差别越大。

2. 使用措施

在汽车使用方面，对汽车的燃料经济性影响最大的是汽车的技术状况和驾驶技术。在汽车的实际使用中，由于使用因素造成的燃料浪费远大于采取某项结构措施而节省的燃料，如：子午线轮胎比普通斜交胎可节油 6%～8%，某轿车空气阻力系数从 0.5 降低到 0.3 可使油耗降低 22%，而不同技术水平的驾驶员在相同条件下驾驶同一汽车，其燃料消耗量的差异可达 20%～40%。由此可见，为降低汽车运行中的燃料消耗，提高汽车的燃料经济性，在使用方面采取措施比在结构方面采取措施更有潜力。

(1) 保持汽车良好的技术状况

① 发动机的技术状况。发动机是汽车上直接消耗燃料的总成，在发动机的结构因素一定的前提下，保持其良好的技术状况是减少燃料消耗的技术基础。

发动机技术状况对燃料经济性影响较大的主要是：汽缸压力、配气相位、工作温度、燃料供给系统和点火系统的技术状况。由于磨损或其他原因造成汽缸密封性不良，使汽缸压力降低，发动机燃烧过程中的燃烧速度和平均有效压力就会下降，因此发动机的动力性下降、燃料消耗增多。配气机构有关零部件的磨损或失调会使配气相位失准，充气系数下降，发动机功率降低、燃料消耗增多。试验表明：发动机的气门间隙每减小 0.1mm，功率降低约 3.5%～4.0%，燃料消耗增加 2%～3%。

燃料供给系统的技术状况直接影响混合气的浓度和形成质量，从而影响发动机的动力性和燃料经济性。如：空气滤清器技术状况不良时，进气阻力大，实际充气量减小，使混合气变浓，燃油消耗率明显增加；燃油滤清器工作不良时，燃油中机械杂质堵塞油道、量孔，或进入燃烧室使积炭增多，都会影响供油浓度或燃烧过程，使燃油消耗率增加；汽油机点火系统技术状况不良，如点火不正时或火花塞工作不良等，不仅影响发动机的启动性能和动力性能，还使燃油消耗率增大。试验表明：一个火花塞不工作，8 缸和 6 缸发动机燃料消耗分别增加 15% 和 25%；

冷却系统的技术状况直接影响发动机的工作温度。发动机工作温度过低，燃料雾化和蒸发不良，且发动机运转阻力大，使燃油消耗率增加；而温度过高，则充气量下降，且容易产生早燃和爆燃，会使燃油消耗率增加。

② 底盘技术状况。底盘技术状况好坏直接影响传动系统的机械效率和行驶阻力，因此对汽车的燃料经济性影响也很大。

汽车传动系统的技术状况良好时，机械效率一般为0.85～0.90，功率损失约为所传递功率的10%～15%。在传动系统功率损失中，变速器和主减速器的损失所占比例较大。在使用中，保证传动系统各总成的可靠润滑，并使各间隙保持在正常范围，对于减小摩擦损失，提高传动系统的机械效率，降低汽车的燃料消耗有明显效果。

行驶系统中的轮毂轴承过松或过紧、转向轮定位不正确、轮胎气压不符合标准，都会增大汽车行驶阻力，使汽车的燃料消耗增加。试验表明：转向轮前束值失准1mm，燃料消耗增加约5%；载货汽车的全部轮胎气压若都降低49kPa，燃料消耗将增加约5%，若气压降低98kPa，燃料消耗将增加约10%。

制动系统调整不当，放松制动踏板或手柄后有制动拖滞现象，会增加行驶阻力，使汽车的燃料消耗增加。

(2) 提高驾驶技术　根据对长期驾驶经验的总结，降低汽车燃料消耗的合理驾驶操作方法包括以下几种。

① 保持发动机正常的工作温度。发动机的工作温度过高或过低都会使燃料消耗增加，因此在汽车行驶中，应使发动机工作温度保持在80～90℃；在低温条件下启动时，要进行预热；发动机启动后，应低速运转升温，待水温升至50～60℃后再挂挡起步；并注意经常检查冷却水量、保温罩和百叶窗的状况及冷却系统工作情况。

② 合理使用挡位。汽车行驶的道路条件相同时，使用的变速器挡位不同，发动机的工况不同，燃油消耗率也不同。合理使用挡位主要是要做到"低挡不高速，高挡不硬撑"。

"低挡不高速"是指在变速器挂低挡时，不能追求高速行驶；使用低挡靠提高发动机转速来提高车速，发动机的内部损失增大，会使燃料消耗增加。"高挡不硬撑"是指汽车行驶阻力较大时，应及时换入低挡以提高驱动轮上的驱动力矩；在一般道路上行驶时，应尽可能采用高挡行驶，以增大发动机的负荷率，但汽车行驶阻力较大时，仍采用高挡强行，使发动机的负荷率过高，燃油消耗率也会增加。因此，在驾驶中，必须合理选择挡位，使发动机的负荷率保持在燃油消耗率较低的范围。此外，换挡操作要做到脚轻手快，以减少功率浪费。

③ 控制行驶速度。汽车在相同道路上行驶时，车速不同燃料消耗也不同，控制汽车行驶速度主要是要做到"缓加速，中速行"。

"缓加速"是指汽车加速时不要过急，因为汽车的加速度越高，克服加速阻力所需的功率越大，燃料消耗越多。"中速行"是指汽车的行驶速度不能过高或过低，以经济车速行驶时的燃料消耗量最低。由于经济车速相对较低，如解放CA1091型汽车为40～50km/h，影响运输效率，因此在实际运行中，汽车多以略高于经济车速的速度行驶。

④ 正确使用制动和滑行。正确使用制动和滑行主要是要做到"少制动，多滑行"。

"少制动"是指汽车行驶中，在保证行驶安全的前提下，尽量少使用制动。因为汽车的制动过程就是消耗汽车行驶惯性能量而使汽车减速的过程，而汽车行驶的惯性能量是由燃料的化学能转换而来，汽车惯性能量的无谓消耗，也就意味着燃料的浪费。

"多滑行"是指汽车行驶中，在确保安全的前提下，充分利用汽车行驶中的惯性行驶。试验表明：在平原丘陵地区，滑行距离最多可达总行驶里程的30%～40%，同是中速行驶，采用或不采用滑行，燃料消耗量相差30%左右。行车中，滑行的方式主要有加速滑行、减速沿行和坡道滑行三种。加速滑行是指先以最高挡加速至一定车速后、再摘挡滑行，加速和滑行两个过程循环进行；加速滑行适合在道路条件好、交通流量少时使用；要得到良好的节油效果，关键是对发动机负荷率和滑行初、终速度的控制，在加速时发动机的负荷率应控制在80%～90%，滑行的初、终速度不应超出经济车速的上、下限，滑行的初始速度过高或终了速度过低，均会使加速时间增长，燃料消耗增加。减速滑行是指汽车在行驶中遇到障碍物、弯道、桥梁、坑洼或到达停车站等必须降低车速时，提前放松加速踏板，以滑行代替制动使汽车减速，充分利用汽车的惯性，减少能量浪费；在丘陵山区，利用坡道滑行是降低燃料消耗的有效方法，但利用坡道滑行时，必须保证行车安全，在险要路段和坡度大而长的坡道上禁止滑行，下坡滑行不得熄火，并应控制车速。

此外，驾驶人应养成良好的习惯，不乱轰油门，发现故障及时维修，尽量减少汽车使用中的燃料浪费。

特别提示

从驾驶技术方面提高燃油经济性要做到如下几点：保持发动机正常的工作温度80～90℃；合理使用挡位要做到"低挡不高速，高挡不硬撑"；控制汽车行驶速度主要是要做到"缓加速，中速行"；正确使用制动和滑行要做到"少制动，多滑行"。

知识链接

通过改善汽车动力系统、改变驾驶习惯、重视维护与保养都可以提高汽车的燃油经济性。油耗问题不是孤立的问题，它与整车性能是息息相关的。车主应灵活的应用节油技巧，切不可一味追求省油。可以按照如下技巧进行操作来提高汽车燃油经济性：

(1) 使车保持在正常工作的状态 如果车出现明显的不稳定或尾气超标，请及时调试或维修，维修后的车辆会降低燃油消耗率。

(2) 定期检查更换空气滤清器 更换失效的空气滤清器可以减少燃油消耗。并且一个清洁的空气滤清器也可以更好地保护发动机。

(3) 保持轮胎气压处于正常范围 保持轮胎气压处于正常范围有助于提高燃油经济性。

(4) 将没有必要的物品从车上取下来 每增加45kg的质量将使汽车的燃油消耗增加约2%。

(5) 避免粗暴驾驶 频繁的急加速与急刹车会严重影响车辆的燃油消耗。粗暴驾驶的单位燃油行驶里程，与高速公路行驶相比约减少33%，与城市公路行驶相比约减少5%。注意平稳驾驶并注意避开堵车路段。

(6) 注意车速 在经济时速90公里状态下行驶时，燃油经济性能提高约10%。

(7) 避免不必要的急速状态 急速状态会在不行驶的状态下消耗较多燃油，因此需要长时间等候时，请熄火等待。

(8) 高挡位行驶 在适当的速度条件下，选用高挡位行驶时，发动机转速将会降低，可以节省燃油并减少发动机磨损。

(9) 尽量少用空调 空调可以消耗很多燃油。在遇到堵车行驶缓慢时应开窗，而在高速行驶时再开空调。(高速行驶时开窗户可以增加阻力)。

(10) 暖机后再加速 引擎低温运转要比温度升高后运行更费油，所以刚启动时不要马上加速而应该慢行几分钟让引擎热起来之后再加速。

2.3.3 发动机功率与传动系统参数的选择

在设计和改装汽车时，必须充分满足人们对汽车性能的各种要求。汽车发动机的功率、传动系统的传动比这两项对汽车的动力性与燃油经济性有很大影响。在确定这些参数时，必须充分考虑到满足这两个基本性能的要求。

1. 发动机功率的选择

发动机的功率一般先以保证汽车预定的最高车速来初步选择。最高车速是动力性中的一个重要指标，它不仅是车速，也反映了汽车的加速能力与爬坡能力。因为最高车速定得越高，发动机功率就要求越大，汽车后备功率也就越大，加速能力与爬坡能力也必然要得到提高。

选择的发动机功率应等于以最高车速行驶时的行驶阻力功率之和,即

$$P_e = \frac{1}{\eta_T}\left(\frac{Gf}{3600}u_{amax} + \frac{G_D A}{76140}u_{amax}^3\right)$$

在给出 u_{amax} 等数值之后,便能得到发动机应有功率。

发动机应有功率也可以利用汽车比功率来确定。汽车比功率是单位汽车总质量具有的发动机功率,比功率的单位为 kW/t,汽车比功率为

$$汽车比功率 = \frac{1000P_e}{m} = \frac{fg}{3.6\eta_T}u_{amax} + \frac{G_D A}{76.14}u_{amax}^3$$

汽车比功率可以利用现有汽车统计数据来初步估计,从而确定发动机应有功率。

货车比功率一般在 7.35kW/t 以上,中型货车的比功率约为 10kW/t;轻型货车动力性能较好,比功率较大;重型货车最高车速低,比功率较小。所以,货车应该根据汽车总质量和同类型车辆的比功率统计数据来初步选择发动机功率。

轿车的车速较高,而且不同轿车,它们的动力性能相差也比较大。轿车最高车速一般在 140~200km/h,比功率相差也比较大,一般轿车比功率较高,在 15~90kW/t 之间。

特别提示

发动机的功率一般先以保证汽车预定的最高车速来初步选择;在实际工作中发动机应有功率也可以利用汽车比功率来确定。

2.传动比的选择

(1) 最小传动比的选择　汽车大部分时间以最高挡行驶,也就是用最小传动比的挡位行驶的,因此最小传动比的选定是很重要的。

传动系统的总传动比是传动系统中各部件传动比的乘积,即

$$i_0 = i_g i_0 i_e$$

式中　i_g——变速器传动比;

　　　i_0——主减速器传动比;

　　　i_e——分动器、副变速器传动比。

普通的汽车没有分动器或副变速器。变速器的最小传动比为直接挡或超速挡。当变速器为直接挡时,传动系统的最小传动比就是主减速器传动比 i_0,当变速器为超速挡时,则最小传动比应为变速器最高挡传动比与主减速器传动比的乘积。

选择主减速器传动比 i_0 应考虑以下几点。

① 最高车速　主减速器传动比 i_0 不同,在功率平衡图上发动机功率曲线的位置不同,与水平路面行驶阻力功率曲线的交点所确定的最高车速不同。当阻力功率曲线正好与发动机功率曲线交在其最大功率点上,此时所得的最高车速最大,$u_{amax} = u_p$,u_p 为发动机最大功率时的车速。所以,i_0 应选择到汽车的最高车速相当于发动机最大功率时的车速,这时,最高车速是最大的。

② 汽车的后备功率　主减速器传动比 i_0 不同,汽车的后备功率也不同。i_0 增大,发动机功率曲线左移,汽车的后备功率增大,动力性加强,但燃油经济性较差。i_0 减小,发动机功率曲线右移,汽车的后备功率较小,但发动机功率利用率高,燃油经济性较好。

③ 驾驶性能　最小传动比还受到驾驶性能的限制。驾驶性能是指动力装置的转矩响应、噪声和振动。驾驶性能与喘振、加速不畅、迟缓、急速不稳、爆燃、回火、放炮等现象有关。这些现象出现越少、驾驶性能越好。驾驶性能由驾驶员通过主观评价来确定。

影响驾驶性能的因素有发动机排量、汽缸数目、传动系统刚度以及最小传动比等。最小传动比对转矩响应有比较大的影响。最小传动比如果过小,则发动机要在重负荷下工作,加速性能不好,会出现噪声和振动。如果最小传动比过大,会使燃油经济性变差,发动机高速运转时噪声也比较大。

④ 燃油经济性 选择最小传动比时,不但要考虑动力性,也要考虑燃油经济性。选择最小传动比时,通常使 $u_{amax}=u_p$;为了保证有足够的后备功率,增大最小传动比,u_p 可稍小于 u_{amax};为了提高燃油经济性,减小最小传动比,使 u_p 稍大于 u_{amax}。据统计,约 60% 的轿车 u_{amax}/u_p 值在 0.9~1.10 之间,在 0.7~0.9 之间的约为 30%,1.1~1.39 之间的占 10% 左右。

最小传动比也可由最高挡动力因数 D_{0max} 来确定。

$$D_{0max}=\frac{\frac{T_{tqmax}i_0\eta_T}{r}-\frac{C_DA}{21.15}u_{at}^2}{G}$$

式中 G——汽车总质量的重力,N;

u_{at}——最高挡时发动机发出最大转矩时的汽车车速,km/h。

最高挡动力因数 D_{0max},据推荐,中型货车 $D_{0max}\approx 0.04\sim 0.08$,中级轿车 $D_{0max}\approx 0.1\sim 0.15$。

(2) 最大传动比的选择 传动系统最大传动比 i_{tmax},对普通汽车来说,为变速器Ⅰ挡传动比 i_{gI} 与主减速器传动比 i_0 之积。确定传动系统最大传动比就是确定变速器Ⅰ挡传动比 i_{gI} 和主减速器传动比 i_0。

确定最大传动比时,要考虑三方面因素:最大爬坡度、附着条件和汽车最低稳定车速。

① 最大爬坡度 汽车爬坡时车速低,可不计空气阻力,汽车的最大驱动力应能克服最大爬坡度,为 $F_{tmax}=F_f+F_{imax}$。

即

$$\frac{T_{tqmax}i_{gI}i_0\eta_T}{r}=Gf\cos\alpha_{max}+G\sin\alpha_{max}$$

Ⅰ挡传动比 i_{gI} 应为

$$i_{gI}\geqslant\frac{G(f\cos\alpha_{max}+\sin\alpha_{max})r}{T_{tqmax}i_gI\eta_T}$$

一般货车的最大爬坡度约为 30%,即 $\alpha\approx 16.7°$。轿车应具有爬上 30% 坡道的能力。

② 附着条件 确定最大传动比后应验算附着条件:

$$F_{tmax}=\frac{T_{tqmax}i_{gI}i_0\eta_T}{r}\leqslant F\varphi$$

验算时,可取附着系数 $\varphi=0.5\sim 0.6$。

③ 最低稳定车速 对于越野汽车传动系统,最大传动比 i_{tmax} 应保证汽车能在极低车速下稳定行驶。这样可以避免在松软地面上行驶时土壤受冲击剪切破坏而损害地面附着力。最大传动比 i_{tmax} 应为

$$i_{tmax}=0.377\frac{n_{min}r}{u_{amin}}$$

式中 u_{amin}——最低稳定车速。

此外,轿车的最大传动比是根据加速能力的要求来确定的,可参考同等级的轿车来选择。

第2章 汽车使用性能

> **特别提示**
>
> 确定最大传动比时,要考虑三方面的问题:最大爬坡度、附着力以及汽车最低稳定车速。

（3）挡数和各挡传动比　汽车的动力性、燃油经济性和汽车传动系统的挡位数有着密切的关系。挡位数多,使发动机发挥最大功率的机会增多,提高了汽车的加速能力与爬坡能力。同时,挡位数多,使发动机在低燃油消耗率区工作的可能性增加,降低了油耗。所以,传动系统挡位数的增加会改善汽车的动力性和燃油经济性。

挡位数还取决于最大传动比与最小传动比之间的比值,因为挡与挡之间的传动比比值不能过大,比值过大会造成换挡困难。一般比值不大于 1.7～1.8。所以,最大传动比与最小传动比的比值增大,挡位数也应增多。

汽车类型不同,挡位数也不同。轿车车速高、比功率大,高挡的后备功率大,常采用三、四个挡位。中小型货车比功率小,一般采用四、五个挡位。重型货车的比功率更小,使用条件也很复杂,所以一般采用六到十几个挡位,以适应复杂的使用条件,使汽车有足够的动力性和良好的燃油经济性。越野汽车的使用条件最复杂,其传动系统的挡位数比同吨位的普通货车要多一倍。

挡位数增多,会使变速器结构复杂。有的挡位数多的汽车,常在变速器后面接上一个副变速器,使挡位数倍增。越野汽车在变速器后面采用分动器,达到多轴驱动的要求,同时使挡位数倍增。

在确定汽车的最小传动比、最大传动比和传动系统的挡位数后,还要确定中间各挡的传动比。

汽车变速器各挡的传动比应该按等比级数分配。

$$\frac{i_{gI}}{i_{gII}} = \frac{i_{gII}}{i_{gIII}} = \cdots = q$$

式中　q——常数,各挡之间的公比。

各挡的传动比为

$$i_{gI} = qi_{gII},\ i_{gII} = qi_{gIII},\ i_{gIII} = qi_{gIV},\ \cdots$$

对于一个四挡变速器,$i_{gIV}=1$,各挡传动比和 q 有如下关系

$i_{gIII} = q$, $i_{gII} = q^2$, $i_{gI} = q^3$

则

$$q = \sqrt[3]{i_{gI}}$$

所以

$$i_{gIII} = \sqrt[3]{i_{gI}},\ i_{gII} = \sqrt[3]{i_{gI}^2}$$

由此可以推出,n 个挡位的变速器,各挡传动比应该是

$$i_{gII} = \sqrt[n-1]{i_{gI}^{n-2}},\ i_{gIII} = \sqrt[n-1]{i_{gI}^{n-3}},\ i_{gIV} = \sqrt[n-1]{i_{gI}^{n-4}} \cdots,\ i_{gm} = \sqrt[n-1]{i_{gI}^{n-m}}。$$

在确定了各挡传动比后,还要校验相邻挡位传动比的比值 q,q 应小于 1.7～1.8,如 q 值过大,则应增加传动系统的挡位数。按等比级数分配传动比的主要目的在于充分利用发动机提供的功率,能使发动机经常在接近外特性最大功率 P_{emax} 处的范围内运转,从而增加汽车的后备功率,提高汽车的加速和上坡能力,提高汽车的动力性。同时,换挡时能无冲击地平稳接合离合器,驾驶人在起步和加速时操作方便。

实际上,各挡传动比之间的比值不会正好相等,并不会正好按等比级数来分配传动比。这主要是考虑到各挡的利用率不同,汽车主要用高挡位行驶,因此高挡位相邻两挡之间的传

动比的间隔应小一些,特别是最高挡与次高挡之间更应小一些。所以,实际上各挡传动比分布关系常为 $\frac{i_{gI}}{i_{gII}} \geqslant \frac{i_{gII}}{i_{gIII}} \geqslant \cdots \geqslant \frac{i_{gn-1}}{i_{gn}}$。

特别提示

理论上变速器各挡的传动比应该按等比级数分配,这样可充分利用发动机提供的功率,提高汽车的动力性;并与副变速器结合构成更多挡位的变速器。考虑到各挡利用率差别很大的缘故,实际上各挡传动比分布关系常为 $\frac{i_{gI}}{i_{gII}} \geqslant \frac{i_{gII}}{i_{gIII}} \geqslant \cdots \geqslant \frac{i_{gn-1}}{i_{gn}}$。

2.4 汽车制动性

汽车的制动性是汽车的主要性能之一,它直接关系到交通安全。制动时发生的严重侧滑或跑偏、制动距离过长或下长坡时制动稳定性差等常常造成重大的交通事故。良好的汽车的制动性是汽车安全行驶的重要保障,因此,掌握汽车的制动性能及其影响因素、改善汽车的制动性,始终是汽车设计、制造和使用部门的重要任务。

2.4.1 制动性评价指标

1. 制动效能

汽车的制动效能是指汽车迅速减速直至停车的能力。制动效能可用汽车在良好路面上以一定初速度行驶时,用最大制动强度制动到停车所用的时间、行驶过的距离或制动过程中产生的制动力、制动减速度来表示。制动效能是制动性能最基本的评价指标。

2. 制动效能的恒定性

制动效能的恒定性是指规定汽车以规定车速连续制动 15 次,制动强度为 $3m/s^2$,最后不低于冷试验效能的 60%($5.8m/s^2$)的性能。制动器的热衰退是指高速制动或下长坡制动时制动器的温度迅速上升,摩擦力矩显著下降的现象。

因为制动过程实质上是把汽车行驶的动能通过制动器吸收转换为热能,所以造成制动器温度升高,摩擦副摩擦系数下降,摩擦力矩下降,制动力降低,难以保持在冷状态时的制动效能。因此,制动器温度升高后尽量减少冷态时制动效能的降低,已成为设计制动器时要考虑的主要问题之一。另外,如何在使用过程中正确应对不可避免的热衰退的发生也成为汽车应用人员要掌握的主要问题。

汽车涉水后,由于制动器摩擦副被水浸湿,制动效能也会下降,这种现象称为制动器的水衰退。与鼓式制动器相比,盘式制动器暴露在外,被水浸湿后容易干燥,抗水衰退能力也就比较强。在使用中,汽车涉水后,踩几次制动踏板,有意提高制动器温度,使水分迅速蒸发,对缓解制动器的水衰退非常有效。

知识链接

影响制动器热衰退的主要因素是制动器摩擦副的材料和制动器的结构形式。

1. 制动器摩擦副的材料

制动器的制动鼓(或制动盘)一般以铸铁为材料,摩擦片一般以石棉为材料,制动鼓(或制动盘)在合金成分、金相组织、硬度、工艺等合格的条件下,摩擦片材料对制动器的抗热衰退性起决定作用。

一般石棉摩擦片在低于 200℃ 的温度下制动时,摩擦片与制动鼓(或制动盘)的摩擦系数约为 0.3~0.4,且比较稳定;温度升高到 220~250℃ 时,摩擦系数降到约 0.2,制动器的热衰退显著增加。这是因为石棉摩擦片温度过高时,其内含的有机物发生分解,产生一些气体和液体,在摩擦副之间形成有润滑作用的薄膜，所以使摩擦系数下降。因此，提高石棉摩擦片的抗热衰退性，应采取以下措施：采用耐热的黏合剂，如环氧树脂、三聚氰胺树脂、无机黏合剂等。减少有机成分的含量，增加金属添加剂的成分。使摩擦片具有一定的气孔。多数树脂模制摩擦片，经初期衰退后便不再衰退，因此可在使用前先进行表面处理，使其产生表面热稳定层来缓和衰退。此外，采用散热性能较好和热容量较大的制动鼓（或制动盘），在相同的制动强度下，其温度升高量较小，制动效能的恒定性也较好。如在连续较大强度的制动后，带散热肋的制动鼓温度比不带散热肋的要低45%~65%。

2.制动器的结构形式

制动器效能因数是单位制动泵推力（即制动蹄张开装置对制动蹄的推力P）所产生的制动器制动力，制动器效能因数越大，即表明在制动蹄张开装置的推力与制动鼓半径相同的情况下，制动器所能产生的制动力矩也越大。在制动器摩擦系数相同时，双向自动增力式制动器的效能因数最大，使用此种制动器有利于提高制动效能。但由于该制动器效能因数随摩擦系数变化大，摩擦系数稍有下降，制动器效能因数就会大幅度下降，所以它的抗热衰退能力最差，盘式制动器的效能因数虽然低于所有鼓式制动器，但其效能因数随摩擦系数变化小，抗热衰退能力最好。

3.制动时汽车行驶的方向稳定性

制动时汽车行驶的方向稳定性是指制动时汽车按给定路径行驶的能力。若制动时发生跑偏、侧滑或失去转向能力，则汽车将偏离原来的路径。表2-6为一些国家轿车制动规范对行车制动性能的部分要求。

表2-6 一些国家轿车制动规范对行车制动性能的要求

国家-项目	中国 GB 7258—2004	瑞典 F18	美联邦 135	欧共体(EEC)71/320
试验路面	$\Psi \geqslant 0.7$	$\Psi = 0.8$	SkidN081	附着良好
载重	任何载荷	任何载荷	轻、满载	满载
制动初速度	50km/h	80km/h	96.54km/h	80km/h
制动时的稳定性	不许偏出2.5m通道	不抱死跑偏	不抱死跑偏3.66m	不抱死跑偏
制动距离或制动减速度	≤20m 或≥5.9m/s²	≥5.8m/s²	≤65.8m	≤50.7m 或≥5.8m/s²
踏板力	<500N	<490N	66.7~667N	<490N

特别提示

汽车的制动性的评价指标是：制动效能、制动效能的恒定性和制动时汽车行驶的方向稳定性。

2.4.2 制动时车轮的受力

汽车只有在受到与行驶方向相反的外力作用下才能减速以至停车。由汽车的受力状况分析可知，这个外力只能由地面和空气提供。但由于制动过程中车速较低，空气阻力相对较小，所以实际上制动时的外力主要是由地面提供。地面制动力越大，制动减速度越大，制动距离也越短，所以地面制动力对汽车制动性具有决定性影响。而地面制动力的大小，主要由制动过程中汽车制动器产生的摩擦力矩的大小决定。

下面取一个车轮为隔离体，分析该车轮在制动时的受力状况，以说明影响汽车地面制动力的因素，进而寻找提高地面制动力的方法。

1.制动器制动力

图2-20为车轮架离地面后某一车轮在旋转过程中制动时的受力情况。图2-20中忽略了惯性力偶矩。T_μ为车轮制动器中摩擦片与制动鼓或盘相对滑转时的摩擦力矩，单位为N·m，这样

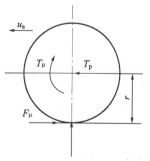

图2-20 车轮架离地面制动受力情况

在轮胎周缘为了克服制动器摩擦力矩所需要的力称为制动器制动力，以符号 F_μ 表示。它相当于把汽车架离地面，并踩住制动踏板，在轮胎周缘沿切线方向推动车轮直至它能转动所需的力，它的单位为 N。若车轮半径为 r，单位为 m，显然

$$F_\mu = \frac{T_\mu}{r}$$

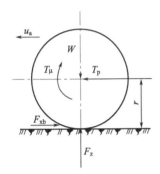

图 2-21 车轮在良好的硬路面制动时受力情况

制动器制动力的大小仅由制动器的结构参数所决定，即取决于制动器的形式、结构尺寸、制动器摩擦副的摩擦系数以及车轮半径，并与制动踏板力，即制动管路的液压或气压成正比。

2. 地面制动力

图 2-21 所示为在良好的硬路面上制动时车轮的受力情况。图中滚动阻力偶矩和减速时的惯性力、惯性力偶矩均忽略不计。T_p 为车轴对车轮的推力、F_{xb} 为地面制动力、F_z 为地面对车轮的法向反作用力，显然，从力矩平衡得到

$$F_{xb} = \frac{T_\mu}{r}$$

地面制动力是使汽车制动而减速行驶的外力，但是地面制动力取决于两个摩擦副的摩擦力：一个是制动器内制动摩擦片与制动鼓或制动盘间的摩擦力，一个是轮胎与地面间的摩擦力—附着力。

3. 地面制动力、制动器制动力与附着力之间的关系

在制动时，若只考虑车轮的运动为滚动与抱死拖滑两种状态，当制动踏板力较小时，制动器摩擦矩不大，地面与轮胎之间的摩擦力即地面制动力，足以克服制动器摩擦力矩而使车轮滚动。显然，车轮滚动时的地面制动力就等于制动器制动力，且随踏板力增长成正比地增长（见图 2-22）。但地面制动力是滑动摩擦的约束反力，它的值不能超过附着力，即

$$F_{xb} \leqslant F_\varphi = F_z \varphi$$

或最大地面制动力 F_{xbmax} 为

$$F_{xbmax} = F_\varphi = F_z \varphi$$

式中 φ 为地面附着系数。当制动器踏板力 F_p 或制动系油压力 p 上升到某一值（图 2-22 中为制动系油压力 p_a）、地面制动力 F_{xb} 达到附着力 F_φ 值时，车轮抱死不转而出现拖滑现象。制动系油压 $p > p_a$ 时，制动器制动力 F_μ 由于制动器摩擦力矩的增长而仍按直线关系继续上升，但是，若作用在车轮上的法向载荷为常数，地面制动力 F_{xb} 到达附着力 F_φ 的值后就不再增加。

由此可见，汽车的地面制动力首先取决于制动器制动力，但同时又受地面附着条件的限制，所以只有汽车具有足够的制动器制动力，同时地面又能提供高的附着力时，才能获得足够得地面制动力。

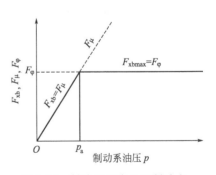

图 2-22 制动过程中地面制动力、制动器制动力及附着力的关系

🚗 **特别提示**

汽车的地面制动力首先取决于制动器制动力，同时又受地面附着条件的限制，所以汽车只有具有足

够的制动器制动力,同时地面又能提供高的附着力时,才能获得足够的地面制动力来提高汽车的制动性能。

4. 滑移率与附着系数

在汽车制动过程中,附着系数不是常数,它不仅与轮胎结构和路面状况有关,也与车轮的运动状态有关。制动时车轮的运动状态用滑移率 s 来表示,它是指车轮运动中滑动成分所占的比例,滑移率可按下式计算:

$$s = \frac{v_\omega - r\omega}{v_\omega}$$

式中 v_ω ——车轮中心平移速度,m/s;
r ——车轮滚动半径,m;
ω ——车轮旋转角速度,rad/s。

车轮纯滚动时,滑移率 $s=0$;车轮完全抱死拖滑时,滑移率 $s=100\%$。附着系数随滑移率的变化如图 2-23 所示。纵向附着系数是指沿车轮旋转平面方向的附着系数,它直接影响最大地面制动力;侧向附着系数是指垂直车轮旋转平面方向上的附着系数,它影响汽车制动时的方向稳定性。在车轮滑移率 $s=15\%\sim20\%$ 时,纵向附着系数和侧向附着系数均较大,但只有装用防抱死制动系统(ABS)的汽车才能实现,装用普通制动系统的汽车,为保证制动的可行性,紧急制动时必须提供足够大的制动器制动力,使车轮滑移率达到 100%。

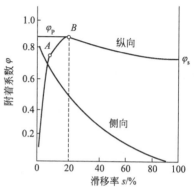

图 2-23 附着系数与滑移率的关系

🚗 特别提示

在车轮滑移率 $s=15\%\sim20\%$ 时,纵向附着系数和侧向附着系数均较大,汽车制动时的方向稳定性好。但只有装用防抱死制动系统(ABS)的汽车才能实现,装用普通制动系统的汽车,为保证制动的可行性,紧急制动时必须提供足够大的制动器制动力,使车轮滑移率达到 100%。

2.4.3 制动时的方向稳定性

制动时的方向稳定性直接影响行驶安全,它是指在制动过程中,汽车按驾驶人给定轨迹行驶的能力,即保持直线行驶或按预定弯道行驶的能力。影响制动时方向稳定性的因素主要是跑偏、侧滑和失去转向能力。

1. 制动跑偏

在汽车制动时,驾驶人员期望按直线方向减速停车,但有时会出现汽车自动向左或向右偏驶的现象。制动时汽车自动偏驶的现象称为制动跑偏。制动跑偏的程度可用横向位移或航向角来评价,横向位移是指汽车制动后车身最大的横向移动量,航向角是指制动后汽车的纵轴线与原定行驶方向的夹角。

制动时引起汽车跑偏的原因主要是左、右车轮的制动器制动力不等。如图 2-24 所示,设左前轮制动器制动力大于右前轮制动器制动力,则左前轮地面制动力 $F_{\tau1L}$ 大于右前轮地面制动力 $F_{\tau1R}$。由于 $F_{\tau1L}$ 绕主销形成的力矩大于 $F_{\tau1R}$ 绕主销形成的力矩,此时即使转向盘固定不动,也会因转向系统存在间隙和弹性变形,转向轮向左偏转一定角度,使汽车向左偏驶。此外,由于 $F_{\tau1L}$ 大于 $F_{\tau1R}$,也会使汽车的前、后轴分别受到地面侧向反作用力 Y_1 和 Y_2,以保持汽车绕其质心的力矩平衡;因为主销存在后倾角,前轮所受的地面侧向反作

用力 Y_1 绕主销形成力矩，也加剧前轮向左偏转。

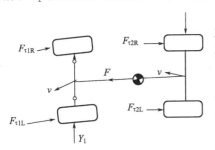

图 2-24 汽车制动跑偏分析

用上述同样方法，可分析右前轮制动器制动力大于左前轮时或左、右后轮制动器制动力不等时的跑偏情况，可得如下结论：

① 在汽车制动时，如果左、右车轮的制动器制动力不等，就会引起汽车跑偏，跑偏的方向总是制动力较大的一侧。

② 左右制动器制动力的差值越大，制动时间（或制动距离）越长，跑偏的程度越严重。

③ 左、右轮制动器制动力不等时，更容易引起制动跑偏。

为保证汽车制动时的方向稳定性，我国《机动车制动检验规范》中规定：在用制动力检验汽车的制动性能时，左、右前轮制动力差值应不超过 5%，左、右后轮制动器制动力应不超过 10%；用路试方法检验汽车的制动性能时，在紧急制动或点制动的过程中，不允许有跑偏现象。制动规范中对左、右轮制动力的差值规定是由试验确定的，左、右轮制动力差值符合标准时，一般不会发生制动跑偏现象。

左右轮制动器制动力不等，多是由于装配或调整误差等造成的，如：左、右轮制动器的间隙程度不同或某一侧制动器摩擦副有油污等。通过正确调整或维修，一般可以排除制动跑偏故障。

特别提示

汽车制动时，如果左、右车轮的制动器制动力不等，就会引起汽车跑偏，跑偏的方向总是制动力较大的一侧。

2. 制动侧滑

制动侧滑是指制动时，汽车的某一轴车轮或全部车轮发生横向滑动的现象。制动侧滑影响汽车的操纵稳定性，尤其是高速行驶的汽车，如果后轴车轮侧滑会引起汽车剧烈的回转运动，严重时会使汽车调头甚至翻车。

车轮侧滑是由于侧向力超过了侧向附着力。在汽车制动时，随车轮滑移率的增大，侧向附着系数减小，侧滑的可能性增大。当车轮被抱死拖滑（滑移率为 100%）时，侧向附着系数几乎为零，稍有侧向力就会引起侧滑。

汽车制动时，如果前轴车轮发生侧滑，而后轴车轮不侧滑，则汽车前轴中点的速度方向偏离汽车的纵轴线，后轴中点的速度方向仍与汽车的纵轴线一致。如图 2-25 所示，作前、后轴中点速度向量 v_A 和 v_B 的垂线交于 O 点，O 点即为前轴侧滑后使汽车作曲线运动的瞬时转向中心。由于作用在汽车重心上的离心力 F_c 在汽车侧向方向的分力与侧滑方向相反，具有抑制侧滑的作用，所以前轴侧滑时汽车行驶方向改变不大。

汽车制动时，如果后轴车轮发生侧滑，而前轴车轮不侧滑，如图 2-26 所示，作用在汽车重心上的离心力 F_c 在汽车侧向方向的分力与侧滑方向一致，具有加剧后轴侧滑的作用，而后轴侧滑的加剧又使离心力增大，所以后轴侧滑时汽车行驶方向改变很大，甚至发生汽车调头或剧烈回转的现象。在实际使用中，若制动时后轴发生侧滑，驾驶员可向后轴侧滑方向转动转向盘，以改变前轴中点的速度方向（图 2-26 中虚线），从而增大汽车回转半径，减小作用在汽车质心上的离心力，有利于减轻甚至迅速消除后轴侧滑。

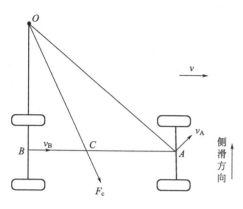

图 2-25 汽车前轴侧滑分析

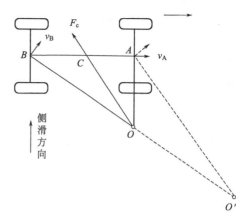

图 2-26 汽车后轴侧滑分析

特别提示

制动时前轴侧滑，离心力 F_c 在汽车侧向方向的分力与侧滑方向相反，具有抑制侧滑的作用，所以前轴侧滑时汽车行驶方向改变不大。后轴侧滑，离心力 F_c 在汽车侧向方向的分力与侧滑方向一致，具有加剧后轴侧滑的作用，而后轴侧滑的加剧又使离心力增大，所以后轴侧滑时汽车行驶方向改变很大，甚至发生汽车调头或剧烈回转的现象。

3. 失去转向能力

失去转向能力是指汽车在弯道上制动时，转动转向盘也无法使汽车转向沿预定弯道制动停车的现象。

汽车转向行驶时，由于转向轮偏转，使车轴对转向轮的推力产生侧向分力，若侧向分力超过转向轮上的侧向附着力，就会引起转向轮侧滑，从而使汽车不能沿预定的方向行驶。汽车制动时，由于车轮滑移率的增大，侧向附着系数减小，因此汽车的转向能力下降；当转向轮抱死拖滑（滑移率为100%）时，侧向附着系数几乎为零，汽车将完全丧失转向能力。

2.4.4 制动时制动力的分配

1. 前、后轮抱死次序

对不装用 ABS 的普通制动系统，在汽车以最大强度制动时，必须使所有车轮均抱死，以保证汽车制动的可靠性。在汽车制动过程中，前、后轴车轮的抱死次序可分为三种：前轮先于后轮抱死、后轮先于前轮抱死和前、后轮同时抱死。

前、后车轮的抱死次序对制动时的方向稳定性和制动系统工作效率有很大影响。

(1) 对制动系统工作效率的影响　制动系统工作效率是指制动器制动力的利用程度，可用全部车轮均抱死时的地面制动力与制动器制动力的比值来表示。对两轴汽车，制动系的工作效率 η_b 可用下式计算：

$$\eta_b = \frac{F_{\tau 1\max} + F_{\tau 2\max}}{F_{\mu 1} + F_{\mu 2}}$$

式中　$F_{\tau 1\max}$、$F_{\tau 2\max}$——前、后轮最大地面制动力等于前、后轮上的附着力，N；

$F_{\mu 1}$、$F_{\mu 2}$——前、后车轮均抱死时，前、后轮的制动器制动力，N。

在汽车制动过程中，如果前轮先于后轮抱死，则前、后车轮均抱死时，$F_{\mu 1} > F_{\tau 1\max}$，$F_{\mu 2} = F_{\tau 2\max}$，所以制动系统的工作效率 $\eta_b < 1$；如果后轮先于前轮抱死，则前、后车轮均抱死时，$F_{\mu 1} = F_{\tau 1\max}$，$F_{\mu 2} > F_{\tau 2\max}$，制动系统的工作效率 $\eta_b < 1$；如果前、后轮同时抱死，

则全部车轮均抱死时，$F_{\mu 1}=F_{\tau 1max}$，$F_{\mu 2}=F_{\tau 2max}$，制动系统的工作效 $\eta_b=1$。

（2）对制动时方向稳定性的影响　从汽车制动时方向稳定性的分析可知，达到附着极限处于制动抱死的车轮最易发生侧滑，且失去转向能力。在汽车的制动过程中，如果前轮先于后轮抱死，则在汽车未达到最大制动强度之前，就会出现前轮抱死拖滑的现象，虽然前轮发生侧滑时危险性不大，但通常作为转向轮的前轮会失去转向能力；如果后轮先于前轮抱死，则在汽车未达到最大制动强度之前，后轮就容易发生因抱死而侧滑的现象，后轮侧滑有较大的危险性；如果前、后轮同时抱死，在汽车未达到最大制动强度之前，前、后轮均不会抱死，有利于保持汽车制动时的方向稳定性。

由以上分析可见，前、后轮同时抱死是制动的最佳状态，不仅制动系统工作效率高，而且制动时的方向稳定性好。

特别提示

前、后轮同时抱死是制动的最佳状态，不仅制动系统工作效率高，而且制动时的方向稳定性好。

2. 理想的前、后轮制动器制动力分配

在汽车的制动过程中，前、后轮抱死的次序取决于前、后制动器制动力和附着力之间的关系。而在附着系数一定时，前、后轮的附着力取决于前、后轮的地面法向反作用力。

（1）制动时前、后轮的地面法向反作用力　如果不考虑滚动阻力矩、空气阻力和旋转质量惯性力矩对制动过程的影响，汽车在水平良好的路面上制动时的受力情况，如图 2-27 所示。

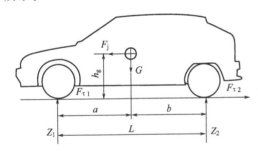

图 2-27　汽车制动时的受力分析

G—汽车的总重力；F_j—汽车制动时的惯性力；
Z_1、Z_2—前、后轮的地面法向反作用力；
$F_{\tau 1}$、$F_{\tau 2}$—前、后轮的地面制动力；
a、b—汽车重心到前、后轴的距离；
h_g—汽车重心的高度；L—汽车的轴距

图 2-27 分别对前、后轮接地点取力矩可求得

$$Z_1=\frac{Gb+F_j h_g}{L} \quad Z_2=\frac{Ga-F_j h_g}{L}$$

因为 $F_j=F_{\tau 1}+F_{\tau 2}=F_\tau$，所以在附着系数为 φ 的道路上汽车以最大制动强度制动，前、后轮全部抱死时，$F_j=F_{\tau max}=F_\varphi=G\varphi$，代入前、后轮地面法向反作用力公式可得

$$Z_1=\frac{G}{L}(b+\varphi h_g) \quad Z_2=\frac{G}{L}(a-\varphi h_g)$$

由以上分析可得：一定的汽车在一定的道路条件下制动时，前、后轮的地面法向反作用力是变化的，在制动强度较小时，前后轮的地面法向反作用力取决于汽车的总地面制动力；前、后轮全部抱死时，前、后轮的地面法向反作用力取决于道路附着系数。

（2）理想的前、后制动器制动力分配　理想的前、后轮制动器制动力分配是指在各种道路条件下，均能保持最佳制动状态所需的前、后轮制动器制动力分配。由于汽车前、后轮的附着力取决于前、后轮的地面法向反作用力和附着系数，而前、后轮全部抱死时的地面法向反作用力也取决于附着系数，所以汽车制动时，保持理想制动状态所需的前后轮制动器制动力分配应随附着系数而变化。

在达到理想制动状态前、后轮同时抱死时，前、后轮的制动器制动力分别等于各自的附着力，且前、后轮的制动器制动力之和等于汽车总的附着力。因此，理想的前、后轮制动器制动力分配应满足的条件为：

$$F_{\mu1}=Z_1\varphi \quad F_{\mu2}=Z_2\varphi \quad F_{\mu1}+F_{\mu2}=G\varphi$$

将前后轮地面法向反作用力公式代入上式，并进行简化整理可得

$$\frac{F_{\mu1}}{F_{\mu2}}=\frac{b+\varphi h_g}{a-\varphi h_g} \quad F_{\mu1}+F_{\mu2}=G\varphi$$

当汽车的结构参数（G、a、b、h_g）一定时，按上述方程组可作出不同附着系数时，前、后轮制动器制动力的关系曲线，即理想的前、后轮制动器制动力分配曲线，简称"I"线，如图 2-28 所示。作图方法如下：

① 建立 $F_{\mu1}$-$F_{\mu1}$ 坐标系，取不同的 φ 值（φ=0.1、0.2、0.3…），按 $F_{\mu1}+F_{\mu2}=G\varphi$ 作图可得一组与坐标轴成 45°角的平行线组。因为每条直线上任意一点代表的前、后轮制动器制动力之和都为常数，由此总制动力产生的制动减速度也为常数，所以该组直线称为"等制动力线组"或"等减速度线组"。图中直线上标出了 φ 值和相应的最大制动减速度。

② 取不同的 φ 值（φ=0.1、0.2、0.3…），按 $\dfrac{F_{\mu1}}{F_{\mu2}}=\dfrac{b+\varphi h_g}{a-\varphi h_g}$ 作图，可得一组通过坐标原点、不同斜率的射线组。

③ 在平行线组和射线组中，对应同一 φ 值（如 φ=0.5）的两条直线都有一个交点（如 E 点），将不同 φ 值时相应两直线的交点 A、B、C…圆滑地连接起来，即可得到理想的前、后轮制动器制动力分配曲线，即"I"线。

"I"线上任意一点的坐标都代表相应附着系数的道路上，前、后轮同时抱死时，所要求的理想前、后轮制动器制动力数值。

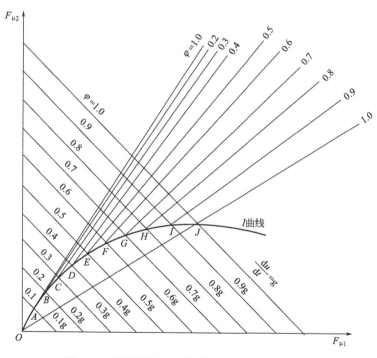

图 2-28 理想的前、后轮制动器制动力分配曲线

🚗 特别提示

理想的前、后轮制动器制动力分配曲线"I"线上任意一点的坐标都代表相应附着系数的道路上，前、后轮同时抱死时，所要求的理想前、后轮制动器制动力数值。

3. 实际的前、后轮制动器制动力分配

一般两轴汽车实际的前、后轮制动器制动力之比为常数。为了说明前、后轮制动器制动力的分配情况，通常用前轮制动器制动力与汽车的总制动器制动力之比来表示分配比例，称为制动器制动力分配系数，用符号 β 表示：

$$\beta = \frac{F_{\mu 1}}{F_{\mu 1} + F_{\mu 2}}$$

式中　$F_{\mu 1}$——前轮制动器制动力；
　　　$F_{\mu 2}$——后轮制动器制动力。

由上式可得前、后轮制动器制动力之比为：

$$\frac{F_{\mu 1}}{F_{\mu 2}} = \frac{\beta}{1-\beta}$$

由此可见，实际汽车前、后轮制动器制动力的分配为固定比值，在 $F_{\mu 1}$-$F_{\mu 1}$ 坐标系中可用一直线来表示，该直线通过坐标原点，称为实际前、后轮制动器制动力分配曲线，简称"β"线。如图 2-29 所示为某汽车的"β"线和"I"线，两线只有一个交点，该点对应的附着系数 φ_0 称为同步附着系数。

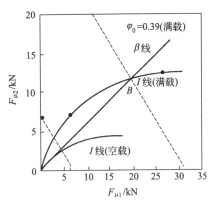

图 2-29　β 线与 I 线分析图

同步附着系数是汽车制动系统的一个重要参数，它说明前、后轮制动器制动力分配为固定比值的汽车，只有在一种路面上，即附着系数为 φ_0 的路面上制动时，才能达到前、后轮同时抱死的理想制动状态。在 $\varphi < \varphi_0$ 的路面上制动时，由于 I 线（满载）位于 β 线的上方，当前轮抱死所需的制动器制动力一定时，实际的后轮制动器制动力总是达不到同时抱死需要的制动力，所以前轮先于后轮抱死。而在 $\varphi > \varphi_0$ 的路面上制动时，由于 I 线（满载）位于 β 线的下方，当前轮抱死所需的制动器制动力一定时，实际的后轮制动器制动力总是已超过同时抱死需要的制动力，所以后轮先于前轮抱死。

汽车空载的 I 线基本位于 β 线下方，所以空载制动时，一般都是后轮先于前轮抱死。

由 β 线和 I 线交点对应的前、后轮制动器制动力关系：

$$\frac{F_{\mu 1}}{F_{\mu 2}} = \frac{\beta}{1-\beta} \quad \frac{F_{\mu 1}}{F_{\mu 2}} = \frac{b + \varphi h_g}{a - \varphi h_g}$$

可得

$$\varphi_0 = \frac{L\beta - b}{h_g} \quad 或 \quad \beta = \frac{\varphi_0 h_g + b}{L}$$

同步附着系数主要是根据道路条件和常用车速来选择的。为防止汽车制动时发生危险的后轮侧滑，同步附着系数一般应保证在多数道路条件下制动时，前轮先于后轮抱死。轿车的同步附着系数一般为 0.6~0.9。

🚗 特别提示

"β"线和"I"线只有一个交点，该点对应的附着系数 φ_0 称为同步附着系数。它说明前、后轮制动器制动力分配为固定比值的汽车，只有在附着系数为 φ_0 的路面上制动时，才能达到前、后轮同时抱死的理想制动状态。在 $\varphi < \varphi_0$ 的路面上制动时，前轮先于后轮抱死。而在 $\varphi > \varphi_0$ 的路面上制动时后轮先于前轮抱死。

2.4.5 影响制动性的因素及提高措施

汽车制动性与汽车结构和使用条件有着密切联系，下面从结构措施与使用措施两方面来分析提高制动性的措施。

1. 结构措施

提高汽车制动性的结构措施可分三个方面：通过提高制动力来提高制动效能，通过改进摩擦材料和制动器的结构来提高制动效能的恒定性，通过合理分配前、后轮制动器制动力来提高制动时的方向稳定性。

（1）增大制动器的制动力矩　足够的制动力矩是产生最大的地面制动力的保障，否则有大的附着力也无法利用。为增大制动器的制动力矩，在制动器结构上可采取的具体措施有：选用摩擦系数较大的摩擦副材料，适当增大制动鼓（或制动盘）直径，适当增大制动气压或液压，保证摩擦片与制动鼓接合面大且均匀，使摩擦片半径略大于制动鼓半径等。

（2）提高制动器的抗热衰退性　制动效能的恒定性主要是指制动器的抗热衰退性。合理选择制动器的结构形式和摩擦副材料，是提高制动器抗热衰退性的主要措施。

（3）采用制动压力调节装置　采用普通制动系统（不装 ABS）的汽车，在不同路面上制动时，不可能都达到理想的制动状态。为提高汽车制动时的方向稳定性，应尽量防止后轮抱死侧滑的可能性，并尽量保持转向轮的转向能力，这就要求汽车前、后轮制动器制动力的实际分配曲线应总在理想分配曲线下方，而且 β 线越接近 I 线越好。为此，在现代汽车的制动系统中装有各种压力调节装置，根据需要调节实际的前后制动器制动力分配比值，以实现上述目的。

制动系统常用的压力调节装置有限压阀、比例阀、感载限压阀、感载比例阀。

（4）采用防抱死制动系统　汽车制动过程中，车轮抱死是导致侧滑和失去转向能力的主要原因，而且车轮抱死使纵向附着系数也不能取得最大值，因此，制动时防止车轮抱死并控制车轮的滑移率，是提高汽车制动性的重要措施。在汽车紧急制动时，为防止车轮抱死，目前广泛应用防抱死制动系统，即 ABS（ANTI−LOCK BRAKE SYSTEM）。

ABS 的功用就是在汽车制动过程中，根据车轮滑移率的变化，自动增大或减小制动系统的压力，使车轮滑移率始终保持在 20% 左右，以便获得最大纵向附着系数，提高汽车的制动效能。同时，也可在制动中保持较高的侧向附着系数，防止汽车侧滑或失去转向能力，提高汽车制动时的方向稳定性。

2. 使用措施

（1）合理装载　在行驶速度一定时，汽车的行驶惯性随载质量的增加而增大，因此制动距离会增长。试验证明：载质量为 3t 的汽车，载质量每增加 1t，制动距离约增长 1m。此外，在汽车装载质量和装载方式不同时，由于汽车重心位置的变化，也会影响汽车制动时的方向稳定性。因此，在汽车使用中，应禁止超载，并保证装载均匀。

（2）控制行驶速度　由制动距离的计算公式可知，制动距离随制动初速度的提高而增长。此外，随制动初速度的提高，制动器需要将更多的汽车惯性能量通过摩擦转化为热量，由于摩擦副的温度升高使制动器的热衰退增加，也会导致制动效能下降。因此，在汽车行驶中，应根据道路条件和行驶环境等适当控制车速，严禁超速。

（3）充分利用发动机辅助制动　发动机的内部摩擦和泵气损失可用来消耗汽车行驶的惯性能量，起到制动的作用。

发动机辅助制动通常在减速制动或下坡需保持车速不变时使用。汽车下长坡利用发动机辅助制动时，变速器一般应挂入较低的挡位。但应注意：在紧急制动时，应脱开发动机与传动系统的连接（如踩下离合器或挂空挡），否则发动机旋转质量的惯性力会消耗部分制动力，反而对制动不利。

（4）改善道路条件　道路的附着系数不仅限制汽车最大地面制动力，而且在附着系数小的路面上制动时，汽车也容易发生侧滑或失去转向能力。因此，改善道路条件，提高其附着系数，是保证汽车制动效能充分发挥和提高制动时方向稳定性的有效措施。

（5）提高驾驶技术　驾驶技术对汽车制动性有很大影响。制动过程中，若能保持车轮接近抱死而未抱死的状态，便可获得最佳的制动效果。此外，在紧急制动时，驾驶员踩制动踏板的动作越快，制动系统的协调时间越短，可缩短制动距离。尤其在滑溜路面上，采用发动机辅助制动并适当控制车速等，尽量少踩制动，避免紧急制动，则可减小汽车制动侧滑或失去转向能力的可能性。

特别提示

提高制动性的使用措施是：在汽车使用中，应禁止超载，并保证装载均匀；在汽车行驶中，应根据道路条件和行驶环境等适当控制车速，严禁超速；在减速制动或下坡需保持车速不变时使用发动机辅助制动；改善道路条件，提高其附着系数；提高驾驶技术。

2.5　汽车操纵稳定性

汽车的操纵稳定性是指在驾驶人不感到过分紧张、疲劳的条件下，汽车能遵循驾驶者通过转向系统及转向车轮给定的方向行驶，且当遭遇外界干扰时，汽车能抵抗干扰而保持稳定行驶的能力。

汽车的操纵稳定性不仅影响到汽车驾驶的操纵方便程度，而且也是决定高速汽车安全行驶的一个主要性能，所以称为"高速车辆的生命线"。

随着道路的改善，特别是高速公路的发展，汽车以100km/h或更高车速行驶的情况是常见的。现代轿车设计的最高车速一般超过200km/h，有的运动型轿车甚至超过300km/h。因此，汽车的操纵稳定性日益受到重视，成为现代汽车的重要使用性能之一。

2.5.1　汽车行驶稳定性的评价

汽车操纵稳定性涉及的问题较为广泛，与前面讨论过的几个性能有所不同，它需要采用较多的物理参量从多方面来进行评价。虽然关于汽车操纵稳定性方面的研究很多，并提出了不同复杂程度的数学模型、评价指标、试验方法及试验手段，但迄今为止还没有找到公认的客观定量评价操纵稳定性的最佳方法。对汽车进行闭环系统的分析，可以真实地反映汽车的操纵稳定性能，但是由于驾驶人员的个性差别，因此闭环系统分析的客观性也受到了一定程度的降低。

汽车的性能通过试验来进行测定和评价也是非常重要的。对试验中汽车性能的评价可分为主观评价和客观评价两种。主观评价法指让试验评价人员根据试验时自己的感觉进行评价的方法。客观评价法是通过测试仪器测出能够表征汽车操作稳定性的参数如横摆角速度、侧向加速度以及侧倾角等来评价操纵稳定性的方法。在研究汽车的固有特性的开路系统中应用的是客观评价法。而在采用闭环系统研究汽车的操纵稳定性时，通常同时采用客观评价与主观评价两种方法。

在汽车操纵稳定性闭环评价中，闭环试验一般选取汽车的一些典型行驶工况，评价比较接近于实际交通情况。典型行驶工况中的汽车操纵稳定性包含了人、车的相互作用，是人-车系统意义上的性能，因此，以此为基础的评价更为合理、可信。

汽车操纵稳定性的主观评价是驾驶人根据不同的驾驶任务操纵汽车时，依据对操纵动作难易程度的感觉来对汽车进行评价，即驾驶人对汽车的易操纵性所进行的评价。由于个体的生理心理存在很大差异，因此，不同的驾驶人对同一汽车同一特性的评价可能大不相同，致使主观评价结果产生很大的离散性。为减小其离散性，使主观评价真实可信，通常要指定一组评价者，一般为10～25名，用统计的方法来获得评价结果。在选取评价者时，要对评价者的评价能力提出要求。即评价者应具有较好的分辨能力和记忆力；要尽可能排除其他干扰因素，如因评价者是被测车的设计者而产生的偏袒，或被测车与自己已习惯的车相比较而导致评价的片面性等；被测车对评价者应当是未知的，以避免评价者利用自己的技术知识弥补观察和感觉的不足。

汽车操纵稳定性的主观评价包含不同驾驶任务的多项目评价和总评价。评价项目可分为：直线行驶稳定性（包括转向回正能力、侧风敏感性、路向不平敏感性等）、行车变道的操纵性、转弯稳定（包括转向的准确性、固有转向特性、转弯制动特性等）以及操纵负荷等。

2.5.2 轮胎的侧偏特性

汽车上装用的轮胎都是有弹性的充气轮胎，当车轮受到侧向力作用时，轮胎就会发生侧向变形，从而使车轮中心平面偏离轮胎接地印迹的长轴线，如图2-30所示。

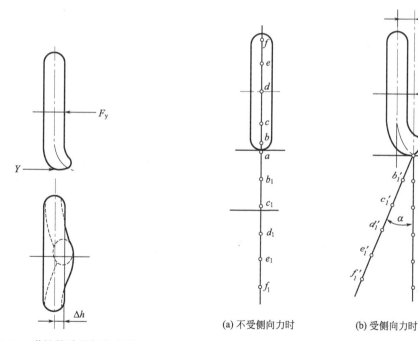

(a) 不受侧向力时　　(b) 受侧向力时

图2-30　弹性轮胎的侧向变形　　图2-31　装有弹性轮胎的车轮滚动轨迹

装有弹性轮胎的车轮滚动轨迹，如图2-31所示。当车轮不受侧向力滚动时［图2-31 (a)］，轮胎胎面中心 a、b、c、d、e、f 各点依次落于地面上的 a_1、b_1、c_1、d_1、e_1、f_1 各点上，此时车轮沿直线滚动。当车轮受侧向力作用滚动时［图2-31 (b)］，假定侧向力不足以使车轮侧滑，由于弹性轮胎的侧向变形，使胎面中心 a、b、c、d、e、f 各点依次落于地面上的 a_1'、b_1'、c_1'、d_1'、e_1'、f_1' 各点上，此时车轮的滚动轨迹偏离其直线行驶方向 α 角度。即装有弹性轮胎的车轮受侧向力作用时，由于轮胎的侧向变形，使车轮的滚动轨迹偏离其直线行驶方向，这种现象称为弹性轮胎的侧偏现象，α 角度称为侧偏角。

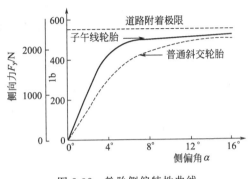

图 2-32 轮胎侧偏特性曲线

对一定的轮胎而言，侧偏角随侧向力的增加而增大，侧偏角与侧向力之间的关系称为轮胎的侧偏特性。图 2-32 所示为试验测得的轮胎侧偏特性曲线，在侧偏角不超过 3°~4°时，侧向力与侧偏角接近线性关系。侧向力增加，侧偏角也增大，当侧向力增加到接近附着极限时，由于轮胎接地部分局部滑移，侧偏角迅速增大。汽车正常行驶时，轮胎的侧偏角一般不超过 4°~5°，因此可认为侧向力与侧偏角成线性关系，即

$$F_y = K\alpha$$

式中 K——侧偏刚度，N/(°)。

侧偏刚度是指产生每 1°的侧偏角所需的侧向力。轮胎的侧偏刚度主要与轮胎结构、轮胎气压、轮胎与路面之间的法向和切向作用力等有关，一般用试验方法确定。例如：尺寸大的轮胎有较高的侧偏刚度，子午线轮胎侧偏刚度大于斜交轮胎的侧偏刚度，钢丝子午线轮胎比斜交轮胎的侧偏刚度还要高些。侧偏刚度随垂直载荷的增加而加大；轮胎的侧偏刚度还会随着轮胎气压的增加而加大。

特别提示

侧偏刚度是指产生每 1°的侧偏角所需的侧向力。尺寸大的轮胎有较高的侧偏刚度，子午线轮胎侧偏刚度大于斜交轮胎的侧偏刚度，钢丝子午线轮胎比斜交轮胎的侧偏刚度还要高些。侧偏刚度随垂直载荷的增加而加大；轮胎的侧偏刚度还会随着轮胎气压的增加而加大。

2.5.3 汽车转向特性

1. 轮胎侧偏对转向操纵稳定性的影响

（1）无侧偏时的转向半径 在汽车转弯行驶时，为减小轮胎磨损和提高汽车行驶稳定性，最理想的状态是所有车轮都保持纯滚动，这就要求所有车轮都绕同一中心作圆周运动，该中心称为瞬时转向中心，如图 2-33 所示。从瞬时转向中心到汽车纵轴线之间的距离称为转向半径。

由图可知，要想保持理想的汽车转向，内外转向车轮的转角必须保持一定的关系，此关系称为理论转角特性，即

$$\cot\delta_1 - \cot\delta_2 = \frac{OG}{L} - \frac{OD}{L} = \frac{d}{L}$$

式中 δ_1、δ_2——左、右轮转角，(°)；
d——左、右转向主销中心距，m；
L——轴距，m。

在实际的汽车转向时，内、外转向轮的转角关系是由转向梯形机构决定的。在汽车设计时，通过对转向梯形参数（转向梯形各边长度和底角）的合理选择，也只能使实际的内、外轮转角关系尽量接近理论转角特性，要完全符

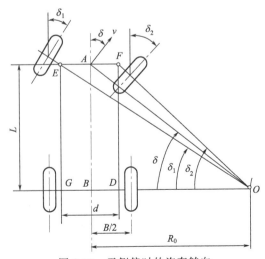

图 2-33 无侧偏时的汽车转向

合理论转角特性是不可能的。

不考虑轮胎侧偏时，设汽车前轴中点的速度方向与汽车纵轴线之间的夹角为 δ，由图中各三角形关系可以证明，δ 与左、右转向轮转角 δ_1 和 δ_2 的关系为

$$\delta = \frac{\delta_1 + \delta_2}{2}$$

则由三角形 ABO 可得无侧偏时的转向半径为

$$R_0 = \frac{L}{\tan\delta}$$

当汽车转向角度较小时并用弧度表示 δ 的大小，则

$$\tan\delta = \delta$$

$$R_0 \approx \frac{L}{\delta}$$

（2）有侧偏时的转向半径　汽车转向时的离心力会使弹性轮胎产生侧偏，轮胎的侧偏会影响实际的转向半径。如图 2-34 所示，为便于分析，假设在离心力作用下，同一轴车轮的侧偏角度相等，前轴车轮的侧偏角度为 α_A，后轴车轮的侧偏角度为 α_B。

汽车转向时，由于弹性轮胎的侧偏，使前、后轴中点速度方向和瞬时转向中心都发生改变。与无侧偏时相比，前、后轴中点的速度分别由 v_A 和 v_B 变为 v'_A 和 v'_B，过前、后轴中点 A 和 B 分别作前、后轴中点实际速度 v'_A 和 v'_B 的垂线交于 O' 点，此点即为侧偏时的瞬时转向中心，可见瞬时转向中心也不再是原来的 O 点。过 O' 点作汽车纵轴线的垂线交于 D 点，$O'D$ 即为有侧偏时汽车的转向半径，用 R 来表示。

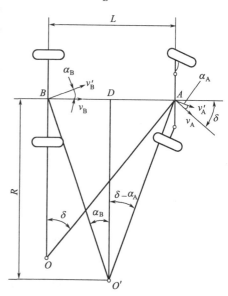

由图 2-34 中的三角关系可得

$$\tan(\delta - \alpha_A) = \frac{AD}{O'D}$$

$$\tan\alpha_B = \frac{BD}{O'D}$$

将以上两式相加，并且 $AD + BD = L$，$O'D = R$，$\tan(\delta - \alpha_A) \approx \delta - \alpha_A$，$\tan\alpha_B \approx \alpha_B$，整理可得

$$R \approx \frac{L}{\delta + \alpha_B - \alpha_A}$$

图 2-34　有侧偏时的汽车转向

 特别提示

无侧偏时的转向半径为 $R_0 \approx \frac{L}{\delta}$，有侧偏时的转向半径 $R \approx \frac{L}{\delta + \alpha_B - \alpha_A}$。

2.汽车稳态转向特性的种类

（1）中性转向　若前、后车轮的侧偏角相等，即 $\alpha_A = \alpha_B$，则汽车的实际转向半径 R 为：

$$R \approx \frac{L}{\delta} = R_0$$

即汽车的转向半径与无侧偏时车轮的转向半径相等，称为中性转向。中性转向汽车的行驶特点如下：

① 中性转向时所需转向轮转角为 $\delta = \frac{L}{R}$，汽车沿给定半径圆周行驶时，所需的转向轮转

角与行驶速度无关。

② 中性转向的汽车,当转向盘保持一个固定的转角加速行驶时,汽车的转向半径不变,即转向半径与车速无关。

③ 中性转向的汽车沿 $x\text{-}x$ 线方向直线行驶时,当有偶然的侧向力 F_{Ry} 作用于重心上时,由于汽车将沿着与 $x\text{-}x$ 线成 $\alpha=\alpha_A$ 角的 $m\text{-}m$ 线方向直线行驶,如图 2-35(a) 所示。如欲维持沿原定方向行驶,只要将转向盘转向侧向偏离的相反方向,使汽车的纵轴线与原定行驶方向成 α 角,然后再将转向盘转回中间位置即可,如图 2-35(b) 所示。

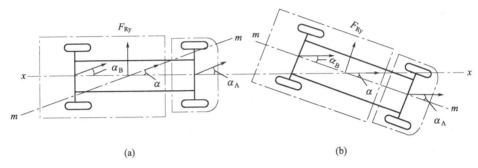

图 2-35 具有中性转向的汽车运动简图

(2) 不足转向　若前轮的侧偏角大于后轮的侧偏角,即 $\alpha_A > \alpha_B$,则

$$R \approx \frac{L}{\delta + \alpha_B - \alpha_A} > \frac{L}{\delta}$$

$$R > R_0$$

即汽车具有不足转向特性时,其转向半径大于同样条件下刚性车轮汽车的转向半径,故称为不足转向。具有不足转向特性的汽车有如下的行驶特点:

① 当转向盘保持一个固定的转角,汽车以不同的固定车速行驶时,其转向半径大于无侧偏车轮在同样条件下的转向半径,并且随着行驶速度的提高,转向半径不断增大,如图 2-36 所示。

② 当汽车沿给定半径的圆周加速行驶时,所需的转向轮转角应随车速的提高而增大,即驾驶员应随车速提高不断增加转向盘转角。

③ 当汽车直线行驶时,如果有偶然侧向力 F_{Ry} 作用在它的重心上,由于 $\alpha_A > \alpha_B$ 汽车将朝侧向力的方向偏转,绕转向中心做曲线运动。离心力 F_C 的侧向分力与 F_{Ry} 方向相反,有削弱 F_{Ry} 的作用。当 F_{Ry} 消失后汽车自动恢复直线行驶,如图 2-37 所示。

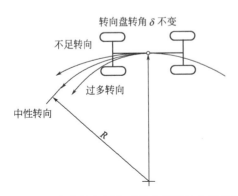

图 2-36 转向盘转角固定时具有不同转向特性图

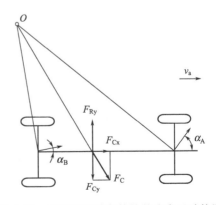

图 2-37 具有不足转向特性的汽车运动简图

(3) 过多转向　若前轮的侧偏角小于后轮的侧偏角，即 $\alpha_A < \alpha_B$，则 $R < R_0$，称为过多转向。具有过多转向特性的汽车有如下的行驶特点：

① 当转向盘转角固定不变，汽车以不同的固定车速行驶时，其转向半径小于无侧偏时汽车在同样条件下的转向半径，并且车速增高时转向半径减小，如图 2-36 所示。当转向盘转角固定，汽车加速行驶时，随着车速的提高，其转向半径将越来越小，最后导致汽车侧滑。

② 为使过多转向的汽车沿给定半径的圆周行驶，其所需转向轮转角应随车速的提高而减小，即驾驶人应随车速提高不断减小转向盘转角。当行驶速度达到某一数值时，其转向盘和转向轮应返回到中间位置，此车速

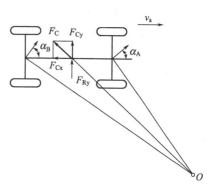

图 2-38　具有过多转向特性的汽车运动简图

称为临界车速。过多转向的汽车达到临界车速时，只要有微小的转向轮转角就会导致极大的横摆角速度（汽车绕转向中心转动的角速度），这将意味着转向半径越来越小，汽车发生急转，故过多转向的汽车有失去稳定性的危险。

③ 过多转向的汽车直线行驶时，如果车速低于临界车速，当有偶然侧向力 F_{Ry} 作用于汽车重心时，由于 $\alpha_A < \alpha_B$，汽车将朝侧向力的相反方向偏转，如图 2-38 所示。离心力 F_C 的侧向分力总是与 F_{Ry} 同向，使侧向偏离增加，R 减小，离心力再增加使 R 进一步减小。如果车速达到或超过临界车速，这种恶性循环不断进行将导致汽车侧滑，最后丧失操纵稳定性。

由以上分析可知，具有适度不足转向特性的汽车才有良好的操纵稳定性。故目前绝大多数的汽车具有不足转向特性。

🚗 **特别提示**

前、后车轮的侧偏角相等，即 $\alpha_A = \alpha_B$，称为中性转向；前轮的侧偏角大于后轮的侧偏角，即 $\alpha_A > \alpha_B$，称为不足转向；前轮的侧偏角小于后轮的侧偏角，即 $\alpha_A < \alpha_B$，则 $R < R_0$，称为过多转向。汽车应具有适度的不足转向。

🚗 **知识链接**

$K = \dfrac{m}{L^2}\left(\dfrac{a}{K_2} - \dfrac{b}{K_1}\right)$，称为稳定性因数，其单位为 s^2/m^2。式中 m 为车重，L 为轴距，a 为质心距前轴的距离，b 为质心距后轴的距离，K_1 为前轮的侧偏刚度，K_2 为后轮的侧片刚度。它也是表征汽车稳态响应的一个重要参数。

2.5.4　操纵稳定性的影响因素及提高措施

在实际汽车转向行驶时，车速是影响前后车轮侧偏角度的重要因素。当汽车沿给定的弯道转向行驶时，具有中性转向特性的汽车，转向所需的前轮转角是固定的，与车速无关；具有过多转向特性的汽车，由于随车速的提高，后轮与前轮侧偏角度的差值增大，所以转向所需的前轮转角必须减小；具有不足转向特性的汽车，由于随车速的提高，后轮与前轮侧偏角度的差值减小，所以转向所需的前轮转角必须增大。

具有过多转向特性的汽车在给定的弯道上转向时，所需的前轮转角必须随车速的提高而减小，当车速达到某一临界车速时，所需的前轮转角就会减小至零，这意味着汽车以临界车速行驶时，前轮只要有微小的转角，汽车就会以很小的半径绕瞬时转向中心高速转动，而且

如果前轮不能及时回正，转向半径会越来越小，将导致汽车失去稳定性。具有中性转向特性的汽车转向时对车速不敏感，具有适度不足转向特性的汽车才有良好的操纵稳定性。

为提高汽车转向时的操纵稳定性，使汽车具有适度的不足转向特性，一般通过合理选择汽车的重心位置和轮胎充气压力来实现。在汽车总体布置设计时，确定的汽车重心到前、后轴的距离，决定了汽车转向时离心力在前、后轴上的分配，直接影响前、后轮的侧偏角度，重心位置的确定应保证前轮侧偏角比后轮大。在使用中，轮胎的充气压力是影响其侧偏刚度的重要因素，气压越高，侧偏刚度越大，所以汽车前轮的充气压力一般比后轮低，以保证前轮侧偏角比后轮大。

特别提示

汽车具有适度的不足转向特性，一般通过合理选择汽车的重心位置和轮胎充气压力来实现。

2.6 汽车行驶平顺性

汽车是一个复杂的振动系统。在汽车行驶过程中，由于路面不平引起的冲击、加速或减速时的惯性力、发动机和传动轴的振动等，都会引起汽车振动。当汽车的振动达到一定程度时，将对乘客或货物的安全带来不利的影响，还会使汽车的使用寿命降低、操纵稳定性下降、行驶速度的发挥受到限制。

汽车行驶的平顺性是指汽车行驶时的隔振能力，主要研究汽车振动对人的生理反应（疲劳和舒适）和所载货物完整性的影响。

2.6.1 汽车平顺性的评价指标

汽车行驶平顺性的评价指标，一般是根据人体对振动的生理反应来制定的。常用汽车车身振动的加权加速度均方根值，评价汽车的行驶平顺性。

1. ISO 2631—1997E 标准

以前，有关标准及文章对人体的评价，用疲劳-降低工效界限、舒适降低界限以及加权加速度均方根值等指标，对货车车厢振动的评价，用加权加速度均方根值和加速度功率谱密度函数。1974年，国际标准化组织（ISO）在综合大量有关人体全身振动研究成果的基础上，制定了国际标准 ISO 2631《人体承受全身振动的评价指南》。1997年又公布了 ISO 2631-1：1997E《人体承受全身振动——第一部分：一般要求》、我国参照 ISO 2631 制定了国家标准 GB/T 4970—2009《汽车平顺性试验方法》。此标准对于评价长时间作用的随机振动和多输入点多轴向振动环境对人体的影响时，能与主观感觉更好地符合。许多国家都参照它进行汽车平顺性的评价。ISO 2631—1：1997E 标准规定当振动波峰系数<9时，用基本的评价方法——加权加速度均方根值来评价振动对人体舒适和健康的影响。根据测量，这一方法对各种汽车在正常行驶工况下均适用。

ISO 2631—1：1997E 标准给出了振动频率在 1~80Hz 范围内人体对振动反应的主观感觉如表 2-7 所示，加权振级表明振动的量级，可以理解为用分贝值表示的加权加速度均方根值。

2. 感觉评价

感觉评价是指根据乘客的主观感觉，对汽车行驶的平顺性进行评价。由于汽车行驶平顺性的好坏最终是反映在人的感觉上，平顺性的评价指标与感觉评价结果存在误差，所以感觉评价是平顺性的最终评价。但是 ISO 2631—1：1997E 标准符合感觉评价。

表 2-7　加权加速度均方根值和加权振级与人的主观感觉之间的关系

加权加速度均方根值(m/s²)	加权振级/dB	人的主观感觉	加权加速度均方根值(m/s²)	加权振级/dB	人的主观感觉
<0.315	110	没有不舒适	0.8~1.6	118~124	不舒适
0.315~0.63	110~116	有一些不舒适	1.25~2.5	112~128	很不舒适
0.5~1.0	114~120	相当不舒适	>2.0	126	极不舒适

目前，为符合国际标准新的发展趋势，我国关于平顺性评价也仅采用加权加速度均方根值评价方法。

🚗 特别提示

汽车行驶平顺性的评价指标，一般是根据人体对振动的生理反应来制定的。常用汽车车身振动的加权加速度均方根值，评价汽车的行驶平顺性。

2.6.2 提高平顺性的措施

提高汽车行驶的平顺性，主要是减小汽车行驶时的振动强度，缩短振动时间，具体措施包括改进悬架结构，提高轮胎的缓冲性能，减小非悬挂质量，改善道路条件等。

1. 改进悬架结构

悬架的弹性特性和减振器性能是影响汽车行驶平顺性的主要因素。

（1）改进悬架的弹性特性。悬架弹性特性是指悬架变形与压受载荷之间的关系，此关系可表示为

$$G = Cf$$

式中　G——悬架所受载荷（即悬挂质量的重力），N；

　　　C——悬架刚度，N/mm；

　　　f——在载荷 G 作用下悬架的静挠度，mm。

刚度为定值的悬架，其变形与所受载荷成正比，称为线性悬架，一般钢板弹簧、螺旋弹簧均属此类。变刚度的悬架称为非线性悬架，如空气弹簧、空气-液力弹簧等。

车身的固有振动频率随悬架变形而变化，车身的固有振动频率可由下式确定

$$n = \frac{1}{2\pi}\sqrt{\frac{gC}{G}} = \frac{1}{2\pi}\sqrt{\frac{g}{f}}$$

式中　n——车身的固有振动频率，Hz；

　　　g——重力加速度，$g = 9.8 \text{m/s}^2$；

　　　G——悬架所受载荷（即悬挂质量的重力），N；

　　　C——悬架刚度，N/mm；

　　　f——在载荷 G 作用下悬架的静挠度。

在实际使用中，悬架所受载荷直接取决于汽车的有效载荷，而汽车的有效载荷是经常变化的，尤其是有效载荷变化很大的大客车和载货汽车，如果采用线性悬架，将导致空载和满载时车身的固有振动频率相差过大，空载时车身的固有振动频率过高，远大于人体感觉最舒适的振动频率范围，汽车行驶的平顺性严重下降。

为提高汽车行驶的平顺性，应减小车身固有振动频率随载荷的变化范围，采用变刚度的非线性悬架就是最有效的措施。对普通的钢板弹簧和螺旋弹簧，为改变其弹性特性使之非线性化，可通过加辅助弹簧或采用适当的导向机构等措施来实现。

（2）改进减振器的性能。为衰减车身自由振动和抑制车身、车轮的共振，以减小车身垂直振动的加速度和车轮的振动幅度，悬架系统应有适当的阻尼作用。

悬架系统对振动的阻尼作用主要来源于悬架系统的内部摩擦和减振器,除钢板弹簧悬架外,其他悬架的内部摩擦是很小的,所以减振器的作用非常重要。改进减振器的性能,虽然对车身的固有振动频率影响不大,但可使车身的振动迅速衰减,缩短振动时间,从而提高汽车行驶的平顺性。

特别提示

采用变刚度的非线性悬架是提高汽车行驶平顺性最有效的措施。对普通的钢板弹簧和螺旋弹簧,为改变其弹性特性使之非线性化,可通过加辅助弹簧或采用适当的导向机构等措施来实现。

2. 提高轮胎的缓冲性能

轮胎由于本身的弹性,在很大程度上吸收了因路面不平所产生的振动,因此提高轮胎的缓冲性能,对提高汽车行驶的平顺性有重要意义。

轮胎的缓冲性能是指轮胎靠本身的弹性缓和路面冲击的能力。随着车速的提高,对轮胎的缓冲性能的要求越来越高。提高轮胎缓冲性能的措施如下:

① 增大轮胎断面、轮辋宽度和空气容量,并相应降低轮胎气压。
② 改进外胎结构形式,增加帘线强度,采用较细的帘线,减少帘布层数。
③ 提高帘线和橡胶的弹性,采用较柔软的胎冠。

3. 减小非悬挂质量

非悬挂质量即不由悬架支承的质量,主要包括车轮和车轴。非悬挂质量的大小直接影响振动时传给车身的冲击力。减少非悬挂质量,可减小振动时车身所受的冲击力,从而减小车身垂直振动的加速度,提高汽车行驶的平顺性。由于独立悬架一般比非独立悬架的非悬挂质量小,所以采用独立悬挂的汽车,平顺性较好。

非悬挂质量对行驶平顺性的影响,常用非悬挂质量与悬挂质量之比进行评价。比质量越小,则行驶平顺性越好。

4. 改善道路条件

对一定的汽车而言,振动强度主要取决于道路条件和行驶速度。道路不平是引起汽车振动的主要原因,改善道路条件,避免或减轻汽车的振动,是提高汽车行驶平顺性最简单而且最有效的措施。

此外,在设计时合理布置坐椅位置,在使用中加强车轮和悬架的维护等,均对提高汽车行驶时的平顺性有利。

2.7 汽车通过性

汽车的通过性又称汽车的越野性,它是指汽车在无路或坏路条件下的工作能力。无路条件主要指松软的土壤、沙漠、雪地和沼泽等,坏路主要指坎坷不平的路面、纵坡或横坡较大的路面、有台阶或壕沟等障碍物的路面。汽车在无路或坏路条件下使用时,其运输工作效率越高,说明汽车的通过性越好。

汽车的通过性,对经常越野行驶的军用车辆和矿用车辆等非常重要。

2.7.1 汽车通过性的评价指标

汽车通过性的评价指标可分两大类:一是几何参数,二是支承与牵引参数。结构参数主要用于评价汽车在坏路条件下通过各种障碍物的能力,支承与牵引参数主要用于评价汽车在无路条件下的行驶能力。

1. 几何参数

汽车通过各种障碍物时,如果汽车与障碍物之间的间隙不足,会导致汽车被障碍物刮碰而损坏,甚至出现汽车被顶起(汽车下部与障碍物接触)、触头(汽车前部与障碍物接触)、托尾(汽车后部与障碍物接触)、夹住(汽车两侧或上部与障碍物接触)而无法通过的现象,通常将这种现象称为间隙失效。

各种障碍物的特点不同,表征汽车通过这些障碍物的结构参数也不同,主要包括:最小离地间隙、接近角、离去角、纵向通过角、最小转弯半径等,如图2-39所示。

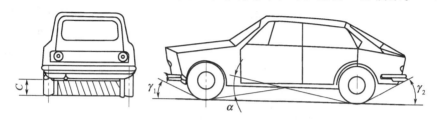

图2-39 评价通过性的结构参数

(1) 最小离地间隙 最小离地间隙(图2-39中C)是汽车除车轮外的最低点与路面间的距离。它表征汽车无碰撞地越过石块、树桩等直径较小的凸起障碍物的能力。通常汽车的最小离地间隙在前桥、飞轮壳、变速器壳、消声器或主减速器壳处。在设计越野汽车时,应保证有较大的最小离地间隙。

(2) 接近角γ_1与离去角γ_2 在侧视图上,从汽车前端突出的最低点作前轮外圆的切线,该切线与路面之间的夹角(图2-39中γ_1)称为接近角。而从汽车后端突出的最低点作后轮外圆的切线,该切线与路面之间的夹角(图2-39中γ_2)称为离去角。

接近角和离去角分别表征汽车接近或离开障碍物时,不发生碰撞的能力。接近角和离去角越大,汽车的通过性越好。

(3) 纵向通过角 在侧视图上,从汽车两轴之间下端突出较低的点,分别作前、后轮胎外圆的切线,两切线之间的最小夹角(图2-39中α)称为纵向通过角。纵向通过角等于所作前、后轮切线与路面之间夹角之和,它表征汽车可无碰撞地通过直径较小的小丘或拱桥等障碍物的能力,纵向通过角越大,汽车的通过性越好。

(4) 最小转弯直径和最大通道宽度 汽车在转向盘转到极限位置使前轮处于最大转角状态转弯行驶时,外侧前轮胎面中心在路面上形成的轨迹到转向中心的距离,称为最小转弯半径。它表征汽车在最小面积内的回转能力或绕过障碍物的能力,最小转弯半径越小,汽车的通过性越好。

汽车在转向盘转到极限位置转弯行驶时,离转向中心最远和最近的汽车外部突出点的转弯半径之差,称为最大通道宽度。它表征汽车通过狭窄弯曲地带的能力,最大通道宽度越小,汽车的通过性越好。

(5) 车轮半径 车轮半径r影响汽车通过垂直障碍物(如台阶、壕沟等)的能力。汽车能越过的台阶最大高度和壕沟最大宽度,不仅与车轮半径有关,而且与驱动轮上能产生的最大驱动力、行驶车速、障碍物的性质和表面状况等因素有关。

试验表明,对后轴驱动的汽车,能越过的台阶最大高度一般约为$2/3r$;而对双轴驱动的汽车,能越过的台阶最大高度约等于车轮半径r。如果壕沟的边沿足够结实,单轴驱动的双轴汽车,在低速条件下能越过的壕沟宽度一般约等于车轮半径r;而双轴驱动的汽车,在低速条件下能越过的壕沟宽度约为车轮半径的1.2倍。

2. 支承与牵引参数

影响汽车通过性的驱动与附着参数主要有最大动力因数、轮胎接地压强、驱动轮附着重量、前后轮迹重合系数。

(1) 最大动力因数　汽车以变速器最低挡位行驶时的最大动力因数，标志着汽车的最大爬坡能力和克服最大道路阻力的能力。汽车在无路或坏路条件下行驶时，最大的特点就是行驶阻力大，为保证汽车具有良好的通过性，就必须提高最大动力因数。

(2) 轮胎接地压强　轮胎接地压强是指轮胎接地印迹单位面积上的垂直负荷，它直接影响滚动阻力和附着系数的大小。在硬路面上行驶时，滚动阻力以轮胎变形引起的能量损失为主，保持较高的轮胎接地压强，也就意味着在轮胎负荷一定的条件下，减小了轮胎接地面积，即减小了轮胎的变形，从而使滚动阻力减小，汽车的通过性提高。在松软路面上行驶时，滚动阻力以路面变形引起的能量损失为主，适当减小轮胎接地压强，不仅可减小路面变形引起的滚动阻力，而且也可提高附着系数，从而使汽车的通过性提高。

(3) 驱动轮附着重量　汽车正常行驶不仅要满足驱动条件，而且必须满足附着条件。提高汽车的驱动力和附着力，对提高汽车的通过性都同等重要。驱动轮附着重量越大，附着力越大，汽车的通过性越好。

因此，适当提高汽车重力在驱动轮上的分配比例，最好采用全轮驱动以充分利用各车轮上的附着重量，可提高汽车的通过性。

(4) 前后轮迹重合系数　前后轮迹重合系数是指前轮迹宽度与汽车行驶过后形成的车辙宽度之比。前后轮迹重合系数越大，说明汽车行驶时前后轮迹的重合度越高，尤其在松软路面上行驶时，汽车的行驶阻力小，通过性好。

特别提示

汽车的通过性，对经常越野行驶的军用车辆和矿用车辆等非常重要。汽车通过性的评价指标可分两大类：一是结构参数，二是支承与牵引参数。结构参数主要用于评价汽车在坏路条件下通过各种障碍物的能力，支承与牵引参数主要用于评价汽车在无路条件下的行驶能力。

2.7.2　提高通过性的措施

1. 结构措施

影响汽车通过性的结构因素很多，但主要是与驱动力和结构参数有关的结构因素。

(1) 合理选择汽车的结构参数　在汽车设计时，必须合理选择汽车的结构参数，如汽车的轴距、总高、总宽、车轮半径等，以保证汽车具有足够大的最小离地间隙、接近角、离去角、纵向通过角和足够小的最小转弯半径、最大通道宽度，从而提高汽车的通过性。

(2) 提高最大动力因数　在结构上，可选用动力性好的发动机、适当增大传动系统的传动比等措施，来提高汽车的最大动力因数，以提高汽车克服行驶阻力的能力，从而提高汽车的通过性。

(3) 采用液力传动　在汽车上装用液力变矩器或液力耦合器，可以提高汽车在松软路面上的通过能力。与装用机械传动装置相比，在汽车起步时，采用液力传动可使驱动轮的转矩增加缓慢且平稳，驱动轮对路面产生的冲击减轻，可避免因土壤表层被破坏而导致附着系数下降，也可避免因土壤被破坏而导致车轮下陷，从而使附着力提高、滚动阻力减小，汽车的通过性提高。

此外，采用机械传动的汽车在坏路面上行驶时，由于车速低，惯性力小，常因换挡时动力中断而停车，重新起步又因驱动轮对路面冲击大而比较困难。而采用液力传动的汽车，不需换挡就可自动变速变扭，可在较长时间内以低速（0.5～1.0km/h）稳定行驶，避免上述问题的发生，从而使汽车的通过性提高。

（4）改进差速器结构　汽车转弯行驶时，为保证左右驱动车轮能以不同的角速度旋转，在汽车传动系统中安装差速器。由于普通齿轮式差速器具有在驱动轮间平均分配转矩的特性，当某一驱动车轮陷入附着系数较小的路面（如泥泞或冰雪路面）上时，为防止该驱动轮滑转，另一侧车轮驱动力也会受到同样小的附着力限制，因此会大大降低汽车的通过性。

当左右驱动轮不等速运转时，差速器中机件间的摩擦作用，可使左右驱动轮得到不等的转矩。设传给差速器的转矩为 M，差速器的内摩擦力矩为 M_r，当一侧驱动轮由于附着系数较小而滑转时，另一侧位于较好路面上的驱动轮旋转较慢，得到的转矩 M_1 为

$$M_1 = \frac{M + M_r}{2}$$

可见，由于差速器的内摩擦，可使不滑转的车轮得到较大的转矩，对提高汽车的通过性是有益的。但一般齿轮式差速器内摩擦是很小的，为了增加差速器的内摩擦，越野汽车常采用高摩擦式差速器，以提高汽车通过性。

采用差速器强制锁止装置，当左右驱动轮上的附着系数相差较大时，可使附着系数较大一侧的车轮获得更大的转矩，从而提高汽车的通过性。

（5）采用驱动防滑技术　目前，在美国通用、德国宝马、日本丰田等公司的高级轿车上，装用了电脑控制的驱动防滑（ASR）系统，或称牵引控制（TC）系统。ASR 系统是继防抱死制动系统（ABS）之后应用于车轮防滑的电子控制系统，其功用是防止汽车在起步、加速时和在滑溜路面上行驶时的驱动轮滑转。

驱动轮的滑转，会使驱动轮上的附着系数下降。纵向附着系数下降，会使最大的地面驱动力减小，导致汽车的起步性能、加速性能和在滑溜路面的通过性能下降。而横向附着系数下降，又会降低汽车在起步、加速或在滑溜路面上行驶时的操纵稳定性，因此，采用 ASR 系统控制驱动轮滑转，可提高汽车的通过性和操纵稳定性。

> **知识链接　ASR 系统**
>
> ASR 系统的控制参数是滑转率，滑转率的计算公式如下：
>
> $$S_z = \frac{V_q - V}{V_q}$$
>
> 式中　S_z——驱动轮滑转率；
> 　　　V_q——驱动轮轮缘速度，km/h；
> 　　　V——汽车车身速度，km/h，实际应用时常以非驱动轮轮缘速度代替。
>
> ASR 系统与 ABS 系统共用轮速传感器，控制电脑根据各轮速传感器信号计算 S_z 值，当 S_z 超过某一限定值时，控制电脑向执行机构发出指令，控制车轮的滑转。ASR 系统控制驱动轮滑转主要采取两种方式：一是控制发动机输出转矩，二是对滑转车轮实施制动。
>
> 对滑转车轮实施制动的作用类似于差速锁。当一侧驱动轮上的附着系数小时，如果该驱动轮滑转率超过限值，控制电脑就会向差速制动阀和制动压力调节器发出控制信号，对滑转车轮施加制动力，使另一侧非滑转驱动轮仍有正常的驱动力。如果两侧的驱动轮都出现滑转，但滑转率不同，ASR 系统会对两驱动轮施以不同的制动力。
>
> 发动机输出转矩控制可通过改变节气门开度、调节喷油器的喷油量或改变点火提前角等方法来实现，目前应用的 ASR 系统通常采用的是控制节气门开度和点火提前角的方式。

2. 使用措施

（1）控制车速　行驶车速较高或车速变化时，会加重轮胎对路面的冲击，在松软路面上行驶就存在土壤遭破坏，使附着系数下降、滚动阻力增加的可能。因此，在坏路面上行驶时，以较低的车速匀速行驶，可提高汽车的通过性。

（2）正确选用轮胎　轮胎花纹对附着系数有很大影响。正确地选择轮胎花纹，对提高汽车在一定类型地面上的通过性有很大作用。越野汽车的轮胎具有宽而深的花纹，当汽车在湿路面上行驶时，由于只有花纹的凸起部分与地面接触，使轮胎对地面有较高的单位压力，足以挤出水层；而在松软地面上行驶时，轮胎下陷，嵌入土壤的花纹凸起的数目增加，与地面接触面积及土壤剪切面积都增加，因而，同样能保证有较好的附着性能。

在表面滑溜泥泞而底层坚实的道路上，选用带防滑钉的轮胎或在轮胎上套防滑链，相当于在轮胎上增加了一层高而稀的花纹，可有效提高汽车的通过性。

在松软路面上选用径向刚度较小的轮胎，可减小轮胎接地压强，增大接地面积，使汽车的通过性提高。

（3）适当调整轮胎气压　在松软路面上行驶的汽车，应相应降低轮胎的气压，以增大轮胎接地面积，减小轮胎接地压强，有利于提高汽车的通过性。但降低轮胎气压，在硬路面上行驶时，轮胎变形引起的滚动阻力会增大，而且会因轮胎变形过大而降低其使用寿命。

为提高汽车通过松软路面的能力，在硬路面上行驶时又不致引起过大的滚动阻力和影响轮胎寿命，可装用轮胎的中央充气系统，使驾驶员能根据道路情况，随时调节轮胎气压。

（4）正确驾驶　正确的驾驶方法也可提高汽车通过性。在通过沙地、泥泞、雪地等松软地面时，应该用低速挡，以保证车辆有较大的驱动力和较低的行驶速度。在行驶中应尽量避免换挡、加速或制动，并保持直线行驶，因为转弯时将引起前后轮辙不重合，增加滚动阻力。

车轮表面的泥土，会使附着系数降低。遇到这种情况，驾驶员适当提高车速，将车轮上的泥土甩掉。当汽车传动系统装有差速锁时，应在进入有可能使车轮滑转的路面前，就将差速器锁住。因为车轮一旦滑转后，土壤表面就会被破坏，附着系数下降，车轮也会下陷，再锁住差速器，其作用也会降低。

此外，为了提高越野汽车的涉水能力，应注意发动机的分电器总成、火花塞、曲轴箱通气口等的密封问题，并尽量提高空气滤清器和排气管口的位置。

小　　结

本章主要介绍了汽车使用性能的评价指标；从理论上分析了使用性能的特点和与使用性能相关的专业术语及专业术语的影响因素；进而得出了汽车使用性能的影响因素及提高使用性能的结构和使用措施。

思考与练习

一、填空题

1. 汽车动力性能的评价指标是_____、_____及_____。
2. 汽车行驶必须满足的驱动条件是_____条件，附着条件是_____条件。
3. 汽车的后备功率越_____，汽车的_____性越好。
4. 根据稳定性因素 k 的不同取值，汽车的稳态响应分为三类，$k=0$ 时称为_____，$k>0$ 时称为_____，$k<0$ 时称为_____。
5. 汽车制动性能的评价指标：_____、_____和_____。
6. 汽车通过性评价指标有两类：_____和_____。

第2章 汽车使用性能

二、选择题

1. 为了防止后轴抱死而发生危险的侧滑，汽车制动系统的实际前、后制动力分配线 β 应始终在理想的制动力分配线 I 曲线的什么位置（　　）。
   A. 上方　　　B. 下方　　　C. 重合　　　D. 远离

2. 关于汽车燃油经济性的影响因素，以下说法中错误的是（　　）。
   A. 在容许的范围内提高压缩比，可以改善汽车的燃油经济性
   B. 汽车中速行驶时燃油消耗量最低
   C. 在一定行驶条件下，传动系统的传动比越大，汽车的燃油经济性越好
   D. 减少汽车的尺寸与质量，可以提高汽车的燃油经济性

3. 关于主减速器传动比 i_0 的选择，以下说法中错误的是（　　）。
   A. i_0 增大，汽车动力性变差　　　B. i_0 增大，汽车加速性能较好
   C. i_0 增大，汽车后备功率增大　　　D. i_0 增大，汽车燃油经济性较差

4. 滑移率 S 为（　　）时，纵向附着系数和侧向附着系数都几乎达到最大值。
   A. 0%　　　B. 10%～15%　　　C. 50%～60%　　　D. 100%

三、问答题

1. 写出带结构和使用参数的汽车驱动力平衡方程式（注意符号及说明）
2. 从驾驶技术方面来提高汽车燃油经济性的措施有哪些？
3. 画图并叙述地面制动力、制动器制动力、附着力三者之间的关系。
4. 说明为什么制动力具有固定比值的汽车，制动时，后轮抱死是一种不稳定工况（画受力图说明），对载重汽车空载比满载更容易发生甩尾的原因。

第3章 汽车的合理使用

【学习目标】

能力目标	知识目标
1.会车辆驾驶操作的基本要求和日常维护；	1.掌握影响汽车使用的各种运行条件和在一般条件下合理使用的内容；
2.会走合期内合理使用车辆；	2.掌握汽车在走合期使用时特点及走合规定；
3.会车辆在高温、低温下的合理使用；	3.掌握汽车在高温、低温下使用影响及采取的技术措施；
4.会车辆在山区、高原下的合理使用；	4.掌握汽车在山区、高原下使用影响及采取的技术措施；
5.会车辆在坏路和无路下的合理使用。	5.掌握汽车在坏路、无路下使用影响及采取的技术措施。

我国地域广阔，各地的道路、气候条件差异很大，即使是同一地区，四季的气温也有很大差别。汽车在正常使用情况下，影响汽车机件乃至整车的使用寿命的基本原因是磨损，机件磨损是导致汽车技术状况变坏以致最后失去工作能力的主要因素。汽车使用性能还受外界运行条件、驾驶人操作、汽车维修不当等因素的影响。因此，我国《汽车运输业车辆技术管理规定》中明确了汽车合理使用的要求及汽车技术状况等级划分标准，合理使用车辆和保持良好的技术状况是发挥车辆效率、减少行车事故、降低维修费用、降低能耗和延长汽车使用寿命的重要环节，为确保运力的良性循环、促进汽车运输业持续、稳定、协调发展起着重要作用。

 ## 3.1 汽车在一般条件下的合理使用

3.1.1 汽车运行条件

汽车运行条件主要包括有道路条件、气候条件和运输条件。

1.道路条件

道路条件是汽车运用的最主要条件，直接影响汽车技术性能的发挥，决定道路条件好坏的两个重要方面是道路等级和道路养护质量。

2.气候条件

气候条件对车辆性能也有重要的影响，在适宜的气候条件下，汽车使用性能才能得以正常发挥。

我国幅员辽阔，各地气候条件差异很大。有高原寒冷和干燥地区、北方寒冷和干燥地区、南方高温和潮湿地区等。大多数地区一年四季温差和湿度差别很大。例如，东北北部地区最低气温可达$-40℃$，南方炎热地区夏季气温高达$40℃$，而西北、西南地区的气候条件变化又极为复杂。

环境温度对汽车，特别对发动机的热工况影响很大。在寒冷地区，发动机启动困难，运行油耗增加，机件磨损量增大；风窗玻璃容易结霜、结冰；冰雪道路易发生交通事故。在寒冷气候条件下，为了保证驾驶员处在适当的工作条件、乘客的舒适和安全、货物的防冻，需从结构上对汽车采取相应措施。

在炎热地区，发动机容易过热，工作效率低，燃料消耗增加。汽车电气系统、燃料供给系统元件易过热，导致故障，如蓄电池电解液蒸发过快所引起的故障。环境温度过高，若散热不良或燃料品质不佳，容易在燃料供给系统形成气阻和气湿，影响发动机正常工作。高温可能造成润滑脂熔化，被热空气从密封不良的缝隙挤出。高温也会逐渐烘干里程表、雨刮器等机件中的润滑脂，增加机件磨损，导致故障。高温还会导致制动液黏度下降，在制动系统中形成气阻，导致制动故障。高温会加速非金属零件的老化及变形。另外，高温影响驾驶人的工作条件，影响行车安全。

在气候干燥、风沙大的地区，汽车及其各总成的运动副易因风沙侵入，而加剧磨损。

在气候潮湿和雨季较长的地区及沿海地区，如果发动机、驾驶室、车厢的防水和泄水不良，将引起零件锈蚀，以及因潮湿使电气系统工作不可靠。另外，大气湿度过高，会降低发动机的汽缸的充气效率，降低发动机的动力性和燃料经济性。

在高原地区，空气稀薄，大气压力低，水的沸点下降，且一日内温差大。由此使发动机的混合气过浓，真空点火提前调节器失效，冷却水易沸腾，气压制动系统气压不足，以及使驾驶员体力下降。

不同气候条件对车辆结构和使用提出了不同的要求。应针对具体的气候和季节条件，使用相应的变型汽车或对标准型汽车进行技术改造，以提高车辆与气候的适应程度。汽车运输企业需要针对当地的气候特点，合理选用汽车，并制定相应的技术措施，努力克服或减少气候条件造成的各种困难，做到合理使用，取得较佳的使用效果。

3. 运输条件

运输条件是指由运送对象的特殊性和运输任务的要求所决定的影响汽车使用的各种因素，它包括货物种类和特性；客货流向、流量或运量；客货运送距离和送达期限等，对车辆正常使用也有重要影响。

3.1.2 汽车在一般条件下的使用要求

1. 合理装载

车辆合理装载的内容主要依据《汽车运输业车辆技术管理规定》，具体要求依据 GB 1589—2004《道路车辆外廓尺寸、轴荷及质量限值》的规定。

车辆按照规定安全合理装载是车辆正确使用的重要内容，是减少车辆故障和零部件损坏、延长车辆使用寿命的重要技术措施，车辆装载应满足以下要求。

（1）车辆外廓尺寸

① 车辆外廓尺寸限值。汽车、挂车及汽车列车外廓尺寸不应超过表 3-1 规定的最大限值。

② 车辆外廓尺寸的其他要求。

a. 当汽车或汽车列车处于满载状态、外后视镜底边离地高度小于 1800mm 时，其单侧外伸量不得超出汽车或汽车列车最大宽度处 200mm。外后视镜底边离地高度大于或等于 1800mm 时，其单侧外伸量不得超出汽车或汽车列车最大宽度处 250mm。

b. 汽车的顶窗、换气装置等处于开启状态时不得超出车高 300mm。

c. 汽车的后轴与挂车的前轴之间的距离不得小于 3.00m（牵引中置轴挂车除外）。

d. 汽车和汽车列车（不计具有作业功能的专用装置的突出部分）必须能在同一个车辆通道圆内通过，车辆通道圆的外圆直径 D_1 为 25.00m，车辆通道圆的内圆直径 D_2 为 10.60m。汽车和汽车列车由直线行驶过渡到上述圆周运动时，任何部分超出直线行驶时的车辆外侧面垂直面的值（车辆外摆值）T 不得大于 0.80m。

表 3-1 汽车、挂车及汽车列车外廓尺寸的最大限值　　　　　　　　　　　　　　mm

车 辆 类 型				车长①	车宽	车高
汽车		三轮汽车②,③		4600	1600	2000
		最高设计车速小于70km/h的四轮货车④		6000	2000	2500
	货车⑤,⑥及半挂牵引车	二轴	最大设计总质量≤3500kg	6000	2500⑧	4000
			最大设计总质量>3500kg,且≤8000kg	7000⑦		
			最大设计总质量>8000kg,且≤12000kg	8000⑦		
			最大设计总质量>12000kg	9000⑦		
		三轴	最大设计总质量≤20000kg	11000		
			最大设计总质量>20000kg	12000		
		四轴		12000		
	乘用车及客车	乘用车及二轴客车		12000	2500⑧	4000⑨
		三轴客车		13700		
		单铰接客车		18000		
挂车	半挂车⑩	一轴		8600	2500⑧	4000
		二轴		10000⑪		
		三轴		13000⑫		
	中置轴(旅居)挂车			8000		
	其他挂车	最大设计总质量≤10000kg		7000		
		最大设计总质量>10000kg		8000		
汽车列车		铰接列车		16500⑬	2500⑧,⑭	4000⑮
		货车列车		20000		

① 挂车车长为挂车最前端至最后端的距离；
② 即原三轮农用运输车，下同；
③ 当采用方向盘转向、由传动轴传递动力、具有驾驶室且驾驶员座椅后设计有物品放置空间时，车长、车宽、车高的限值分别为5200mm、1800mm、2200mm；
④ 指低速载货汽车，即原四轮农用运输车，下同；
⑤ 车长限值不适用于不以运输为目的的专用作业车；
⑥ 最大设计总质量不超过26000kg的汽车起重机的车长限值为13000mm；
⑦ 当货厢与驾驶室分离且货厢为整体封闭式时，车长限值增加1000mm；
⑧ 对于货厢为整体封闭式的厢式货车（且货厢与驾驶室分离）、整体封闭式厢式半挂车及整体封闭式厢式汽车列车，以及车长大于11000mm的客车，车宽最大限值为2550mm；
⑨ 定线行驶的双层客车车高最大限值为4200mm；
⑩ 运送不可拆解物体的低平板专用半挂车车宽限值3000mm；车长限值不适用于运送不可拆解物体的低平板专用半挂车、运送车辆的专用半挂车（但与牵引车组成的列车长度需符合本标准规定）和运送单箱长度大于12.2m（40英尺）集装箱的框架式集装箱半挂车；
⑪ 对于整体封闭式厢式半挂车、集装箱半挂车，以及组成五轴汽车列车的罐式半挂车，车长最大限值为13000mm；
⑫ 自2008年1月1日起，在高等级公路上使用的整体封闭式厢式半挂车，车长最大限值为14600mm；
⑬ 运送不可拆解物体的低平板列车和运送单箱长度大于12.2m（40英尺）集装箱的框架式集装箱列车除外；自2008年1月1日起，与整体封闭式厢式半挂车组成的铰接列车在高等级公路上使用时，车长最大限值为18100mm；
⑭ 运送不可拆解物体的低平板挂车列车车宽限值3000mm；
⑮ 对于集装箱挂车列车指装备空集装箱时的高度。2007年1月1日以前，集装箱挂车列车的车高最大限值为4200mm。

(2) 货箱栏板高度要求　挂车及二轴的货箱栏板高度不得超过600mm，二轴自卸车、三轴及三轴以上货车的货箱栏板高度不得超过800mm，三轴及三轴以上自卸车的货箱栏板高度不得超过1500mm。

(3) 车辆的最大允许轴荷值

① 单轴。汽车及挂车单轴的最大允许轴荷不得超过表3-2规定的最大限值。

第3章 汽车的合理使用

表 3-2 汽车及挂车单轴的最大允许轴荷的最大限值　　　　　　　　kg

车　辆　类　型			最大允许轴荷最大限值
挂车及二轴货车	每侧单轮胎		6000①
	每侧双轮胎		10000②
客车、半挂牵引车及三轴以上（含三轴）货车	每侧单轮胎		7000①
	每侧双轮胎	非驱动轴	10000②
		驱动轴	11500

① 安装名义断面宽度超过 400（公制系列）或 13.00（英制系列）轮胎的车轴，其最大允许轴荷不得超过规定的各轮胎负荷之和，且最大限值为 10000kg；
② 装备空气悬架时最大允许轴荷的最大限值为 11500 kg。

② 并装轴。汽车及挂车并装轴的最大允许轴荷不得超过表 3-3 规定的最大限值。

表 3-3　汽车及挂车并装轴的最大允许轴荷的最大限值　　　　　　　　kg

车　辆　类　型			最大允许轴荷最大限值
汽车	并装双轴	并装双轴的轴距＜1000mm	11500
		并装双轴的轴距≥1000mm，且＜1300mm	16000
		并装双轴的轴距≥1300mm，且＜1800mm	18000①
挂车	并装双轴	并装双轴的轴距＜1000mm	11000
		并装双轴的轴距≥1000mm，且＜1300mm	16000
		并装双轴的轴距≥1300mm，且＜1800mm	18000
		并装双轴的轴距≥1800mm	20000
	并装三轴	相邻两轴之间距离≤1300mm	21000
		相邻两轴之间距离＞1300mm，且≤1400mm	24000

① 驱动轴为每轴每侧双轮胎且装备空气悬架时，最大允许轴荷的最大限值为 19000kg。

③ 其他类型的车轴。对于其他类型的车轴，其最大允许轴荷不得超过该轴轮胎数×3000 kg。

（4）车辆质量限值

① 最大允许总质量。汽车、挂车及汽车列车的最大允许总质量不得超过各车轴最大允许轴荷之和，且不得超过表 3-4 规定的最大限值。

② 最大设计总质量。货车、挂车的最大设计总质量不得小于表 3-4 的最小限值。

③ 其他要求。

a．汽车或汽车列车驱动轴的轴荷不得小于汽车或汽车列车最大总质量的 25%。

b．四轴汽车（自卸车除外）的最大允许总质量的数值（单位：t）不能超过其最前轴至最后轴的距离的数值（单位：m）的 5 倍。

2．车辆驾驶操作基本要求和日常维护

（1）车辆驾驶操作基本要求和日常维护工作

① 驾驶人须爱护车辆，严格遵守驾驶操作规程。行车前，做到预热启动、低速升温、低挡起步。行驶中，注意保持温度、及时换挡、保有余力、行驶平稳、安全滑行、合理节油。在拖带挂车时，加强主、挂车之间连接机构的检查，避免冲击。

② 车辆的日常维护是驾驶人必须完成的日常性工作。主要内容是：坚持三检，即出前、行车中、收车后检视车辆的安全机构及各部机件连接的紧固情况；保持四清，即保持机油、空气、燃油滤清器和蓄电池的清洁；防止四漏，即防止漏水、漏油、漏气、漏电；保持车容整洁。

（2）车辆的维护

车辆维护应贯彻预防为主，强制维护的原则。保持车容整洁，及时发现和消除故障、隐患，防止车辆早期损坏。

表 3-4 汽车、挂车及汽车列车最大允许总质量的最大限值及最大设计总质量的最小限值 kg

车辆类型			最大允许总质量最大限值	最大设计总质量最小限值
汽车		三轮汽车	2000①	—
		乘用车	4500	—
	客车	二轴客车	18000	—
		三轴客车	25000②	—
		单铰接客车	28000	—
	半挂牵引车	二轴半挂牵引车	18000	—
		三轴半挂牵引车	25000②	—
	货车	二轴货车	16000③,④	—
		三轴货车	25000②	16000
		具有双转向轴的四轴汽车	31000⑤	24000
挂车	半挂车	一轴半挂车	18000	10000
		二轴半挂车	35000	19000⑥
		三轴半挂车	40000	28000⑥
	其他挂车	二轴挂车,每轴每侧为单轮胎	12000	8000
		二轴挂车,一轴每侧为单轮胎、另一轴每侧为双轮胎	16000	11000
		二轴挂车,每轴每侧为双轮胎	20000	14000
汽车列车		二轴汽车和一轴挂车组成的汽车列车	27000	—
		二轴汽车和二轴挂车组成的汽车列车	35000⑦	—
		具有五轴的汽车列车	43000	—
		具有六轴的汽车列车	49000	—

① 当采用方向盘转向、由传动轴传递动力、具有驾驶室且驾驶员座椅后设计有物品放置空间时,最大允许总质量最大限值为 3000kg;

② 当驱动轴为每轴每侧双轮胎且装备空气悬架时,最大允许总质量的最大限值为 26000kg;

③ 当驱动轴为每轴每侧双轮胎且装备空气悬架时,最大允许总质量的最大限值为 17000kg;

④ 对于最高设计车速小于 70km/h 的四轮货车,最大允许总质量的最大限值为 4500kg;

⑤ 当驱动轴为每轴每侧双轮胎且装备空气悬架时,最大允许总质量的最大限值为 32000kg;

⑥ 不适用于运送车辆的专用半挂车;

⑦ 驱动轴为每轴每侧双轮胎并装备空气悬架、且半挂车的两轴之间的距离 $d \geqslant 1800mm$ 的铰接列车,最大允许总质量的最大限值为 37000kg。

① 车辆维护作业,包括清洁、检查、补给、润滑、紧固、调整等,除主要总成发生故障必须解体时,不得对其进行解体。

② 车辆的维护必须遵照交通运输管理部门规定的行驶里程或间隔时间,按期强制执行。各级维护作业项目和周期的规定,必须根据车辆结构性能、使用条件、故障规律、配件质量及经济效果等情况综合考虑。随着运行条件的变化,新工艺、新技术的采用,维护项目和周期经交通运输管理部门同意后可及时进行调整。

③ 运输单位和个人的运输车辆,应在交通运输管理部门认定的维修厂(场)进行维护,建立维护合作关系,确保车辆按期维护。

④ 维修厂必须认真进行维护作业,确保维护质量。车辆维护后,应将车辆维护的级别、项目等填入车辆技术档案,并签发合格证。

3. 车辆运输危险货物的使用

车辆运输危险货物时,必须执行交通部 JT 617—2004《汽车危险货物运输规则》中关于车辆设备、运输装卸、劳动保护、医疗急救、监督管理的规定。

① 凡从事道路危险货物运输的单位,必须拥有能保证安全运输危险货物的相应设施设备。

② 从事营业性道路危险货物运输的单位，必须具有十辆以上专用车辆的经营规模，五年以上从事运输经营的管理经验，配有相应的专业技术管理人员，并已建立健全安全操作规程、岗位责任制，车辆设备保养维修和安全质量教育等规章制度。

③ 直接从事道路危险货物运输、装卸、维修作业和业务管理的人员，必须掌握危险货物运输相关的知识，经当地地（市）级以上道路运政管理机关考核合格，发给《道路危险货物运输操作证》，方可上岗作业。

④ 运输危险货物的车辆、容器、装卸机械及工具，必须符合交通部 JT 617《汽车危险货物运输规则》规定的条件，经道路运政管理机关审验合格。

⑤ 在运输危险货物前，了解所运危险品的性质和注意事项，制定安全防范措施。

⑥ 承运爆炸品、剧毒品、放射性物品及需控温的有机过氧化物、使用受压容器罐（槽）运输烈性危险品，以及危险货物月运量超过100t，均应于起运前10天，向当地道路运政管理机关报送危险货物运输计划，包括货物品名、数量、运输线路、运输日期等。

⑦ 在装运危险货物时，要按《汽车危险货物运输规则》规定的包装要求，进行严格检查。不符合规定要求的，不得装运。危险货物性质或灭火方法相抵触的货物严禁混装。

⑧ 三轮机动车、全挂汽车列车、人力三轮车、自行车和摩托车不得装运爆炸品、一级氧化剂、有机过氧化物；拖拉机不得装运爆炸品、一级氧化剂、有机过氧化物、一级易燃物品；自卸汽车除二级固体危险货物外，不得装运其他危险货物。

⑨ 在运输危险货物的过程中，发生燃烧、爆炸、污染、中毒等事故，驾乘人员必须根据承运危险货物的性质，按规定要求，采取相应的救急措施，防止事态扩大；并应及时向当地道路运政机关部门报告，共同采取措施，消除危害。

⑩ 运输易燃、易爆物品时，禁止在车上或周围吸烟或用明火，车上不得坐无关人员，在行人稠密的地方或有火源的地方以及高温场所严禁停车。

⑪ 在运输过程中，要匀速行驶，避免急加速、急减速和紧急制动，对油罐车其接地线要触地。

⑫ 在运载有毒物品后，应及时冲刷车辆，但严禁在河流、饮用水源处冲刷车辆。

 特别提示

汽车在一般下的合理使用要求主要内容有车辆装载、车辆驾驶操作基本要求和日常维护工作、车辆危险货物的使用及车辆运行材料的使用。

 案例

2009年3月2日20时26分左右，王某驾驶大型货车由东向西直行至一号路交口向北右转时，由于车辆超载导致失控，与由东向西直行的骑电动自行车的李某发生事故，致使李某受伤后，于2009年3月2日20时45分左右死亡。

交警提示：

各运输企业和货运机动车驾驶人，要时刻将人民群众的生命财产和交通安全放在首位，按照规定装载货物，确保行车安全。

3.2 汽车在特殊条件下的合理使用

3.2.1 汽车走合期的使用

1. 汽车走合期的使用

（1）走合期概念　走合期，是指在汽车运行初期改善零件摩擦表面的几何形状和表面层物理机械性能的过程,新车(包括大修竣工的汽车)最初的使用阶段称为走合期。汽车的使用期限、行驶可靠性、动力性和燃料经济性与汽车工作初期的使用情况有很大关系。

(2)走合期特点 新车或大修竣工汽车,尽管经过了生产磨合,但零件加工表面仍存在微观和宏观几何形状偏差(粗糙度、圆度、圆柱度、直线度等);此外,总成及部件装配也有一定的允许误差。因此,新配合件表面的实际接触面积比计算面积小得多(按加工质量不同,实际接触面积小,新配合件表面的实际单位压力要比理论计算值大得多)。在这种情况下,汽车若以全负荷运行,零件摩擦表面的单位压力会很大,将导致润滑油膜被破坏和局部温度升高,使零件迅速磨损和破坏。

配合副零件的磨损规律通常如图3-1所示。从图可以看出,配合零件的磨损规律基本可分三个阶段。在使用过程中,磨损使配合零件的配合间隙 Δab 随着汽车的工作时间或行驶里程的增加而增大。

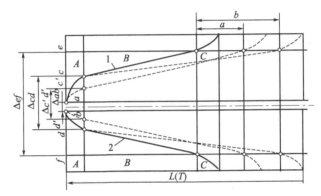

图3-1 走合期零件磨损对汽车使用寿命的影响
L—里程;km;T—汽车工作时间,h

初期磨损阶段 A,又称为零件磨合阶段,这个阶段的磨损特点是工作初期磨损较快,当摩擦副配合良好后,磨损量增长速度开始减慢。磨合终了的间隙为 Δcd。

正常工作阶段 B 也叫做允许磨损期。零件经磨合阶段后,其磨损量随着汽车行驶里程的增加而缓慢地增长,在间隙达到 Δef,磨损将再度加剧。由于配合零件通常以不同的强度进行磨耗,所以在 B 阶段磨损曲线1、2的斜率是不一样的。Δef 是配合零件的极限间隙,δ_{ae} 和 δ_{bf} 为零件 Ⅰ 和 Ⅱ 的极限磨损量。

超过极限间隙的零件磨损期为逐渐加剧磨损阶段 C。在这个阶段,磨损加剧,故障增加(响声、漏气、漏油等),工作能力急剧下降,并迅速损坏。

从配合零件的磨损规律可看出,减小磨合终了的间隙 Δcd 和给定的配合间隙 Δab 值可以延长正常磨损阶段 B。如把磨合终了的间隙 Δcd 减小到 $\Delta c'd'$,则正常磨损阶段可以延长 a 里程,这样就提高了配合零件的使用寿命。

配合零件磨合阶段的磨损量主要与零件表面的加工质量及磨合规范有关。在这个阶段如果使用不当,未正确地执行磨合规范(包括清洁作业、合理选用加有添加剂的专门润滑油等),将影响配合零件的工作期限。

汽车走合期实际上是为了使汽车向正常使用阶段过渡,而在使用中对相互配合的摩擦表面进行磨合加工的工艺过程。在此期间里,零件表面不平的部分被磨去,逐渐形成了比较光滑的、耐磨而可靠的工作表面,以承受正常的工作负荷。同时,通过磨合,暴露出生产或修理中的缺陷并加以消除,使进入正常使用时的故障率基本趋于稳定。根据总成或部件在这个阶段的工作特点,汽车在走合期必须对其使用做出专门规定。

2. 走合期的使用规定

(1) 走合里程　汽车走合里程取决于零件表面加工精度、装配质量、润滑油的品质、运行条件和驾驶技术等。汽车的走合里程通常为1000～1500公里，相当于40～60个工作小时。

第一阶段，即在走合期的头2～3h内，因为零件加工表面粗糙，加工后的形状和装配位置都存在一定偏差，配合间隙也较小，因此零件磨损和机械损失很大，零件表面和润滑油的温度也很高。

第二阶段，即走合5～8h时，零件开始形成了较为光滑的工作表面，消耗在摩擦上的机械损失和产生的热量逐渐减少。

第三阶段，零件工作表面的磨合过程逐渐结束，并形成了一层防止配合表面金属直接接触的氧化膜，进入了氧化磨耗过程。

(2) 减载　在走合期内，应选择较好的道路并减载限速运行。一般载货汽车按额定载质量减载20%～25%，并禁止拖带挂车；半挂车按载质量标准减载25%～50%。限速行驶是指各挡都要限速，通常按各挡位最大车速下降25%～30%。

(3) 限速　装载质量一定的情况下，车速越高，则发动机和传动机件的负荷也就越大，因此在走合期内不允许发动机转速过高。走合期汽车的最高行驶速度，一般不超过40～50km/h。不同类型的汽车，可根据其使用说明书的要求，确定出最高走合速度。

(4) 保持正确驾驶方法　在走合期内，驾驶人必须严格执行驾驶操作规程，保持发动机正常工作温度和机油压力，严禁拆除发动机限速装置。经常注意变速器、后桥、轮毂及制动鼓的温度，尽量避免急促地、长期地使用行车制动。

(5) 加强维护　按规定对汽车进行技术维护作业。走合期技术维护作业的重点是检查、紧固、调整和润滑。要特别注意做好日常维护工作。要经常检查、紧固各部件外露螺栓、螺母，注意各总成在运行中的声响和温度变化，及时进行调整。

走合期满后，应进行一次走合维护，结合一级维护对汽车进行全面的检查、紧固、调整和润滑作业（更换润滑油），拆除限速片。其作业项目和深度参照制造厂的要求进行。

🚗 特别提示

汽车走合期的使用主要内容有保证走合里程、适当控制车速、限载及做好走合期维护。

3.2.2　汽车在低温条件下的合理使用

1. 低温条件对汽车使用的影响

汽车在低温条件下使用的主要问题是发动机启动困难和总成磨损严重。此外，还存在着机件损坏、腐蚀、总成热状态不良、燃料润滑油消耗增大，以及轮胎强度减弱、行车条件明显变差等问题。

(1) 发动机启动困难　气温在-10～15℃范围，发动机均能启动，但发动机在更低的气温下启动时则有一定困难，-40℃以下，不经预热，发动机无法启动。低温启动困难主要原因有：曲轴旋转阻力矩增大，燃油蒸发性变差，蓄电池工作能力降低。

① 曲轴旋转阻力矩增加。随着气温下降，发动机润滑油黏度增大，曲轴旋转阻力矩增加，发动机启动转速下降，汽油机汽油不易蒸发，柴油机在压缩终了时缸内温度压力低，启动困难。

② 燃油蒸发性变差。温度降低，燃油黏度和密度都变大，流动性变差，蒸发、雾化不良。汽油机在低于0℃以下启动时，有相当一部分汽油以液态进入汽缸，启动困难。低温对柴油的影响更大。0号柴油在气温接近0℃时，黏度明显增大，导致柴油雾化不良，使燃烧

性能变坏。当温度进一步降低时,柴油中的石蜡等物质沉淀析出,柴油逐渐失去流动性,轻则供油量减少,重则供油中断。

③ 蓄电池工作能力降低。低温条件下,随着温度降低,蓄电池电解液黏度增大,渗透能力下降,内阻增加;同时,启动电流增大,蓄电池的端电压显著下降,见图 3-2。低温启动因曲轴旋转阻力矩增加,需要的启动功率大,而低温时蓄电池输出的功率反而下降,当气温降到一定程度时,启动机无法带动发动机运转。低温启动时,因蓄电池端电压低,火花塞的跳火能量小,发动机不易启动。

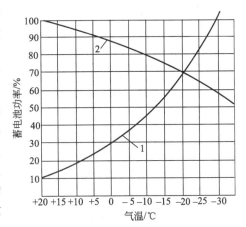

图 3-2 气温对蓄电池启动能力的影响
1—必需的启动功率(蓄电池功率的百分数);
2—蓄电池供给的最大功率

(2) 总成磨损严重　试验证明:当气温在 -18℃时,发动机启动一次的磨损量相当于汽车正常行驶 210km 的磨损量;在温度 -5℃ 条件下,传动系统的磨损量是 35℃ 温度的 10~20 倍。

汽车在低温条件下使用时,各主要总成的磨损均较大,尤其是发动机的磨损更加明显。在发动机的使用周期中,将近一半的汽缸磨损发生在启动过程,冬季启动时汽缸的磨损更大,见图 3-3。低温条件下发动机升温过程长,加快了汽缸的磨损。主要原因如下。

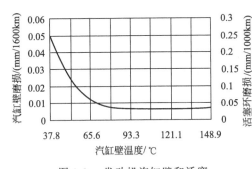

图 3-3 发动机汽缸壁和活塞
环磨损与汽缸壁温度的关系

① 低温时启动,润滑油黏度大。流动性差,不能及时到达汽缸壁、轴承等摩擦表面,使润滑条件恶化。

② 低温条件下燃料汽化不良,大部分燃油以液态进入汽缸,冲刷汽缸壁的润滑油膜,沿缸壁流入曲轴箱,稀释润滑油,使润滑油油性减退。燃料不完全燃烧而形成的碳化合物随废气一起窜入曲轴箱污染润滑油,使润滑条件进一步恶化。

③ 由于温度低,燃烧过程中的水蒸气凝结于缸壁上,并与汽油在燃烧中产生的硫的氧化物生成酸,腐蚀缸壁,造成腐蚀磨损。

④ 在低温时,由于曲轴箱主轴承及连杆轴承与轴颈的膨胀系数不同,使配合间隙变大,加速了轴承、轴颈的磨损。

⑤ 传动系统各总成在低温条件下,其工作温度是以零件摩擦和搅油产生热量形成的,温度上升缓慢,齿轮、轴承得不到及时有效的润滑,加速传动零件的磨损。

(3) 油耗量增大　汽车在低温条件下使用时,发动机升温时间长,工作温度低,燃料汽化不良,燃烧不完全,润滑油黏度大,摩擦损失大,发动机输出功率下降,传动系统传动效率下降,汽车行驶阻力增大,导致油耗增大。

(4) 零件材料的性能变差,容易损坏　低温条件下,材料的物理机械性能将变差。在 -30℃ 以下时,碳钢的冲击韧性急剧下降,铸件变脆,塑料、橡胶变硬、变脆,从而使由这些材料制成的零部件在荷载作用下易于发生损坏。低温条件下,蓄电池电解液易冰冻而不能正常工作;冷却液易结冰,导致散热器和缸体冻裂。

(5) 行车条件变坏　低温条件下，道路被冰雪覆盖，轮胎与路面的附着系数显著下降，在行车中不仅制动距离延长，制动时极易发生侧滑；汽车加速或上坡时，驱动轮易滑转。

(6) 发动机冷启动排气污染严重　发动机在冷启动阶段由于空气温度低，燃油雾化不好，因此 HC 和 CO 污染严重，特别是在低温条件下这个问题更加突出。

2. 汽车在低温条件使用要求

根据汽车在低温条件下的使用特点，可采取以下措施提高汽车的低温使用性能。

(1) 加强技术维护　汽车运行季节转换之前，应结合汽车的定期维护作业，附加作业项目，使汽车适应气候变化的运行条件。

冬季的维护是为了提高汽车在低温、寒冷条件下的适应能力，避免发生意外事故。定期维护以外的附加维护作业项目主要有：安装或维护发动机保温及启动预热装置（如将排气预热调到"冬"字位置）；检查、调整冷却散热装置（节温器、风扇皮带等）是否有效；更换冬季用润滑油（脂）及防冻液；检查、调整供油系统、点火系统；做好防滑保护措施的准备等。

(2) 预热　在严寒条件下，启动发动机前，对发动机进行充分预热，是提高燃油的雾化性和蒸发性、改善混合气形成条件、确保发动机在低温条件下启动性能的重要措施。常用的预热方法如下。

① 热水预热。气温很低时，先用约 60℃ 的温水再用 90～95℃ 的热水加注到冷却系统，打开放水阀边加边放，待放出水流温度达 30～40℃ 时，关闭放水阀。这种预热方式只对汽缸有预热作用，对曲轴箱的预热作用不大。

② 蒸汽预热。可将蒸汽导入散热器下水管或直接导入发动机冷却液套。采用蒸汽预热时，应控制蒸汽压力（≤0.98MPa），蒸汽不宜直接喷向机件，以免温差过大导致机件炸裂。

③ 电加热预热。用电能加热冷却系统（特别是使用防冻液的汽车）和润滑油很方便。加热器直接插入冷却系统或润滑油内，或以绝缘体包住螺旋电阻丝成封闭式，使用更安全。它利用冷却液本身的电阻进行加热，节约了电阻丝并延长了加热器的使用期限，见图 3-4。

预热发动机润滑油的电阻丝加热器的电功率通常为 1kW，预热时间需 30～60min，每辆汽车消耗电能约 0.5～1.5kW·h。预热冷却系统的电极加热器采用 24～36V 低压电源，电极功率为 3kW 左右。如果电能加热器利用电力网的电源时，发动机应搭铁，以保证安全。蓄电池预热通常只在严寒地区应用。预热方法是在蓄电池的保温箱底部安放 200～300W 的电加热器。

④ 红外线辐射加热器预热。红外线是利用煤气或液态煤气在陶瓷或金属网内燃烧时产生的。红外线有很好的穿透性，在向壳体辐射时几乎不与空气作用，也不损失热能，热效率高。煤气压力为 1.5～3kPa。预热时，加热器放在发动机或传动系统总成的底部。预热一辆货车的煤气消耗约为 0.4～1.0m^3。气温在 −20℃ 时预热时间约 1h。

(3) 改善混合气形成条件　低温启动时开启发动机的进气预热装置，加热进气管道和进气气流。柴油机在低温条件下启动时，可采用低温启动液辅助启动。低温启动液是一种自燃点很低的乙醚混合液，使用时应注意安全。操作要领是：打开发动机罩，一人在车上打开启动开关，使发动机运转，另一人将低温启动液对准空气滤清器喷射，进气冲程时低温启动液随空气进入汽缸，发动机即可启动。有些柴油机设有低温启动液的辅助启动装置，需要时，接通辅助启动装置的电路即可。发动机启动后立即切断启动液电路。

(4) 合理使用燃料和润滑油　柴油机应根据气温条件，选择低凝点（低牌号）的柴油，或在柴油中掺兑灯用煤油，以改善柴油的低温流动性。润滑系统应换用较低黏度的冬季润滑油或冬夏季通用油。

(5) 保温　应切实做好汽车发动机的保温、防冻措施,确保汽车在一定热状态下工作和随时出车。严寒地区对发动机的保温,主要是对发动机和散热器采用保温套,将蓄电池装入带夹层(其内应有保温材料)的木制保温箱内,采用双层油底壳或在油底壳外表面封上一层玻璃纤维进行保温。

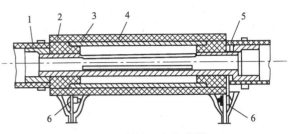

图 3-4　管式电极加热器
1—接头；2—绝缘体；3—内电极；
4—外电极；5—软管；6—接线柱

冬季临时停车,不要将发动机熄火;较长时间停车,应将汽车停在带有暖气的车库中；行车过程中,应开启暖风装置,改善驾驶员和乘员的驾乘环境温度条件；根据发动机冷却液温度情况控制百叶窗的开度等。

(6) 正确使用防冻液　在寒冷季节,发动机冷却系统使用防冻液,可防止缸体冻裂,减轻驾驶员劳动强度。

特别提示

汽车在低温下使用内容主要包括预热、正确使用冷冻液、适当调整供油电路及做好汽车维护工作。

知识链接

"节能型热启动技术"在甲醇汽车低温启动中的应用。

采用防冻液材料为载体,利用其保温性来储存发动机做功的热量,在车辆停驶后的一定时间内再次启动发动机前,将余热量传送到机体内,以预热方式达到热启动发动机的作用,有利于汽油发动机在使用甲醇作燃料时的低温启动。

3.2.3　汽车在高温条件下的合理使用

1. 高温对汽车使用影响

高温一般是指日平均气温在40℃以上的气候。在炎热的夏季,气温高、辐射强度大,高温使发动机充气系数下降,燃烧不正常,润滑性能变差,供油系统易形成气阻,使发动机工作条件变坏。行车环境温度高,驾乘条件、行车条件变差,影响汽车的正常作用。

(1) 发动机功率下降,油耗增加

① 充气系数下降。高温条件下,冷却系统的散热能力低,发动机内的温度高,空气密度减小,导致发动机充气系数下降,发动机功率降低。

② 燃烧不正常。由于发动机温度高,进气终了的温度也高,使发动机在燃烧过程产生的过氧化物活动能量增强,容易发生爆燃和早燃。不正常燃烧时发动机零件的热负荷增大,容易导致零件的热变形甚至裂纹,并加剧磨损。

③ 润滑油易变质。发动机温度过高,加剧了润滑油的热分解、氧化和聚合过程,不正常燃烧的废气窜入曲轴箱,既污染了润滑油,又使其温度升高。因此,发动机工作温度越高,润滑油越容易变质。

④ 磨损加剧。在高温条件下,润滑油黏度降低,油性变差；润滑油污染后品质下降,同时不正常燃烧而形成的高温高压使发动机磨损加剧。

⑤ 供油系统易气阻。汽车在炎热的夏季或在高原山区行驶,发动机内的温度很高,汽油管中受热后挥发成气体状态,积存在油管中的汽油蒸气阻碍汽油的流动,在汽油泵中的"油气"导致油泵吸油真空度下降,使发动机供油量不足甚至中断供油。

(2) 制动系统性能下降　气压制动的汽车，摩擦片的摩擦系数随温度的升高而降低，制动效能随之下降。液压制动的汽车，制动液在高温下可能产生气阻现象。在经常制动的情况下，制动液温度可达 100℃ 以上，导致皮碗膨胀，制动液气阻，致使制动效能下降，影响行车安全。

(3) 轮胎爆裂　汽车行驶时，外界气温高，轮胎散热较慢。胎内温度升高使气压增大，容易引起轮胎爆胎。车速越快，轮胎产生的热量越大，越容易发生爆胎。同时，橡胶老化速度加快，强度降低，也会引起轮胎爆裂。

(4) 传动系统总成润滑条件变差　在炎热气候条件下，汽车高负荷连续行驶，变速器、差速器齿轮油的温度会超过 120℃，引起齿轮油变质。另外，汽车润滑脂在高温下易流失，使润滑效能下降，严重时容易烧坏齿轮和轴承。

(5) 电气设备性能下降　汽车在高温环境中行驶时，因点火线圈过热而使高压火花减弱，容易出现发动机高速断火现象。严重时使点火线圈烧坏，影响汽车正常行驶。环境温度升高时，蓄电池的电化学反应加快，电解液蒸发加快，极板容易损坏，降低蓄电池工作能力。同时易产生过充电现象，严重影响蓄电池的使用寿命。电子元件容易因老化出现短路，造成汽车自燃。

2. 汽车在高温条件下使用措施

(1) 提高发动机冷却系统的冷却强度　每种汽车的冷却系统只能适应一定的使用条件。我国幅员辽阔，从严寒的北方到炎热的南方气候条件差异很大。在高温条件下使用时，需要在结构方面增大冷却系统的冷却强度，主要措施是，增加风扇叶片数、直径或叶片角度；提高风扇转速；采用形状过渡圆滑的护风圈等；尽量使气流畅流、分布均匀、阻力小、没有热风回流现象以及散热器正面避免无风区，风扇对散热器的覆盖面积要大些。还可以采用通风良好的发动机罩、罩外吸气、冷却供油系统等办法减小吸入空气及燃料温度的变化。

(2) 加强技术维护　加强冷却系统的维护，清除水垢，保持冷却系统良好的冷却效果。行车中勿使发动机过热。在发动机过热、散热器开锅时，应及时停车降温，且注意不要熄火，防止发动机内部过热而发生拉缸事故。

同铸铁和铝相比，水垢导热率很低，因此水垢会影响冷却系统的散热强度。清除冷却系统水垢可提高散热能力。此外，还应定期检查节温器的工作情况。

在条件允许的情况下，对于在酷热天连续行驶的车辆，要加装机油散热器和选用优质机油。

在高温地区行驶的汽车，应适当调小充电电流，检查调整蓄电池电解液密度，保持液面高度和通气孔畅通。点火系统的火花强度也会因气温升高，点火线圈发热而减弱，宜将点火线圈放在空气流通处。

大型载货汽车、大客车变速器和差速器的油温在高负荷连续行驶的条件下会逐渐升高，在炎热的夏季往往超过 120℃。由于高温将引起传动系统润滑油的早期变质，应适当缩短换油周期。润滑脂在高温下易流失（熔点温度一般在 70℃）。特别是对轮毂润滑的润滑脂要按规定周期进行检查和维护。

液压制动系统的汽车，在经常制动情况下，制动液温度可达 80~90℃，甚至到 110℃。为了保证行车安全，应选用高沸点（不低于 115~120℃）制动液。

(3) 防止气阻　防止气阻的措施是改善发动机的散热和通风，以及隔开供油系统的受热部位。具体措施如下：

行车中发生了气阻，可用湿布使汽油泵冷却或将汽车开到阴凉处，降温排除。

改进汽油泵的结构，汽油泵安装在燃油箱内、增加供油以及增设回油管路，均可有效地防治气阻。

改变汽油泵的安装位置,由原来靠近排气管后侧处,移至排气管前面通风良好处,并在汽油泵与排气管之间加装一块隔热板,以防汽油泵受高温而影响正常工作。

装用电动汽油泵。电动汽油泵具有结构简单、工作可靠、不受安装位置的限制(即可以远离热源装在汽车大梁外侧),防止气阻产生。

(4) 防止爆震　由于发动机爆震与发动机的进气温度有很大关系,从而可以改进气方式,降低进气温度,防止爆震。例如,在夏季,东风 EQ-1040 型汽车满载拖挂行驶时,发动机罩下温度可达 60℃。如果把空气滤清器原进气缝隙密闭,另开进气口,用连接管通至水箱侧支承板处,在支承板上开口,即改进成前吸式空气滤清器,使进气不受发动机热辐射的影响。试验表明:在汽车满载拖挂(汽车列车总质量为 14t)上坡行驶(坡度 8%)时,进气温度下降近 10℃,减少爆震倾向。在使用中,可适当推迟点火时间,防止爆震。

(5) 防止轮胎爆破　轮胎的最高工作速度有统一规定。子午线轮胎胎侧注有速度符号。同一规格轮胎可能生产几种速度的产品,使用中不应超速行驶。

汽车超载也是爆胎的重要原因之一。在炎热的夏季,地面温度高,轮胎因升温而使胎体强度下降。如果超载行驶,容易产生胎面脱胶和胎体爆破。轮胎的负荷能力是以速度为基础的,行驶速度提高,负荷能力应相应减少。轮胎负荷也有标记,例如桑塔纳 2000 型轿车的轮胎型号为 195/60R1485H。其中 H 表示速度符号(210km/h),负荷指数为 85,相应的负荷为 515kg。

轮胎气压与环境温度有关,胎侧上标注的气压是指常温下的轮胎气压。在汽车行驶过程中,轮胎气压随轮胎温度提高而相应增高。在检查轮胎气压时应注意:停驶后只有当胎里空气温度与环境温度平衡时所测得的轮胎气压才是较为准确的,仅凭轮胎外表温度来判断胎内空气温度是否冷却是很不准确的。一般在炎热夏季应在 4h 以后测量轮胎气压,再根据需要进行补气。

(6) 注意车身维护　漆涂层和电镀层在湿热带地区试验结果表明:漆涂层的主要损坏是老化、褪色、失光、粉化、开裂和起泡等;电镀层的主要损坏是锈斑、脱皮以及锈蚀等。因此,在维修中,应注意喷漆前的除锈和采用耐腐蚀、耐磨性高的涂层,并加强外表养护作业。

高温、强烈的阳光、多尘和多雨均影响驾驶员的劳动强度、行车安全和乘客舒适性。应加装空调设备、遮阳板,或者加强驾驶室、车厢的通风和防漏雨。

特别提示

高温条件下使用时,针对汽车使用特点,应采取必要的技术措施,以保持汽车良好的技术状况。高温下合理使用车辆应做好"三防一维护"工作。

3.2.4　汽车在高原山区条件下的合理使用

1. 高原山区下使用对汽车的影响

汽车在高原行驶时,由于拔海高、空气稀薄、气压低,发动机充气量少,使汽车动力性和燃料经济性下降。汽车低挡爬坡时,发动机易过热;停车时,发动机又很快冷却;因此,发动机应采取良好的冷却和保温措施。汽车在山区行驶时,换挡、制动和转弯次数多,底盘机构的载荷大,轮胎磨损大,应适当缩短维护周期。

(1) 发动机动力性下降　随着海拔高度升高,气压降低,空气密度减小,使实际充气量减少。因此,发动机功率和转矩下降(图 3-5)。海拔高度每升高 1000 m,功率下降 10% 左右。

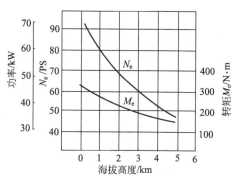

图 3-5 发动机功率、转矩与海拔高度的关系

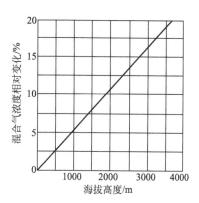

图 3-6 海拔高度对混合气浓度的影响

(2) 燃料消耗量增加　汽车在山区或高原条件下使用时,会使按平原调整的可燃混合气变浓(图3-6),海拔高度每增加1000m,混合气浓度相对增加约5.6%。

随着海拔高度增高,还影响到进气管真空度。由于近气管真空度随海拔升高而降低,将带来分电器真空点火提前装置作用滞后等一系列弊病。另外,因发动机功率不足,汽车经常用低挡大负荷行驶。这些原因,都会引起油耗增加。试验表明,经过高原使用调整后,海拔高度每增加1000m,油耗增加3%～7%。

(3) 润滑油易变质　高原山区行驶的汽车,行驶阻力大,发动机易过热,润滑油黏度变小,氧化速度加快;不完全燃烧、过浓的混合气窜入曲轴箱稀释润滑油,加快润滑油变质,发动机润滑条件恶化。

(4) 制动性能变差　对气压传动制动系统,由于空气稀薄,空气压缩机的生产率下降。而在山区或高原地区制动频繁,耗气量增加。这一矛盾使气压传动制动系统工作不可靠。

对液压传动制动系统,由于制动液经常处于高温状态,易产生气阻。汽车在山区或高原地区使用,需要经常制动减速,致使摩擦片和制动鼓或摩擦块与制动盘经常处于过热状态,尤其在下长坡时,制动蹄摩擦片温度高达400℃左右。在这种情况下,摩擦片的摩擦系数急剧下降,严重时可能出现制动失效。此外,由于摩擦片连续高温,使磨损加剧,并常出现碎裂现象。

2. 汽车在高原山区下使用措施

在高原地区行驶的汽车,发动机功率下降导致汽车的动力性下降,特别是对功率储备小或汽车列车的影响就更大。提高汽车在高原地区的动力性与燃油经济性的措施如下。

(1) 发动机性能的改善

① 根据使用条件合理选购汽车。需经常在高原地区使用,应购置专为高原地区设计制造的高原型汽车。

② 提高压缩比。经常在高原山区行驶的车辆,柴油车应选择增压柴油发动机,汽油车(如EQ1090汽车)可换装高原专用汽缸盖,以增大发动机压缩比,提高发动机的动力性和经济性。

③ 调整油路。随着海拔高度增加,充气量减小,混合气变浓,燃料燃烧不完全。因此,应根据海拔高度调整循环供油量。

④ 调整电路。海拔高度增大后,发动机压缩终了的压力降低,火焰传播速度降低;又因空气压力降低,使真空提前装置受到影响,真空提前装置在相同工况下提前量减小;同

时，压缩终了时缸内压力降低，火焰传播速度减慢。因此，可将点火提前角略为提前2°～3°，也可调整火花塞和断电器触点间隙，以增强火花强度。

⑤ 蓄电池的维护。汽车在高原山区使用时，应经常检查蓄电池电解液，补充蒸馏水，调整其密度，以保证蓄电池的技术状况，提高点火系统的点火能量。

⑥ 采用含氧燃料。含氧燃料是指掺有酒精、丙酮及其他含氧化合物的燃料。由于掺入的燃料分子中都含有氧，在燃烧过程中，理论上所需的空气量减小，可补偿因气压低而产生的充气量不足问题。

⑦ 采用进气增压装置。由于爆燃、排气温度过高等问题，增压技术在汽油机上的应用较为困难。柴油机则无上述问题的限制，因而可在进气系统中安装增压器（一般为废气涡轮增压），增加发动机的充气量，提高压缩行程终了的压力和温度，改善发动机的动力性和经济性。

⑧ 改善润滑条件。在高原地区行驶的车辆，其所使用的发动机润滑油应具有良好的黏温特性，以保证发动机在低温时启动性能良好，高温时具有良好的润滑性能。为防止润滑油变质，应保持良好的曲轴箱通风，并采用机油散热器散热。

（2）汽车安全性能的改善　山区地形、道路复杂，必须采取措施，确保汽车安全行驶。

① 采用耐高温制动摩擦片。汽车在山区行驶，制动器制动负荷大、温度高、热衰减现象严重。采用耐高温制动摩擦片，是控制制动器热衰减过快的基础保障。

② 对制动器淋水降温。为防止制动器过热，下坡前开始对制动器外缘淋水冷却。利用冷却及时带走制动过程的摩擦热量，是控制制动器热衰减过快的有效技术措施。

③ 利用发动机制动。汽车下长坡时，将变速器挂在上坡时所用挡位上，加速踏板处于较小开度位置，利用发动机的牵制作用控制车速，挡位越低，牵制作用越大，辅助制动效果越明显。

④ 采用辅助制动器。汽车辅助制动器有电涡流、液体涡流和发动机排气制动等类型，前两种一般用于山区或矿区的重型汽车。

⑤ 防止制动系统产生气阻。防止制动系统产生气阻最有效的方法是采用不易挥发的矿油型制动液。国内外的汽车制动液多为醇醚、醇脂合成型。在山区使用的液压制动汽车，可选用具有优异的高温抗气阻性能和低温性能（如国产JG5或进口DOT5级别）的制动液。

⑥ 防止轮胎爆裂。海拔高度升高时，轮胎气压也会升高。在海拔4000m时，轮胎气压比在海平面时增加约50kPa；同时，轮胎传递驱动力较大或速度过高时，轮胎表面温度较高，橡胶强度变差。因此，在高原、山区行车时易爆胎而引发事故。需注意保持轮胎压力不超过规定值，同时注意轮胎的工作温度。

（3）加强维护　汽车在山区或高原条件使用时，道路复杂，制动系统、转向系统和变速器等工作频繁，因此应加强制动系统和转向系统等的维护工作。

对制动系统应注意：检查、调整空气压缩机带的紧度；检查、调整车轮制动器蹄-鼓间隙；用气压表或制功试验台检测制动阀等气动组件的技术参数；检测汽车制动性能。对转向系统要重视转向盘自由转动量的检查，若超过规定值，找到造成间隙过大部位，进行调整。

对在山区或高原条件使用的汽车，维护周期应适当缩短。

（4）安全驾驶　爬长坡、陡坡时，注意提前换挡。禁止熄火空挡滑行。

在下长坡时，为了防止制动鼓过热，可采用制动鼓淋水降温装置。

（5）合理改造　对旧型汽车，可酌情采取改变配气相位、增置辅助制动装置、加装增压器和提高压缩比等改造措施。

第3章 汽车的合理使用

🚗 **特别提示**

根据汽车在山区高原下使用影响，一般从发动机性能改善和安全使用两方面采取相应的技术措施，以使高原山区车辆能合理使用。

3.2.5 汽车在坏路、无路条件下的合理使用

1. 汽车在坏路和无路条件下的使用特点

（1）土路的使用特点

① 汽车在松软的土路上行驶时，支承路面将出现残余变形，车轮在路面上形成车辙，使滚动阻力增大。

② 汽车在泥泞而松软的土路上行驶时，由于附着力低，引起驱动轮打滑，使汽车无法通过。

（2）砂路的使用特点　砂路表面松散，受压变形大，轮胎花纹嵌入砂土后，抓着力小，附着系数降低，同时，车轮的滚动阻力增大，影响汽车的通过性能。

（3）雪路的使用特点　雪路对汽车通过性的影响主要取决于雪的特性和深度。雪层的密度越大，其承受的压力也越大，雪层的密度、硬度都与气温和压实程度有关。气温低，雪层干而硬；气温高则相反。

在公路上，被车轮压实后的雪层的厚度为 7～10mm 时，对汽车正常行驶影响相对较小；如果雪层加厚，特别是松软的雪层会使汽车通过能力明显下降。经验表明，雪层厚度大于汽车离地间隙的 1.5 倍，雪的密度低于 $450kg/m^3$ 时，汽车便不能通过。气温为 -10～$-15℃$ 时雪路主要性能见表 3-5。

表 3-5　-10～$-15℃$ 时雪路主要性能

雪的状态	密度/(g/cm³)	滚动阻力系数	附着系数
中等密度雪	0.25～0.35	0.1	0.1
密实雪	0.35～0.45	0.05	0.2
非常密实雪	0.5～0.6	0.03	0.3

（4）冰路的使用特点　汽车在冰路上行驶时，轮胎与冰面的附着系数非常低。在冬季有冰的道路上，附着系数可降低到 0.1 以下，车轮滚动阻力与在刚性路面上相差不大。但是为了保证行车安全，在冰路上行驶时的车速要低，行车间隔要大。特别是通过河流或湖泊的冰面时，还需要检查冰层厚度和坚实情况（裂缝、气泡或雪的夹层）。

冰层除了表面有一层冰雪外，主要由混浊的上层和透明的下层组成。在检查冰层厚度时，每隔 15～25m 测量一次这两部分冰层的厚度，并观察冰层的状况。在气温低于 0℃ 情况下，汽车通过冰封的渡口时，冰层的最小厚度参见表 3-6。

表 3-6　冰层的承受能力

汽车(汽车列车)总质量/t	冰层厚度(-1～$-20℃$)/cm	从渡口到对岸的最大距离/m	
		海冰	河冰
≥3.5	25～34	16	19
≥10	42～46	24	26
≥40	80～100	38	38

2. 汽车在坏路和无路条件下使用措施

在坏路和无路条件下使用时，改善驱动轮与路面之间的附着条件，减少滚动阻力对提高车的通过性是很重要的。从使用方面改善汽车通过性的措施主要如下。

(1) 安装防滑链，提高附着力，防止车轮滑转　在汽车驱动轮上装防滑链，是提高车轮与路面附着系数的有效措施。防滑链的形式主要取决于路面状况和汽车行驶系统的结构，防滑链有普通防滑链和履带链。

普通防滑链（图 3-7）适用于冰雪路面和松软层不厚的土路，在黏土路上，当链齿塞满土时，使用效果则明显下降。履带链（图 3-8）适用于松软层很厚的土路，它能保证汽车在坏路上，甚至驱动轮陷入土壤或雪内仍可以通过，菱形履带链还具有防侧滑的能力。防滑链的缺点是链条较重，拆装不方便，更重要的是装上防滑链后，汽车的动力性和经济性均下降，在硬路面上行驶冲击大，使轮胎和后桥磨损严重。克服短而难行的无路地段时，宜使用容易拆装的防滑块和防滑带，见图 3-9。

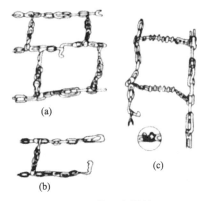

图 3-7　普通防滑链

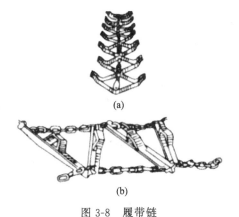

图 3-8　履带链

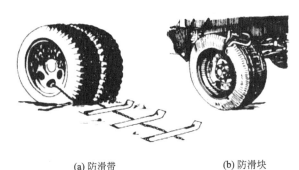

(a) 防滑带　　　　(b) 防滑块

图 3-9　汽车用防滑块和防滑带

(2) 采用合理的驾驶方法　在恶劣的道路上行驶时，要选择好线路，尽可能避开泥泞和滑度较大的路面。通过泥泞或翻浆路时，最好一鼓作气地通过，途中不要换挡、停车。被迫停车后再起步时，如是空车，挂中速挡；如是重车，挂低速挡；轻踏加速踏板起步，使驱动力低于附着力，避免打滑。

松软道路附着系数很低，防止侧滑很重要。所以在驾驶时使用制动要特别小心，不准使用紧急制动，转向也不能过急，以免发生侧滑，尤其是坡道或急弯行驶时更要注意。若一旦出现侧滑，首先要抬起加速踏板降低车速，并立即将转向盘向着车轮侧滑的方向转动（在路面允许的条件下），以防止继续侧滑或发生事故。当车轮已陷入泥泞道路空转时，不可盲目加大加速踏板行程来强行驶出，以免越陷越深。此外，强行驶出易使机件损坏。

(3) 合理使用汽车轮胎　汽车轮胎对其通过性具有决定性的影响。为了提高通过性，必须正确选择轮胎的气压、花纹和结构参数等，使汽车的行驶阻力较小，而又能获得最大的附着力。

在松软道路上，汽车轮胎单位面积的压力越大、滚动阻力越大，汽车的通过性就越差。所以，降低轮胎气压，增加轮胎宽度，可降低车轮的滚动阻力，提高汽车的通过性能。当汽车的驱动轮打滑或陷在泥泞路中时，为了减轻单位面积压力，卸下载物也是一种必要的措施。也可使用调压胎,驾驶员可在驾驶室内调节轮胎气压,可从正常气压降到极低的气压(49～68.6kPa)。这样,轮胎的接地印迹面积可增大2～3倍,印迹压强相应降低,使汽车在松软和泥泞的道路上的行驶性能得到改善。

轮胎花纹对滚动阻力和附着力的影响很大,要注意轮胎花纹的正确选择。普通花纹轮胎适用于在硬路面上行驶;越野花纹轮胎适合于在泥地、松软路面上行驶;而混合花纹轮胎适合各种路面上行驶。使用断面加宽的特种轮胎——拱形轮胎和宽断面轮胎可以大大提高汽车通过性。

(4) 采用自救或他救的方法 车轮已陷入坑时,可根据具体情况,采用自救或他救。他救是用其他车辆拖出已陷入的汽车。无法他救时,可采用自救措施:若车桥没有触地时,可将坑铲成斜面垫上碎石、灰渣等,然后用前进或后倒的方法将车驶出;如果车桥壳触地,车轮悬空时,可先在车轮下面垫上木板、树枝、碎石等物,再以低速挡驶出;如果驱动轮滑转时,也可以将绳索绑在树干(或木桩)和驱动轮上,如同绞盘那样使汽车驶出陷坑,见图3-10。

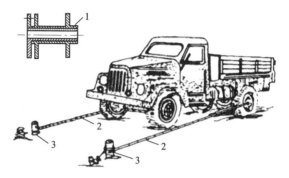

图3-10 汽车的自救
1—绞盘;2—绳;3—木桩

🚗 特别提示

汽车在无路和坏路下使用时,主要改善驱动轮与路面之间的附着系数和减小滚动阻力,以提高汽车的通过性能。

3.2.6 汽车合理拖挂

(1) 汽车拖挂总质量应根据不同使用条件,通过试验后确定。确定不同地区拖挂总质量的原则是:

① 平原地区保持直接挡(包括超速挡)作为经常行驶挡位;

② 丘陵地区用直接挡(包括超速挡)行使的时间占60%以上,其平均技术速度不低于单车的70%;

③ 在山区一般坡度路段上可以二挡通过,最大坡度路段可用一挡起步。

(2) 机动车牵引挂车应当符合以下规定

① 载货汽车、半挂牵引车、拖拉机只允许牵引一辆挂车。挂车的灯光信号、制动、连接、安全和防护等装置应当符合国家标准。

② 小型载客汽车只允许牵引旅游挂车或者总质量700kg以下的挂车。挂车不得载人。

③ 载货汽车所牵引的挂车的载质量不得超过载货汽车本身的质量。大中型载客汽车、低速载货汽车、三轮汽车以及其他机动车不得牵引挂车。

(3) 汽车拖挂汽车时,只允许拖挂一辆汽车。挂车的载质量不得超过汽车的装载质量。连接装置必须牢固,防护网和挂车的制动器、标杆、标杆灯、制动灯、转向灯、尾灯必须齐全。

(4) 汽车技术状况不良的汽车,不允许组织拖挂。

(5) 新车或大修车在走合期不允许拖挂。

(6) 汽车空载不得拖挂载重汽车。

(7) 在实习期内或驾驶操作不熟练的机动车驾驶人,驾驶的机动车不得牵引挂车。

(8) 应在道路条件良好的路线上组织拖挂，路况差的不宜拖挂。

🚗 **特别提示**

汽车拖挂车应严格按照汽车运输车辆（汽车和挂车）的技术管理规定执行，否则会造成严重的交通事故。

小 结

1. 说明影响汽车使用的运行条件；掌握汽车在一般条件下合理使用的内容。
2. 说明汽车在特殊条件下使用的特点；掌握汽车在特殊条件下的使用要求。

思考与练习

一、填空题

1. 汽车运行条件主要包括_____、_____和_____。
2. 汽车走合期特点是_____、_____、_____、_____和_____。
3. 汽车在低温条件使用主要存在_____和_____等问题。
4. 采用_____预热方式可以改善混合气形成条件。
5. 汽车在山区条件下行驶时存在_____、_____和_____。

二、问答题

1. 汽车走合期分为哪几个阶段？
2. 改善冷态启动的主要技术途径是什么？
3. 在高原地区改善发动机性能的主要措施是什么？
4. 山区条件下汽车制动系统的使用特点及其改进措施有哪些？
5. 汽车在高温条件下的使用特点及措施有哪些？
6. 汽车在一般条件下使用要求有哪些？

第4章 汽车技术状况及其变化

【学习目标】

能力目标	知识目标
1.会分析影响汽车技术状况变化的因素;	1.掌握汽车技术状况变化特征、原因及变化规律;
2.会汽车技术等级划分及评定,会计算车辆平均技术等级。	2.掌握汽车技术等级划分标准及评定要求。

汽车技术状况的评定主要是根据汽车的使用年限、关键项和项次合格率来进行等级划分。GB 7258—2004《机动车运行安全技术条件》是国家对机动车整车及发动机、转向系统、制动系统、照明和信号装置等有关运行安全和排放污染控制、车内噪声及驾驶员耳旁噪声控制的基本要求。《汽车运输业车辆技术管理规定》中明确规定交通运输管理部门和运输单位要定期进行汽车综合鉴定,并核实其技术状况等级,以便掌握汽车的技术状况,有计划地安排维修工作。

4.1 汽车技术状况变化分析

4.1.1 汽车技术状况变化的特征与原因

1.汽车的技术状况特征

汽车的技术状况是指定量测得的、表征某一时刻汽车外观和性能的参数值的总和。

在汽车使用过程中,汽车内部零件之间、零件与工作介质和工作产物之间、汽车与外部环境之间均存在着相互作用,其结果是汽车零件在机械负荷、热负荷和化学腐蚀作用下,产生磨损、发热、腐蚀等一系列的物理和化学变化,使零件尺寸、零件装配位置、配合间隙、表面质量等发生改变。随着汽车行驶里程的增加,汽车技术状况会逐渐变坏,致使汽车的动力性下降、经济性变坏,使用方便性下降和使用可靠性变差,直至最后达到使用极限。其主要外观症状有:

① 汽车最高行驶速度降低,加速能力和爬坡能力减弱;

② 制动拖滞或失灵,转向沉重;

③ 燃料和润滑油的消耗量增加;

④ 排黑烟或有异常气味;

⑤ 行驶中出现振抖、摇摆或异响。

2.汽车技术状况变化的原因

汽车技术状况的变化是汽车诸多内在原因综合作用的结果,主要原因有:零件之间相互摩擦产生自然磨损;零件和有害物质相互接触产生腐蚀;零件长期在交变荷载作用下产生疲劳;零件在外荷载、温度和残余内应力作用下发生变形;橡胶、塑料等非金属制品零件和电器元件因长时间工作而老化;使用中由于偶然事故造成的零件损伤等。上述原因导致零件原有尺寸、几何形状和表面质量改变,破坏了零件之间的配合特性和正确位置,从而引起汽车或总成技术状况变坏。

(1) 磨损　磨损是汽车零件损坏的主要原因,其形式有磨料磨损、黏着磨损和腐蚀磨损等。

磨料磨损是零件相互摩擦表面在坚硬锐利的磨料作用下产生的磨损。磨料包括尘埃、沙土、金属磨屑和积炭等。在零件相互摩擦过程中,磨料的作用会加速零件的磨损,如制动蹄摩擦片与制动鼓的磨损等。

黏着磨损是当零件接触面承受大荷载、相对滑动速度高、润滑不良时,零件表面在摩擦过程中产生大量的热,使材料强度降低并形成局部热点,零件局部表面黏结在一起;而黏结点在零件表面的相对运动中又被撕开,使一部分金属从一个零件表面转移到另一个零件表面而造成的零件表面损伤,如汽缸拉缸和曲轴烧瓦等。

腐蚀磨损是摩擦表面在酸、碱等腐蚀性物质作用下产生的磨损,腐蚀性物质对零件表面的腐蚀会使表面形成薄而脆的氧化层,在摩擦力作用下,氧化层脱落,腐蚀作用进一步向零件深部发展,再形成氧化层。如此,氧化层不断生成,不断脱落,从而造成了零件表面的损伤。如汽缸壁、气门和气门座的磨损等。

(2) 疲劳损坏　疲劳损坏是由于零件承受超过材料疲劳极限的循环应力。在交变荷载作用于零件内部所产生的循环应力作用下,零件表面产生疲劳裂纹,裂纹不断积累、加深、扩展而产生零件的疲劳损坏。易于产生疲劳损坏的零件是承受交变荷载较大的零件,如齿轮面的疲劳点蚀等。

(3) 腐蚀损坏　腐蚀损坏产生于与腐蚀性物质接触的零件表面。易于产生腐蚀损坏的主要部件有燃料供给系统和冷却系统的管道、车身和车架等。在汽车运动中,车身外表要受到风沙的磨蚀,而汽车使用环境中的空气湿度、尘埃等对车身和裸露的金属零件也都有一定的腐蚀作用。

(4) 塑性变形和损坏　零件所受载荷在内部产生的内应力超过零件材料的弹性极限,就会发生塑性变形。零件在制造和加工过程中产生的残余内应力和零件受热不均而产生的热应力足够大时,也会导致零件塑性变形或加剧塑性变形过程,如汽车超载引起的车轴、车架变形。

(5) 老化　老化是由于零件材料在物理、化学和温度变化的影响下,逐渐变质或损坏的故障形式。汽车上的橡胶零部件(如轮胎、油封、膜片等)和电器元件(如晶体管、电容器等),长期受环境和温度变化的影响,会逐渐老化而失去原有性能。例如,温度的冷热作用、油类和液体的化学作用以及太阳光的辐射作用等都会使零件老化。在汽车使用过程中,润滑油等液体的性能也会因为氧化、污染而逐渐变差。

因汽车零件和运行材料性能的变化而使汽车技术状况逐渐变坏的现象,不仅发生于汽车使用过程中,也发生于储存过程中。例如,橡胶、塑料等非金属零件因老化而失去弹性,强度下降;燃油、润滑油和制动液等氧化变质产生沉淀;金属零件产生锈蚀;车身表面漆层剥落等。

🚗 特别提示

> 汽车在实际使用中,可以通过汽车的使用性能中的参数变化来判断汽车技术状况的变化。

4.1.2　汽车技术状况变化的规律

汽车技术状况变化规律,是指汽车技术状况与汽车行驶里程或行驶时间的关系。研究汽车技术状况的变化规律,旨在掌握其规律,采取相应措施降低零件磨损速度,延长其使用寿命。一辆新车或大修后的汽车是否能投产及其技术状况的变化规律,通常是研究汽车主要部件磨损规律的指标。两个相配合零件的磨损量随汽车行驶里程的变化规律曲线,称为磨损特性曲线(图4-1)。

零件的自然损坏主要是磨损引起的。零件在正常情况下的磨损是有规律的。由图4-1可以看出零件磨损规律可分为3个阶段。

第Ⅰ阶段(曲线Ok_1)称为走合期。这一阶段的特征是在较短的行驶里程内,零件的磨损量增长较快;当配合零件配合良好后,磨损量增长速度开始减慢。零件在走合期的磨损量主要与其表面加工质量和走合期的使用有关。

汽车在走合期间,严格执行走合规范,严格遵守操作规程,及时检查调整配合零件的技术状况,更换损坏零件,消除故障隐患,是减少走合期磨损量、达到理想的走合目的的有效措施。

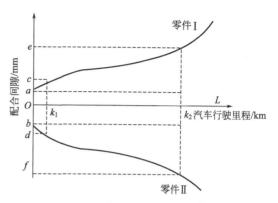

图4-1 配合零件的磨损特性曲线

第Ⅱ阶段(曲线k_1k_2)称为正常使用期。这一阶段的特征是零件的磨损随汽车行驶里程的增加而缓慢地增长。这是由于经走合后的配合零件,其表面粗糙度和几何形状达到较为理想的状态,荷载分布均匀;加之合适的配合间隙,有利于润滑油膜形成。

在此期间,严格遵守操作规程。适时适度地对汽车的主要总成进行维护,是延长正常使用期——使用寿命的技术保障。

第Ⅲ阶段(k_2以后)称为加速磨损时期。其特征是相配合零件的间隙已达到最大允许使用极限,磨损量急剧增加。由于间隙增大,冲击负荷增大,润滑油膜难以维持,从而使磨损量急剧增加到一定程度,出现失去工作能力、异响、漏气等现象,若继续使用则会由自然磨损发展为事故磨损,使零件迅速损坏。汽车的主要总成或部件达到此极限时,应进行大修才能恢复汽车的使用性能。行驶里程Ok_2,称为大修间隔里程或大修周期。

汽车运行到接近或到达大修间隔里程时,应及时维护、调整、修理和更换损坏的零件,恢复配合零件的配合状态,使之达到或接近原技术标准或要求。经调整、修复的配合零件,一般只能恢复配合间隙和配合要求。换件修理既恢复了配合关系,又恢复了配合零件的尺寸。

根据零件磨损的规律,一辆新出厂的汽车或大修后的汽车,使用前必须按规定进行走合,使用中必须正确操作并及时认真维护,以延长正常工作时间。当磨损达到极限值时,必须修理或更换,降低故障率,避免因汽车技术状况恶化引发交通事故。

特别提示

汽车技术状况的变化规律是看汽车主要部件磨损规律。

4.1.3 汽车技术状况变化的影响因素

汽车零件的磨损和变形是汽车技术状况变化的主要原因,而影响汽车磨损和变形的因素很多,主要包括汽车的结构和使用因素。其中,使用因素主要有运用条件、燃料和润滑油品质、维修质量以及汽车合理运用的程度等方面。

1. 汽车的结构

汽车结构设计的合理性、制造装配的质量和选用材料的优劣,是提高汽车的技术性能和寿命的重要途径。由于汽车结构复杂，各总成、结合件、零件的工作情况差异很大，不能完全适应各种运行条件的工作情况，使用过程中就会暴露出某些薄弱环节。

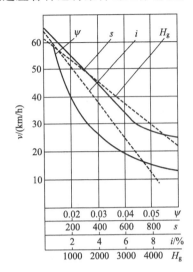

图 4-2　道路质量对汽车速度的影响
ψ—滚动阻力系数；s—路面不平度，cm/km；
i—道路纵坡，%；H_g—海拔高度，m

汽车零件和部件结构的设计合理化，可以在很大程度上改善汽车的使用性能和可靠性，国内各汽车制造厂，为使各自生产的汽车有较长的使用寿命，长期以来，对本厂生产的汽车采用各种方便维修的技术和组织措施，广泛设置服务维修点，对汽车销售、售后服务、汽车维修和零配件供应实施一条龙服务，不仅保证服务质量，而且还能掌握汽车在原设计和制造中的一些缺陷，及时反馈，为进一步改进汽车结构提供有利依据。

2. 汽车的运用条件

影响汽车技术状况变化的运用条件主要包括道路条件、交通状况和气候条件等。

(1) 道路条件　汽车运用的道路条件对汽车技术状况有重要的影响。汽车运行的速度范围、发动机转速控制范围、汽车承受的荷载、操纵（换挡、转向、制动等）次数和强度、燃料消耗以及汽车的磨损等都取决于道路的质量。道路的质量对汽车速度的影响见图 4-2。各种路面条件对汽车总成使用的影响见表 4-1。

表 4-1　路面条件对汽车总成使用的影响

指　标	混凝土与沥青路面	沥青矿渣混合路面	碎石路面	卵石路面	天然路面
滚动阻力系数	0.014	0.020	0.032	0.040	0.080
平均技术速度/(km/h)	66	56	36	27	20
每公里行程发动机曲轴平均转速/(r/min)	2228	2561	2628	3185	4822
转向轮转角偏差（市区行驶）	8	9.5	12	15	18
每公里行程离合器使用次数	0.35	0.37	0.49	0.64	1.52
每公里行程制动器使用次数	0.24	0.25	0.34	0.42	0.90
每公里行程变速器使用次数	0.52	0.62	1.24	2.10	3.20
百公里行程内垂直振幅大于 30mm 的振动次数	68	128	214	352	625

在良好的道路上行驶时，汽车的行驶速度得以发挥，燃料经济性较好，零件磨损较小，汽车使用寿命就长；在坏路上行驶的汽车，行驶速度经常变化，换挡次数和制动次数增加，会使离合器、变速器、制动器和前后桥的使用寿命缩短。同时，路面高低不平使汽车底盘各总成承受冲击荷载，且加剧轮胎的磨损。经常在坏路上行驶的汽车，与在一般道路上行驶的同类汽车相比行驶阻力增加，燃料经济性变差；发动机经常在大负荷下工作，汽缸内的平均压力和单位行驶里程曲轴转速提高，汽缸磨损加剧。

(2) 交通状况　交通状况对汽车技术状况的变化也有很大的影响。在路面质量和交通状况良好的道路上行驶时，汽车能够经常使用高挡位在经济工况下运行，操纵次数少，因而运行平稳，所承受的冲击荷载大大减轻；而在不良交通状况下，如在城市混合交通状况下，常因车多路窄、交通流量大、交叉路口多而不能以最佳工况运行，因而总成磨损快，寿命短。

(3) 气候条件　气候条件对汽车技术状况的影响，一般在高温和低温时较显著。高温条件会影响汽车各总成的受热状态。气温高时，发动机散热性能变差，易爆燃和早燃；润滑油黏度降低，润滑油压力减小，润滑条件恶化，零件磨损加剧；供油系统易产生气阻，出现故障，可靠性下降。当气温为 40～50℃ 时，发动机周围的气温可达 75℃，会影响点火系统的正常工作，也会加速导线的老化。气温过高对轮胎使用寿命的影响非常明显，有资料表明，轮胎胎面的使用寿命与其周围工作气温近似成反比。

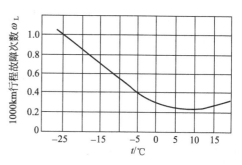

图 4-3　低温条件下对汽车故障的影响

低温时，汽油雾化条件差，加剧发动机的磨损；某些非金属材料，如塑料、橡胶制品等，严寒可能使之冻裂、硬化或结构强度降低。低温条件的影响见图 4-3。

3. 燃料和润滑材料的品质

在汽车使用中为保证其正常工作，应合理地选用品质合适的燃料和润滑材料，否则会导致汽车各总成和零件磨损增加，降低汽车的使用性能，使技术状况迅速恶化。

4. 汽车合理运用的程度

汽车合理运用的程度对汽车技术状况的影响主要表现在汽车的载质量、车速的合理运用和驾驶技术等方面。

(1) 载质量　载质量的大小影响汽车零件的磨损，从图 4-4 可以看出，汽车载质量增加时，各总成的磨损量均增大，其中以发动机最为明显。

当汽车的实际载质量超过额定载质量时，各总成都在超负荷状态下工作，单位行驶里程的发动机转速升高，冷却系统和润滑系统工作温度过高，导致发动机磨损加剧。随汽车载质量的增加，变速器低挡使用的次数增多，传动系统各总成荷载加大。因此，汽车应按制造厂规定的额定载质量来装载。

(2) 行驶速度　汽车的行驶速度对发动机磨损的影响比载质量更为明显。当荷载一定时，行驶速度对发动机磨损的影响见图 4-5。

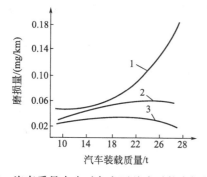 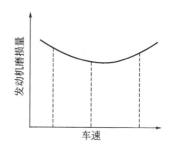

图 4-4　汽车质量大小对各主要总成零件磨损的影响　　图 4-5　行驶速度对发动机磨损的影响
1—发动机的磨损量；2—变速器的磨损量；3—主减速器的磨损量

当汽车行驶速度过高时，发动机处在高转速状态，活塞往复运动加快，汽缸磨损加剧；当行驶速度过低时，发动机润滑条件变差，磨损加剧。高速行驶引起轮胎发热、磨损加剧；高速行驶制动时需要的制动力加大，且常需紧急制动，因此，制动器磨损加剧。加速滑行比匀速行驶时的发动机磨损量要增加25%～30%。

为了减少零件磨损，必须控制行车速度，正确选用挡位。注意根据道路情况合理选择行驶路线和车速，保证汽车经常处于最佳工作状态，从而减缓汽车技术状况的恶化，延长其使用寿命。

（3）驾驶技术　驾驶技术直接影响汽车零件的使用寿命。驾驶技术高超的驾驶人，经常采用诸如预热升温、轻踩缓抬、均匀中速、行驶平稳、及时换挡、爬坡自如、正确滑行、掌握温度和避免紧急制动等一整套正确合理的操作方法，所以，在对汽车行驶速度的控制、变速器挡位的使用和燃油消耗等方面都有明显优势，使汽车各总成基本上长期处于较有利的工作状态，从而能延长其使用寿命。

5. 维修质量

汽车维修质量，对于合理使用汽车、延长其使用寿命和保持其原有使用性能，是极为关键的因素。汽车各总成和机构，应及时地进行维修作业，这样不仅能减少零件磨损，避免工作中发生异响；同时使之操作方便灵活，保证行车安全。

特别提示

汽车技术状况变化因素很多，主要受汽车结构与工艺、运行条件、运行材料选择、汽车合理运用及维修质量五方面因素的影响。

4.2　汽车技术状况的分级与评定

4.2.1　汽车技术状况等级的划分

汽车在使用过程中，其技术状况变化的程度，随行驶里程或使用时间的长短不同和运行条件、使用强度、维修质量的不同有很大的差异。《汽车运输业车辆技术管理规定》要求：为掌握汽车的技术状况，合理地组织和安排运力，科学地编制汽车维修计划，各省、自治区、直辖市交通厅（局）应负责制定"车辆技术状况等级鉴定制度"，各级交通运输管理部门应负责汽车技术状况等级鉴定的组织工作与监督检查，运输单位至少每半年要对运输汽车进行一次汽车技术状况等级鉴定，并根据有关标准将汽车技术状况划分等级，以便于汽车的合理运行和科学管理。

《汽车运输业车辆技术管理规定》第十七条明确了汽车技术状况等级划分的标准，规定汽车按技术状况分为一级车、二级车、三级车和四级车四类。

（1）一级车——完好车　新车行驶到第一次定额大修间隔里程的2/3和第二次定额大修间隔里程的2/3以前（例如：第一次大修间隔里程为18万公里，第二次大修间隔里程为12万公里，则处于第一次大修间隔里程12万公里以内或第二次大修间隔里程8万公里以内，才属于一级车）；汽车各主要总成的基础件和主要零部件坚固可靠，技术性能良好，发动机运转稳定，无异响，动力性能良好，燃料润滑油消耗不超过定额标准，废气排放和噪声符合国家标准；各项装备齐全、完好，在运行中无任何保留条件，即可随时出车参加运输工作的汽车。

（2）二级车——基本完好车　技术状况处于基本完好的汽车。二级汽车的主要使用性能和技术状况或行驶里程都低于一级车的要求，但符合国家标准《机动车运行安全技术条件》（GB 7258—2004）的规定，能随时参加运输工作。

（3）三级车——需修车　送大修前最后一次二级维护后的汽车、正在大修或待更新尚在行驶的汽车。

第4章　汽车技术状况及其变化

（4）四级车　四级车是指预计在短期内不能修复或无修复价值的汽车。

4.2.2　车辆平均技术等级

汽车平均技术等级是综合体现汽车运输企业技术管理水平、技术装备素质和企业发展后劲的主要经济技术指标之一，标志着汽车运输企业所有车辆的平均技术状况。单辆汽车技术等级评定后，企业所有汽车的平均技术等级 S 可按下式求出：

$$S = \frac{1 \times S_1 + 2 \times S_2 + 3 \times S_3 + 4 \times S_4}{S_1 + S_2 + S_3 + S_4}$$

式中　S——平均技术等级；
　　　S_1——一级车的数量；
　　　S_2——二级车的数量；
　　　S_3——三级车的数量；
　　　S_4——四级车的数量。

4.2.3　车辆技术等级的评定

营运车辆技术等级的评定项目和技术要求见表 4-2。

表 4-2　营运车辆技术等级的评定项目和技术要求

序号	项目	技术要求		
		一级	二级	三级
1	整车装备与外观			
1.1	整车装备与标识	（1）整车装备应齐全、完好、有效，各连接部件紧固完好，车体应周正。（2）车辆的结构不得任意改造。（3）营运车辆的车顶、车门、车身、风窗玻璃等部分的标识应统一，齐全有效，并符合有关规定		
		（4）车体外缘左右对称部位（在离地高 1.5m 以内测量）高度差不大于 20mm；左右轴距差不大于轴距的 1.2/1000	（4）车体外缘左右对称部位（在离地高 1.5m 内测量）高度差不得大于 40mm；左右轴距不得大于轴距的 1.5/1000	
1.2	车架、车身、驾驶室	（1）车身和驾驶室的技术状况应能保证驾驶员有正常的工作条件和客货安全。（2）车身和驾驶室应坚固耐用，车架、车身与驾驶室不得有开裂、锈蚀和明显变形，螺栓和铆钉不得缺少或松动，车身与车架的连接应安装牢固。（3）车身外部和内部都不应有任何可能使人致伤的尖锐凸起物。（4）驾驶室和乘客舱所有内饰材料应具有阻燃性。（5）驾驶室必须保证驾驶员的前方视野和侧方视野。车窗玻璃不允许张贴妨碍驾驶员视野的附加物及镜面反光遮阳膜		
		（6）表面无锈迹、无脱掉漆		
1.3	车门、车窗、刮水器	（1）车门和车窗应启闭轻便，不得有自行开启现象，锁止可靠，玻璃升降器应完好。（2）前风窗应装备刮水器。刮水器应能正常工作，刮水器关闭时刮片应能自动返回至初始位置		
		（3）玻璃应完好无损		（3）玻璃不得缺损
1.4	驾乘座椅	（1）货箱的栏板和地板应平整；客车车身与地板应密合，应有防止发动机废气进入车厢内部的有效措施。（2）地板和座椅应具有足够的强度，座椅和扶手应安装牢固可靠。乘客座椅间距不得采用沿滑道纵向调整的结构。（3）车长大于 6m 的客车同方向座椅的座间距不得小于 650mm，面对面座椅的座间距不小于 1200mm		
1.5	卧铺①	卧铺客车的卧铺应采用"1+1"或"1+1+1"纵向布置（与车辆前进方向相同），卧铺宽度应不小于 450mm，卧铺纵向间距应不小于 1400mm，相邻卧铺的间距不小于 350mm		
1.6	行李架（舱）①	中级、中级以上车长大于或等于 9m 的营运客车和卧铺客车车身顶部不得设置行李架，应设置符合有关标准要求的行李舱。其他客车需设置车外顶行李架时，其顶架载荷按每个乘客 10kg 行李核定，且行李架长度不得超过车长的三分之一		

续表

序号	项目	技术要求 一级	二级	三级
1.7	安全出口①、安全带	安全出口： (1)车长大于6m的客车，如车身右侧仅有一个乘客上下的车门时，应设置安全门或安全窗。卧铺客车应设置车顶安全出口。其卧铺布置为上、下双层时，侧窗布置应为上下双排。使用安全门时应保证不用其他器具即可将其向外推开。安全出口的数量及位置应符合有关规定。(2)安全门应满足下列要求：a.安全门的净高不得小于1250mm，净宽不得小于550mm；b.门铰链应在门前端，向外开启角度应不小于100°，并能在此角度下保持开启，同时设有开启报警装置；c.通向安全门的通道宽度应不小于300mm，不足300mm时，允许采用迅速翻转座椅等方法加宽通道。d.车内外设应急开门把手，车外把手距地面高度应不大于1800mm；e.关闭时应能锁止；f.在安全门或安全窗处应有醒目的红色标志和操纵方法，字体高度应不小于20mm。(3)安全窗应满足下列要求：a.安全窗和安全顶窗的面积应不小于3 mm×105mm，且能内接一个400mm×600mm的椭圆；车辆后端面的安全窗的面积应不小于4 mm×105mm，且能内接一个500mm×700mm的矩形；b.安全窗应易于向外推开或用手锤击破玻璃，在其附近应备有便于取用的击碎出口玻璃的专用工具。 汽车安全带： (1)座位数小于或等于20(含驾驶员座椅，下同)或者车长小于或等于6m的载客汽车和最大设计车速大于100km/h的载货汽车和牵引车的前排座位必须装置汽车安全带。长途客车和旅游客车的驾驶员座椅及前面没有座椅或护栏的座椅应安装汽车安全带。安全带应有认证标志。(2)卧铺客车的每个铺位均应安装两点式汽车安全带。(3)汽车安全带应可靠有效，安装位置应合理，固定点应有足够的强度		
1.8	车厢、地板、护轮板(挡泥板)	(1)货箱的栏板和地板应平整；客车车身与地板应密合，应有防止发动机废气进入车厢内部的有效措施。(2)轿车应装有护轮板，挂车后轮应有挡泥板，其他车辆的所有车轮均应有挡泥板。		
1.9	车轮、轮胎	(1)轮胎胎面不得有因局部磨损而暴露出轮胎帘布层。轮胎的胎面和胎壁上不得有长度超过25mm或深度足以暴露出轮胎帘布层的破裂和割伤。(2)同一轴上轮胎规格和花纹应相同，轮胎规格应符合车辆出厂时的规定，同一轴上轮胎外径的磨损程度应大体一致。(3)汽车转向轮不得装用翻新的轮胎。(4)汽车装用的轮胎应与其最大设计车速相适应。(5)轮胎负荷不应超过该轮胎的额定负荷，轮胎的充气压力应符合该轮胎承受负荷时规定的压力。(6)最大设计车速超过120km/h的车辆，其车轮应做动平衡，并应符合有关技术要求。(7)轮胎螺母和半轴螺母应完整齐全，并应按规定力矩紧固。(8)车轮总成的横向摆动量和径向跳动量：总质量小于或等于4500kg的汽车不得大于5mm；其他车辆不得大于8mm		
		(9)微型车辆胎冠花纹深度不小于3.2mm，其他车辆转向轮的胎冠花纹深度不小于3.5mm，其余轮胎花纹深度不小于2.5mm。		(9)轮胎的磨损：轿车和挂车胎冠上花纹深度不得小于1.6mm；其他车辆转向轮的胎冠花纹深度不得小于3.2mm，其余轮胎胎冠花纹深度不得小于1.6mm。
1.10	悬架装置	(1)钢板弹簧不得有裂纹和断片现象，其弹簧形式和规格应符合产品使用说明书的规定。中心螺栓和U形螺栓应紧固。(2)减振器应齐全有效。(3)车桥与悬架之间的各种拉杆和导杆不得变形，各接头和衬套不得松旷和移位		
1.11	传动系、车桥	传动系统： (1)离合器踏板自由行程应符合原厂规定的该车技术条件的有关规定。(2)离合器踏板力应不大于300N。(3)离合器接合平稳，分离彻底，工作时不得有异响、抖动和不正常打滑等现象。(4)变速器和分动器，换挡时齿轮啮合灵便，互锁、自锁、倒挡锁装置有效，不得有乱挡和自动跳挡现象，换挡时变速杆不得与其他部件干涉。运行中无异响。(5)传动轴在运转中不得发生振抖和异响，中间轴承和万向节不得有裂纹和松旷现象。(6)驱动桥工作应正常且无异响。 车桥：前、后桥不得有变形和裂纹		
1.12	转向节及臂，横、直拉杆及球销	转向节及臂，转向横、直拉杆及球销应无裂纹和损伤，并且球销不得松旷。对车辆进行改装或修理时，横直拉杆不得拼焊。		
1.13	制动装置(行车、应急、驻车)	(1)车辆应具有行车制动、应急制动和驻车制动功能。(2)行车制动系统制动踏板的自由行程应符合该车原厂规定的有关技术条件。(3)车辆的行车制动必须采用双管路或多管路。(4)检查汽车是否具有有效的应急制动装置		

第4章 汽车技术状况及其变化

续表

序号	项目	技术要求		
		一级	二级	三级
1.14	螺栓、螺母紧固	(1)轮胎螺母和半轴螺母应完整齐全,并应按规定力矩紧固。(2)中心螺栓和U形螺栓应紧固。		
1.15	灯光数量、光色、位置	(1)所有前照灯的近光都不得眩目。(2)汽车和挂车的外部照明和信号装置的数量、位置、光色、最小几何可见角度等应符合GB 4785的有关规定。(3)全挂车应在挂车前部的左右各装一只红色标志灯,其高度应比全挂车的前栏板高出300~400mm,距车厢外侧应小于150mm。(4)车辆应装置后回复反射器,车长大于10m的车辆应安装侧回复反射器,汽车列车应装有侧回复反射器。回复反射器应能保证夜间在其正面前方150m处用汽车前照灯照射时,在照射位置就能确认其反射光。(5)装有前照灯的车辆应有远近光变换装置,并且当远光变为近光时,所有的远光应同时熄灭。同一辆车上的前照灯不允许左、右的远、近光交叉亮。(6)车辆的前位灯、后位灯、示廓灯、挂车标志灯、牌照灯和仪表灯应能同时启闭,当前照灯关闭和发动机熄火时仍能点亮。(7)空载高为3m以上的车辆应安装示廓灯。(8)车辆应安装一只或两只后雾灯,只有当远光灯、近光灯或前雾灯打开时,后雾灯才能打开。后雾灯可以独立于任何其他灯而关闭。后雾灯可以连续工作,直至位置灯关闭时为止,之后一直处于关闭状态,直至再次开启。车辆(挂车除外)可以选装前雾灯。(9)车辆应装有危险报警闪光灯,其操纵装置应不受电源总开关的控制。危险报警闪光灯和转向信号灯的闪光频率为1.5Hz±0.5Hz;启动时间应不大于1.5s。(10)汽车及挂车均应安装侧转向灯,若汽车前转向灯在侧面可见则视为满足要求。铰接式车辆每一刚性单元必须装有至少一对侧转向灯		
1.16	信号装置与仪表	(1)车辆仪表板上应设置与行驶方向相适应的转向指示信号和蓝色远光指示信号灯。(2)仪表板上应设置仪表灯。仪表灯点亮时,应能看清仪表板上所有仪表并不得眩目。(3)各种客车应设置车厢和门灯。车长大于6m的客车应至少有两条车厢照明电路,仅用于进出口处的照明电路可作为其中之一。当一条电路失效时,另一条应能正常工作,以保证车内照明,但不影响驾驶员的视线和其他机动车的正常行驶。(4)车辆照明和信号装置的任一条线路出现故障,不得干扰其他线路的正常工作。(5)车辆前、后转向信号灯、危险报警闪光灯及制动灯白天距100m可见,侧转向信号灯白天距30m可见;前、后位置灯、示廓灯和挂车标志灯夜间好天气距300m可见;后牌照灯夜间好天气距20m能看清牌照号码。制动灯的亮度应明显大于后位灯。(6)车长大于6m的客车应设置电源总开关,分线路保险完善的客车除外。(7)车速里程表、水温表、机油压力表、电流表、燃油表、气压表等各种仪表和信号装置应齐全有效		
1.17	漏气、漏油、漏水、漏电	(1)汽车上各连接件无漏油、渗水和漏气现象。(2)发电机技术性能应良好。蓄电池应保持常态电压。所有电气导线应捆扎成束、布置整齐、固定卡紧,接头牢固,并有绝缘套,在导线穿越孔洞时需设绝缘套管		
1.18	底盘异响	车辆运转当中底盘应无异响		
1.19	发动机异响	发动机运转应无异响,运转和加速时不得有回火放炮现象		
1.20	润滑	(1)各部润滑良好,发动机机油压力应符合该车有关技术条件的规定。(2)变速箱、后桥等总成和部件的润滑油的规格和用量应符合规定		
1.21	灭火器	营运车辆应装备与其相适应的有效灭火装置,灭火装置应安装牢靠并便于取用		
1.22	车内外后视镜、前下视镜	(1)车辆(挂车除外)必须在左右各设置一面后视镜;车长大于6m的平头客车和平头载货汽车车前应设置一面下视镜。轿车和客车驾驶室内应设置一面内后视镜。(2)车辆车外后视镜的安装位置和角度应保证看清车身左右外侧,车后50m以内的交通情况。前下视镜应能看清风窗玻璃前下方长1.5m、宽3m范围内的情况。(3)车内外后视镜和前下视镜应易于调节,并能有效保持其位置。(4)安装在外侧距地面1800mm以下的后视镜,当行人等接触该镜时,应具有能缓和冲击的功能		
1.23	侧面、后下部防护装置[②]	(1)总质量大于3500kg的载货汽车和挂车两侧必须装备侧面防护装置,但本身结构已能防止行人和骑车人等卷入的汽车和挂车除外。(2)除牵引车和长货挂车以外的汽车及挂车,空载状态下其车身或无车身底盘总成的后端离地间隙大于700mm时,必须装备能有效防止其他机动车和非机动车等从车辆后下方嵌入的防护装置		
2	动力性			
2.1	驱动轮输出功率	附表"汽车驱动轮输出功率的限制"中额定值的要求	附表"汽车驱动轮输出功率的限制"中允许值的要求	

续表

序号	项目	技术要求		
		一级	二级	三级
2.2	滑行性能	(1)用底盘测功机检测时,按 GB 18565—2001 中 12.5.1 规定的方法测得的初速为 30km/h 的滑行距离,应符合下表的规定。(2)路试检测时,按 GB 18565—2001 中 12.5.2 规定的方法测得的初速为 30km/h 的滑行距离应符合下表的规定: 车辆滑行距离要求 | 汽车整备质量 M/kg	双轴驱动车辆的滑行距离/m	单轴驱动车辆的滑行距离/m | |---|---|---| | $M<1000$ | ≥104 | ≥130 | | $1000≤M≤4000$ | ≥120 | ≥160 | | $4000<M≤5000$ | ≥144 | ≥180 | | $5000<M≤8000$ | ≥184 | ≥230 | | $8000<M≤11000$ | ≥200 | ≥250 | | $M>11000$ | ≥214 | ≥270 | (3)按 GB 18565—2001 中规定的方法测得的滑行阻力 P_s,应符合 $$P_s \leq 1.5\% Mg$$ 式中 P_s——滑行阻力,N; 　　M——汽车的整备质量,kg; 　　g——重力加速度,9.8m/s^2。 (4)车辆的滑行性能符合(1)、(2)或(3)中其中一项即为合格。		
3	燃料经济性			
3.1	等速百公里油耗	不大于该车型制造厂规定的相应车速等速百公里油耗的103%。	不大于该车型制造厂规定的相应车速等速百公里油耗的110%。	
4	制动性			
4.1	制动力	(1)汽车在制动试验台上测出的制动力应符合下表的规定。 台试制动力要求 | 制动力总和与整车重量的百分比/%		轴制动力与轴荷的百分比/%	| |---|---|---|---| | 空载 | 满载 | 前轴 | 后轴 | | ≥60 | ≥50 | ≥60① | — | ① 和满载状态下测试均应满足此要求 (2)台试时的制动气压和制动踏板力要求: a.满载检验时 气压制动系统:气压表的指示气压≤额定工作气压; 液压制动系统:踏板力,座位数小于或等于9的载客汽车≤500N;其他车辆≤700N。 b.空载检验时 气压制动系统:气压表的指示气压≤600kPa; 液压制动系统:踏板力,座位数小于或等于9的载客汽车≤400N;其他车辆≤450N。		
4.2	制动力平衡		在制动力增长全过程中同时测得的左右轮制动力差的最大值,与全过程中测得的该轴左右轮最大制动力中大者之比;对前轴不得大于16%,对后轴不得大于20%;当后轴制动力小于后轴轴荷的60%时,在制动力增长全过程中,同时测得的左右轮制动力之差的最大值不大于后轴轴荷的5%。	在制动力增长全过程中同时测得的左右轮制动力差的最大值,与全过程中测得的该轴左右轮最大制动力中大者之比,对前轴不得大于20%;对后轴:当后轴制动力大于或等于后轴轴荷的60%时不得大于24%;当后轴制动力小于后轴轴荷的60%时,在制动力增长全过程中同时测得的左右轮制动力差的最大值不得大于后轴轴荷的8%。

第4章 汽车技术状况及其变化

续表

序号	项目	技术要求		
		一级	二级	三级
4.3	制动协调时间	汽车制动协调时间(指在急踩制动时,从踏板开始动作至制动力达到4.1中"台试制动力要求"规定的制动力75%所需的时间);对采用液压制动系统的车辆不得大于0.35s;对于采用气压制动系统的车辆不得大于0.56s		
4.4	车轮阻滞力	进行制动力检测时,各轴的阻滞力均不得大于该轴轴荷的2.5%	进行制动力检测时,车辆各轮的阻滞力均不得大于该轴轴荷5%	
4.5	驻车制动	当采用制动试验台检验车辆驻车制动的制动力时,车辆空载,乘坐一名驾驶员,使用驻车制动装置,驻车制动力的总和应不小于该车在测试状态下整车质量的20%;对总质量为整备质量1.2倍以下的车辆,限值为15%		
5	转向操纵性			
5.1	转向轮横向侧滑量	(1)前轴采用非独立悬架的汽车,转向轮的横向侧滑量,用侧滑仪(包括单、双板)方法检测时,侧滑量值应不大于5m/km。(2)前轴采用独立悬架的汽车,可以前轮定位参数值符合原厂规定的该车有关技术条件为合格		
5.2	转向盘最大自由转动量	最大设计车速大于或等于100km/h的汽车为15°,最大设计车速小于100km/h的汽车为20°	最大设计车速大于或等于100km/h的汽车为20°;最大设计车速小于100km/h的汽车为30°	
5.3	悬架特性[③]	对于最大设计车速大于或等于100km/h、轴载质量小于或等于1500kg的载客汽车,应按GB 18565—2001中12.4.3规定的方法进行悬架特性检测。(1)用悬架检测台按12.4.3.1规定的方法检测时,受检车辆的车轮在受外界激励振动下测得的吸收率(被测汽车共振时的最小动态车轮垂直载荷与静态车轮垂直载荷的百分比值)应不小于40%,同轴左右轮吸收率之差不得大于15%。(2)用平板检测台按12.4.3.2规定的方法检测时,受检车辆制动时测得的悬架效率应不小于45%,同轴左右轮悬架效率之差不得大于20%		
6	前照灯			
6.1	发光强度	汽车每只前照灯远光光束发光强度应达到如下要求: 两灯制:12000cd;四灯制:10000cd。 测试时,电源系统可处于充电状态。 采用四灯制的汽车,其中两只对称的灯达到两灯制的要求时,视为合格		
6.2	光速照射位置	(1)在检验前照灯的近光光束照射位置时,前照灯在距离屏幕前10m处,光束明暗截止线转角或中点的高度应为0.6H~0.8H(H为前照灯基准中心高度),其水平方向位置要求向左向右偏均不得超过100mm。(2)四灯制前照灯其远光单光束的照射位置,前照灯在距离屏幕10m处,光束中心离地高度为0.85H~0.90H,水平位置要求左灯向左偏不得大于100mm,向右偏不得大于170mm;右灯向左或向右偏均不得大于170mm。(3)汽车装用远光和近光双光束灯时以调整近光光束为主。对于只能调整远光单光束的灯,调整远光单光束		
7	排放污染物控制			
7.1	汽油车急速污染物排放[④]	轻型 CO≤3.5%;HC≤700×10⁻⁶; 重型 CO≤4.0%;HC≤1000×10⁻⁶	车辆类型 / 轻型车 CO/% / 轻型车 HC/10⁻⁶[①] / 重型车 CO/% / 重型车 HC/10⁻⁶[①]；1995年7月1日前生产的在用汽车 4.5 1200 5.0 2000；1995年7月1日后生产的在用汽车 4.5 900 4.5 1200 ① HC容积浓度值按正己烷当量值。	

续表

序号	项目	技术要求 一级	技术要求 二级	技术要求 三级
7.2	汽油车双急速污染物排放④	M_1 类急速： CO≤0.7%；HC≤135×10⁻⁶ 高急速： CO≤0.25%；HC≤90×10⁻⁶ N_1 类急速： CO≤0.85%；HC≤180×10⁻⁶ 高急速： CO≤0.45%；HC≤130×10⁻⁶	车辆类型 | 急速 CO/% | 急速 HC/10⁻⁶① | 高急速 CO/% | 高急速 HC/10⁻⁶① 2001年1月1日以后上牌照的 $M_1$② 类车型 | 0.8 | 150 | 0.3 | 200 2002年1月1日以后上牌照的 $N_1$③ 类车型 | 1.0 | 200 | 0.5 | 150 ① HC 容积浓度值按正己烷当值。 ② M_1 指车辆设计乘员数（含驾驶员）不超过 6 人，且最大总质量不超过 2500kg。 ③ N_1 还包括设计乘员数（含驾驶员）超过 6 人，且最大总质量超过 2500kg，但不超过 3500kg 的 M 类车辆。	
7.3	柴油车自由加速烟度⑤	R_b≤3.6	1995年7月1日以前生产的在用汽车：烟度值 R_b≤4.7 1995年7月1日以起生产的在用汽车：烟度值 R_b≤4.0。	
7.4	柴油车排气可见污染物⑤	光吸收系数(m^{-1})：2.2	2001年1月1日以后上牌照的在用车： 光吸收系数(m^{-1})：2.5 2001年1月1日以后上牌照的在用车： 光吸收系数(m^{-1})：3.0	
8	喇叭声级	汽车喇叭声级在距车前2m、离地高1.2m处用声级计量时，其值应为90～115bB(A)。		
9	车辆防雨密封性①	符合 QC/T 476 有关规定。 客车防雨密封性限值 客车类型 | 限制/分 轻型客车 | ≥93 旅游客车 | ≥92 团体客车 | ≥90 城市客车 | ≥88 长途客车 | ≥80 旅游客车 | ≥90 团体客车 | ≥88 城市客车 | ≥87 长途客车 | ≥87 特大型客车 铰接式客车 | ≥84		
10	车速表示值误差	车速表示值误差0～+15%。 即当实际车速为40km/h时，车速表指示应为40～46km/h。	车速表指示车速 V_1 与实际车速 V_2 之间应符合下列关系式： $$0 \leq V_1 - V_2 \leq (V_2/10) + 4$$ 即当实际车速为40km/h时，车速表指示应为40～48km/h。	

① 载客汽车。
② 载货汽车。
③ 用于对最大设计车速大于或等于100km/h、轴载质量小于或等于1500kg的载客汽车。
④ 按 GB 18352 通过型式认证装配点燃式发动机的轻型汽车，应进行双急速试验；其他装配点燃式发动机的车辆应进行急速试验。
⑤ 按 GB 18352 通过型式认证装配压燃式发动机的轻型汽车，应进行排气可见污染物试验；其他装配压燃式发动机的车辆应进行自由加速烟度试验。

第4章 汽车技术状况及其变化

附表　汽车驱动轮输出功率的限值

汽车类别	汽车型号		额定扭矩工况			额定功率工况		
			直接挡检测速度 V_M /(km/h)	校正驱动轮输出功率/额定扭矩功率 η_{VM}/%		直接挡检测速度 V_P /(km/h)	校正驱动轮输出功率/额定扭矩功率 η_{VP}/%	
				额定值 η_{Mr}	允许值 η_{Ma}		额定值 η_{Pr}	允许值 η_{Pa}
载货汽车	1010 系列 1020 系列	汽油车	60	75	50	90	65	40
	1030 系列	汽油车	60	75	50	90	65	40
	1040 系列	柴油车	55	75	50	90	70	45
	1050 系列	汽油车	60	75	50	90	65	40
	1060 系列	柴油车	50	75	50	80	70	45
	1070 系列 1080 系列	汽油车	—	—	—	—	—	—
		柴油车	50	75	50	80	70	45
	1090 系列	汽油车	40	75	50	80	70	45
		柴油车	55	75	50	80	70	45
	1100,1110 系列	汽油车	—	—	—	—	—	—
	1120,1130 系列	柴油车	60	70	45	80	65	40
	1140 系列 1150 系列 1160 系列	柴油车	60	75	50	80	65	40
	1170 系列 1190 系列	柴油车	55	75	50	80	65	40
半[①]挂列车	10t 半挂系列车	汽油车	40	75	50	80	70	45
		柴油车	50	75	50	80	70	45
	15t,20t 半挂系列车	汽油车	45	70	45	70	65	40
	25t 半挂系列车	柴油车	45	75	50	75	65	40
客车	6600 系列	汽油车	60	70	45	85	60	35
		柴油车	45	75	50	75	65	40
	6700 系列	汽油车	50	65	40	80	60	35
		柴油车	55	70	45	75	60	35
	6800 系列	汽油车	40	65	40	85	60	35
		柴油车	45	70	45	75	60	35
	6900 系列	汽油车	40	65	40	85	60	35
		柴油车	60	70	45	85	60	35
	6100 系列	汽油车	40	65	40	85	60	35
		柴油车	40	70	45	85	60	35
	6110 系列	汽油车	40	65	40	85	60	35
		柴油车	55	70	45	80	60	35
	6120 系列	柴油车	60	65	40	90	60	35
轿车	夏利、富康、桑塔纳		95/60[②]	65/60[②]	40/35[②]	—	—	—
			95/65[②]	70/65[②]	45/40[②]	—	—	—

① 半挂列车是按载质量分布。
② 为汽车变速器使用三挡时的参数值。
注：5010-5040 系列厢式货车和罐式货车驱动轮输出功率的允许值按同系列普通货车的允许值下调2%，其他厢式货车和罐式货车驱动轮输出功率的允许值按同系列普通货车的允许值下调4%。

特别提示

汽车技术状况等级划分的标准及汽车技术状况等级评定内容、项目及要求。

小　　结

1. 说明汽车技术状况变化特征、原因及规律；掌握影响汽车技术变化的影响因素。
2. 说明营运车辆技术等级及车辆平均技术等级的划分标准；掌握营运车辆技术等级划分评定要求。

思考与练习

一、填空题

1. 磨损是汽车零件损坏的主要原因，其形式有_____、_____和_____。
2. 汽车技术状况变化规律是汽车技术状况和_____的关系。
3. 汽车按技术状况分为_____、_____、_____和_____四类。
4. 影响汽车技术状况变化的因素有_____、_____、_____、_____和_____。
5. 外界温度降低时，发动机磨损量_____。

二、问答题

1. 汽车在实际使用中，根据什么来判断汽车技术状况发生变化？
2. 汽车坏路面行驶时，会对汽车技术状况产生怎样的影响？
3. 汽车技术状况等级划分的标准是什么？
4. 如何确定营运车辆的技术等级？

第5章 汽车维修制度

【学习目标】

能力目标	知识目标
1. 能解决典型汽车各级维护作业项目的安排问题；处理汽车二级维护的质量控制和竣工检验结果；	1. 掌握汽车维护的原则、分类及主要内容；知道汽车维护周期和维护工艺及其组织形式；
2. 会做汽车典型零件技术检验，能解决典型零件可用、可修或不可修的区分问题；	2. 掌握汽车修理的原则、分类及主要内容，基本方法和修理工艺；知道汽车和总成的送修规定及大修标志和汽车修理作业形式；
3. 会分析汽车修理质量检查评定的结果，熟悉"三单一证"在汽车维修过程中的作用。	3. 掌握发动机大修竣工检验技术要求和大修竣工检验规定；知道汽车检测的类型和常用检测项目。

汽车维修是汽车维护（汽车保养）和汽车修理的总称。按定义和类别可分为汽车维护和汽车修理。汽车维护是为维持汽车完好技术状况或工作能力而进行的作业；汽车修理是指修理或更换零件或总成的方法，为恢复汽车完好技术状况、工作能力和延长寿命而进行的作业。

5.1 汽车维护制度

汽车维护制度是指对汽车进行维护工作而规定的技术性组织措施。

汽车使用过程中，随着行驶里程的增加，各零部件将产生磨损、变形疲劳、松动、老化和损伤，导致车辆技术状况变坏，使汽车的动力性下降，经济性变差，安全可靠性降低。如果在使用过程中根据车辆的使用情况及磨损规律，把磨损、松动、脏污和易于出现故障部位的项目集中起来，分级分期强制进行润滑、调整、检查、紧固等维护作业，则能改善各零部件的工作条件，减轻磨损，消除隐患，降低运输成本，保证行车安全，并能延长汽车的使用寿命。因此，车辆技术管理坚持以预防为主，对运输车辆实行定期检测、强制维护、视情修理。

汽车是由各种零部件组合而成的机械。随着汽车行驶里程的增加，汽车技术状况发生变化，使用性能逐渐变差，并通过各种故障表现出来，直至汽车丧失工作能力。因此，掌握汽车技术状况变化规律，合理使用和及时维护汽车，确保技术状况良好，对延长汽车使用寿命有着重要作用。

特别提示

随着汽车技术和质量水平的提高，汽车维护的重要性越发突出。通过对汽车进行有效维护，汽车修理工作量明显减少，维护的工作量已大于修理量，汽车维修的重点已从修理转移到维护工作上，维护已重于修理。

知识链接

I/M制度即排放检测/环保维护制度（Inspection & Maintenance Program 的英文缩写），I/M中的I（排放检测），叫I站；I/M中的M（综合系统环保维护），叫M站。I/M制度是世界上发达工业国家和地区对在用车进行强制性定期检测,并对出现故障的车辆进行强制修理的制度。I/M制度通过对在用车辆的强制定期检测,以及时发现车辆故障,并实行强制修理,使在用车辆恢复和保持出厂时的原厂标准和符合国家规定的排放控制值,该制度可防止在用车辆因故障而引起的排放超标和大气环境的污染,是汽车养护的重要措施之一。通过实施I/M制度,督促车辆使用者自觉地加强对车辆的维护保养,保持车辆技术状况良好,以减少污染物的排放,这对削减机动车污染物排放总量非常有效。

2010年上海世博会的隆重举行,使我国的机动车排放问题被全世界广泛关注,上海市机动车船污染控制协会理事长陶巍重申,在用车全面实施严格检查与维护I/M制度是防治机动车污染的重要一招。他强调,实施I/M制度能迅速有效降低机动车的污染排放,同时经过维护保养可提高在用车的燃料经济性;I/M制度的着眼点是使在用车达到自身最佳排放净化水平,从而带给车辆更好的安全性能;硬件投资少,费用与净化经济效益好,严格和完善的I/M制度对一氧化碳、氮氧化合物等有害气体都有良好的削减效果。

5.1.1 汽车维护的原则

我国从20世纪50年代就开始在运输车辆中普遍推行计划预防维修制度,即实行定期维护、计划修理。车辆的定期维护(也称定期保养,分为一、二、三级保养)及按计划进行的整车解体大修和小修,对保持车辆技术状况完好是有成效的,但缺乏科学性和经济性。随着科学技术的进步,检测手段的提高,汽车制造技术不断更新,我国的汽车维修制度已被"预防为主、定期检测、强制维护、视情修理"所替代。

定期检测就是利用现代不解体技术检测仪器和设备,定期检测汽车各部位的技术状况,以替代过去仅凭经验诊断的做法。定期检测包含两重含义,一是根据汽车的类型、新旧程度、使用条件和使用强度制订定期检测制度,在汽车行驶一定里程或时间后,按要求进行技术状况的综合检测,通过检测确定汽车技术维护的作业内容,作业范围和深度,使维护作业更有针对性,以防止过度维护,从而降低维护费用。二是可以用这种方法对维修车辆进行定期抽检,监督维修质量。

定期检测、强制维护(强制保养)与计划预防维护制度不同之处是:它在执行计划维护时要结合状态检测进行,是定期进行检测基础上的计划预防维护制度。将过去的定期维护的提法改为强制维护,只是为了进一步强调维护的重要性,防止盲目追求眼前利益,不重视及时维护的错误行为。

特别提示

我国现行的汽车维修的原则为"预防为主、定期检测、强制维护、视情修理"。

5.1.2 汽车维护的类别

汽车维护的类别是指汽车维护按汽车运行间隔期限、维护作业内容,或运行条件等分不同的类别或级别。其中,运行间隔期限是指汽车运行的里程间隔或时间间隔。

汽车维护的主要类别(图5-1)和主要作业内容如下。

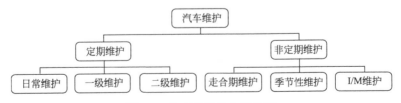

图5-1 汽车维护的主要类别

1. 定期维护

定期维护是按技术文件规定的运行间隔期限实施的汽车维护,在整个汽车寿命期内规定周期循环进行。根据GB/T 18344—2001《汽车维护、检测、诊断技术规范》和《汽车运输业车辆技术管理规定》（以下简称《规定》）的有关规定，汽车维护分为日常维护、一级维护、二级维护三种级别。维护作业以清洁、检查、补给、润滑、紧固和调整为主，维护范围随着行驶里程的增加逐步扩大，内容逐步加深。各级维护的周期和主要业内容：

（1）日常维护　是驾驶人为保持汽车正常工作状况的经常性工作。其作业中心内容是清洁、补给和安全检视。坚持出车前检查、途中检查和收车后检查的"三检制度"；检查传动、行驶机件和操纵机构的可靠性；维护整车和各总成件的清洁；紧固松动的连接件等。

（2）一级维护　是对经过较长里程运行后的汽车，由专业维修工在维修车间或维修厂内进行，对汽车安全部件进行的检视维护作业。

间隔里程周期一般为1000～2000km，其作业中心内容除日常维护作业外，以清洁、润滑、紧固为主，并检查有关制动、操纵、灯光、信号等安全部件。

（3）二级维护　是由专业维修工在维修车间或专业维修厂内进行，间隔里程一般为10000～15000km。其作业中心内容除一级维护作业外，以检查、调整为主，并拆检轮胎，进行轮胎换位。这是汽车经过更长里程运行后，必须对车况进行较全面的检查、调整，以维持其良好的技术状况和使用性能，确保汽车的安全性、动力性和经济性等达到的使用要求。

在《规定》中，取消了原制度规定的以解体检查为中心内容的三级维护，要求在车维护前应进行技术检测和技术评定，根据检测和评定结果，确定附加作业项目，结合二级维护一并进行。

特别提示

汽车定期维护的周期和作业内容只是一些原则，由于车型和运行条件不同，使用的燃润料和配件质量的差异，导致各级维护作业的深度和周期有很大的差别。所以，可根据具体情况，确定其周期和作业内容。

2. 季节性维护

为使汽车适应季节变化而实行的维护称为季节性维护。一般季节性维护可结合定期维护一并进行。主要作业内容是更换润滑油、调整油电路和对冷却系统的检查维护等。

3. 走合维护

走合维护是指新车或大修车走合期实施的维护。主要作业内容除特别注意做好例行维护外，要经常检查、紧固外露螺栓、螺母，注意各总成在运行中的声响和温度变化，及时进行适当的调整。走合期满，各总成应更换润滑油，并注意清洗，连接件要进行紧固，对各部件间隙进行调整。

5.1.3　汽车维护的周期

汽车维护周期是指汽车进行同级维护之间的间隔期（行驶里程或时间）。

汽车维护周期和作业项目的确定，主要根据车辆结构性能、使用条件、故障规律、配件质量及经济效果等综合因素考虑。

我国国家标准关于汽车维护周期的规定如下。

（1）日常维护的周期为出车前、行驶中和收车后。

（2）汽车一、二级维护周期的确定，应以汽车的行驶里程为基本依据。汽车一、二级维护行驶里程要按车辆使用说明书的有关规定，同时依据汽车使用的不同，由各省级行政主管部门规定。对于不便使用行驶里程统计、考核的汽车，用行驶时间间隔确定一、二级维护周期。其时间（天）间隔可依据汽车使用强度和条件，参照汽车一、二级维护里程周期确定。

二级维护的间隔里程一般是一级维护间隔里程的4～5倍。汽车维护间隔里程（时间）见表5-1。

表 5-1 汽车维护间隔里程（时间）

类别		维护周期		类别		维护周期	
日常维护		每日出车前、行车中和收车后		日常维护		每日出车前、行车中和收车后	
一级维护	国产车	1500～2000km	10～15 天	二级维护	国产车	8500～12000km	2～3 个月
	进口车	3000～5000km	15～25 天		进口车	10000～20000km	3～个月

特别提示

1. 对于不便用行驶里程统计、考核的汽车，可用行驶时间间隔确定汽车一、二级维护周期。

2. 引进车型的维护规定与我国汽车强制维护规定的内容有所不同，为保证汽车的合理使用，在汽车实际维护工作中应以厂家规定内容为准。

5.1.4 汽车维护主要内容

汽车维护作业的内容是依照汽车技术状况变化规律来安排的，并在汽车技术状况下降之前进行。汽车维护的主要工作内容有清洁、检查、补给、润滑、紧固和调整等，如图 5-2 所示。

图 5-2 汽车维护的主要内容

特别提示

通过对车辆进行日常维护、一级维护和二级维护，来保证车辆良好的技术状况，消除车辆安全行驶的安全隐患，将故障扼杀在萌芽之中。

5.2 汽车维护工艺

5.2.1 日常维护技术规范

日常维护是指驾驶人在每日出车前、行车中、收车后所进行例行性维护作业，故也称为例行维护、每日维护或行车三检制。

1. 日常维护项目

日常维护是保证汽车正常状况的基础工作，由驾驶人负责完成。日常维护的好坏，直接影响到行车的安全。日常维护作业项目见表 5-2。

表 5-2 日常维护作业项目

分类	序号	作业内容
车身外部	1	检查、清洁驾驶室内外各镜面与各风窗玻璃
	2	检视整车外观涂装和腐蚀情况
	3	检查调整轮胎状况和车轮固定螺栓紧固情况
	4	检查调整刮水器刮水片情况
	5	检查全车各部液体泄漏情况
	6	检查、润滑车门和发动机罩

第5章 汽车维修制度

续表

分类	序号	作 业 内 容
车身内部	7	检查、调整灯光信号状态
	8	检查、维修提醒指示器和报警蜂鸣器的状态
	9	检查、调整电喇叭的状态
	10	检查刮水器风窗玻璃清洗器状态
	11	检查玻璃除霜器工作情况
	12	检查、调整后视镜遮阳板
	13	检查转向盘自由行程以及转向盘回转平顺情况
	14	检查、调整前排座椅状态
	15	检查、调整安全带技术状态
	16	检查加速踏板操作情况
	17	检查离合器制动踏板的自由行程以及踩下抬起的平顺情况
	18	检查制动器的制动性能
	19	检查驻车制动器的驻车性能
	20	检查自动变速器停车挡的性能
发动机舱	21	检查、补充发动机机油
	22	检查、补充发动机冷却液
	23	检查、补充风窗玻璃清洗器液量
	24	检查并清除散热器的污物,紧固软管箍,检查其老化情况
	25	检查、调整蓄电池液面高度或检查免维护蓄电池比重计显示情况
	26	检查、补充制动离合器液压主缸液量
	27	检查、调整发动机驱动带进度,检查其老化断裂等损坏情况
	28	检查、补充自动变速器液量
	29	检查、补充动力转向液
	30	检查排气系统固定和其他变化情况

2. 日常维护作业的工艺流程（图 5-3）

图 5-3 汽车维护工艺流程

知识链接

怎样对车进行维护、确保安全行驶并延长它的使用寿命呢？除了定期到维修厂进行保养，自己也能随时初诊，防患于未然。

1. 检查轮胎气压应在低温（行驶前）状态下进行。可通过观察轮胎与地面接触部分的变形状态确认气压是否正确，也可使用气压表进行检测。注意：不要在气压极低的状态下行驶，否则会导致漏气，急打方向盘时，容易造成轮胎从轮辋上脱出，引发交通事故。

2. 检查轮胎。如有龟裂损伤，应及时与维修厂联系。

3. 检查轮胎花纹的深度及异常磨损。目测轮胎磨损极限标志是否显现出来，轮胎有无偏磨。注意：磨损极限标志显现后，应及时更换轮胎，否则会引发车辆打滑等意外事故。

4. 检查灯光装置、方向指示器的脏污、损伤。如有脏污应及时清扫。如有破损、开裂、安装不牢时，请与维修厂联系。

5. 检查汽车下面的路面有无油类、冷却液泄漏。注意：油类、冷却液带颜色、发粘、有味道。应与空调的除湿水区别开。

5.2.2 一级维护技术规范

一级维护一般按汽车生产厂家推荐或规定的行驶里程或使用时间进行。间隔里程约为 7500～15000km 或 6 个月，以行驶里程或使用时间先达到为准。一级维护由专业维修工负责执行。其作业中心内容除日常维护作业外，以清洁、润滑、紧固为主，并检查有关制动、操纵等安全部件。

1. 一级维护基本作业项目（表5-3）

表5-3 一级维护基本作业项目

分类	序号	作业内容
发动机	1	检查润滑、冷却、排气系统及燃油系统是否渗漏或损坏
	2	更换发动机机油及机油滤清器滤芯
	3	检查冷却系统液面高度及防冻能力，必要时添加冷却液或调整冷却液浓度
	4	清洗空气滤清器，必要时更换滤芯
	5	检查清洗火花塞，必要时更换火花塞
	6	检查V带状况及张紧度，视情调整张紧度或更换V带
	7	检查调整点火正时，急速转速及一氧化碳含量
底盘	8	检查离合器踏板行程
	9	检查变速箱是否渗漏或损坏
	10	检查等速万向节防尘套是否损坏
	11	检查转向横拉杆球头固定情况、间隙及防尘套是否损坏
	12	检查制动系统是否渗漏或损坏
	13	检查制动液液面高度，必要时添加制动液
	14	检查制动蹄摩擦衬片或衬块的厚度
	15	检查调整手制动装置
	16	检查轮胎气压、磨损及损坏情况
	17	检查车轮螺栓扭紧力矩
	18	检查轮胎花纹深度
车身	19	润滑发动机舱盖及行李箱盖铰链
	20	润滑车门铰链及车门限位拉条
	21	检查车身底板密封保护层有无损坏
电气系统及空调器	22	检查照明灯、警报灯、转向信号灯及喇叭的工作状况
	23	检查调整前大灯光束
	24	检查风挡玻璃刮水器及清洗装置，必要时添加风挡玻璃清洗液
	25	检查蓄电池液面高度，必要时添加蒸馏水
	26	检查空调系统是否泄漏
	27	检查清洗空调新鲜空气滤清器
路试	28	检测整车各部性能

2. 一级维护作业的工艺流程（图5-4）

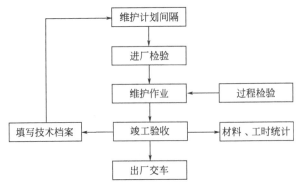

图5-4 一级维护作业的工艺流程

3. 一级维护竣工标准

① 发动机前、后悬架，进、排气歧管，散热器，轮胎，传动轴，车身，附件支架等的

第5章 汽车维修制度

外露螺栓、螺母须齐全、紧固、无裂纹。

② 转向臂、转向拉杆、制动操纵机构工作可靠,锁销齐全、有效,转向拉杆球头、转向传动十字轴承、传动轴十字轴承无松旷。

③ 转向器、变速器、驱动桥的润滑油面,应在检视口下沿 0~15mm(车辆处于停驶状态)处,通风孔应畅通;变速器、减速器、凸缘螺母紧固可靠。

④ 各润滑脂油嘴齐全有效,安装位置正确;所有润滑点均已润滑、无遗漏。

⑤ 空气滤清器滤芯清洁有效。

⑥ 轮胎气压应符合充气规定,胎面无嵌石及其他硬物。

⑦ 离合器踏板和制动器踏板自由行程符合技术规定。

⑧ 灯光、仪表、喇叭、信号齐全有效。

⑨ 蓄电池电解液液面应高出极板 10~15mm,通风孔畅通,接头牢靠。

⑩ 车轮轮毂轴承无松旷。

知识链接

对于刚有第一辆新车的人,在这里给提个醒,减少一些错误的使用方法。

1.加油不能减少预热时间,反而更加损伤发动机

汽车启动后不能马上行驶,因为刚启动时的汽车急速相当高,没有达到润滑最佳状态,此时行驶必然会加重发动机负荷,加快磨损。正确的做法是让车辆在自然急速状况下加热直至水温开始上升,待急速恢复到正常水平后再出发。不要以为加油可以让预热时间缩短,相反,这样做不仅费油,对发动机的损害也是极大的。

2.冷却水温度太低伤发动机

夏季天气炎热,一些司机为了防止发动机温度过高,一味要求冷却水温度尽可能地低;有的司机为了达到降温的目的,干脆把节温器拆去,这些做法都是不对的。更可怕的是到了冬季也忘记安装节温器,这样会导致发动机温度上升缓慢,低温运行时间太长。汽车发动机既怕热又怕冷,如果冷却水温度过低,会使燃油燃烧恶化,油耗增加,加剧磨损,润滑油黏度增加,发动机功率降低。试验表明,汽车行驶时冷却水温度为 40~50℃时,发动机磨损较正常增加 60%~80%、功率降低 25%、油耗增多 8%~10%。因此,发动机冷却水的温度并非越低越好,一般应控制在 90℃以上。

3.电喷车启动不用踩油门

启动车辆前踩几脚油门是许多驾驶员的习惯,其实这种启动方法不适用于电喷汽车。因为电喷发动机的喷油控制装置可根据发动机的温度、工况自动调整供油量,使发动机顺利启动,即在冷车启动时,喷油控制装置能自动增加供油量。所以电喷汽车启动时,没有必要踩油门,更不要在启动前连续急踩,因为这样踩动的只是一个没有任何变化的节气门阀。

4.空轰油门既没用又费油

有些驾驶员在热车启动后或每次起步前,或在发动机熄火前,总喜欢习惯性地空轰几脚油门。其实这是一种不可取的操作。因为猛轰油门,不仅主供油装置参加工作,加浓、加速装置也要额外供油。据测量,每空轰一脚油门相当于白白浪费燃料 3~5mL;同时,混合气被额外加浓后,造成燃烧不完全。

5.2.3 二级维护技术规范

汽车维护制度中规定的最高级别维护,其目的是为了维持汽车各总成、机构的零件具有良好的工作性能,及时消除故障和隐患,保证汽车动力性、经济性、排放性、操纵性及安全性等各项综合性能指标满足要求,确保汽车在二级维护间隔期内能正常运行。

1.二级维护前的技术评定与附加作业项目的确定

① 对汽车二级维修检测项目进行检测时,应使用该检测项目的专用检测仪器,仪器精度须满足有关规定。

② 汽车二级维护检测项目的技术要求应参照国家有关的技术标准,或原厂要求。

③ 汽车二级维护检测项目见表 5-4。

表 5-4 汽车二级维护检测项目

序号	检 测 项 目	序号	检 测 项 目
1	发动机功率,汽缸压力	7	车轮动平衡
2	汽车排气污染物,三效催化转化装置的作用	8	前照灯
3	电控燃油喷射系统	9	操纵稳定性,有无跑偏、发抖、摆头
4	柴油车检查供油提前角、供油间隔角和喷油泵供油压力	10	变速器,有无泄漏、异响、松脱、裂纹等现象,换挡是否轻便灵活
5	制动性能,检查制动力	11	离合器,有无打滑、发抖现象,分离是否彻底,接合是否平稳
6	转向轮定位,主要检查前轮定位角和转向盘自由转动量	12	传动轴,有无泄漏、异响、松脱、裂纹等现象
		13	后桥,主减速器有无泄漏、异响、松动、过热等现象

④ 汽车二级维护附加作业项目的确定,根据检测结果进行汽车故障诊断,确定以消除汽车故障为目的的二级维护附加作业项目和作业内容,恢复汽车的正常技术状况。附加作业项目确定后与基本作业项目一并进行二级维护作业。

2. 二级维护过程检验

二级维护过程中,要始终贯穿过程检验,并作检验记录。过程检验中各维护项目的技术要求,需满足相应的有关技术标准或出厂说明书的有关规定。

3. 二级维护基本作业项目

二级维护作业内容包含一级维护作业内容,二级维护基本作业项目见表 5-5。

表 5-5 二级维护基本作业项目

序号	维护项目	作业内容	技术要求
1	发动机润滑油、机油滤清器	(1)更换润滑油 (2)视情更换机油滤清器	(1)润滑油规格性能指标符合规定 (2)液面高度符合规定 (3)机油滤清器密封良好,无堵塞,完好有效
2	检查润滑油油面高度	检查转向器、变速器、主减速器等润滑油规格和液面高度,不足时按要求补给	符合出厂规定
3	空气滤清器	清洁空气滤清器	空气滤清器清洁有效,安装可靠恒温进气装置,真空软管安装可靠,进气转换阀工作灵敏、准确
4	(1)燃油箱及油管 (2)燃油滤清器 (3)燃油泵	(1)检查接头及密封情况 (2)清洁燃油滤清器,并视情更换 (3)检查燃油泵,必要时更换	(1)接头无破损、渗漏,紧固可靠 (2)燃油滤清器工作正常 (3)燃油泵工作正常,油压符合规定
5	燃油蒸发控制装置	检查清洁,必要时更换	工作正常
6	曲轴箱通风装置	检查、清洁	清洁畅通,连接可靠,不漏气,各阀门无堵塞、卡滞现象,灵敏有效,符合规定
7	散热器、膨胀箱、百叶窗、水泵、节温器、传动皮带	(1)检查密封情况,箱盖压力阀、液面高度、水泵 (2)检视皮带外观,调整皮带松紧度	(1)散热器及软管无变形、破损及渗漏;箱盖接合表面良好,胶垫不老化,箱盖压力阀开启压力符合要求;水泵不漏水,无异响,节温器工作性能符合规定 (2)皮带应无裂痕和过量磨损,表面无油污,皮带松紧度符合规定
8	(1)进、排气歧管、消声器、排气管 (2)汽缸盖	(1)检查、紧固,视情补焊或更换 (2)按规定次序和扭力矩校紧汽缸盖	(1)无裂纹、漏气,消声器性能良好 (2)扭紧力矩符合规定
9	增压器、中冷器	检查、清洁	符合规定
10	发动机支架	检查、紧固	连接牢固,无变形和裂纹
11	化油器及联动机构	清洁、检查、紧固	清洁,联动机构运动灵活,连接牢固,无漏油、气现象,工作系统和附加装置工作正常

第5章 汽车维修制度

续表

序号	维护项目	作业内容	技术要求
12	喷油器、喷油泵	检查喷油器和喷油泵的作用,必要时检测喷油压力和喷油状况,视情调整供油提前角	(1)喷油器雾化良好,无滴油、漏油现象,喷油压力符合规定 (2)供油提前角符合规定
13	分电器、高压线	清洁、检查	分电器无油污,调整触点间隙在规定范围内,无松旷、漏电现象,高压线性能符合规定
14	火花塞	清洁、检查或更换火花塞,调整电极间隙	电极表面清洁,间隙符合规定
15	气门间隙	检查调整	符合规定
16	电控燃油喷射系统供油管路	检查密封状况	密封良好,作用正常
17	三效催化装置	检查三效催化装置的作用,必要时更换	作用正常
18	离合器	检查调整离合器踏板自由行程	离合器踏板自由行程符合规定
19	前轮制动	(1)检查前轮制动器调整臂的作用	作用正常
		(2)拆卸前轮毂总成、制动蹄、支承销;清洗转向节、轴承、支承销,清洁制动底板等零件	清洁,无油污
		(3)检查制动盘、制动凸轮轴,校紧装置螺栓	(1)制动底板不变形,按规定力矩扭紧装置螺栓 (2)凸轮轴转动灵活,无卡滞,转向间隙符合规定
		(4)检查转向节及螺母、保险片及油封、转向节臂,校紧装置螺栓	(1)转向节无裂纹,螺纹完好,与螺母配合应无径向松旷,保险片作用良好,油封完好不漏油 (2)转向节轴径与轴承的配合间隙符合要求,转向节臂装置螺栓扭紧力矩符合规定
		(5)检查内外轴承	滚柱保持架无断裂,滚柱不脱落,无裂损和烧蚀,轴承内圈无裂损和烧蚀
		(6)检查制动蹄及支承销	(1)制动蹄无裂纹及明显变形,摩擦片不破裂,铆接可靠,摩擦片厚度符合规定 (2)支承销无过量磨损,支承销与制动蹄承孔衬套配合间隙符合规定
		(7)检查制动蹄复位弹簧	复位弹簧应无明显变形,自由长度、拉力符合规定
		(8)检查前轮毂、制动鼓及轴承外座圈,校紧轮胎螺栓内螺母	(1)轮胎无裂损 (2)轴承外座圈无裂纹,无麻点,无烧蚀 (3)制动鼓无裂纹,外边缘不得高出工作表面,检视孔完整,内径尺寸、圆度误差、左右内径差符合规定 (4)轮胎螺栓齐全完好,规格一致,按规定力矩扭紧
		(9)装复前轮毂、调整前轮轴承松紧度及制动间隙	(1)装复支承销,制动蹄支承销孔均应涂润滑脂,开口销或卡簧齐全有效 (2)润滑轴承 (3)制动鼓、制动片表面清洁,无油污 (4)制动片与制动鼓的间隙应符合规定,转动无碰擦现象或声响,检视孔挡板齐全 (5)轮毂转动灵活,用拉力计测量时可转动,且无轴向间隙 (6)锁紧螺母按规定力矩扭紧 (7)保险可靠,防尘罩、衬垫完好,螺栓垫圈齐全紧固(螺栓规格一致)

续表

序号	维护项目	作业内容	技术要求
20	后轮制动	(1)拆半轴、轮毂总成、制动体、支承销,清洗各零件及制动底板、半轴套管	(1)轮毂通气孔畅通 (2)各零件及制动盘、后桥套管清洁无油污
		(2)检查制动底板、制动凸轮轴,校紧连接螺栓	(1)制动底板不变形,连接螺栓按规定力矩紧固 (2)凸轮轴转动灵活,无卡滞,轴向间隙和径向间隙符合规定
		(3)检查后桥半轴套管、螺母及油封	(1)套管无裂纹及明显松动,与螺母配合无径向松旷 (2)油封完好,无损坏,无漏油 (3)套管颈与轴承配合间隙符合规定
		(4)检查内外轴承	(1)轴承保持架无断裂,滚柱不脱落,无裂损和烧蚀 (2)轴承内座圈无裂纹、烧蚀
		(5)检查制动蹄及支承销	(1)制动蹄无裂纹及变形,摩擦片不破裂,铆接可靠,摩擦片厚度符合规定 (2)支承销与制动蹄承孔衬套配合间隙符合规定 (3)支承销无过量磨损
		(6)检查制动蹄复位弹簧	复位弹簧无变形,自由长度符合规定,拉力良好
		(7)检查后轮毂、制动鼓及轴承外座圈,检查扭紧半轴螺栓,检查轮胎螺栓,校紧内螺母	(1)轮毂无裂损 (2)轴承外座圈不松动,无损坏 (3)制动鼓无裂纹,内径、圆度误差、左右内径差符合规定,外边缘不得高出工作表面,制动鼓检视孔完整 (4)半轴螺栓齐全有效
		(8)检查半轴	半轴无明显弯曲,不磨套管,无裂纹,花键无过量磨损或扭曲变形
		(9)装复后轮毂,调整制动间隙	(1)装复支承销、制动蹄片时,承孔应涂润滑脂,开口销或卡簧齐全可靠 (2)润滑轴承 (3)套管轴颈表面应涂机油后再装上轴承 (4)制动蹄片、制动鼓面应清洁,无油污 (5)制动蹄片与制动鼓的间隙应符合规定,转动无碰擦现象或声响,检视孔挡板齐全紧固 (6)轮毂转动灵活,拉力符合规定 (7)锁紧螺母按规定力矩扭紧
21	转向器、转向传动机构	(1)检查转向器传动机构的工作状况和密封性,校紧各部螺栓 (2)检查调整转向盘自由转动量	转向盘自由转动量符合规定,转向轻便、灵活、无卡滞和漏油现象,垂臂及转向节臂无弯曲及裂损,各部螺栓连接可靠
22	前束及转向角	调整	符合规定
23	变速器、差速器	检查密封状况和操纵机构,清洁通气孔	密封良好,通气孔畅通,操纵机构作用正常,无异响、跳动、乱挡现象
24	传动轴、传动轴承支架、中间轴承	(1)检查防尘罩 (2)检查传动轴万向节工作状态 (3)检查传动轴承支架 (4)检查中间轴承间隙	(1)防尘罩不得有裂纹、损坏,卡箍可靠,支架无松动 (2)万向节不松旷,无卡滞,无异响 (3)传动轴承支架无松动 (4)中间轴承间隙符合规定
25	空气压缩机、储气筒、安全阀	清洁,校紧	清洁、连接可靠,无漏气,安全阀工作正常

续表

序号	维护项目	作业内容	技术要求
26	制动阀、制动管路、制动踏板	(1)检查制动踏板自由行程 (2)检查紧固制动阀和管路接头 (3)检查液压制动管路内是否有气	(1)制动踏板自由行程符合规定 (2)制动阀和管路接头连接可靠,无漏气 (3)液压制动管路内无气
27	驻车制动	检查驻车制动性能,检查驻车制动器自由行程	符合规定,作用正常
28	悬架	检查、紧固,视情补焊、校正	不松动、无裂纹、无断片,按规定扭紧力矩紧固螺栓
29	轮胎(包括备胎)	检查紧固,补气,进行轮胎换位,磨损严重时更换轮胎	气压符合规定,清洁,无裂损、老化、变形,气门嘴完好,轮胎螺栓紧固,轮胎的装用符合规定
30	发电机、发电机调节器、启动机	清洁,润滑	符合规定
	蓄电池	检查,清洁,补给	清洁,安装牢固,电解液面符合规定
31	前照灯、仪表、喇叭、刮水器、全车电器线路	检查、调整,必要时修理或更换	(1)前照灯、喇叭、各仪表及信号装置功能齐全、有效,符合规定 (2)刮水器电机运转无异响,连动杆连接可靠 (3)全车线路整齐,连接可靠,绝缘良好
32	车身、车架、安全带	检查、紧固	性能可靠,工作良好 无变形、断裂、脱焊,连接螺栓、铆钉紧固
33	内装饰	检查、紧固	设备完好,无松动
34	空调装置	检查空调系统工作状况、密封状况	(1)制冷系统密封,制冷效果良好 (2)暖气装置工作正常
35	润滑	全车加注润滑脂的部位全部润滑	润滑脂嘴齐全有效,润滑良好

注:技术要求栏中的"符合规定"指符合实际应用中有关技术规定或技术要求。

4.二级维护竣工检验

汽车在维修企业进行二级维护后,必须进行竣工检验;各项目参数符合国家或行业及地方标准;竣工检验合格的车辆填写维修竣工出厂合格证后方可出厂。检验不合格的车辆应进行进一步的检测、诊断和维护,直到达到维护竣工技术要求为止。二级维护竣工要求见表5-6。

表5-6 二级维护竣工要求

序号	检测部位	检验项目	技术要求	备注
1	整车	(1)清洁	汽车外部、各总成外部、机油滤清器、燃油滤清器、空气滤清器应清洁	检视
		(2)面漆	车身面漆、腻子无脱落现象,补漆颜色应与原色基本一致	检视
		(3)对称	车体应ନ正,左右对称	汽车平置检查
		(4)紧固	各总成外部螺栓、螺母按规定力矩扭紧,锁销齐全有效	检查
		(5)润滑	发动机、变速器、转向器、减速器润滑符合规定,各通气孔畅通。各部润滑点润滑脂加注符合要求,滑脂嘴齐全有效,安装位置正确	检视
		(6)密封及电器	全车无油、水、气泄漏,密封良好,电器装置工作可靠,绝缘良好	检视
		(7)前照灯、信号、仪表、刮水器、后视镜等装置	稳固、齐全、有效符合有关规定	检视

续表

序号	检测部位	检验项目	技术要求	备注
2	发动机	(1)发动机工作状况	发动机能正常启动,低、中、高速运转均匀稳定,水温正常,加速性能良好,无断缸、回火、放炮等现象,发动机运转稳定后应无异响	路试
		(2)发动机功率	无负荷功率不小于额定值的80%	检测
		(3)发动机装备	齐全有效	检视
3	离合器	(1)踏板自由行程	符合原厂规定	检测
		(2)离合情况	接合平稳,分离彻底,无打滑、抖动及异响	路试
4	转向系统	(1)转向盘最大转动量	符合规定	检查
		(2)横直拉杆装置	球头销不松旷,各部螺栓螺母紧固,锁止可靠	检查
		(3)转向机构	操作轻便、转动灵活,无摆振、跑偏等现象,车轮转到极限位置时,不得与其他部件有碰擦现象	路试
		(4)前束及最大转向角	符合规定	检测
		(5)侧滑	符合GB 7258中的有关规定	检测
5	传动系统	变速器、传动轴、主减速器	变速器操纵灵活,不跳挡,不乱挡。变速器传动轴、主减速器各部无异响,传动轴装配正确	路试
6	行驶系统	(1)轮胎	轮胎磨损应在规定范围内,同轴轮胎应为相同的规格和花纹,转向轮不得使用翻新轮胎,轮胎气压符合规定,后轮辋孔与制动鼓观察孔对齐	检查
		(2)钢板弹簧	钢板弹簧无断裂、位移、缺片,U形螺栓紧固,前后钢板支架无裂纹及变形	检查
		(3)减振器	稳固有效	路试
		(4)车架	车架无变形,纵横梁无裂纹,铆钉无松动,拖车钩、备胎架齐全,无裂损变形,连接牢固	检查
		(5)前后轴	无变形及裂纹	检查
7	制动系统	(1)制动性能	应符合GB 7258中的有关规定	路试或检测
		(2)制动踏板自由行程	符合规定	路试或检测
		(3)驻车制动性能	应符合GB 7258中的有关规定	路试或检测
8	滑行	滑行性能	符合规定	路试或检测
9	车身、车厢	车身	驾驶室装置紧固,门锁链灵活无松旷,限动装置齐全有效,驾驶室门关闭牢靠,无旷动,挡风玻璃完好,窗框严密,门把、门锁、玻璃升降器齐全有效。发动机罩锁扣有效,暖风装置工作正常	检查
		车厢	车厢不歪斜,整体不变形,底板无损坏,边板、后门平整无变形,铰链完好,关闭严密,前后锁扣作用可靠	检视
10	排放	尾气排放测量	符合有关标准的规定	检测

5. 二级维护作业的工艺流程（图5-5）

二级维护作业的主要内容如下。

① 发动机检查：主要检查发动机加速和减速性能；发动机的排烟状况和泄漏情况。

② 传动系统检查：主要检查离合器工作性能；检查变速器内部配合情况，变速器和主减速器的密封情况；检查变速器和减速器的工作温度；检查该系统有无异响。

③ 制动系统检查：主要检查主制动系统、手动系统的效能；检查制动系统的泄漏情况。

④ 转向系统检查：主要检查转向盘自由行程和转向系统的性能；检查转向系统的泄漏情况。

⑤ 行驶系统检查：主要检查轮胎有无异常磨损；检查悬架衬套磨损状况；检查车身的螺栓有无松动、锈蚀、变形情况；检查车身外表锈蚀和脱漆情况。

⑥ 电气装置检测：主要检查仪表信号、机油压力、冷却液温度、发电机充放电指示情况。

第5章 汽车维修制度

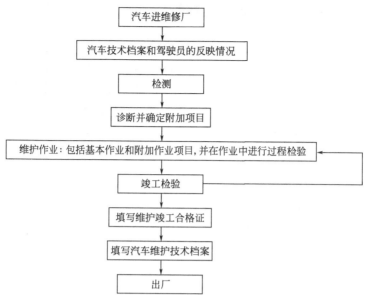

图 5-5　二级维护作业的工艺流程

 特别提示

车辆的二级维护，是级别最高的车辆维护。在维护中，由于各种车辆结构不同，制造质量的差别，使用情况的不同，其维护项目和要求也不相同。因此，维护作业应参照制造厂方的规定安排进行，以免造成不必要的浪费和机件的损坏。

5.3 汽车修理制度

汽车修理技术管理的目的是贯彻"视情修理"的原则，根据车辆检测诊断和技术鉴定的结果，视情按不同作业范围和深度进行，也就是按需要决定修理内容和实施时间，既要防止拖延修理（又称失修）造成车况恶化，又要防止提前修理（又称早修）造成浪费，即符合技术与经济相结合的原则。为消除汽车故障及隐患，恢复汽车良好的工作能力和技术状况而进行的技术作业就是汽车修理。

汽车修理制度是一种技术性组织措施，它规定了修理的类别、送修标志和规定、作业内容、技术标准和技术规范等。

汽车修理制度和汽车维护制度统称汽车维修制度，是在长期的生产实践中认识的结果，它随着生产和认识的进步，会有所改进、有所变化。

5.3.1 汽车修理制度的发展

1. 事后修理

人们在使用汽车初期，由于缺乏认识和经验，常常在汽车发生故障和损坏以后，才对它进行必要的修理，也就是"事后"的非计划修理。随着汽车的大量使用，特别是汽车运输生产成为一种行业的情况下，为了保证汽车运行安全和正常的运输生产，人们设计了把维护和修理作业安排在预计出现故障和损坏之前，这就出现了计划修理制度。

2. 定期修理

随着人们对汽车认识的加深，使用和维修经验的积累，在掌握了汽车技术状况变化规律的基础上,对汽车实施定期修理,减少非计划修理,使运输生产和维修生产都进入有计划有组织的运行轨道。

定期修理是指按规定的间隔期和等级进行的修理,定期修理制度在相当长一段时间里起过很积极的作用。但是,随着汽车设计制造和检测诊断技术的发展,定期修理制出现了新的矛盾,一方面现有的定期修理制不适合于新型汽车;另一方面维修人员在实施修理前可以更准确地掌握汽车及总成技术状况,从而决定是否修理和如何修理,这样就可大大减少盲目修理,为避免既不拖延修理而造成汽车技术状况恶化,又不会因提前修理造成浪费,于是就出现了视情修理。

3. 视情修理

视情修理是按技术文件规定,对汽车技术状况进行诊断或检测后,决定修理内容和实施时间的修理。视情修理体现了以下基本实质:

(1)改定性判断为定量判断,确定修理作业的方式由以车辆行驶里程为基础,改变为以车辆实际技术状况为基础。

(2)使用高科技检测手段。送修车辆的检测诊断和技术评定,是实现视情修理的重要保证。

(3)体现了技术经济原则,既避免了因拖延修理而造成的车况恶化,又防止了因提前修理而造成的浪费。

车辆修理应贯彻视情修理的原则,即根据车辆检测诊断和技术鉴定的结果,视情按不同作业范围和深度进行。车辆修理以实际技术状况为基础确定修理方式,既要防止拖延修理造成车况恶化,又要防止提前修理造成浪费,完全符合技术与经济相结合的原则。

特别提示

视情修理的优势在于通过加强和完善监测监控手段,掌握汽车的工作状态,及时发现问题并采取相应对策,使有些故障在发生之前得到有效预防,有些严重的故障可以在有轻微故障苗头时得到控制并被排除,从而遏制严重故障的发生,大大降低故障率,节约维修成本,缩小维修范围,减少维修工作量,提高车辆的可用率,使维修工作变被动为主动。视情修理可以解决定期修理中"该修不能修,不该修却要修"的问题。

5.3.2 汽车修理的分类

在修理中,所有零件及总成有易损零件与不易损零件之分,其磨耗与损坏的程度也不尽相同,需要修理的行驶里程很难一致。因此,按照不同的对象和不同的作业范围,汽车修理可分为整车大修、总成大修、汽车小修和零件修理,如图5-6所示。

图5-6 汽车修理的分类

1. 整车大修

汽车在行驶一定里程(或时间)后,经过检测诊断和技术鉴定,需要用修理或更换零部件的方法,恢复车辆整体完好的技术状况,完全或接近完全恢复汽车使用性能和寿命的恢复性修理。

特别提示

修理应遵照修理在前,更换在后的原则,以保证其经济性。

2. 总成大修

汽车的主要总成经过一定使用时间(或行驶里程)后,用修理或更换总成零部件(包括基础件）的方法，恢复其完好技术状况和寿命的恢复性修理。

🚗 知识链接

总成的定义：一系列产品组成一个整体，实现一个特定功能的零部件系统总称。总成，也就是集合体的意思。

3. 汽车小修

用修理或更换个别零件的方法，保证或恢复汽车局部工作能力的运行性修理，主要是消除汽车在运行过程或维护作业过程中发生或发现的故障或隐患。

4. 零件修理

对因磨损、变形、损伤等不能继续使用的零件的修理。汽车修理和维护换下来的零件，具备修理价值的，可修复使用。

🚗 特别提示

零件修理要考虑经济上合理和技术上可靠的原则。零件修理是修旧利废、节约原材料、降低维修费用的重要措施。凡有修理价值的零件，都应予以修复使用。

5.3.3 汽车和总成的送修

1. 汽车和总成送修前技术鉴定

车辆技术管理部门对已经接近大修间隔里程定额的车辆，应结合大修前最后一次汽车二级维护作业进行车况技术鉴定，以确定该车辆是否继续使用或立即送修。

2. 汽车和总成的送修规定

（1）在车辆和总成送厂大修时，其承修、托修双方不仅应当面清点所有随车物件，填写交接清单；而且应当面鉴定车况，签订相应的《汽车维修合同》，以商定送修项目、送修要求、修理车日、质量保证和费用结算，办理交接手续（车方交车、修方接车）等。汽车维修合同一旦签订后合同双方必须严格执行。

（2）汽车送修时，除肇事或特殊情况外，送修车辆必须是在行驶状态下送修，且装备齐全（包括备胎及随车工具等），不得拆换和短缺；发动机总成在单独送修时也必须保持在装合状态，且附件与零件齐全，不得拆换和短缺；必要时承修厂有权拆开检查。若因事故损坏严重、长期停驶或者因零部件短缺等特殊原因不能在行驶状态下送修的车辆，在签订《汽车维修合同》时应做出相应的规定和说明。

（3）总成送修时，应在装合状态，附件、零件均不得拆换和缺少。

（4）车辆或总成在送修时应将汽车大修送修前的车况鉴定书以及有关的车辆技术档案或技术资料随同送厂交承修单位。

3. 汽车和总成大修的送修标志

（1）**汽车大修送修标志** 客车以车身为主，结合发动机总成；货车以发动机总成为主，结合车架总成或其他两个总成符合大修条件。

（2）**挂车大修送修标志** 挂车车架（包括转盘）和货箱符合大修条件；定车牵引的半挂车和铰接式大客车，按照汽车大修的标志与牵引车同时进厂大修。

（3）**总成大修送修标志** 总成大修的送修标志中，多数仅为定性规定，在执行中会遇到一定困难，所以，各级交通运输管理部门在制定实施细则时，应结合本地区的具体情况，提出便于执行的各总成大修送修标志（或称送修技术条件）。

① 发动机总成大修送修标志。汽缸磨损，圆柱度误差达到 0.175～0.250mm 或圆度误差已达到 0.050～0.063mm（以其中磨损量最大的一个汽缸为准）；最大功率或汽缸压缩压

力比标准值降低25%以上；燃料和润滑油消耗显著增加。

② 车架总成大修送修标志。车架断裂、锈蚀、弯曲、扭曲变形逾限，大部分铆钉松动或铆钉孔磨损，必须拆卸其他总成后才能进行校正、修理或重铆，方能修复。

③ 变速器（分动器）总成大修送修标志。壳体变形、破裂、轴承孔磨损逾限，变速齿轮及轴恶性磨损、损坏，需要彻底修复。

④ 后桥（驱动桥、中桥）总成大修送修标志。桥壳破裂、变形，主轴套管承孔磨损逾限，减速器齿轮恶性磨损，需要校正或彻底修复。

⑤ 前桥总成大修送修标志。前轴裂纹、变形，主销孔磨损逾限，需要校正或彻底修复。

⑥ 客车车身总成大修送修标志。车厢骨架断裂、锈蚀、变形严重，蒙皮破损面积较大，需要彻底修复。

⑦ 货车车身总成大修送修标志。驾驶室锈蚀，变形严重、破裂；货厢纵、横梁腐蚀，底板、栏板破损面积较大，需要彻底修复。

5.3.4 汽车修理方法

1. 汽车修理的基本方法

汽车修理方法是指进行汽车修理作业的工艺和组织规则的总合。

按汽车修理以后对汽车属性保持程度来区分，汽车修理的基本方法有就车修理法、混装修理法和总成互换修理法三种。

(1) 就车修理法　指进行修理作业时要求被修复的主要零件和总成装回原车的修理方法。汽车在修理时，从车上拆解的总成和零件，经检验凡能修复的，均在修竣后全部装回原车，不得进行互换。

(2) 混装修理法　指进行修理作业时，不要求被修复零件和总成装回原车的修理方法。这种修理方法与就车修理法完全不同，过多调换汽车原来的零件和总成，破坏了汽车原有的装配性能，这已成为汽车修理的大忌。因此，这种修理方法现已不推荐采用。

(3) 总成互换修理法　指用储备的完好总成替换汽车上的不可用总成的修理方法。汽车修理时，首先经过检测诊断，确定可用总成和不可用总成，再用储备周转总成替换下不可用总成，保证既快又好地完成汽车修理作业。对换下的不可用总成，可以组织专门修理，修复后经检测符合标准，入库备用，作为下次互换用的周转总成。汽车大修采用总成互换修理法，可以大大简化工艺过程，有利于组织流水作业生产线，缩短了汽车大修的在厂车日，提高了汽车的修理质量和产量。

2. 汽车修理作业形式

汽车修理作业形式是按汽车和总成在修理过程中的相对位置来区分的，它有定位作业法和流水作业法两种。

(1) 定位作业法　指汽车在固定工位上进行修理作业的方法。汽车大修采用定位作业法时，将汽车的拆解和总装作业固定在一个工作位置来完成，而拆解后总成和零件修理作业仍分散到各个工位上进行。

采用定位作业法的优点是：占用工作场地较小，拆解和总成作业不受连续性限制，生产调度方便。缺点是：总成和零件要来回搬运，工人劳动强度较大。定位作业法一般适用于规模不大或修理车型较杂的汽车修理厂。

(2) 流水作业法　流水作业法指汽车在生产线的各个工位上，按确定的工艺顺序和节拍进行修理的方法。汽车大修采用流水作业法时，将汽车的拆解和总装作业安排在流水线上完成，对于总成和零件的修理仍可以分散到各个工位上进行，并根据条件尽量采用总成和零件修理的流水线，或采用总成互换修理法，以配合汽车大修流水作业连续性要求，避免"窝工"现象。

采用流水作业法的优点是：专业化程度高，分工细致，修理质量较高，便于集中利用工具设备。缺点是：要有较大的生产场地和完善的生产设施及工艺组织。流水作业法适用于生产规模较大或修理车型单一的汽车修理厂。

3. 修理作业的劳动组织形式

修理作业的劳动组织形式是按劳动者在汽车修理过程中的组织形式来区分的，它有综合作业法和专业分工作业法两种。

（1）综合作业法 指汽车由一个具有多种技能的工人或工组进行修理的方法。由于汽车修理技术要求高，工作量也较大，因此汽车修理作业很少采用完全综合作业法，比较多的是除车身、轮胎、焊接、零件配制等由专业工种或工组完成外，其余均由一个机工维修组完成。采用综合作业劳动组织，要求工人的操作技能比较全面，不易提高工人技术熟练程度，也不易提高工作质量和效率。因此，综合作业法适用于生产量不大，承修车型较杂，设备简陋的汽车修理厂。

（2）专业分工作业法 指汽车由分工明确的若干工人或工组协调配合进行修理的方法。汽车修理作业分工可按工种和工位等来划分。如按工种可分为机修工、机加工、轮胎工、油漆工、汽车电工等；按工位可分为发动机修理、底盘修理、液压机械修理等；还可以进一步分为拆解工、装配工、零件检配工等。

 特别提示

工位和工种分得专业化程度越高，说明越适合组织流水作业。采用专业分工劳动组织，虽然易于提高工人的技术水平、工具的设备利用率、工作的效率和质量，但必须建立健全的技术管理制度和机构，以确保各项工作有条不紊、保质保量地完成。

4. 汽车修理方法的选择

① 在汽车修理基本方法上，采用就车修理与总成互换法相结合的方法。

② 在汽车修理作业方式上，对汽车拆解和总装采用定位作业，以便集中使用起重搬运设备和专用工具等；对总成和零件修理尽量组织流水作业生产线。

③ 在劳动组织形式上，采用综合作业与专业分工作业修理相结合的方法。

④ 汽车修理企业在采用总成互换修理法时，应根据具体情况而定。

5.4 汽车修理工艺

汽车修理的各种作业按一定方式组合、顺序、协调进行的过程，称为汽车修理工艺过程，是修理汽车中积累起来，并经过总结的操作技术经验。汽车修理工艺一般包括进厂检验、外部清洗、汽车及总成的拆卸、零件清洗、零件检验分类、零件修理、总成装配、总成试验、汽车总装、竣工检验和出厂验收等主要过程。

5.4.1 进厂检验

进厂检验指对送修汽车的装备和技术状况进行的检查鉴定，以便确定维修方案。其主要内容有：对送修汽车进行外观视检，注明汽车的装备数量及状况，听取客户的口头反映，查阅该车技术档案和上次维修技术资料，填写汽车进厂检验交接单，通过检测或测试、检查，判断汽车的技术状况，确定维修方案，办理交接手续，签订维修合同。

1. 车辆承接检验

(1) 为了有效地组织修理生产,承修企业应掌握送修车辆的情况,其具体内容如下。

① 汽车修理企业必须掌握承修车型的结构特点及维修资料数据,其目的是:修理企业必须掌握承修车型的新车或大修车在使用中的故障规律和各部件的耐久性资料,为大修时的修理方法提供必要的信息,对汽车的薄弱环节可通过修理时选择适当的修理工艺予以改善;并应尽量利用汽车各个结构元件的寿命储备,确定大修允许尺寸,以降低大修成本。

② 掌握汽车大修前各部件实际技术情况,以便事先安排备料、生产计划和劳动力调配等工作,使汽车在修理过程中不会因等待材料、配件或由于各工序不能配合协调而停工,通常在汽车大修前的最后一次高级维护时,应对汽车进行技术摸底,详细记录各部件的技术状况。

(2) 确定承修车辆的技术状况与装备的齐备程度。

(3) 检验送修汽车,以进一步了解汽车各部的技术状况。

2. 汽车的外部检视

① 检查车容,察看汽车外部碰伤,各种零件是否齐全,有无腐蚀损坏。

② 检查车架和悬挂机构,察看有无明显的端裂、变形和铆钉松动。

③ 检查轮胎螺帽是否齐全紧固,以及轮胎的磨损、损坏情况。

④ 检查基础件,主要察看各基础件有无漏油、漏水、断裂和变形等。

⑤ 检查车厢、驾驶室,查看车厢、驾驶室、坐垫、靠背、玻璃等有无损坏。

⑥ 检查汽缸盖、水泵、散热器、汽缸体、水套封板、减振器、蓄电池、燃料系统、制动系统和各部油封等处有无渗漏现象。

3. 汽车的行驶检验

汽车的行驶检验,是为了了解汽车底盘各总成的技术状况,以及进一步判断发动机的动力性能和经济性能。底底盘各总成检验的主要内容如下。

① 变速器是否发响、跳挡、乱挡和发抖。

② 离合器是否发响、发抖、打滑和分离不彻底。

③ 传动轴是否发响、抖动。

④ 后桥是否发响。

⑤ 前桥与转向是否不稳、跑偏、沉重和前桥摇摆等。

⑥ 制动是否不灵、单边和制动距离过长等。

5.4.2 外部清洗

汽车解体之前须进行外部清洗,除去外部灰尘、泥土与油污,便于保持拆卸工作地的清洁和拆卸工作的顺利进行。

汽车清洗设备的种类很多,一般可分为固定式和可移动式两大类。大型汽车修理厂宜用固定式清洗机,其清洗效率高,经济性好,但设备投资大,占地面积大。小型汽车修理厂宜用移动式清洗机,其清洗质量好,设备投资少,但清洗时间长,耗水量较多。

5.4.3 汽车及总成的拆卸

汽车及总成的拆卸工作量比较大,可直接影响汽车的修理质量与修理成本。从拆卸工作本身来看,并不需要很高的技术,也不需要复杂的设备。但是,往往由于不重视这项工作,在拆卸工作中会造成零件的变形和损伤,甚至无法修复。

总成的分解工作质量,将直接影响汽车及总成的修理质量及修理速度,所以在拆卸工作中应注意到修理后的装配工艺要求。汽车及总成的拆卸作业原则:

① 合理组织拆卸作业及安排工艺顺序；
② 正确使用拆装工具和设备；
③ 注意零件间的相互位置关系，防止拆卸错乱。

特别提示

除了上述的拆卸原则外，其他应注意的问题如下：

（1）应趁热放油：发动机、变速器、主减速器等总成中的润滑油应在汽车刚停车时趁热放油，以使废油彻底放出。

（2）应在40℃以下拆散发动机，以防汽缸盖、进排气歧管变形。

（3）为防止零件变形，对于多螺栓的紧固件，如汽缸盖、离合器盖等，在其螺栓（母）拆卸时应按从四周至中央的顺序或对称交叉的顺序分次均匀地旋转。

（4）维护和小修中拆下柴油机燃油管及各种液压油管时，应用塑料薄膜或纸包扎管接头，以防灰尘进入燃油系统及液压系统。

5.4.4 零件清洗

汽车和总成拆解成零件以后，须进行零件清洗，以清除油污、积炭、水垢和锈蚀。

1. 油污清洗

清洗油污的方法可分为碱水清洗、合成洗涤剂清洗和有机溶剂清洗三类。

2. 积炭的清除

积炭是燃料、润滑油在高温作用下的氧化产物。

（1）机械清除法 最简单的机械清除法是用金属刷子或刮刀来清除，但这种方法所需劳动量较大，刷子和刮刀不易接近零件的各个部位，不能将积炭完全清除，并会损伤零件表面，在零件光滑表面上会不可避免地留下刮痕。

（2）化学清除法 采用退炭剂（化学溶液）将零件上的积炭（氧化的聚合物）膨胀和溶解。

（3）熔盐清除法 将零件放在温度为（400±10）℃的65％的氢氧化钠、30％的硝酸钠和5％的氯化钠熔体中进行处理，使积炭沉积物充分氧化。

3. 水垢的清洗

发动机冷却系统水垢的成分取决于所用冷却液的成分，可以是碳酸钙的沉积物、硫酸钙的沉积物、硅酸盐的沉积物或是它们的混合物。

① 苛性钠溶液或盐酸溶液用以清除碳酸盐水垢。
② 氟化钠盐酸除垢剂，用以清除硅酸盐水垢。
③ 磷酸除垢剂，用以清除铝合金零件上的水垢。

4. 锈蚀的清除

在维修中，过去采用砂布擦、砂轮打、刮刀刮等方法去除零件上的锈蚀，效果不理想。现介绍一种涂料除锈法，其效率高、除锈净。涂料的配方是：硫酸40.5％、磷酸18.7％、盐酸4.46％、六次甲基四胺1％、水36.34％、膨润土适量。配制方法：将各种配料混合搅拌均匀后加入膨润土，要一边和一边搅拌成稠糊状，放置3～4h后就可以使用了。使用方法：

① 将配好的涂料用毛刷均匀刷在除锈表面，厚约1～2mm；
② 根据锈蚀程度，确定揭去涂层的时间，轻者需40～60min；重者约需24～30h；
③ 用旧布或废棉布擦去涂层残迹就可以了；
④ 使用时勿让涂料溅到皮肤或衣服上。

5.4.5　零件检验分类

根据修理技术条件，按零件技术状况将零件分类为可用、可修和不可修的检验，称为零件检验分类。零件检验分类一般都采取集中检验的方法，即在整车和各总成分解清洗后，由专职检验员对集中在一起的零件进行检验和分类。

5.4.6　零件修理

零件修理的目的就是为了恢复它们的配合特性和工作能力。汽车零件修复的基本方法有修理尺寸、补偿修理和压力加工修复等。

5.4.7　总成装配

总成装配是把已经修好的零部件（或更换的新件）按技术要求装配成一台完整总成的过程，在整个汽车修理过程中非常重要。总成装配质量的好坏，直接影响汽车修理的质量。汽车总成装配作业要点：

① 不可互换的零件、组合件，应按照原位安装，不得错乱；
② 重要螺栓和螺母必须按照规定的转矩依次按顺序拧紧；
③ 采用专用工具；
④ 边安装、边检查、边调整，保证装配质量。

5.4.8　总成试验

在生产中广泛采用的是无负荷的冷磨合和热调试，习惯上称为冷磨和热试。

1. 冷磨

由外部动力驱动总成或机构的磨合。对发动机而言，冷磨的目的是对关键的部位（如汽缸与活塞环、曲轴颈与轴承、凸轮轴颈与轴承等）进行的使表面平整光滑，建立能适应发动机正常工作的承载与表面质量要求的磨合过程。

（1）磨合负载的确定　取决于磨合转速和磨合后配合副的承载能力的要求。

（2）磨合时使用的润滑油　发动机磨合时应采用低黏度润滑油，以改善摩擦表面间的散热条件，但这种润滑油的承载能力较差，不能有效地防止表面擦伤和黏附，因此不是在所有情况下都适宜。

2. 传动系统总成的磨合试验

变速器的磨合试验：由空载磨合和负载磨合两阶段组成。

3. 热试

将冷磨后的发动机装上全部附件后启动，以自身的动力运转，除进一步磨合外，主要是对发动机的工作进行检查调整。

5.4.9　汽车总装

汽车总装是将经过修理和更换，并经检验合格的各总成、组合件及连接件，以车架为基础，装配成一辆完整汽车的过程（图5-7）。汽车总装配质量的好坏，直接影响着汽车使用性能及运行安全。

5.4.10　竣工检验

汽车总装后，要进行一次全面综合性检验，其目的是检查整个汽车的修理质量，消除发现的缺陷和问题，使修竣的汽车符合技术标准的规定，为客户提供性能良好、质量可靠的汽车。

① 汽车维修竣工检验由专职检验人员负责实施。
② 汽车维修竣工检验内容为整车检查、检测、路试、检测路试后的再检测及车辆验收。

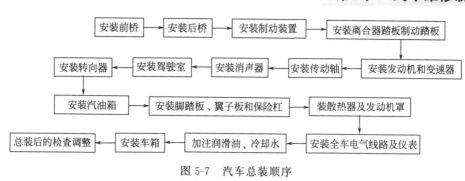

图 5-7 汽车总装顺序

③ 修竣车辆竣工检验严格依据《营运车辆综合性能要求和检验方法》(GB/T 18565—2001) 要求进行。首先进行整车外观和底盘检查，检查合格后进行路试，对于路试中所发生的不正常现象，要认真复查。路试合格后重新进行底盘检查，确保各项技术性能合格后由总检开具出厂合格证。

④ 对于进行二级维护及以上维修作业的车辆，除上述检验内容外，还必须经计量认证的汽车综合性能检测站检测合格。

⑤ 严禁为检验不合格的车辆开具竣工出厂合格证。

⑥ 竣工检验合格的车辆实行规定的质量保证期制度。

5.4.11 出厂验收

汽车经竣工检验并消除了各种缺陷后，即可通知送修方接车，经送修与承修方确认合格后，办理出厂交接手续。

汽车修竣出厂验收包括出厂规定和客户验收。

1. 修竣车辆和总成的出厂规定

① 送修车辆和总成修竣后分别按 GB 3798《汽车大修竣工出厂技术条件》和 GB 3799《汽车发动机大修竣工技术条件》与有关技术标准检验合格后，承修单位应签发出厂合格证，并非维修卡签章后，连同技术档案、修理技术资料和合格证移交送修单位。

② 车辆或总成修竣出厂时，不论送修时的装备（附件）状况如何，均应按照有关规定配备齐全，发动机应安装限速装置。

③ 接车人员应根据合同规定，就车辆或总成的技术状况和装备情况进行验收，如发现确有不符合竣工要求的情况时，维修单位应立即查明，及时处理。

④ 送修单位必须严格执行走合期的规定，在保证期内因修理质量发生故障或提前损坏时，承修单位应优先安排，及时排除，免费修理。如发生纠纷，由维修管理部门负责组织技术分析，进行调处。

2. 客户验收

客户对修竣出厂的汽车进行静态和动态的检查验收，若发现缺陷，可要求承修方及时消除，使汽车达到整齐美观，安全可靠，经济性和动力性好，技术性能达到指标，客户满意的目标。

5.5 汽车维修质量控制

汽车维修质量是指汽车维修作业对汽车完好技术状况和工作能力维持或恢复的程度；从服务角度讲，汽车维修质量是指用户对维修服务的态度、水平、及时性、周到性以及收费等方面的满意程度。

5.5.1 汽车修理技术标准

我国汽车修理技术标准分四级：国家标准、行业标准、地方标准和企业标准，见图5-8。

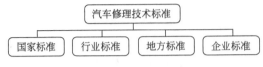

图5-8 汽车修理技术标准

1. 国家标准

国家标准是指由国家标准化主管机构批准发布，对全国经济、技术发展有重大意义，且在全国范围内统一的标准。

2. 行业标准

由我国各主管部、委（局）批准发布，在该部门范围内统一使用的标准，称为行业标准。例如：机械、电子、建筑、化工、冶金、轻工、纺织、交通、能源、农业、林业、水利等，都制定有行业标准。行业标准由国务院有关行政主管部门制定，并报国务院标准化行政主管部门备案。当同一内容的国家标准公布后，则该内容的行业标准即行废止。

3. 地方标准

地方标准又称为区域标准。对没有国家标准和行业标准而又需要在省、自治区、直辖市范围内统一的工业产品的安全、卫生要求，可以制定地方标准。地方标准由省、自治区、直辖市标准化行政主管部门制定，并报国务院标准化行政主管部门和国务院有关行政主管部门备案，在公布国家标准或者行业标准之后，该地方标准即应废止。

4. 企业标准

企业标准是对企业范围内需要协调、统一的技术要求、管理要求和工作要求所制定的标准。企业标准由企业制定，由企业法人代表或法人代表授权的主管领导批准、发布。企业标准一般以"Q"作为企业标准的开头。

特别提示

《中华人民共和国标准化法》规定：企业生产的产品没有国家标准和行业标准的，应当制定企业标准，作为组织生产的依据。企业的产品标准须报当地政府标准化行政主管部门和有关行政主管部门备案。已有国家标准或者行业标准的，国家鼓励企业制定严于国家标准或者行业标准的企业标准，在企业内部适用。

5.5.2 汽车维修质量检验

汽车维修质量检验是指采用一定的检验测试手段和检查方法，测定汽车维修过程中和维修后（含整车、总成、零件、工序等）的质量特性，然后将测定的结果同规定的汽车维修质量评定参数标准相比较，从而对汽车维修质量做出合格或不合格的判断。

汽车维修质量检验的任务：汽车维修质量检验是在汽车维修生产全过程中，具体实施汽车维修质量控制的一项技术工作。它借助某种手段，对维修的整车、总成、零部件、工序等进行质量特性的测定，并将测定结果同质量标准相比较，判断是否合格，若出现不合格的情况，还要做出是否需要返工修理的判断。

1. 汽车修理质量检查评定标准

《汽车修理质量检查评定标准整车大修》 GB/T 15746.1—1995

《汽车修理质量检查评定标准 发动机大修》 GB/T 15746.2—1995

第5章 汽车维修制度

《汽车修理质量检查评定标准车身大修》 GB/T 15746.3—1995

2. 汽车整车大修质量评定

在汽车大修过程中,为保证汽车修理质量,汽车修理企业所填制的必要的修理检验单证。主要包括汽车(或总成)大修的进厂检验单、汽车(或总成)大修理工艺过程检验单、汽车(或总成)大修竣工检验单、汽车(或总成)大修合格证等(简称"三单一证")。

(1) 汽车大修进厂检验单:大修汽车进厂时,由汽车维修检验技术人员对送修车技术状况和装备齐全状况进行技术鉴定的记录。

(2) 汽车大修工艺过程检验单:汽车在大修过程中,由汽车维修检验技术人员对总成及零部件按其修理过程中工艺顺序所进行技术鉴定的记录。

(3) 汽车大修竣工检验单:汽车大修竣工后,由汽车维修检验技术人员对车辆的技术状况进行技术鉴定的记录。

(4) 汽车大修合格证:承修单位对大修竣工,经过技术鉴定并符合相应标准后的车辆所开具的质量凭证。

汽车大修竣工质量的评定采用综合项次合格率来衡量,分为优等、一等、合格、不合格四级,具体要求见表5-7。综合项次合格率计算方法:

$$\beta_0 = \sum_{i=1}^{3} K_i \beta_i$$

$$\beta_i = n_i / m_i \times 100\%$$

式中 β_0——综合项次合格率;

       β_i——项次合格率;

       n_i——检查合格的项次数之和;

       m_i——检查的项次数之和;

       i——角标,取1、2、3,分别表示汽车大修基本检验技术文件,即"三单一证",修竣车及关键项;

       K_i——修正系数,分别取0.2、0.6、0.2。

表5-7 汽车大修质量分级

等级	要求		等级	要求	
	关键项次合格率	综合项次合格率		关键项次合格率	综合项次合格率
优等	$\beta_3=100\%$	$\beta_0 \geq 95\%$	合格	$\beta_3=100\%$	$70\% \leq \beta_0 < 85\%$
一等	$\beta_3=100\%$	$85\% \leq \beta_0 < 95\%$	不合格	$\beta_3 \leq 100\%$	或 $\beta_0 < 70\%$

5.5.3 汽车维修质量管理制度

(1) 进厂出厂检验制度和过程检验制度   按检验职责分为自检、互检、专职检验,俗称"三检制度"。

(2) 原材料、外协外购零部件进厂入库检验制度

① 自觉遵守厂部各项管理制度,仓库严禁闲杂人员入内。

② 材料及零配件进库前要验收,未经验收或验收不合格的不准进库,不准使用。

③ 材料入库后要立卡、入账,做到账、卡、实物三符合。材料应分类、分规格堆放,堆放应按"五五"法保持整洁。保持仓库整洁,做好材料、配件的防锈、防腐、防失窃工作,做好仓库的消防工作。

④ 修理工凭派工单领料,由库管员填写材料单,领料人签名,领用大总成件要经分管领导签字同意。领新料必须交旧料,严格执行领新交旧制度。加强对旧料的管理工作,上交

旧料贴好标签，出厂时交还车主。

⑤ 材料及零配件的领用应执行先进先出的规定，严格执行价格制度，不得随便加价。

⑥ 仓库每个月进行一次清仓盘点，消除差错，压缩库存。

（3）计量管理制度　计量工作是企业生产活动的一个组成部分，做好企业计量工作，对保证汽车维修质量具有重要作用。

具体方法是使用的计量器具必须登记造册，记录计量器具的名称、规格、购置日期和检定、维修记录。对计量器具进行分类，实行统一专人保管或有使用人负责保管。除非持证计量员，任何人不得随意拆卸计量器具。

计量器具必须定期进行检定，根据实际使用强度制定检定周期表，按周期表的日期准时送有关部门检定，保管好检定合格证。已超过检定周期的计量器不准继续使用。保证计量器的受检率达100％。保管人应定时做好计量器的清洁、防锈、防潮等维护工作。

（4）技术业务培训制度　人力资源是企业竞争力中最主要的因素，人的综合素质又是人力资源中的主要因素。各种形式的培训是提高人员素质的有效途径，随着汽车技术的日新月异，新产品、新技术、新装备、新材料、新工艺不断涌现，培训和学习是没有止境的。

每年依据本厂人员情况及岗位能力要求，编制年度培训计划，确定参加培训人员的名单和培训种类及本厂自行组织培训的详细计划。

每次参加培训的资料和记录，应建立存档，妥善保管。

（5）岗位责任制度

① 汽车维修质量检验员：汽车维修质量检验员是在汽车维修检验工作中担负主要任务和责任的工作人员。对于他的业务素质、道德素质要求都比较高。

② 出厂合格证制度。机动车维修竣工出厂实行出厂合格证制度（小修和部分专项修理除外）。该制度所签发的证件叫"竣工出厂合格证"。"竣工出厂合格证"必须由维修质量检验员签发。

（6）质量保证期制度　机动车维修质量保证期，从维修竣工出厂之日起计算。质量保证期中行驶里程和日期指标，以先达到者为准。因此，作为汽车维修企业，要做到未雨绸缪，充分重视汽车维修质量的检验，预防为主，最大程度上，避免维修事故的发生减少不必要的损失，促进企业健康、有序地发展。

知识链接

1. 汽车和危险货物运输车辆整车修理或总成修理质量保证期为车辆行驶20000km或者100日；二级维护质量保证期为车辆行驶5000km或者30日；一级维护、小修及专项修理质量保证期为车辆行驶2000km或者10日。

2. 摩托车整车修理或者总成修理质量保证期为摩托车行驶7000km或者80日；维护、小修及专项修理质量保证期为摩托车行驶800km或者10日。

3. 其他机动车整车修理或者总成修理质量保证期为机动车行驶6000km或者60日；维护、小修及专项修理质量保证期为机动车行驶700km或者7日。

（7）质量考核制度　贯彻执行国家和行业主管部门有关《汽车维护工艺规范》、《汽车维护出厂技术条件》、《汽车维修质量管理办法》等有关规定，贯彻执行有关汽车维修质量的规章制度，确定质量方针，制定质量目标，对全厂维修车辆进行监督、检查、考核。

① 对维修车辆一律进行三级检验，严格进行汽维护前检验、过程检验、竣工检验，严格执行竣工出厂技术标准，未达标准不准出厂。认真执行汽车维修质量的抽查监督制度。

② 材料仓库应严把配件质量关，严格做好采购配件的入库验收工作。

③ 严禁偷漏作业项目。一经发现，即严肃查处。

（8）建立汽车技术档案　汽车检验后，要将检验结果作好详细记载，并填好上级和本厂规定的表格，一式几份，分交给有关部门，以供确定修理费用，安排采购计划，为进行修理和出厂检验参考，并作为原始资料存档。

5.5.4　提高维修质量措施

加强汽车维修质量管理的主要途径分别如下。

① 加强领导、组织落实。汽车维修质量管理在一个单位落实的程度，领导是决定因素，职能组织是关键因素，生产一线的劳动者是直接因素。只有这三个层面的三要素，有机而严密的组织起来，形成合力，汽车维修质量管理才会深入开展，才能取得真正的成效。领导重视、加强组织工作落实是当前我国汽车维修质量管理活动的重中之重，是决定汽车维修质量管理活动的首要的、决定性的影响因素。

② 提高汽车维修行业人员综合素质。汽车维修技术人才的培养急需统筹规划、专业分工、有机合作，来应对日趋复杂的汽车维修技术进步。这就需要政府行业主管机关、教育机关等充分认识到人才稀缺对汽车维修质量管理行业的重要性、紧迫性，加大汽车维修技术人才培养和教育体系的统筹规划，加快培养教育步伐。

③ 汽车维修设备现代化。由于汽车产品大量高新技术的广泛应用，对于不同作业类别的汽车维修服务企业，就需要根据本企业的汽车维修作业项目，对多种现代化的汽车维修设备进行配置的综合技术经济论证，以适应和满足本企业实际经营需求为核心，同时考虑相关的汽车维修企业发展的需要，使企业的硬件设备适应激烈竞争的汽车维修市场的要求。

④ 汽车维修救援网络化。我国汽车保有量每年都在大幅度的、爆发性的增长，随之而来的汽车故障应急救援现象会与日俱增。这是必然的客观规律。

⑤ 汽车维修技术标准和服务项目标准化。汽车维修技术标准和服务项目标准化，并在服务主要现场、醒目位置公示，以接受车主监督。

⑥ 汽车维修服务收费标准区域公示化。由于各地消费水平、经济发展水平有差异，所以各市、县、区、汽车维修服务收费标准在市场经济条件下应出具指导性的、参考性的、区域性的、汽车维修服务收费标准，并公示，使汽车消费者在接受汽车维修服务时心中有数。

⑦ 汽车配件的质量和价格公示化。汽车维修厂商在维修主要场所应将汽车配件的质量和价格公示、以接受消费者监督。

⑧ 拖车和修理工时定额化、公示化。拖车收费和修理工时收费高得离谱，违背价值规律和经济规律的投诉时常见诸媒体。根本问题仍是缺乏区域性的收费标准和定额，缺乏消费者监督。

⑨ 准确确定汽车维修项目，缩短汽车停驶时间。准确判断汽车故障是准确确定汽车维修项目的前提。主要依靠综合素质优良的汽修工程师和技师以及现代化的汽车维修检测设备。缩短汽车维修行驶时间主要依靠生产组织的优化和管理。

⑩ 加强汽车维修返修率的考核。汽车维修返修率的考核重点是落实到汽车维修企业和修理工，必需责任到人。对企业考核一把手，对工人考核到个人，否则会事倍功半。

⑪ 加强进厂检验，过程检验，竣工检验；积极推行全面质量管理。

⑫ 实行汽车维修竣工出厂合格证和质量保证期。汽车维修竣工合格证要记录维修作业时间、作业项目、竣工出厂时间、检验员姓名、签章等为汽车维修质量保证期执行的依据。

⑬ 鼓励汽车维修代用汽车服务。当车主的汽车需要停驶进厂维修，一时无车使用的情况下，承接该车维修服务的厂商以预先备用的汽车，在车主申请下，提供给车主使用，直至车主的汽车竣工出厂。

⑭ 鼓励汽车维修延伸服务，方便车主。

知识链接

所谓"全面质量管理",就是通过全面的、全员的、全过程的质量保证体系,最经济地为用户提供最满意质量的产品和服务的一整套质量管理的体系、手段和方法。

1. 全面质量管理的指导思想

(1) 质量第一。企业要以质量求生存、以质量求发展。

(2) 用户至上。企业要树立以用户为中心,为用户服务的思想。

(3) 质量是做出来的,而不是检出来的。为此要突出人的因素,并突出以预防为主的原则。

(4) 在质量管理中一切要用数据说话。

2. 全面质量管理的基本宗旨

在汽车维修的全过程中,全面地贯彻质量标准,动员全体职工都来关心和保证产品质量与服务质量,从而为用户多、快、好、省地提供优质服务和修好车辆,对用户负责。

3. 全面质量管理的基本方法——PDCA 管理循环法

PDCA 工作循环是全面质量管理的工作程序,通过计划(Plan)、执行(Do)、检查(Check)、处理(Action)循环式的工作方式,分阶段、按步骤开展质量管理活动,促进质量管理水平循环不断地提高,如图 5-9 所示。

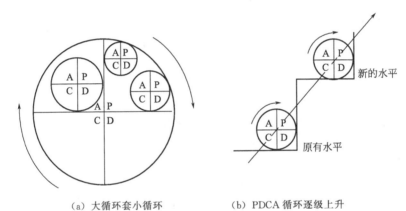

(a) 大循环套小循环　　(b) PDCA 循环逐级上升

图 5-9　PDCA 管理循环法

5.5.5　质量投诉处理规定

机动车维修经营者应当公示承诺的机动车维修质量保证期。

在质量保证期内,机动车因同一故障或维修项目经两次修理仍不能正常使用的,机动车维修经营者应当负责联系其他机动车维修经营者并修复,并承担相应修理费用。

在质量保证期和承诺的质量保证期内,因维修质量原因造成机动车无法正常使用,且承修方在 3 日内不能或者无法提供因非维修原因而造成机动车无法使用的相关证据的,机动车维修经营者应当及时无偿返修,不得故意拖延或者无理拒绝。

在质量保证期或机动车维修合同约定期内,托修方遇有机动车维修质量问题,可与承修方协商解决。不愿协商或协商不成,当事人也可向当地道路运输管理机构投诉或申请调解处理。纠纷双方不在同一行政区的,由承修方所在地道路运输管理机构负责受理。

小　　结

1. 汽车维护技术管理的目的是保持车辆技术状况良好,保证安全生产,充分发挥运输汽车的效能和降低运行消耗,以取得良好的经济效益、社会效益和环境效益。

2. 车辆技术管理坚持以预防为主，对运输车辆实行定期检测、强制维护、视情修理。

3. 汽车维护作业的内容是依照汽车技术状况变化规律来安排的，并在汽车技术状况下降之前进行。汽车维护的主要工作内容有清洁、检查、补给、润滑、紧固和调整等。

4. 汽车修理制度和汽车维护制度统称汽车维修制度，是在长期的生产实践中认识的结果，它随着生产和认识的进步，会有所改进、有所变化。

5. 汽车修理工艺一般包括进厂检验、外部清洗、汽车及总成的拆卸、零件清洗、零件检验分类、零件修理、总成装配、总成试验、汽车总装、竣工检验和出厂验收等主要过程。

6. 汽车维修技术检验就是按照规定的技术要求确定所修理的汽车、总成、零部件技术状况而实施的检查。

7. 汽车维修质量是指汽车维修服务满足用户（车辆使用者）对车辆维修一定需要的特性，包括维修技术水平、维修及时性、经济性、方便性的要求和服务制度等。

思考与练习

一、填空题

1. 汽车定期维护分为_____、_____和_____三类。
2. 我国汽车修理技术标准分为四级，即_____、_____、_____和企业标准。
3. 汽车维修质量保证期从_____之日算起。
4. _____和_____统称为汽车维修制度。

二、选择题

1. 新车或大修后的汽车最先行驶的一段里程称为汽车的（   ）。
   A. 新车期　　　　B. 使用期　　　　C. 走合期　　　　D. 正常期
2. 在组织汽车修理生产中，对拆解和总装较多采用（   ）。
   A. 综合作业　　　B. 专业分工作业　C. 定位作业　　　D. 流水作业
3. GB/T 18344—2001 属于（   ）。
   A. 国家标准　　　B. 行业标准　　　C. 地方标准　　　D. 企业标准

三、判断题

1. 车辆"三级维护"制度是指一级维护、二级维护和三级维护。（   ）
2. 汽车维修合同（或维修单）是汽车维修企业经营活动的主要依据和出发点。（   ）
3. 汽车送修时，一般应具备行驶功能，装备齐全。（   ）
4. 在公布国家标准之后，该项行业标准仍然有效。（   ）
5. 由外部动力驱动总成或机构的磨合称为总成的热试。（   ）
6. 我国现行汽车修理制度的原则是"视情修理"。（   ）
7. 附加作业项目确定后与基本作业项目一并进行二级维护作业。（   ）

四、问答题

1. 为什么对在用车辆要采用 I/M 制度？
2. 为什么汽车二级维护中会有附加作业项目？
3. 汽车修理的分类有哪些？

# 第6章 汽车运行材料及其使用

【学习目标】

能力目标	知识目标
1. 了解汽车燃料的主要成分；	1. 掌握汽车燃料的使用性能及评价指标；
2. 理解车用汽油和柴油的规格；	2. 掌握车用汽油和柴油的合理使用；
3. 了解汽车新能源的特点和应用；	3. 掌握汽车使用节油的基本途径；
4. 了解汽车发动机润滑油、车辆齿轮油、汽车润滑脂的主要性能指标和评定指标；	4. 掌握发动机润滑油和齿轮油的分类和选用；
5. 了解汽车发动机润滑油、车辆齿轮油、自动变速器油和汽车润滑脂的主要性能指标和评定指标；	5. 掌握发动机润滑油、自动变速器油和齿轮油的分类和选用；
6. 了解发动机冷却液、制动液和汽车添加剂的主要使用性能；	6. 掌握发动机冷却液、制动液和汽车添加剂分类和选用；
7. 理解汽车轮胎规格的有关术语和表示方法；	7. 掌握普通斜交轮胎和子午线轮胎的特点；
8. 了解汽车轮胎的工作特性和损坏形式；	8. 掌握延长汽车轮胎寿命的使用措施；

 ## 6.1 汽车燃料及其使用

汽车所用的燃料几乎都是由石油经现代提炼技术加工而成的，其主要成分是碳氢化合物 C_mH_n，通常称为烃。传统提炼方法中，通过对石油逐步加温，在不同的温度范围可得到不同的馏分，其主要成分依次为轻质馏分（汽油）、中质馏分（柴油和煤油）、重质馏分（润滑油的基础油）和沥青等石油产品。

6.1.1 车用汽油及其使用

1. 车辆汽油的使用性能

车用汽油作为汽油机的主要燃料，是从石油中提炼出来的，由碳、氢元素组成的烃类化合物。它是一种密度小，易于挥发的液体燃料，自燃点为 415～530℃。车用汽油应满足汽油机的工作要求，即在短时间内油液体状态蒸发成气体状态，并与空气均匀混合，形成良好的可燃混合气，平稳、快速地燃烧，完成对外做功。同时，不能产生气阻、爆燃、腐蚀机件等现象。还应满足多点电喷发动机和缸内直喷发动机以及尾气净化装置的严格需求。因此，对车用汽油使用的主要要求有：适宜的蒸发性、良好的抗爆性、良好的氧化安定性、无腐蚀性、无害性和清洁性。

（1）适宜的蒸发性　汽油由液态转化为气态的性质，叫做汽油的蒸发性。汽车蒸发性好，容易汽化，与空气混合均匀，可燃混合气的燃烧速度就快，且燃烧得也完全，所以发动机容易启动，加速及时，各工况间转换灵敏柔和，机械磨损减少，汽油消耗降低。反之，汽油的蒸发性不好，则难以在低温下形成足够浓度的混合气，使发动机启动困难。同时，由

第6章　汽车运行材料及其使用

汽油汽化不完全，混合气形成不良，导致燃烧不完全，燃油消耗增加。此外，未燃烧的油滴还会冲洗汽缸和缸壁间的润滑油膜，使汽缸的密封性下降，导致汽缸最大压力下降，发动机输出功率降低，如这些未燃烧的油滴进入油底壳，还会污染发动机润滑油，增大发动机各摩擦副的磨损和润滑油的消耗。但是，汽油的蒸发性过强会导致汽油在储存中损失增加、燃油系统产生气阻、发动机中的活性炭罐容易过载等。从不同角度对汽油蒸发性的要求是矛盾的，综合考虑是要求汽油具有适宜的蒸发性。

汽油的蒸发性的评价指标是馏程和饱和蒸气压。

① 馏程。用石油产品馏程测定仪对100mL油品蒸馏时，从初馏点到终馏点的温度范围和残留量，叫做该产品的馏程。

在评价汽油蒸发性时，一般采用初馏点、10%蒸发温度、50%蒸发温度、90%蒸发温度、终馏点和残留量来表示。

a. 初馏点。对100mL汽油在规定条件下蒸馏时，得到第一滴汽油时的温度叫做初馏点。它是汽油的最低馏出温度，表示汽油中最轻组分的沸点。

b. 10%蒸发温度。10%蒸发温度是对100mL汽油在规定条件下蒸馏时，流出10mL汽油的气相温度。它表示汽油中轻质馏分的含量。它对汽油机启动难易有决定性影响，同时也与发动机供给系统产生气阻的倾向有密切关系。

汽油的10%蒸发温度越低，含轻质馏分越多，发动机在低温条件下容易启动。但是10%蒸发温度越低，汽车在高温条件下使用容易使燃油供给系统产生气阻，造成供油不畅通，甚至中断。而国家标准中对汽油的10%蒸发温度的下限没有规定，这是因为在汽油规格的国家标准中对汽油的蒸气压最高值规定了限值。

c. 50%蒸发温度。50%蒸发温度是对100mL汽油在规定条件下蒸馏时，流出50mL汽油的气相温度。它表示汽油中中质馏分的含量，代表的是汽油的平均蒸发能力。它对汽油机启动后到正常工作温度的预热时间、加速性能和工作稳定性有很大影响。

50%蒸发温度低，说明汽油的平均蒸发能力强，在常温下就会有较大的蒸发量，所以形成的混合气浓度大，燃烧产生的热量多，因而可使发动机预热时间缩短，加速灵敏，运转柔和和平稳。若50%蒸发温度高，说明汽油的平均蒸发能力较弱，形成的混合气浓度较稀，要完成暖机过程，就需要很长时间。并且快速增大供油量以提高发动机转速时，汽油就会来不及完全蒸发，使形成的混合气浓度较低，甚至不能燃烧，导致发动机加速性能变差，运转工况不平稳。

d. 90%蒸发温度。90%蒸发温度是对100mL汽油在规定条件下蒸馏时，流出90mL汽油的气相温度。它表示汽油中重质馏分的含量。90%蒸发温度高，说明汽油中重质馏分含量较多，形成的混合气中汽油不能完全蒸发，也不能完全燃烧，使发动机排气冒黑烟，油耗量增大。同时，未完全燃烧的汽油还会冲刷掉汽缸壁上的润滑油膜，增大磨损。若未燃汽油进入油底壳，还会稀释发动机润滑油，影响正常润滑，导致润滑油失效，机件内部磨损。

e. 终馏点。终馏点是对100mL汽油在规定条件下蒸馏时，蒸馏出最后一滴汽油时的气相温度。它也表示汽油中重质馏分的含量。终馏点高的汽油，重质馏分多，蒸发性差，造成燃烧不完全，导致汽油消耗过多。

终馏点和90%蒸发温度都是用来控制汽油中重质馏分的指标，不同的是终馏点是用来控制汽油中重质馏分的上限指标。90%蒸发温度都是用来控制汽油中重质馏分的含量的多少。

f. 残留量。对 100mL 汽油在规定条件下蒸馏时,不能被蒸发的残留物质与 100mL 汽油的体积百分比。它表示汽油中不易蒸发的重质馏分和储存过程中氧化生成的胶质的含量。汽油残留量大,会使燃烧室内积炭增加,进气门、喷油器等部位结胶严重,尤其是缸内直喷发动机,从而影响发动机的正常工作,故使用中应严格控制。

② 饱和蒸气压。饱和蒸气压是指在规定条件下,汽油在适当的试验仪器中蒸发达到平衡状态时,汽油蒸气所显示的最大压力。它表示汽油的平均蒸发性能。它对燃油供给系统产生气阻的倾向有直接影响。同时还与汽油在储存、运输和使用过程中的蒸发损耗的倾向有密切关系。汽油的饱和蒸气压越大,汽油蒸发性越好,使发动机低温容易启动。但在高温和高原条件下使用时汽油燃油供给系统中容易产生气阻,汽油蒸发损失大。在储存使用中,由于蒸发损失大,碳氢化合物(HC)排放浓度大。

汽油饱和蒸气压测定按 GB/T 8017—1987《石油产品蒸气压测定法》的规定进行。为了保证在不同气温条件下对汽油蒸发性的不同要求,世界燃油规定将汽油的蒸发性分为 A、B、C、D、E 五个等级,根据不同季节和地区选择不同蒸发性的汽油。

(2) 良好的抗爆性 汽油的抗爆性是指汽油在发动机汽缸内燃烧时不产生爆燃的性能。汽油在发动机内燃烧分为正常燃烧和不正常燃烧。正常燃烧的特征为可燃混合气被火花塞点燃后,在火花塞附近形成火焰中心,火焰逐渐向未燃混合气扩散,汽缸内压力和温度上升迅速;不正常燃烧的特征为形成多个火焰中心,火焰传播速度快,汽缸内压力和温度上升急剧。其中爆燃是常见的不正常燃烧之一,导致爆燃的一个重要因素就是汽油本身抗爆性能。

① 汽油抗爆性的评价指标 抗爆性的评价指标是辛烷值和抗爆指数。

a.辛烷值。辛烷值是表示点燃式发动机燃料抗爆性的一个约定数。在规定条件下的标准发动机试验中,通过和标准燃料进行比较来测定,采用和被测定燃料具有相同抗爆性的标准燃料中异辛烷的体积百分数表示。辛烷值通常用英文缩写 ON(Octane Number)表示。测定辛烷值的标准燃料,是用两种抗爆性相差悬殊的烷烃作基准物配制而成的。一种是抗爆性良好的异辛烷(C_2H_{18}),规定其辛烷值为 100;另一种是抗爆性极差的正庚烷(C_7H_{16}),规定其辛烷值为 0。按不同体积比例混合这两种基准燃料,便得到多种标准燃料。标准中异辛烷的体积分数规定为标准燃料的辛烷值,该值范围为 0~100。在标准发动机试验中,由于规定条件不同,测得的辛烷值也不同。按照试验条件,辛烷值分为马达法辛烷值和研究法辛烷值两种。马达法辛烷值英文缩写 MON(Motor Octane Number),研究法辛烷值英文缩写 RON(Research Octane Nmber)。马达法辛烷值是在发动机转速较高(一般 900r/min),混合期温度较高(一般为 149℃),点火提前角较大等试验条件下测得。研究法辛烷值是在发动机转速较低(600r/min),对混合气温度不限制,点火提前较小等试验条件下测得。正因为马达法辛烷值的试验条件苛刻,所以马达法辛烷值低于研究法辛烷值。

知识链接

汽油的抗爆性,主要是由其烃类组成和各类烃分子的化学结构决定。组成汽油的烃的主要是含 5~11 个碳原子的烷烃、环烷烃、芳香烃和烯烃,由于各类烃的热氧化安定性不同,开始氧化的温度和自燃点有差别,所以辛烷值也不相同。抗爆性最好的是芳香烃,环烷烃和烯烃较好,烷烃系列里的正构烷最差。

b.辛烷值的测定。辛烷值的测定按照 GB/T 503—1995《汽油辛烷值测定法(马达法)》和 GB/T 5487—1995《汽油辛烷值测定法(研究法)》的规定进行。

测定某汽油辛烷值时,将被测汽油在试验机上按规定试验条件运转,逐渐调大压缩比,使试验机发生爆燃,直至达到规定的燃烧强度。爆燃强度可用电子爆燃表测量。然后,在相同条件下选择已知辛烷值的标准燃料进行对比试验。当某标准燃料的爆燃强度恰好与试验汽油的爆燃相同时,测定过程结束。该标准燃料的辛烷值即为所测汽油的辛烷值。我国车用汽油采用研究法进行测定。

c.抗爆指数。马达法辛烷值表示的是汽油在发动机重负荷条件下高速运转时的抗爆能力,研究法辛烷值表示是汽油在发动机常有加速条件下低速运转时的抗爆能力,两者不能完全反映车辆运行中汽油燃烧的抗爆性能,为能较全面地反映汽油在车辆运行中的抗爆能力,引入了抗爆指数这一指标。

抗爆指数是汽油研究法辛烷值(RON)与马达法辛烷值(MON)的平均值,即:

$$抗爆指数 = \frac{RON + MON}{2}$$

② 爆燃的产生与汽油抗爆性的关系。当可燃混合气在汽缸开始燃烧后,一部分未燃混合气因受到正常火焰面的压缩和热辐射作用,温度和压力急剧升高,化学反应加剧,生成许多不稳定的过氧化物。过氧化物的特点是当其浓度较大时容易自燃。抗爆性好的汽油,在燃烧过程中其氧化分解产生的过氧化物不会达到自燃温度的浓度。如果汽油的抗爆性不好,就容易使过氧化物聚集,尤其是在已燃混合气的热辐射和压力作用下,过氧化物会迅速达到自燃的浓度而自燃,进而在未燃的混合气中形成多个火焰中心,向四面八方传播。由于这种燃烧速度极为迅速,汽缸容积来不及膨胀,使汽缸内的压力和温度急剧上升,在局部区域的瞬间压力和温度甚至高达9800kPa和2500℃左右。这种压力和温度不平衡产生强烈的冲击波,以超音速向前推进,猛烈撞击汽缸盖、活塞顶和汽缸壁,使发动机产生振动,并发出清脆的敲缸声,严重时导致发动机损坏。这种现象就是爆燃或爆振。

③ 提高汽油抗爆性的措施。为提高汽油的抗爆性,一是采用先进的提炼技术,选用分子结构合理的石油生产抗爆性好的高辛烷值汽油。二是向汽油中调入抗爆性优良的高辛烷值有机物,一般闭链结构比开链结构的抗爆性强,不饱和结构比饱和结构燃料抗爆性强,分支结构比直链结构燃料的抗爆性强。例如异辛烷、烷基苯和醇类等。三是添加抗爆剂提高低辛烷值汽油的抗爆性,例如添加甲基叔丁基醚(MTBE)、羰基锰(MMT)等来提高汽油的抗爆性。

特别提示

早期使用四乙基铅[$Pb(C_2H_5)_4$]可明显提高汽油的抗爆性,从而出现含铅汽油。由于燃烧含铅汽油的发动机排放含铅微粒,对人体有害和污染环境。另外,汽车尾气排放标准日益严格,发动机都采用电子控制装有三元催化转化器,使用含铅汽油会使三元催化转化器中毒。因此,必须使用无铅汽油。

(3) 良好的氧化安定性 汽油的氧化安定性即热稳定性是指汽油在使用过程和储存中,抵抗氧化生胶而保持自身性质不发生永久变化和防止高温生成沉积物的能力。汽油氧化安定性的评价指标是实际胶质和诱导期。

① 实际胶质。实际胶质是指在规定的条件下,对汽油进行快速蒸发后所测得的汽油蒸发残渣中的正庚烷不溶物,以 mg/100mL 表示。汽油的实际胶质测定按 GB/T 8019—1987《车用汽油和航空燃料实际胶质测定法(喷射蒸发法)》的规定进行。

② 诱导期。诱导期是在规定的氧化条件下,油品处于稳定状态所经历的时间周期,以

min 表示。汽油诱导期的测定按照 GB/T 8018—1987《汽油氧化安定性测定法（诱导期法）》的规定进行。

汽油的氧化安定性不好，直接会影响发动机的性能。汽油氧化生成的胶状物质容易沉积在滤清器、油管、喷油器等部位，影响燃料的供给和混合气的形成；在高温下生成的胶状物质还容易沉积在进气门上，使气门产生粘着现象，导致气门关闭不严，造成发动机的动力性和经济性下降；胶状物质进入发动机汽缸后还极易在高温下分解，生成大量积炭积聚在燃烧室、气门、活塞顶以及活塞环槽等部位，造成汽缸散热不良，使零件局部过热；同时，积炭还会增大汽缸的压缩比，增大表面点火和爆燃的倾向。所以，从发动机的使用性能考虑，应要求汽油具有良好的氧化安定性。

为减少进气门和燃烧室的沉积物问题。GB 17930—1999《车用无铅汽油》规定，必须在无铅汽油中加入有效汽油清净剂。我国生产各类电喷汽油发动机轿车厂家规定车辆定期保养时添加相应的汽油清净剂，来清除和降低发动机沉积物。

（4）汽油的腐蚀性　汽油在运输、储存和使用过程中，常与多种金属容器和汽车燃油系统零件接触，为了不造成腐蚀，要求汽油无腐蚀性。组成汽油的各类烃类，都是没有腐蚀性的化合物。汽油的腐蚀性，完全是由非烃类物质引起的。

① 汽油中的主要腐蚀成分。

a. 硫及硫的化合物。硫的化合物分为活性硫化物和非活性硫化物。活性硫化物是指能直接对金属起腐蚀作用的硫化物；非活性硫化物是指不能直接对金属起腐蚀作用的硫化物。汽油中常见的活性硫化物有硫化氢、硫醇、二氧化硫和三氧化硫；常见的非活性硫化物有硫醚、二硫化物和环硫醚等。各类硫及硫的化合物是在汽油的炼制过程中由于化学反应生成的和汽油在发动机内燃烧后生成的。

b. 有机酸。汽油中的有机酸主要是指汽油在储存和使用过程中，由于汽油中的不安定组分氧化变质而生成的一些酸性物质。汽油中有机酸的数量随汽油储存时间的延长而增加。有机酸中有一部分能溶于水，对金属可产生强烈的腐蚀。

c. 水溶性酸或碱。水溶性酸或碱是指存在于汽油中能够溶于水的无机酸和低分子有机酸，如硫酸、盐酸、酸性硫酸酯以及甲酸、乙酸和丙酸等。水溶性碱是指存在于汽油中能够溶于水的矿物碱等，如氢氧化钠、氢氧化钾和碳酸钠等。

以上这些物质，在汽油中必须严格控制加以控制，否则会严重腐蚀汽油发动机。

② 汽油腐蚀性的评价指标。汽油腐蚀性的评价指标为硫含量、铜片腐蚀试验、硫醇硫含量、博士试验和水溶性酸或碱。

a. 硫含量。硫含量是指存在于汽油中的硫和一切硫化物的总含量，以百分比表示。汽油中硫含量的测定按照 GB/T 3807《石油产品硫含量测定法（燃灯法）》的规定进行。

b. 铜片腐蚀试验。铜片腐蚀试验是直接用铜片检查汽油有无腐蚀作用的试验。如铜片发生颜色变化则说明汽油中有腐蚀性物质。铜片腐蚀试验主要检查汽油中是否含有单质硫和活性硫化物。铜片腐蚀试验按照 GB/T 5096—1985《石油产品铜片腐蚀试验法》的规定进行。

c. 硫醇硫含量。硫醇硫属活性硫化物，它不仅对金属产生腐蚀，还会使燃料产生恶臭，故燃料中要限制其含量。国家标准中以汽油的硫醇硫在汽油中所占的质量百分数表示，规定其不大于限值。硫醇硫含量按照 GB/T 1792—1988《馏分燃料中硫醇硫测定法（电位滴定法）》的规定进行。

d. 博士试验。博士试验是指向汽油中加入一定量的亚铅酸钠溶液后，看有无黑色沉淀生成，以判定汽油中是否含有硫化氢和硫醇的试验。博士试验按照 SH/T 0174—1992《芳烃和轻质石油产品定性试验法（博士试验法）》的规定进行。

e. 水溶性酸和碱。水溶性酸和碱试验主要用来判定汽油中是否存在可溶于水的酸性或碱性物质。水溶性酸和碱对金属有强烈的腐蚀作用，汽油中不允许其存在。水溶性酸和碱的测定按照 GB/T 259—1988《石油产品水溶性酸及碱测定法》的规定进行。

(5) 汽油的无害性　汽油的无害性是指汽油在发动机内燃烧后的燃烧产物不对车辆排放、人体健康和生态环境产生不利影响的性能，汽油的无害性与汽油的成分有关。

汽油发动机燃烧产物对车辆排放产生不利影响的汽油组分有铅、锰、铁、铜、磷和硫等。它们除了会增大排放废气中的有害物质外，还会引起三元催化转化器中的催化剂中毒失效。

汽油发动机燃烧产物对人体健康和生态环境产生不利影响的汽油组分有苯、烯烃、芳香烃等有机物。其中苯对人类极大，是致癌物质之一；烯烃和芳香烃是作为汽油中的高辛烷值组分，它们在汽油中的含量也不能限制得太低，以防止消弱汽油的抗爆能力。

为不至于对车辆排放、人体健康和生态环境产生大的影响。国家环境保护总局发布了 GWKB—1999《车用汽油有害物质控制标准》，对汽油中的以上各种有害组成进行了明确限制。

(6) 汽油的清洁性　汽油的清洁性是指汽油中不应含有机械杂质和水分。

汽油在生产、运输、储存和使用过程中，受到机械杂质（锈、灰尘、各种氧化物等）和水分的污染；机械杂质会使汽油燃油供给系统、喷射系统和喷油器堵塞。机械杂质进入燃烧室，又会使燃烧室积炭增多，引起汽缸壁、活塞和活塞环的加速磨损。水分在低温下易结冰，会堵塞油路，并能加速汽油的氧化，加速腐蚀作用，所以车用汽油应严格控制机械杂质和水分的混入。

汽油清洁性的评定指标是机械杂质和水分。汽油中机械杂质的测定按 GB/T 511—1988《石油产品和添加剂机械杂质测定法（重量法）》的规定进行；汽油中水分的测定按照 GB/T 260—1977《石油产品水分测定法》的规定进行。

2. 车辆汽油牌号、规格及选用

(1) 汽油牌号、规格标准　车用汽油牌号中的数字表示辛烷值含量的高低。牌号的数字越大，其辛烷值越高，汽油的抗爆性越好。国家质量监督检验检疫总局于 2006 年 12 月发布了 GB 17930—2006《车用汽油》标准，车用汽油按研究法辛烷值分为 90 号、93 号和 97 号三种牌号，并按照轻型汽车排放污染物资阶段要求，分为 Ⅱ、Ⅲ 两类，现在使用的车用汽油为第 Ⅲ 类标准，见表 6-1。

为降低车用汽油机尾气排放量和减少石油的需求，我国在江苏、安徽、河南、吉林和黑龙江等几个省推广使用乙醇汽油。乙醇汽油是指在不添加含氧化合物的液体烃类中加入一定量变性燃料乙醇后作为点燃式内燃机的燃料，加入量 10%（体积分数）。国家质量监督检验检疫总局于 2004 年 4 月发布了 GB 18351—2004《车用乙醇汽油》标准，其要求见表 6-2。本标准适用于作车用点燃式内燃机的燃料。车用乙醇汽油按研究法辛烷值分为 90 号、93 号、95 号和 97 号四个牌号。

表 6-1 车用汽油（Ⅲ）的技术要求

项 目		质量标准			试验方法
		90 号	93 号	97 号	
抗爆性： 研究法辛烷值（RON） 抗爆指数（RON＋MON）/2	不小于 不小于	90 85	93 88	97 报告	GB/T 5478 GB/503、GB/T 5478
铅含量① g/L	不大于	0.005			GB/T 8020
馏程： 10％蒸发温度/℃ 50％蒸发温度/℃ 90％蒸发温度/℃ 终馏点/℃ 残留量/％（体积分数）	不高于 不高于 不高于 不大于 不大于	70 120 190 205 2			GB/T 6536
蒸气压/kPa 11 月 1 日至 4 月 30 日 5 月 1 日至 10 月 31 日	不大于	88 72			GB/T 8017
实际胶质②/％（质量分数）	不大于	5			GB/T 8019
诱导期/min	不小于	480			GB/T 8018
硫含量②/％（质量分数）	不大于	0.015			GB/T 380 GB/T 11140 SH/T 0253 SH/T 0689 SH/T 0742
硫醇（需要满足下列要求之一）： 博士试验 硫醇硫含量/％（质量分数）	不大于	通过 0.001			SH/T 0174 GB/T 1792
铜片腐蚀（50℃, 3h）/级	不大于	1			GB/T 5096
水溶性酸或碱		无			GB/T 259
机械杂质及水分		无			目测③
苯含量④/％（体积分数）	不大于	1.0			SH/T 0693 SH/T 0713
芳烃含量⑤/％（体积分数）	不大于	40			GB/T 11132 SH/T 0741
烯烃含量⑥/％（体积分数）	不大于	30			GB/11132 SH/T 0741
氧含量/％（质量分数）	不大于	2.7			SH/T 0663
甲醇含量①/％（质量分数）	不大于	0.3			SH/T 0663
锰含量⑥/（g/L）	不大于	0.016			SH/T 0711
铁含量①/（g/L）	不大于	0.01			SH/T 0712

① 车用汽油中，不得人为加入甲醇以及含铅或含铁添加剂。
② 在有异议时，以 SH/T 0686 方法测定结果为准。
③ 将试样注入 100mL 玻璃量筒中观察，应当透明，没有悬浮和沉降的机械杂质和水分。在有异议时，以 GB/T 511 和 GB/T 260 方法测定结果为准。
④ 在有异议时，以 SH/T 0713 方法测定结果为准。
⑤ 对于 97 号车用汽油，在烯烃、芳烃总含量控制不变的前提下，可允许芳烃的最大值为 42％（体积分数）。在含量测定有异议时，以 GB/T 11132 方法测定结果为准。
⑥ 锰含量是指汽油中以甲基环戊二烯三羰基锰形式存在的总锰含量，不得加入其他类型的含锰添加剂。

表 6-2　车用乙醇汽油技术要求

项目		质量标准				试验方法
		90号	93号	95号	97号	
抗爆性：						
研究法辛烷值(RON)	不小于	90	93	95	97	GB/T 5478
抗爆指数(RON+MON)/2	不小于	85	88	90	报告	GB/503
铅含量①/(g/L)	不大于	\multicolumn{4}{c}{0.005}		GB/T 8020
馏程：						
10%蒸发温度/℃	不高于	\multicolumn{4}{c}{70}		GB/T 6536
50%蒸发温度/℃	不高于	\multicolumn{4}{c}{120}		
90%蒸发温度/℃	不高于	\multicolumn{4}{c}{190}		
终馏点/℃	不大于	\multicolumn{4}{c}{205}		
残留量/%(体积分数)	不大于	\multicolumn{4}{c}{2}		
蒸气压/kPa						
11月1日至4月30日	不大于	\multicolumn{4}{c}{88}		GB/T 8017
5月1日至10月31日	不大于	\multicolumn{4}{c}{74}		
实际胶质/%(质量分数)	不大于	\multicolumn{4}{c}{5}		GB/T 8019
诱导期②/min	不小于	\multicolumn{4}{c}{480}		GB/T 8018
硫含量③/%(质量分数)	不大于	\multicolumn{4}{c}{0.08}		GB/T 380；GB/T 11140；GB/T 17040；SH/T 0253；SH/T 0689；SH/T 0742
硫醇(需要满足下列要求之一)：						
博士试验		\multicolumn{4}{c}{通过}		SH/T 0174
硫醇硫含量/%(质量分数)	不大于	\multicolumn{4}{c}{0.001}		GB/T 1792
铜片腐蚀(50℃,3h)/级	不大于	\multicolumn{4}{c}{1}		GB/T 5096
水溶性酸或碱		\multicolumn{4}{c}{无}		GB/T 259
机械杂质及水分		\multicolumn{4}{c}{无}		目测④
水分/%(质量分数)	不大于	\multicolumn{4}{c}{0.20}		SH/T 0246
乙醇含量/%(体积分数)		\multicolumn{4}{c}{10.0±2.0}		SH/T 0663
其他含氧化合物/%(质量分数)	不大于	\multicolumn{4}{c}{0.1⑤}		SH/T 0663
苯含量⑥/%(体积分数)	不大于	\multicolumn{4}{c}{2.5}		SH/T 0693；SH/T 0713
芳烃含量⑦/%(体积分数)	不大于	\multicolumn{4}{c}{40}		GB/T 11132；SH/T 0741
烯烃含量⑦/%(体积分数)	不大于	\multicolumn{4}{c}{35}		GB/T 11132；SH/T 0741
锰含量⑧/(g/L)	不大于	\multicolumn{4}{c}{0.018}		SH/T 0711
铁含量⑨/(g/L)	不大于	\multicolumn{4}{c}{0.01}		SH/T 0712

① 本标准规定了铅含量最大限值，但不允许故意加铅。

② 诱导期允许用 GB/T 256 方法测定，仲裁试验以 GB/T 8018 方法测定结果为准。

③ 硫含量允许用 GB/T 11140、GB/T 17040、SH/T 0253、SH/T 0689、SH/T 0742 方法测定，仲裁试验以 GB/T 380 方法测定结果为准。

④ 将试样注入 100mL 玻璃量筒中观察，应当透明，没有悬浮和沉降的机械杂质及分层。在有异议时，以 GB/T 511 方法测定结果为准。

⑤ 不得人为加入甲醇。

⑥ 苯含量允许用 SH/T 0713 方法测定，仲裁试验以 SH/T 0693 方法测定结果为准。

⑦ 芳烃含量和烯烃含量允许 SH/T 0741 测定，仲裁试验以 GB/T 1132 方法测定结果为准。

⑧ 锰含量是指汽油中以甲基环戊二烯三羰基锰形式存在的总锰含量，不得加入其他类型的含锰添加剂。

⑨ 铁不得人为加入。

(2) 汽油的选用　车用汽油的选用一般应遵循以下原则：

① 按汽车使用说明书规定或国家相关权威部门的推荐选用汽油牌号。压缩比越大，使用汽油牌号越高。依据压缩比选择车用汽油牌号见表6-3。

表6-3　发动机压缩比对应汽油牌号

发动机压缩比	车用无铅汽油		
	RON90	RON93	RON97
9.0～9.5	√	√	
9.5～10.5		√	√
10.5～11			√

② 装用三元催化转化器和氧传感器的汽油应选用无铅汽油。

③ 推广使用加入有效汽油清净剂的汽油。

④ 在高原山区条件下使用汽油时，由于大气压力小，空气稀薄，汽油机工作时爆震倾向减小，可以适当降低汽油辛烷值，一般海拔每上升100m，汽油辛烷值可降低约0.1个单位。

⑤ 经常在大负荷、低速下工作的汽油机，应选择较高辛烷值汽油。

⑥ 长期使用发动机，会因燃烧室积炭，水套积垢等而使发动机缸压升高、导致爆震，因此，这类汽油在维护后应该使用高一级的汽油。

⑦ 注意汽油质量是影响汽车技术状况和汽车排放的重要因素，应选用符合国家标准汽油。

⑧ 注意季节变化，车辆使用地区变化的外界条件改变对汽油选择的影响。如冬季应选择蒸气压较大的汽油，夏季应选择蒸气压较小的汽油；高原地区选择蒸气压较小的汽油，平原地区应选择蒸气压稍大的汽油。汽油供应部门应根据季节变化做好汽油供给工作。

⑨ 乙醇汽油和普通汽油可以同牌号混合使用，但使用乙醇汽油后，车辆油耗量会轻微升高，属于正常现象，因为乙醇汽油的热值低于同牌号的普通汽油。

知识链接

汽油发动机的压缩比越大，发动机的热效率越高，从而可提高发动机的功率，降低汽油的消耗。目前生产的车用汽油机压缩比都在9.5∶1以上，有的甚至高达11.5∶1。随着发动机压缩比的提高，汽缸内压缩终了的温度和压力也被提高。汽缸内的这种高温、高压，将加剧汽油燃烧前化学准备过程中的化学反应，生成更多的过氧化物。随着过氧化物的增多，很容易聚到自燃的浓度。所以，随着发动机压缩比的增大，发动机发生爆燃的倾向变大。在这种情况下，为防止爆燃的出现，就要使用抗爆性好的汽油，即高辛烷值汽油。

6.1.2　车用柴油及其使用

柴油和汽油和一样，是从石油中提炼出来的，也是由碳、氢元素组成的烃类化合物，在石油蒸馏过程中，温度在200～350℃之间的馏分即为柴油。柴油可分为轻柴油、重柴油等品种。轻柴油用于高速柴油机，重柴油用于中、低速柴油机。汽车用柴油机属于高速柴油机，使用轻柴油机。

1.柴油的使用性能

柴油的馏分较重，柴油机混合气在汽缸内形成，压燃着火，燃烧过程包括着火延迟期（滞燃期）、速燃期、缓燃期、后燃期四个阶段，不正常燃烧主要是粗暴。这些特点使柴油使用与汽油有许多不同。同时，电控柴油机大量使用和车辆排放法规控制的苛刻，要求的柴油性能也逐步严格。为了保证柴油发动机在正常、高效地工作，满足排放要求，柴油应具有低

第6章 汽车运行材料及其使用

温流动性、燃烧性、雾化和蒸发性、安定性、无腐蚀性和清洁性。

（1）低温流动性　轻柴油的低温流动性是指在低温条件下轻柴油具有一定的流动状态的性能。随着温度的降低，轻柴油的黏度会变得更大。这样，在低温条件下，柴油能否在发动机燃油供给系统中顺利地泵送和通过燃油滤清器，保证柴油机的正常供油便成了问题。如果柴油的低温性不好，在低温下失去流动性，就会妨碍柴油在油管和滤清器中顺利通过，使供油量减少甚至中断，导致发动机不能正常工作甚至熄火。为保证柴油机正常工作，要求在低温下柴油应具有良好的流动性。

轻柴油在低温条件下流动性差的原因是组成轻柴油的烃类中有一部分为石蜡。通常温度下，石蜡在柴油中呈溶解状态存在；但在低温条件下，石蜡开始结晶析出，形成石蜡晶体；随着温度的进一步降低，结晶现象加剧，且各结晶晶体间开始聚集，形成结晶网络。结晶网络的产生，使柴油的流动阻力增加，流动性变差。如果这种网络延伸到全部柴油中，柴油就会失去流动性。

轻柴油低温流动性的评价指标为凝点、浊点和冷凝点。我国采用凝点和冷凝点，美国采用浊点，德国采用冷凝点，日本采用凝点。

① 凝点。轻柴油在一定的试验条件下，冷却到液面不移动时的最高温度，称为轻柴油的凝点。我国柴油的牌号是按凝点划分的。

轻柴油的凝点与其烃类组成有关。饱和烃的凝点比饱和烃凝点高；饱和烃中，正构烷烃的凝点比异构烷烃的凝点高；对正构烷烃，其凝点又随着碳链长度的增加而升高。

轻柴油凝点的测定是按照 GB/T 510—1983《石油产品凝点测定方法》的规定进行的。

② 浊点。轻柴油中开始出现浑浊的最高温度称为浊点。柴油出现浑浊是由于随着温度的降低柴油中开始析出石蜡晶体所致。含蜡越多的柴油，其浊点也越高。柴油达到浊点后，虽然有石蜡晶体析出，使柴油在燃油系统中的流动阻力增大，但是还能保证正常的供油，不影响柴油机的正常工作；但会带来柴油燃油供给精密偶件的轻微磨损（柱塞偶件、出油阀偶件和喷油器针阀偶件）。因此浊点不是轻柴油的最低使用温度。用浊点作为柴油低温性能评价指标是非常苛刻的，只有美国使用浊点来作为轻柴油的评价指标。

轻柴油浊点的测定按照 GB/T 6986—1986《石油浊点测定法》的规定进行。

③ 冷凝点。轻柴油在规定的条件下冷却，以 2kPa 的真空压力进行抽吸，其不能以 20mL/min 的流量通过一定规格过滤器（363 目/in^2）的最高温度，称为轻柴油的冷凝点。

冷凝点是选择柴油低温流动性的依据。试验证明，用冷凝点模拟发动机的实际工作情况，近似于发动机的实际使用条件，它与柴油的实际使用温度有良好的对应关系。

轻柴油冷凝点的测定按照 SH/T 0248—2006《馏分燃料、柴油冷凝点测定法》的规定进行。

（2）雾化和蒸发性　轻柴油的雾化和蒸发性是指柴油在柴油机汽缸内经喷油器喷出时分散成液体雾粒及液体雾粒汽化蒸发的能力。

为保证柴油机的动力性和经济性，燃烧过程必须在活塞位于压缩上止点附近迅速完成，要求喷油持续时间极为短促，只有 15°～30°的曲轴转角，混合气形成时间只有汽油机的 1/20～1/30，在既定的燃烧室和喷油设备条件下，柴油机的雾化和蒸发性决定了混合气形成的速度和质量。如果柴油的雾化和蒸发性差，会导致未蒸发的柴油在高温、高压条件下分解析出炭粒，产生黑烟，与废气一同排出汽缸，使油耗和排放物增加；未分解和燃烧的柴油经汽缸壁渗入油底壳，稀释发动机机油，影响正常润滑，加剧发动机零件磨损；柴油馏分重，黏度必然大，使喷雾质量低，混合气不均匀，产生后燃现象，使发动机过热功率下降等。

轻柴油雾化和蒸发性的评价指标有馏程、运动黏度、密度和闪点。

① 馏程。柴油馏程的测定方法与汽油馏程的测定方法基本相同。评定柴油的蒸发性采用的是50%蒸发温度、90%蒸发温度和95%蒸发温度三个温度点。

50%蒸发温度，表示柴油中轻质馏分的含量。50%蒸发温度低，说明柴油中质馏分多，蒸发性好，易形成均匀的混合气，柴油机易启动。但该温度也不宜过低，过低会因轻质馏分太多而使发动机产生工作粗暴现象。90%蒸发温度和95%蒸发温度，表示柴油中重质馏分的含量。该温度高，说明柴油机重质馏分多，蒸发性差，形成混合气质量差，燃烧不完全，易造成发动机排气冒黑烟，功率下降，油耗增多，零件磨损增大等。所以应严格控制这两个温度不能太高。国家标准轻柴油90%蒸发温度不高于335℃，95%蒸发温度不高于365℃。

② 运动黏度。运动黏度表示液体在重力作用下流动时内摩擦力的量度，其值为相同温度下液体的动力黏度与其密度之比，单位为 m^2/s。运动黏度影响着柴油的流动性和雾化质量。从流动性角度考虑，黏度小些流动性好。但黏度过小，使柴油机供油系统的柴油漏失量增加，会影响供油量。运动黏度对柴油雾化质量的影响，主要考虑其对喷出油束特性的影响。运动黏度大，则喷出油束射程远，喷雾锥角小，油滴直径大，雾化质量差，混合气形成不良；运动黏度小，则喷出油束射程近，喷雾角大，油滴直径小，雾化质量好。但是喷出的油束形状与燃烧室形状又往往不适应，同样会造成混合气形成不良。所以，柴油的运动黏度不可太大，又不可太小。

此外，柴油还担负着柴油燃料供给系统中喷油泵中柱塞偶件、出油阀偶件和喷油器针阀偶件等精密零件的润滑任务，其黏度大些对精密零件润滑有利。但柴油黏度过大又会影响喷雾质量。试验证明，柴油在20℃的运动黏度为 $5 m^2/s$ 左右时，既能保证柴油流动性和精密偶件的润滑要求，也能保证雾化质量和供油量。

柴油运动黏度的测定按照 GB/T 265—1988《石油产品运动黏度测定法和动力黏度计算法》的规定进行。

③ 密度。柴油的密度过大，将使雾化质量变差，混合气燃烧条件恶化，排气冒浓烟，发动机经济性下降。柴油密度大也是柴油中芳香烃含量多的标志，将促进发动机工作粗暴现象的发生。

柴油密度的测定按照 GB/T 1884—1988《原油和液体石油产品密度测定法（密度计法）》的规定进行。

④ 闪点。在规定的试验条件下，加热油品所产生的蒸气与周围空气形成的混合气接触火焰发生瞬间闪火的最低温度称为闪点。根据试验仪器的不同，闪点有开口闪点和闭口闪点两种，用开口杯闪点测定器测得的闪点为开口闪点，用闭口杯闪点测定器测得的闪点为闭口闪点。一般重质柴油采用开口闪点，轻质柴油采用闭口闪点。闪点低，轻柴油蒸发性好；反之，则蒸发性差。但闪点过低，蒸发性过好，容易使发动机工作粗暴。

柴油闪点既是柴油雾化和蒸发性的评定指标，又是柴油安全性的评定指标，如果柴油的雾化和蒸发性过强，将使柴油机工作粗暴，而且在储存、运输和使用中不安全。油品的危险等级就是根据闪点划分的。

柴油的闭口闪点的测定按照 GB/T 261—1983《石油产品闪点测定法（闭口法）》的规定进行。

（3）安定性　柴油的安定性是指柴油在运输、储存和使用中保持颜色、组成和使用性能不变的能力。柴油的安定性不好，就会氧化结胶，会在燃烧室内生成积炭、胶状沉积物，附在活塞顶和气门上，甚至造成气门关闭不严。还会使燃油滤清器堵塞，在喷油器针阀上生成漆状沉积物，造成针阀卡滞，形成积炭，使喷雾恶化，甚至中断供油，干扰正常燃烧，从而使排放污染增加。

影响柴油安定性的主要因素是柴油中所含的不安定组分，主要是二烯烃、烯烃等不饱和烃。柴油的馏分过重，环烷芳香烃和胶质含量增加，安定性也变差。

柴油安定性的评定指标是色度、氧化安定性和10%蒸余物残炭。

① 色度。即油品颜色的深浅，用色号表示，色度可直观反映油品安定性的好坏。色度测定按照 GB/T 6450—1986《石油产品颜色测定法》的规定进行。

② 氧化安定性。氧化安定性是指100mL柴油在规定的条件下氧化后所测得的总不溶物的毫克数，以 mg/10mL 表示。氧化安定性的测定按照 SH/T 0175—1994《馏分燃料氧化安定性测定法（加速法）》的规定进行。

③ 10%蒸余物残炭。10%蒸余物残炭是指把柴油馏程试验中馏出90%后的蒸余物作为试样，经强烈加热一定时间让其裂解后，所形成的残留物。残炭值为残留物质量与原试样质量之比。残炭值大，柴油在燃烧室中生成积炭的倾向就大，喷油器孔也易结胶堵塞，影响柴油机的正常工作。国家车用轻柴油标准规定10%蒸余物残炭不大于0.3%。柴油的10%蒸余物残炭测定按照 GB/T 268—1987《石油产品残炭测定法》的规定进行。

（4）燃烧性　轻柴油的燃烧性是指柴油在柴油机中是否容易着火，并防止柴油机发生工作粗暴现象的能力。为保证柴油机良好工作，要求柴油的着火延迟期较短，使先期喷入汽缸的柴油迅速完成燃烧前准备，着火燃烧，再逐步引燃随后进入汽缸的柴油，使速燃阶段的汽缸压力上升平稳，柴油机工作柔和，并使缓燃阶段的柴油快速燃烧，最好不出现补燃阶段。所以柴油机对柴油的要求是具有较好的燃烧性能。若柴油燃烧性能较差，其着火延迟期会变长，则此期间内喷入汽缸的柴油积存量过多，以致造成速燃阶段有过量的柴油同时燃烧，使汽缸压力急剧升高，造成发动机运转不平稳，并产生强烈的震击声。这种不正常燃烧现象，称为柴油机工作粗暴。柴油机工作粗暴的后果会使曲柄连杆机构承受过大的冲击力作用，产生强烈的金属敲击声，加速零件的磨损和损坏，并使发动机功率下降、油耗增加。

对于燃烧性过好的柴油，其自燃点会太低，着火延迟期会过短，易使混合气来不及混合均匀就燃烧，导致燃料燃烧不完全，汽缸产生的爆发压力下降，柴油机的输出功率下降。此外，由于燃料燃烧不完全，还会出现排气冒黑烟，燃料消耗增大。同时，燃烧性过好的柴油，一般凝点过高，馏分较重，也不利于使用。综上所述，轻柴油应具有较好的燃烧性能，但不可过好。柴油燃烧性的评价指标是十六烷值和十六烷指数。

① 十六烷值。是表示压燃式发动机燃料燃烧性的一个约定数值。它是在规定条件下的标准发动机试验中，通过和标准燃料进行比较来测定的，采用和被测定燃料具有相同着火延迟期的标准燃料中正十六烷的体积百分数表示。

测定十六烷值的标准燃料是用两种燃烧性相差悬殊的烃掺配而成的。一种是燃烧性良好的正十六烷（$C_{16}H_{34}$），规定其十六烷值为100；另一种是燃烧性很差的 α-甲基萘（$C_{11}H_{10}$），规定其十六烷值为0，它们按不同比例掺和，便得到0～100之间各标号标准燃料。十六烷值可以缩写为 CN(Ceane Number)。

十六烷值的测定按照 GB/T 386—1991《柴油着火性质测定法（十六烷法）》的规定进行。

② 十六烷值指数。十六烷值指数是表示燃料性能的一个计算值。用十六烷指数表示柴油燃烧性能计算值，是一种不做发动机试验情况下估计柴油十六烷值的简单计算方法。

③ 十六烷值对柴油机工作的影响。柴油十六烷值影响柴油机的燃烧过程和污染物的排放浓度。十六烷值高的柴油，发火性能好，着火延迟期短，工作平稳。反之，发火困难，着火延迟期长，缸内积累燃油多，使发动机工作粗暴；十六烷值对柴油机碳氢化合物（HC）、一氧化碳（CO）和氮氧化合物（NO_x）排放浓度的影响一般取决于芳烃含量，烃含量越高，十六烷值越低，柴油机碳氢化合物（HC）、一氧化碳（CO）和氮氧化合物（NO_x）排放浓度也就越高。

(5) 腐蚀性　轻柴油的腐蚀性主要由其中的硫化物和有机酸等成分产生的。

① 硫化物。柴油中硫化物的存在，尤其是硫含量过大时，会对柴油机产生较大危害，直接影响发动机的使用寿命。主要表现在以下几个方面：

a. 使用含硫量过大的柴油会增大燃烧产物的腐蚀性，含硫柴油燃烧后其燃烧产物中含有二氧化硫和三氧化硫等酸性氧化物。它们在汽缸中与水蒸气作用生成亚硫酸和硫酸，会对汽缸壁、活塞和活塞环等机件产生强烈的腐蚀；它们随其他燃烧废气排出时，会对排气系统造成腐蚀，且排气温度越高，腐蚀越严重。

b. 使用含硫过大的柴油会加速发动机润滑油的变质。柴油燃烧产生的酸性氧化物窜入曲轴箱后会污染柴油润滑油，使润滑油的某些成分变成磺酸或胶质，同时也会与柴油机润滑油中呈碱性的清洁分散剂起中和反应，使润滑油失去清净分散作用而变质。

c. 使用硫含量过大的柴油会使燃烧室、活塞顶、排气门等部位的积炭增多。因为硫的燃烧产物能与汽缸壁上的润滑油和尚未燃烧的柴油起反应，加速碳氢化合物（HC）的聚合，有促使生成积炭的作用，并且会使积炭变得坚硬。附在汽缸壁上的积炭还会成为磨料，增大汽缸的磨损。

d. 含硫柴油燃烧产物中的二氧化硫和三氧化硫气体排入空气会造成空气污染，危害人类健康。

汽车排放法规和柴油标准中严格控制柴油中硫的含量。如 GB 252—2000《轻柴油》对合格品柴油的硫含量限值为质量分数不大于 0.2%，GB/T 19147—2003《车用柴油》对合格品柴油的硫含量限值为质量分数不大于 0.05%。

② 有机酸。柴油中的有机酸，除对机件具有腐蚀作用外，还会使喷油器头部和燃烧室积炭增多，喷油泵柱塞副磨损加剧，进而导致汽缸活塞组件磨损加剧，柴油喷油恶化、功率降低。

③ 柴油腐蚀性评价指标。柴油腐蚀性的评价指标是硫含量、酸度和铜片试验。有关试验方法与测定汽油时的方法大致相同。

(6) 清洁性　轻柴油的清洁性是指轻柴油中不应含有机械杂质和水分，燃烧不产生灰分等。

① 机械杂质和水分。轻柴油机械杂质和水分一般是在运输、储存和使用过程中受外界污染而混入的。机械杂质会增大柴油机燃油供给系统中精密零件的磨损，水分会加大有机酸的腐蚀，所以，应严格限制它们在轻柴油中的含量。国家标准中规定轻柴油中不允许有机械杂质，测定按 GB/T 511—1988《石油产品和添加剂机械杂质测定法（重量法）》的规定进行。在车用柴油中要求水分不大于痕迹，痕迹表示水分为 0.03%。测定按 GB/T 260—1977《石油产品水分测定法》的规定进行。

② 灰分。灰分是指轻柴油中不能燃烧的机械杂质和溶于其内的无机盐和有机盐类经煅烧后的剩余物质。灰分沉积在燃烧室中会加快汽缸壁与活塞环的磨损，所以，要严格限制它在轻柴油中的含量。国家标准中规定灰分含量不大于 0.01%。测定按 GB/T 508—1985《石油产品灰分测定法》的规定进行。

第6章　汽车运行材料及其使用

2. 车用柴油的使用标准和选用

（1）车用柴油的使用标准

目前我国车用柴油标准为 GB/T 19147—2003《车用柴油》。根据我国气温的实际情况，按照低温流动性的凝点和冷凝点指标，将车用柴油划分 7 个牌号，即 10 号、5 号、0 号、−10 号、−20 号、−35 号和−50 号，具体质量指标见表 6-4。

（2）车用轻柴油的选用　车用柴油的选择是按风险率 10% 的最低气温进行牌号的选择。

风险率 10% 的最低气温值表示该月中最低气温低于该值的概率为 0.1，或者说该月最低气温高于该值的概率为 0.9。风险率 10% 的最低气温应高于柴油的冷凝点。由于柴油的冷凝点一般高于凝点 3～6℃，风险率 10% 的最低气温在数值上高于其牌号 3～6 个数值即可满足选用要求。具体选用见表 6-5。

在气温允许的情况下尽量选用高牌号柴油。低牌号柴油凝点低，其炼制工艺复杂、生产成本高，所以其价格也比高牌号柴油贵；其次由于柴油中凝点越低的成分燃烧性越差，使用时燃烧滞后期长，越容易发生工作粗暴，所以在气温允许的情况下应尽量选用高牌号柴油。

表 6-4　车用柴油技术要求

项目		质量标准							试验方法
		10 号	5 号	0 号	−10 号	−20 号	−35 号	−50 号	
氧化安定性： 总不溶物[①]/[mg/(100mL)]	不大于	2.5							SH/T 0175
硫含量[②]/%（质量分数）	不大于	0.05							GB/T 380
10%蒸余物残炭[③]/%（质量分数）	不大于	0.3							GB/T 268
灰分/%（质量分数）	不大于	0.01							GB/T 508
铜片腐蚀（50℃，3h）/级	不大于	1							GB/T 5096
水分[④]/%（体积分数）	不大于	痕迹							GB/T 260
机械杂质[④]		无							GB/T 511
润滑性： 磨痕直径（60℃）/μm	不大于	460							ISO 12156-1
运动黏度（20℃）/(mm²/s)	不大于	3.0～8.0			2.5～8.0		1.8～1.7		GB/T 265
凝点/℃	不高于	10	5	0	−10	−20	−35	−50	GB/T 510
冷滤点/℃	不高于	12	8	4	−5	−14	−29	−44	SH/T 0248
闪点（闭口）/℃	不低于	55			50		45		GB/T 0261
着火性（需满足下列要求之一） 十六烷值 十六烷值指数	不小于 不小于	59 46			46 46		45 45		SH/T 0694 GB/T 11139 GB/ 386
馏程： 50%蒸发温度/℃ 90%蒸发温度/℃ 95%蒸发温度/℃	不高于 不高于	300 355 365							GB/T 6536
密度（20℃）/(kg/m³)		820～860					800～840		GB/T 1884 GB/T 1885

① 为出厂保证项目，每月应检验一次。在原油性质变化，加工工艺条件改变，调和比例变化及检修开工后等情况下应及时检验。

② 可用 GB/T 11131、GB/T 11140 和 GB/T 12700、GB/T 17040 和 SH/T 0689 方法测定。结果有争议时，以 GB/T 380 方法仲裁。

③ 可用 GB/T 17144 方法测定。结果有争议时，以 GB/T 268 方法为准。若柴油中含有硝酸酯十六烷值改进剂及其他性能添加剂时，10%蒸余物残炭的测定，必须用不加硝酸酯和其他性能添加剂的基础燃料进行。

④ 可用目测法，即将试样注入 100mL 玻璃量筒中，在室温（20℃±5℃）下观察，应当透明，没有悬浮和沉降的水分及机械杂质。结果有争议时，按 GB/T 260 和 GB/T 511 方法测定。

表 6-5　各牌号柴油的选用

牌号	适用温度范围	牌号	适用温度范围
10 号	适用于有预热设备的柴油机	-20 号	适用于风险率为 10% 的最低气温在 -14℃ 以上地区使用
5 号	适用于风险率为 10% 的最低气温在 8℃ 以上地区使用	-35 号	适用于风险率为 10% 的最低气温在 -29℃ 以上地区使用
0 号	适用于风险率为 10% 的最低气温在 4℃ 以上地区使用	-50 号	适用于风险率为 10% 的最低气温在 -44℃ 以上地区使用
-10 号	适用于风险率为 10% 的最低气温在 -5℃ 以上地区使用		

特别提示

柴油质量的鉴别可通过观察柴油的颜色和气味进行识别。颜色：一般柴油的颜色是暗红色或深茶色，稍透明无混浊现象，颜色发黄或暗绿色是低牌号掺配油，有混浊现象的是混入水分。气味：柴油油味正常，手捻有油感，如有异味或腥辣难闻的是再生油，如油感太浓的是混入其他润滑油。

6.1.3　汽车使用中的节油措施

汽车使用中的结构措施主要是合理组织汽车运输、保持汽车技术状况完好、采用先进技术、汽车驾驶技术。

1. 合理组织汽车运输

合理组织汽车运输可以有效提高汽车在运输（货或客）过程中的利用效率，减少汽车在使用中的燃油消耗率。

（1）提高实载（货或客）率　根据汽车的单位容积装载质量（座位数），提高容载质量或座位数。使汽车在使用中达到最大实载（货或客）率。

（2）合理组成拖挂运输　发动机的负荷率越低，则发动机的油耗率越高。合理组织货车拖挂运输可以有效提高发动机的负荷率，降低发动机单位里程货运量的燃油消耗率。

2. 保持汽车技术状况完好

汽车具有完好的技术状况，是正常行驶节油的重要前提，而提高汽车维护和维修技术工艺是保证汽车技术状况完好的重要条件。在合理使用状况下，提高保养维护技术，尽量减少汽车维修或车辆大修，使车辆内部运行零件磨损量最少，从而达到汽车节油的目的。

3. 采用先进技术

（1）改进进排气系统　改进进排气系统的主要目的是减少进气管气流阻力、减少排气干扰，提高充气效率。使用塑钢进气管，其重量比传统铝合金材质轻，内表壁光滑，连接处平整，减少气流转折以及流通截面突变，以减少进气阻力。使用合金排气管替代传统铸铁排气管，可有效降低重量，排气管内表壁光洁，减少排气阻力，达到提高动力、降低油耗的目的。

（2）可变配气相位技术　传统发动机的配气系统，只有一组最佳的配气相位角度，只能在某一车速达到最佳的经济性油耗。采用可变配气相位技术可以使发动机在任何转速下都能有一个最佳的配气相位角度来保证发动机内的充分燃烧，从而使车辆在任何时速下都能达到最佳的燃油经济性需求。

（3）汽油机缸内直喷技术　汽油发动机采用缸内直喷技术，可提高发动机的压缩比和喷油压力，使汽缸内的混合气燃烧更加完全，同时释放更大的动力，并且降低油耗。采用缸内直喷的电控汽油机比传统进气管喷射的多点电喷发动机汽油消耗率可降低 5%～10%。

（4）柴油机高压共轨技术　采用电控高压共轨技术柴油发动机，可提高单缸的喷油压力，使燃油喷射雾化效果更好，喷油时间更加精确，燃烧更为充分。与传统机械式或电控式喷油泵柴油机相比，油耗降低 10%～15%。

（5）采用闭缸节油技术　对于一些大排量多汽缸（6 缸和 8 缸）的轿车，由于轿车本身

第6章　汽车运行材料及其使用

质量很轻，不需要运载货物或拖挂等需求，在长时间低速工况下，发动机负荷率低油耗增加。可采用闭缸节油技术，关闭其中的 2 个汽缸或 4 个汽缸，来减少燃油消耗量。

（6）减少汽车行驶阻力　汽车正常行驶时主要克服的阻力是滚动阻力和空气阻力。

① 滚动阻力。滚动阻力来自轮胎与地面的摩擦。滚动阻力减少 10%，油耗可降低 2%～3%。采用合理花纹的低滚动阻力的子午线轮胎可有效降低汽车在行驶中的滚动阻力。

② 空气阻力。空气阻力是由汽车形状在高速行驶时产生的。优化汽车外形，加装一些空气导流组件，一般可获得 2%～7% 的节油效果。

（7）改善润滑　润滑油的主要作用是减少零件的磨损，以提高传动效率和延长汽车使用寿命。采用高级别、低黏度的合成润滑油，可减少机械摩擦损失 40% 以上，油耗可降低 5%～7%。

（8）汽车轻量化　汽车行驶时，汽车功率消耗与汽车行驶阻力有关，除空气阻力外，其他阻力都与汽车总质量有关。因此，减轻汽车整备质量，是降低油耗最有效的重要措施之一。在保证汽车安全性、可靠性和动力性等指标的前提下，汽车轻量化方面的措施有：采用高强度低合金钢、铝合金、镁合金、强化塑料和各种纤维等材料制造汽车零件；改进汽车结构，如轿车采用前轮驱动和承载式车身等。汽车整备质量每增加 25%，油耗增加 8%；汽车整备质量减轻 10%，油耗可减少 8.5%。

（9）选用多挡位变速器　车辆挡位数量多可以有效利用发动机的输出功率，提高发动机的负荷率，可有效降低油耗，并且提高车辆动力性。目前，乘用车（轿车）手动变速器多采用 5～6 个挡位，自动变速器多采用 6～8 个挡位。

4.汽车驾驶技术

（1）发动机的启动升温度　发动机工作温度对燃料消耗有显著的影响。发动机冷启动时，冷却液温度很低，发动机喷油器要加大喷油，同时发动机运转磨损增大。冷启动时必须预热升温，待水温达 50℃时汽车方可起步。否则油耗消耗量极大。

（2）行车温度的控制　汽车行车温度包括发动机冷却液温度、机油温度、发动机室内气温、变速器和驱动桥齿轮油温度等。

发动机冷却液温度过低会使燃料不易雾化，各缸进气不均，燃烧室壁散热损失增加，燃烧速度下降，造成发动机功率和扭矩下降，油耗增加；另外，机油的流动性和飞溅润滑能力下降，增加了机械损失。发动机冷却液温度过高，充气量下降，容易出现爆燃、早燃等异常燃烧现象；供油系统容易发生气阻；造成功率下降，油耗增加且在高温下机油压力和黏度下降；并加速机油氧化和热分解而发生的变质，加快发动机磨损。

正常的发动机冷却液温度，有利于燃料雾化和混合气的分配均匀，使得发动机有良好的燃料经济性和动力性，并保证机油的黏度和润滑能力，减少发动机的磨损。

特别提示

试验表明，发动机的正常冷却温度应保持在 80～90℃，此时油耗最低，功率和扭矩最高。冷却液温度由 90℃下降至 70℃，油耗增加 2.5% 左右，下降至 60℃以下时油耗增加 20% 左右，同时变速器的齿轮油温应不低于 50℃。冬季发动机机罩下温度应保持在 20～30℃。

（3）挡位的选择和变换　汽车在良好路面上行驶，在一定的行使范围内，既可使用次高挡，也可用最高挡，但是，用最高挡时较节约燃料。这是因为最高挡时发动机的负荷利用率最高，此时发动机油耗率较低。对于自动挡轿车可选用手动模式，根据发动机转速合理选择挡位行驶。

（4）汽车行驶速度　汽车在良好路面行驶时，存在一个燃料消耗率最小的车速，即等速经济车速。一般轿车为 70～90km/h，货车和客车为 60～80km/h。在高速行驶时不宜追求过高车速，否则油耗过增大，发动机和轮胎磨损加剧。

（5）合理滑行　在保证安全前提下，合理滑行可达到节油的目的。滑行有两种：一种是加速—滑行，即由加速与滑行两个过程交替进行；另一种是根据地形等行驶条件进行，如下坡或停车前的滑行。对于电控发动机车辆在最高挡位和次高挡位滑行时，在保证最低稳定车速的前提下必须带挡滑行。

6.1.4 汽车燃料新能源

石油是地球的上有限资源。为减少汽车对石油资源的依赖，保证汽车的正常运输和行驶，可以开发汽车发动机使用的新能源。

汽车新能源包括压缩天然气（CNG）、液化天然气（LNG）、液化石油气（LPG）、醇类燃料、电能等。

1. 天然气

天然气（Natural，简称 NG）是开采的以甲烷为主要成分的天然气体。按其存在形式分为压缩天然气（Compressed Natural Gas，简称 CNG）和液化天然气（Liqueficd Natural Gas，简称 LNG）两种。压缩天然气是经压缩，压力在 14.7～24.5MPa 范围内的天然气。液化天然气是经净化处理、深度冷却后成液态的天然气。

（1）天然气发动机的使用特点

① 着火极限宽。天然气与空气的混合器具有很宽的着火极限。其过量空气系数的变化范围为 0.6～1.8，可在大范围内改变混合比，提供不同成分的混合气。所以，使用天然气可以实现稀薄燃烧，能有效降低发动机在部分负荷时的能量消耗与排放污染。

② 与空气的理论混合气热值低。天然气的理论空燃比比汽油略高，但与空气的理论混合气热值相比却比汽油略低，只有 $3.39MJ/m^3$，比汽油低 10% 左右，这就使得天然气发动机的功率比燃用汽油的发动机功率低。

③ 火焰传播速度低。天然气燃烧的火焰传播速度为 33.8cm/s，比汽油的火焰速度稍慢。导致天然气发动机比汽油发动机的扭矩稍低。

④ 点火能量高。天然气着火温度为 537℃，比汽油着火温度高得多，加之天然气的火焰传播速度比汽油低，所以，要想使天然气能及时、迅速燃烧，必须有较高的点火能量。

⑤ 抗爆性能好。天然气的研究法辛烷值为 130，比汽油高得多，其抗爆性非常好。为提高天然发动机的动力性，可提高压缩比，增加发动机的热效率。专用天然气发动机的压缩比可达到 12∶1。

⑥ 密度小。天然气的液相密度为 $424kg/m^3$，汽油密度为 $740kg/m^3$。天然气的密度低于汽油，使吸入发动机的新鲜空气质量减少，将导致发动机的输出功率降低。

⑦ 排放污染小。天然气的燃烧温度低，会降低 NO_x 的生成量；天然气常温常压下呈气态，与空气同相，所以形成的混合气均匀，燃烧完全，会减少 CO、HC 等的排出问题；排放物的 HC 成分为甲烷，性质稳定，所以在大气中也不会形成光化学烟雾，避免造成进一步污染。

⑧ 可延长发动机使用寿命。天然气容易扩散，以气态进入发动机，在发动机中容易和空气均匀混合，燃烧比较完全、干净；可以提高热循环效率，加快燃烧速度，充分利用燃烧热能；同时 CNG 辛烷值高，抗爆性能好，使用时不需要添加抗爆剂，不会稀释润滑油，因而使发动机汽缸内的零件磨损大大减少，使发动机的寿命和润滑油的使用期限大幅度增长。所有这些都会降低汽车的保养和运行费用，从而提高汽车使用的经济性。

（2）车用天然气的标准　作为车用燃料的替代品，天然气根据其存在形式不同，分为压缩天然气（CNG）和液化天然气（LNG）两种。

第6章 汽车运行材料及其使用

① 液化天然气（LNG）。液化天然气是将天然气经过一定工艺，使其在-162℃左右变为液态，存储在高压气瓶中。与压缩天然气比，液化天然气工作压力降低，储气瓶体积减小，续驶里程延长。但它对低温储存技术要求很高，所以使用较少。

② 压缩天然气（CNG）。压缩天然气是将天然气经过脱水、脱硫净化处理后，经多级压缩至20MPa左右存储在气瓶中，使用时经减压器后供给发动机燃烧即可。表6-6为GB 18407—2000《车用压缩天然气》规定的车用压缩天然气技术指标。

表6-6　车用压缩天然气技术指标

项　　目	技　术　指　标
高位发热量/(MJ/m³)	≥31.4
总硫(以硫计)/(mg/m³)	≤200
硫化氢/(mg/m³)	≤15
二氧化碳(体积分数)/%	≤3.0
氧气(体积分数)/%	≤0.5
水露点/℃	在汽车驾驶的特定地理区域内，在高操作压力下，水露点不应高于-13℃，当最低气温低于-8℃，水露点应比最低气温

注：气体体积为在101.325kPa、20℃状态下的体积。

（3）天然气汽车的分类　天然气汽车可分为压缩天然气汽车和液化天然气汽车。

① 压缩天然气汽车。压缩天然气汽车按燃料供给系统不同又可分为专用压缩天然气汽车、压缩天然气与汽油两用汽车、压缩天然气与柴油双燃料汽车。

a.专用压缩天然气汽车以CNG作为唯一燃料，其发动机的燃料供给系统专为CNG燃料设计，能充分发挥CNG燃料的特点。

b.压缩天然气与汽油两用燃料汽车是通过对现成汽油车改装而成，有两套燃料供给系统，一套保留原车供油系统，另一套为增加的CNG供给装置。发动机可以分别使用CNG和汽油作为燃料，两种燃料的转换利用选择开关实现。由于发动机结构未作改动，当使用天然气燃料时，往往不能充分发挥其优点，导致汽车功率下降。

c.压缩天然气与柴油双燃料汽车通过现成柴油车改装而成，其燃料供给系统可根据发动机的运行工况按一定比例同时供给CNG和柴油两种燃料。其中，柴油只作引燃燃料，CNG是主要燃料。

目前，在很多大中型城市的公交客车和出租车都使用压缩天然气作为车用燃料。

② 液化天然气汽车。由于液化天然气对储存技术要求较高，使得储存容器的成本高，这从一定程度上限制了液化天然气汽车的发展，但由于液化天然气在储存能量密度、汽车续驶里程、储存容器压力等方面均优于压缩天然气，能解决压缩天然气汽车所在的续驶里程和动力性弱等问题，液化天然气汽车在逐渐推广使用。

2.液化石油气

液化石油气价格便宜，容易液化，储存和使用方便，其配套设施如加气站等的建设费用也比较低。所以，液化石油气可作为车用替代燃料。液化石油气主要由油田和石油炼制厂生产，其主要成分为丙烷、丁烷、丙烯和丁烯等。

（1）液化石油气的特点

① 抗爆性高。液化石油气的研究法辛烷值在100左右，比汽油的辛烷值高，所以液化石油气的抗爆能力强，用于发动机后，可适当提高发动机压缩比，增大发动机热效率。

② 排放污染小。液化石油气常温常压下呈气态，与空气同相、混合均匀、燃烧得较完全、燃烧温度低，所以排放物中CO、HC和NO_x等的排放量少。

③ 火焰传播速度慢。液化石油气燃烧的火焰传播速度比汽油稍慢，爆发力弱导致液化

石油气发动机比汽油发动机的扭矩稍低。

④ 点火能量高。液化石油气着火温度比汽油高,并且其火焰传播速度比汽油低,所以需要较高的点火能量。

⑤ 与空气的理论混合气热值低。液化石油气的质量热值和体积热值都比汽油略高,但其与空气的理论混合气热值比汽油略低,所以液化石油气发动机的功率要比汽油发动机低一些。

(2) 车用液化石油气的技术要求 为保证液化石油气的质量能满足汽车的使用需求,按GB 19159—2003《车用液化石油气》规定标准执行,见表6-7。

表6-7 车用液化石油气的技术要求

项目		质量标准			试验方法
		1号	2号	3号	
蒸气压(37.8℃,表压)/kPa		≤1430	890~1430	660~1340	GB/T 6602①
组分的质量分数/%	丙烷	>85	>65~85	40~65	SH/T 0614②
	丁烷以上组分	≤2.5	—	—	
	戊烷及以上组分	—	≤2.0	≤2.0	
	总烯烃	≤10	≤10	≤10	
	丁二烯烃(1,3-丁二烯)	≤0.5	≤0.5	≤0.5	
残留物	蒸发残留物(mL/100mL)	≤0.05	≤0.05	≤0.05	SY/T 7509
	油渍观察	通过	通过	通过	
密度(20℃)/(kg/m³)		实测	实测	实测	SH/T 0221③
铜片腐蚀/级		≤1	≤1	≤1	SH/T 0232
总硫含量/(mg/m³)		<270	<270	<270	SH/T 0222④
硫化氢		无	无	无	SH/T 0125
游离水		无	无	无	目测

① 蒸气压可用GB/T 12576方法计算,但在仲裁时应用GB/T 6602测定。
② 组分可用SH/T 0230法测定,但在仲裁时应用SH/T 0614测定。
③ 密度可用GB/T 12576方法计算,但在仲裁时应用SH/T 0221测定。
④ 总硫含量可用SY/T 7508法测定,但在仲裁时应用SH/T 0222测定。
注:1. 总硫含量为0℃、101.35kPa条件下的气态含量。
2. 可在测量密度的同时用目测法测定试样是否存在游离水。

(3) 液化石油气的汽车类型 液化石油气汽车按燃料供给系统不同,可分为专用液化石油气汽车、液化石油气与汽油两用汽车、液化石油气与柴油双燃料汽车。

① 专用液化石油气汽车以LPG作为唯一燃料,其发动机的燃料供给系统专为LPG燃料设计,能充分发挥LPG燃料的特点,使用性能最佳。

② 液化石油气与汽油两用燃料汽车是通过对现成汽油车改装而成。有两套燃料供给系统,一套为保留的原车供油系统,另一套为增加的LPG供给装置。发动机可以分别使用LPG和汽油作为燃料,两种燃料的转换通过电磁阀实现。由于发动机结构改动较小,因此当使用液化石油气燃料时,往往不能充分发挥其优点,导致汽车性能不热如专用液化石油气汽车。

③ 液化石油气与柴油双燃料汽车是通过对现成柴油车改装而成。有两套燃料供给系统,一套为保留的原车供油系统,另一套为增加的LPG供给装置。两套燃料供给系统可根据发动机的运行工况按一定比例同时供给LPG和柴油两种燃料。其中,柴油只作引燃燃料,LPG是主燃料。

3. 醇类燃料

醇类燃料主要是指甲醇和乙醇。尤其是乙醇可以与汽油按一定比例混合使用,在保证动力性和经济性等各项指标下,是减少石油消耗和降低尾气排放有效措施。甲醇可从天然气、煤和重质燃料中制取。乙醇可从甜菜、甘蔗、草秆和玉米等农业作物的中制取。

(1) 醇类燃料的使用特点

① 辛烷值高。醇类燃料的辛烷值比汽油高,所以使用醇类燃料的发动机可以通过增大压缩比来提高其热效率,从而提高动力性和经济性。因此醇类是汽油良好的替代燃料。另外,醇类燃料也可以作为高辛烷值组分调入汽油中,进而提高汽油的抗爆能力。

② 蒸发潜热大。蒸发潜热是在常压沸点下,单位质量的纯物质由液态状态变为气体状态需吸收的热量或由气体状态变为液体状态需放出的热量。

醇类燃料蒸发潜热大能使形成的混合气温度低,其充气效率会提高,进而可使发动机动性增强;同时,蒸发潜热大,形成混合气时对发动机内部机件有冷却作用,可减少冷却系统和润滑系统的冷却负担,从而提高发动机的使用寿命。醇类燃料的蒸发潜热过大,会导致发动机冷启动困难。

③ 着火极限宽。着火极限是指混合气可以着火的最小浓度和最大浓度之间的范围,浓度是以空气中可燃气的体积分数表示。醇类燃料的着火极限比汽油宽得多,可实现稀薄燃烧,能有效降低发动机在部分负荷时的能量消耗与排放污染。

④ 热值低。醇类燃料的热值比汽油低,甲醇热值约为汽油的一半,乙醇热值约为汽油的61%。但由于醇类燃料存在自供氧效应,理论空燃比比汽油低,甲醇理论空燃比约为汽油的43%,乙醇理论空燃比约为汽油的60%。所以,在同样的过量系统下混合的热值与汽油相同当,汽车使用醇类燃料时的动力性不会降低。

⑤ 腐蚀性大。醇类燃料的化学性较强,对铜、铝等金属具有较强的腐蚀能力,对橡胶和塑料等非金属材料也具有较大的溶胀作用。

⑥ 易产生气阻。醇类燃料的沸点低,有助于形成燃料与空气的混合气。但在温度高时,容易在燃油供给系统产生气阻现象,严重时会使供油中断,发动机熄火。

⑦ 排放污染低。醇类燃料的蒸发潜热大,甲醇的蒸发潜热约为汽油的3.7倍,乙醇的蒸发潜热约为汽油的2.9倍,所以使用醇类燃料的燃烧温度较低,对NO_x生成有抑制作用;醇类燃料分子中没有C—C键结构,燃烧中不会有多环芳香烃通过缩合形成碳烟粒子等现象,因此排气中基本没有碳烟;醇类燃料含氧量高,且C/H值较汽油小,混合气燃烧较完全,因而排气中基本未燃烃类与CO含量也相应降低。

(2) 醇类燃料在汽车上应用 醇类燃料的辛烷值高,是良好的汽油机替代燃料。但由于其着火性差,十六烷值比柴油低好多,所以在柴油机上使用比较困难。汽油机中用应用醇类燃料主要有两种方法:掺醇燃烧和纯醇燃烧。

① 掺醇燃烧。掺醇燃烧是把甲醇或乙醇以不同比例掺入汽油中。甲醇、乙醇与汽油的混合燃料分别用M(Methanol)和E(Ethanoul)加一数字表示,其后的数字表示混合燃料中甲醇或乙醇的体积分数,如E15表示甲醇体积分数为15%的混合燃料,E10表示乙醇体积分数为10%的混合燃料。由于甲醇有毒,对人体危害很大,所以没有使用。目前普遍使用乙醇汽油,我国一般使用E10,国外有的发达国家可以达到E85。

掺醇汽油的优点如下:

a.抗爆性好。醇类燃料的辛烷值均高于汽油,掺后可明显提高汽油的抗爆能力。试验表明,在汽油中添加10%的乙醇,其辛烷值可提高约3个单位。因此,燃用掺醇汽油时,可通过提高发动机的压缩比来提高热效率,进而提高动力性和燃油经济性。

b.排气尾气中烃类、NO_x和CO的含量低。醇类燃料的蒸发潜热高,是掺醇汽油形成的混合气燃烧温度低,因而排放尾气中NO_x含量低;醇类燃料含氧,且C/H值较汽油小,使掺醇汽油形成的混合气燃烧也较完全,因而尾气中烃类与 CO 含量也响应低。

掺醇汽油的缺点如下:

醇类燃料与汽油的互溶性较差,掺醇汽油易出现分层现象,掺醇汽油中醇与汽油的互溶性受水分影响较大,水分易引起体系分层。同时醇类燃料吸水性强,在大比例掺醇燃料时很容易导致分层现象;掺醇汽油对发动机金属、橡胶和塑料等材料具有一定腐蚀性;掺醇汽油的低温启动性差,高温时易发生气阻。

② 纯醇燃烧。纯醇燃烧是指单纯燃烧甲醇或乙醇燃料。发动机烧纯醇必须对发动机进行改造。由于醇类燃烧的一些缺点和烧纯醇发动机改造相对复杂,目前没有推广使用。

4. 生物柴油

生物柴油主要产自油菜籽、大豆和向日葵,还可以以植物油或动物脂肪、废弃的食物等,另外,木屑、废纸、塑料甚至废轮胎都可以成为提取柴油的原材料。

(1) 生物柴油的特点

① 具有优良的环保特性,主要表现在由于生物柴油硫含量低,使得二氧化硫和硫化物的排放低,可减少约 30%(有催化剂时为 70%);生物柴油中不含对环境会造成污染的芳香烃,因而废气对人体损害低于柴油。与普通柴油相比,使用生物柴油可降低 90% 的空气毒性;由于生物柴油含氧量高,其燃烧时排烟少,一氧化碳的排放与普通柴油相比减少约 10%(有催化剂时为 95%);生物柴油的生物降解性高。

② 具有较好地低温启动性能,无添加剂冷启动点达 -20℃。

③ 具有较好的润滑性,使喷油泵、柴油机内部的磨损率降低,使用寿命延长。

④ 具有较好的安全性能。由于闪点高,生物柴油不属于危险品。因此,在运输、储存、使用方面的优势。

⑤ 具有良好的燃烧性能。十六烷值高,使其燃烧性好于普通柴油,燃烧残留物呈微酸性,使催化剂和发动机机油的使用寿命延长。

⑥ 无需改动柴油机,可直接添加使用。

⑦ 生物柴油以一定比例与普通柴油调和使用,可以降低油耗、提高动力性,并降低尾气污染。

(2) 生物柴油在汽车上的应用 随着生物柴油生产工艺的改进,使用普通柴油的发动机可直接使用生物柴油,无需任何改动(对有些机型仅需要更换密封圈或柴油滤芯)。生物柴油与普通柴油在油箱中以任何比例混合,对柴油机的动力性和燃油经济性无任何影响,同时能降低噪声和尾气的排放量。

6.2 汽车润滑材料及其使用

6.2.1 发动机润滑油的使用

发动机润滑油又称为发动机机油,是保证发动机内部运转部件润滑的重要材料,应具有润滑、冷却、密封、清洗、防腐、降噪和减磨等功能。

1. 发动机润滑油的使用性能

为实现发动机润滑油的主要功能,发动机润滑油必须满足如下性能:润滑性、黏温性、低温操作性、抗氧化性、清净分散性、抗泡性。

(1) 润滑性 在各种条件下,发动机润滑油降低摩擦、减缓磨损和防止金属零部件的正常工作过程中烧结损坏的能力,称为发动机润滑油的润滑性。

第6章 汽车运行材料及其使用

发动机润滑油是通过吸附在零件的表面形成一定强度的油膜来减少摩擦面相对运动的阻力和防止摩擦面金属靠近的。发动机黏度和化学性质对发动机零件在不同润滑状态的润滑作用有重要的影响。当润滑油的黏度低到一定程度时，油膜厚度降低近似等于运动副的粗糙度，该区域为混合润滑状态，润滑油的黏度和化学性质对摩擦系数都有影响。当润滑油膜的厚度小于运动副表面粗糙度时，便成为边界润滑状态，此时起润滑作用的不再是润滑油的黏度，而完全是润滑油的化学性质，即润滑油的油性和极压性。油性是润滑油在金属表面上吸附性。润滑油中极性分子定向排列吸附在金属表面上形成吸附膜，这种吸附膜只能在中温、中速、中负荷情况下，才能保证边界润滑。当高温、高速、高压时，吸附膜脱附，油性失效。极压性是润滑油在摩擦表面的化学反应性质。当润滑油中加入含磷、硫等化合物添加剂时，高温下这些化合物分解生成的活性元素与金属形成化学反应膜，该反应膜的熔点和剪切强度比较低，能降低摩擦和磨损。

发动机润滑油黏度是评定润滑性的重要指标。但是，对于边界润滑，主要是油性剂和极压剂起作用，所以发动机润滑油的润滑性还必须通过相应的发动机润滑油试验来评定。

（2）低温操作性　发动机润滑油自身保护发动机润滑油在低温条件下容易冷启动和可靠供给发动机润滑油的性能，称为发动机润滑油的低温操作性。由于发动机润滑油黏度随气温降低而增加，因此使得发动机随着启动温度的降低，转动曲轴的阻力矩随之增加，曲轴转速下降，从而造成发动机启动困难。发动机润滑油黏度增加后，由于流动困难，可能使得润滑油提供不足，增加了零件磨损加剧的倾向。综上所述，发动机润滑油的低温操作性包括有利于低温启动和降低发动机磨损两方面的要求。

评定发动机润滑油低温操作性的主要指标是发动机润滑油的低温黏度、边界泵送温度和倾点。

① 低温动力黏度。任何液体，当一部分相对另一部分发生相对运动时都会产生内部阻力，这种阻力是液体分子或其他微粒内摩擦的结果。黏度就是液体流动时内摩擦力的度量指标。黏度的基本表示方法分为绝对黏度和相对黏度，其中绝对黏度又可分为动力黏度和运动黏度。动力黏度表示液体在一定切应力作用下流动时内摩擦力的量度，而运动黏度则表示液体在重力作用下流动时内摩擦力的量度。在任何切应力和剪切速率下都显示出恒定黏度的液体，称为牛顿液体。低温动力黏度也称为表观黏度，它表示非牛顿液体流动时内摩擦特征的描述。发动机润滑油在低温下的黏度并不具有与温度成比例的变化关系，它在很大程度上与剪切速率有关，在不同的剪切速率下的黏度不为常数。即在同一温度下，剪切速率不同，黏度也不同。有这种黏度的液体，称为非牛顿液体。

低温动力黏度是划分冬用发动机润滑油黏度级号的依据之一。发动机润滑油低温动力黏度的测定标准是 GB/T 6538—2000《发动机油表观黏度测定法（冷启动模拟机法）》。

② 边界泵送温度。能将发动机润滑油连续和充分地供给发动机润滑系统机油泵入口的最低温度，称为边界泵送温度。它是衡量在启动阶段发动机润滑油是否易于流到机油泵入口并提供足够压力的性能，边界泵送温度也是划分冬用润滑油黏度级号的依据之一。发动机润滑油边界泵送温度的测定标准是 GB/T 9171—1988《发动机边界泵送温度测定法》的规定进行。

③ 倾点。在规定冷却条件下试验时，某种润滑油能够流动的最低温度，称为该油品的倾点。在相同试验条件下，同一润滑油的凝点比倾点略低。现行发动机润滑油规格中，均采用倾点作为评定发动机润滑油低温操作性的指标之一。油品倾点的测定标准是 GB/T 3535—1991《石油倾点测定法》的规定进行。

（3）黏温性　温度对润滑黏度有着显而易见的影响。温度升高黏度降低，温度降低黏度增大。润滑油的这种随温度升降而改变其黏度的性质,称为润滑油的黏温性,发动机润滑油应具有良好的黏温性,良好的黏温性是指润滑油的黏度随温度的变化程度较小的特性。

发动机润滑油所接触到各润滑部位的工作温度变化差别很大。因此,就要求发动机润滑油在高温工作时,能保持一定的黏度,以形成足够厚度的油膜,确保良好的液体润滑效果;在低温工作时,黏度又不至变得太大,以维持一定的流动性,使发动机润滑油低温时容易启动和减少零件的磨损。在基础油中加入黏度指数改进剂是提高润滑油粘温性的普遍方法。能同时满足低高温使用要求的发动机润滑油叫做多黏度发动机润滑油,又称为稠化机油。

发动机润滑油黏温性的评定指标是黏度指数。润滑油黏度随温度变化程度与标准油黏度随温度变化程度比较所得的相对值,叫做黏度指数。

黏度指数可根据GB/T 1995—1998《石油产品黏度指数计算法》的规定进行。

(4) 清净分散性 发动机润滑油能抑制积炭、漆膜和油泥生成或将这些沉积物清除的性能,叫做发动机润滑的清净分散性。

积炭是在覆盖在汽缸盖、火花塞、喷油器和活塞顶部等发动机高温部位的,厚度较大的固体炭状物质。它是由于燃料燃烧不完全或是发动机润滑油窜入燃烧室在高温下分解的烟炱等物质在发动机高温部位的零件上沉积而形成的。

漆膜是一种坚固且有光泽的漆状薄膜形物质,主要产生在活塞环区和活塞裙部。漆膜主要是燃料油或润滑油中的烃类物质,在高温和金属的催化作用下,经氧化、聚合生成的胶质或沥青质高分子聚合物。

油泥是一种比较稳定的油水乳状体与多种杂质的混合凝聚物。与积炭和漆膜比较,油泥属于低温沉积物。汽车处于低速走走停停,发动机润滑油时常处于低温条件下运行,易在油底壳中产生油泥。

发动机润滑油的基础油本身并不具备清净分散性,而是通过添加清净剂和分散剂而获得的。现代发动机润滑油的性能逐渐强化,工作条件越加苛刻。主要体现在发动机润滑油有出色清净分散能力,来减少润滑油中的沉积物,保护发动机减少磨损。

发动机润滑油清净分散性的评定指标是硫酸盐灰分。发动机润滑油清净分散性主要是通过发动机试验来评定。硫酸盐灰分是指试样炭化后的残留物用硫酸处理,加热至质量恒定时的残留物。硫酸盐灰分可以用来表明新润滑油中已知的含金属添加剂的浓度。测定按GB/T 2433—2001《添加剂和含添加剂润滑油硫酸盐灰分测定法》的规定进行。

(5) 抗氧化性 在一定条件下,发动机润滑油抵抗氧化变质的能力,称为发动机润滑油的抗氧化性。发动机润滑油在一定条件下会发生化学反应,如果发动机润滑油发生氧化反应,则将使颜色变深、黏度增加、酸性增大,并析出沉积物。发动机润滑油的氧化是发动机润滑油沉积物生成、发动机润滑油变质的前提,因此发动机润滑油的抗氧化性也是发动机润滑油的一个重要性质。该性质决定了发动机润滑油在使用过程中是否容易变质、对零件腐蚀和生成沉积物的倾向,它是决定发动机润滑油使用期限的重要因素。

发动机润滑油自身减缓其氧化变质过程的主要途径是选择合适的馏分、合理精制、在润滑油中添加抗氧化剂或抗氧抗腐剂。发动机润滑油的抗氧化性通过相应的发动机润滑油试验来评定。

(6) 抗腐性 发动机润滑油抵抗腐蚀性物质对发动机金属零部件腐蚀的能力,称为发动机润滑油的抗腐性。发动机润滑油在使用过程中不可避免地被氧化而生成各种有机酸,这些有机酸将对金属产生腐蚀作用。腐蚀机理是金属与氧化产物(过氧化产物)发生作用,生成金属氧化物,金属氧化物与有机酸反应生成金属盐。尤其是高速柴油机使用的滑动轴承,为铜、铅、镉、银合金制成的,其抗腐性相对较差,在发动机润滑油中即使只有微量的酸性物质也会引起严重腐蚀，使轴承表面易于产生腐蚀现象，甚至使轴承滑动接触表面金属产生大面积剥落。

提高发动机润滑油抗腐性的主要途径是加深发动机润滑油的精制程度，减小其酸值。同时要在润滑油中添加适量的抗氧抗腐剂。

评定发动机润滑油的抗腐性的指标是中和值和酸值，同时还要进行相应的发动机润滑油试验。中和 1g 试验用某种润滑油中含有的酸性或碱性组分所需的碱量，称为中和值，单位用 mgKOH/g 表示。中和值表示发动机润滑油在使用期间，经过一定的氧化作用以后，酸、碱值的相对变化。测定标准是 GB/T 7304—2000《石油产品和润滑油酸值测定法（电位滴定法）》。

(7) 抗泡沫性　发动机润滑油消除泡沫的性质称为发动机润滑油的抗泡沫性。当在油底壳中的发动机润滑油受到激烈搅动时，势必会有空气混入，因此就会在润滑油中产生泡沫。发动机润滑油产生泡沫是一种不良现象，如果不及时予以消除，将会在润滑系统中产生气阻，导致润滑油供应不足等故障。

评定发动机润滑油抗泡沫性的指标为生成泡沫倾向和泡沫稳定性等两项。测定按 GB/T 12579—2002《润滑油泡沫特性测定法》的规定进行。

2.发动机润滑油分类和规格

发动机润滑油是在以精制的矿物油、合成油为基础油中加入金属清净剂、无灰分散剂、抗氧抗腐剂、黏度指数改进剂、降凝剂、抗磨保护剂、抗泡剂、防锈剂等各类添加剂而制成，其品种、规格是按照基础油的性能和各种添加剂所含数量来划分的。在我国使用的各类车用发动机润滑油一般普遍采用：美国石油协会的 API 使用性能分类、美国汽车工程师协会的 SAE 使用黏度分类、欧洲汽车制造商协会 ACEA 分类、国际润滑油标准化和认证委员会 ILSAC 分类和汽车制造厂商的分类。

(1) 美国石油协会 API 分类　美国石油协会（American Petroleum Institute，简称 API）是将发动机润滑油按使用性能进行分类，是根据在发动机润滑油试验评定中所表现的抗磨性、清净分散性和抗氧化腐蚀性等确定其等级。

API 使用性能分类将汽油发动机的润滑油规定为 S 系列，柴油发动机润滑油规定为 C 系列。分别都在字母后以 A 开头按发动机润滑油强化程度和工作条件的苛刻程度来划分发动机润滑油的等级，以保证润滑油的使用性能。API 使用性能分类法今后将随发动机和发动机润滑油技术的发展，循序渐进地增加新的级别。表 6-8 所示为汽油发动机润滑油 API 使用性能和规格分类，其中 SA、SB、SC、SD 级润滑油已不生产使用。表 6-9 所示为柴油发动机润滑油使用性能和规格分类，其中 CA、CB、CC 级润滑油已不生产使用。

表 6-8　API 汽油发动机润滑油使用性能和规格分类

API 规格	质量水平和使用性能
SE	用于 1972 年出厂汽油机的要求，具有高抵抗氧和低温抗油泥和防锈性能
SF	用于 1980 年出厂和无铅汽油做燃料的汽油机，与 SE 级油比提高了抗氧化稳定性和改进了抗磨性能，还具有抗沉积、防锈蚀和腐蚀的性能
SG	用于 1989 年出厂的汽油机，改进了抗沉积、抗氧化和抗磨损性能，还具有很高的防锈性能
SH	用于 1994 年出厂的汽油机，具有比 SG 更高的抗磨损、抗腐蚀、清净分散性能。含磷量为 0.12%
SJ	用于 1997 年出厂的汽油机，具有更好的抗高温沉积性、适应严格的排放要求，并具有更长的使用寿命。含磷量为 0.10%
SL	用于 2001 年出厂的汽油机，具有比 SJ 级更好抗磨、抗氧化、清净分散、节油性。适应更严格的排放要求，含磷量为 0.10%。可用于增压发动机。并具有更长的使用寿命
SM	用于 2004 年出厂的汽油缸内直喷发动机，比 SL 级油抗磨性提高 20%。具有更强的抗氧化、清净分散性、节油性。适应更严格的排放要求，含磷量为 0.08%。可用于增压发动机。并具有更长的使用寿命
SN	用于 2010 年出厂的汽油缸内直喷和增压发动机，具有比 SM 级油更强的抗磨性、抗氧化、清净分散性、节能性。适合更严格的排放要求，具有保护车辆排放系统的要求，含磷量更低，并具有超长的使用寿命

表 6-9 API 柴油发动机润滑油使用性能和规格分类

API 规格	质量水平和使用性能
CD	用于 1955 年高速高功率增压柴油机,具有高效率控制磨损和沉积物的能力,以及抑制轴承腐蚀性能
CE	用于 1983 年后生产的增压重负荷柴油机,具有优良的防止高、低温沉积物和抗腐蚀性、抗磨损性
CF-4	用于 1991 年后生产的增压重负荷柴油机,符合相关的排放标准,具有优良的防止高、低温沉积物和抗腐蚀性、抗磨损性
CF	用于 1994 年后生产的柴油机,尤其是间接喷射柴油发动机,适用于轻型柴油货车或柴油轿车,符合相关的排放标准,具有优良的防止高、低温沉积物和抗腐蚀性、抗磨损性
CG-4	用于 1995 年后生产的使用低硫燃料的增压或电控柴油机,符合符合相关的排放标准,具有优良的防止高、低温沉积物和抗腐蚀性、抗磨损性
CH-4	用于 1998 年后生产的硫含量为 500μg/g 柴油的重负荷、高速四冲程柴油机,满足 1998 年后相应排放法规。具有优良的防止高、低温沉积物和抗腐蚀性、抗磨损性
CI-4	用于 2002 年后生产的硫含量小于 500μg/g 柴油重负荷、高速四冲程柴油机和所用电控高压共轨柴油机。满足 2002 年后相应排放法规。具有优良的防止高、低温沉积物和抗腐蚀性。并具有优异的抗磨损保护性能
CJ-4	用于 2007 年生产的车用柴油机,燃烧含硫量为 15μg/g 的车用柴油机润滑油。满足 2007 年后相应排放法规。具有优良的防止高、低温沉积物和抗腐蚀性。并具有优异的抗磨损保护性能

在我国于 2000 生产的汽油发动机轿车都应使用 API SL 级以上的发动机润滑油,能有效延长发动机的使用寿命、减少换油周期和减少尾气排放等效果。同时 API 规定 SL 级油在车辆行驶 6400km 后还应具有一定的节能和抗氧化性。

(2) 美国汽车工程师协会 SAE 分类 美国汽车工程师协会 (Society Automotive Engineers,简称 SAE) 制定了发动机润滑油黏度分类法,中间曾几次修改,目前执行的是 SAE J300—2000《发动机润滑油黏度分类》,如表 6-10 所示。该标准采用字母含有 W 和不含有 W 两组系列黏度等级号划分,前者以最大低温黏度、最大低温泵送温度下的黏度和 100℃时最小运动黏度划分;后者仅以 100℃时的运动黏度划分。冬用的发动机润滑油黏度等级以 6 个含 W 的低温黏度级号 (0W、5W、10W、15W、20W、25W) 表示;夏用发动机润滑油黏度等级以 5 个不含有 W 的 100℃时的运动黏度划分级号 (20、30、40、50、60) 划分。

表 6-10 SAE 发动机润滑油黏度分类及规格

SAE 黏度等级	低温黏度 /(MPa·s)最大	低温泵送温度下黏度 /(MPa·s)最大	运动黏度(100℃)/(mm²/s) 最小	运动黏度(100℃)/(mm²/s) 最大	最高剪切黏度(150℃,160s⁻¹) /(MPa·s)最小
0W	6200(−35℃)	6000(−40℃)	3.8	—	—
5W	6600(−30℃)	6000(−35℃)	3.8	—	—
10W	7000(−25℃)	6000(−30℃)	4.1	—	—
15W	7000(−20℃)	6000(−25℃)	5.6	—	—
20W	9500(−15℃)	6000(−20℃)	5.6	—	—
25W	13000(−35℃)	6000(−15℃)	9.3	—	—
20	—	—	5.6	<9.3	2.6
30	—	—	9.3	<12.5	2.6
40	—	—	12.5	<16.3	2.9(0W/40,5W/40,10W40)
40	—	—	12.5	<16.3	3.7(15W/40,20W/40,25W/40)
50	—	—	16.3	<21.9	3.7
60	—	—	16.3	<26.1	3.7

按美国汽车工程师协会 SAE 的黏度分类体系,发动机润滑油还有单黏度级和多黏度级(稠化机油)之分。只能满足低温或高温一种黏度级别要求的发动机润滑油,

称为单黏度级发动机润滑油。而既能满足低温工作时黏度级别要求,又能满足高温工作时黏度级要求的发动机润滑油,称为多黏度级发动机润滑油,用低温黏度级号与高温黏度级组合来表示。多级油是由一些经黏度指数改进剂调配,具有多黏度等级的发动机润滑油,其低温黏度小,100℃运动黏度较高,是满足一年四季通用的发动机润滑油。主要有 0W/40,0W/50,5W/20,5W/30,5W/40,10W/30,10W/40,15W/40,20W/50,20W/60。

(3) 欧洲汽车制造商协会 ACEA 分类 欧洲汽车制造商协会 ACEA(Association des Constructeurs Europeensd Automobiles)将车用润滑油分成三类,第一是汽油机油,第二是轻型柴油机油,第三是重负荷柴油机油。在每一组程序内有不同的性能要求和级别。对汽油机油有 A1、A2、A3、A5 五个级别,见表 6-11。对轻型柴油机有 B1、B2、B3、B4、B5 五个级别,见表 6-12。对重负荷柴油有 E1、E2、E3、E4、E5 五个级别要求。

表 6-11 ACEA 汽油发动机润滑油使用性能分类及规格

ACEA 规格	质量水平和使用性能
A1	油品稳定、级数持久不变,用于延长换油里程的汽油发动机,使用低摩擦低黏度油品,其高温高剪力黏度 XW-40≥12mm^2/s,黏度级数为 2.9～3.5mPa·s。具有良好的抗高温氧化、抗低温油泥和较高的凸轮磨损性能,并具有一定的节能性,适合于 1993 年后生产的汽油发动机
A2	油品稳定、级数持久不变,用于延长换油里程的汽油发动机,使用低摩擦低黏度油品,其高温高剪力黏度 XW-50≥14mm^2/s,黏度级数为 3.5mPa·s。具有良好的抗高温氧化、抗低温油泥和较高的凸轮磨损性能,并具有一定的节能性,适合于 1995 年后生产的汽油发动机
A3	油品稳定、级数持久不变,用于延长换油里程的高性能汽油发动机,使用低摩擦低黏度油品,其高温高剪力黏度 XW-50≥14mm^2/s,黏度级数>3.5mPa·s。具有良好的抗高温氧化、抗低温油泥和较高的凸轮磨损性能,并具有良好的节能性,适合于 1997 年后生产的汽油发动机
A4	油品稳定、级数持久不变,用于延长换油里程的高性能汽油直喷增压发动机,使用低摩擦低黏度油品,其高温高剪力黏度 XW-50≥14mm^2/s,黏度级数>3.5mPa·s。具有良好的抗高温氧化、抗低温油泥和较高的凸轮磨损性能,并具有良好的节能性,适合于 2002 年后生产的汽油发动机
A5	油品稳定、级数持久不变,用于延长换油里程的高性能汽油直喷增压发动机,使用低摩擦低黏度油品,其高温高剪力黏度 XW-50≥14mm^2/s,黏度级数>3.5mPa·s。具有良好的抗高温氧化、抗低温油泥和较高的凸轮磨损性能,并具有良好的节能性,适合于 2004 年后生产的汽油发动机

表 6-12 ACEA 轻型柴油发动机润滑油使用性能分类及规格

ACEA 规格	质量水平和使用性能
B1	油品稳定、级数持久不变,用于延长换油里程的柴油发动机,使用低摩擦低黏度油品,其高温高剪力黏度 XW-40≥12mm^2/s,黏度级数为 2.9～3.5mPa·s。具有良好的抗高温氧化、抗低温油泥、较高的凸轮磨损性和阀系磨损性能,并具有一定的节能性,适合于 1993 年后生产的柴油发动机
B2	油品稳定、级数持久不变,用于延长换油里程的柴油发动机,使用低摩擦低黏度油品,其高温高剪力黏度 XW-50≥15mm^2/s,黏度级数≥3.5mPa·s。具有良好的抗高温氧化、抗低温油泥、较高的凸轮磨损性和阀系磨损性能,并具有一定的节能性,适合于 1995 年后生产的柴油发动机
B3	油品稳定、级数持久不变,用于延长换油里程的柴油增压发动机,使用低摩擦低黏度油品,其高温高剪力黏度 XW-50≥15mm^2/s,黏度级数≥3.5mPa·s。具有良好的抗高温氧化、抗低温油泥、较高的凸轮磨损性和阀系磨损性能,并具有一定的节能性,适合于 1997 年后生产的柴油发动机
B4	油品稳定、级数持久不变,用于延长换油里程的高性能柴油直喷增压发动机,使用低摩擦低黏度油品,其高温高剪力黏度 XW-50≥15mm^2/s,黏度级数≥3.5mPa·s。具有良好的抗高温氧化、抗低温油泥、较高的凸轮磨损性和阀系磨损性能,并具有一定的节能性,适合于 1999 年后生产的柴油发动机
B5	油品稳定、级数持久不变,用于延长换油里程的高性能柴油直喷增压发动机,使用低摩擦低黏度油品,其高温高剪力黏度 XW-50≥15mm^2/s,黏度级数≥3.5mPa·s。具有良好的抗高温氧化、抗低温油泥、较高的凸轮磨损性和阀系磨损性能,并具有一定的节能性,适合于 2002 年后生产的柴油发动机。符合严格的尾气排放标准要求

我国汽车工业普遍与欧洲汽车制造厂商合作生产各类轿车,所以很多汽车厂商和润滑油生产厂商都采用欧洲汽车制造商协会 ACEA 的润滑油分类标准进行分类。

（4）国际润滑油标准化和认证委员会 ILSAC 分类　国际润滑油标准化和认证委员会 ILSAC（International Lubricant Standardization Approval Commit-tee，简称 ILSAC）由美国汽车制造商协会（AAMA）和日本汽车制造商协会（JAMA）联合成立。ILSAC 组织开发了汽油燃料轿车发动机最低性能标准，有 GF-1、GF-2、GF-3、GF-4 和 GF-5 五个规格标准，见表 6-13 所示。

表 6-13　ILSAC 汽油发动机润滑油使用性能分类及规格

ILSAC 规格	质量水平和使用性能
GF-1	包含了 API SH 规格的各项要求，但要求具更低挥发性、过滤性、抗起泡性、高闪点、高温高剪力黏度及低磷含量，同时，GF-1 在台架测试程序 VI(Sequence VI)上，规定必须达到 2.7% 的节能性，因此，合格油品的低温黏度也限于 0W、5W 及 10W 三种
GF-2	包含了 API SJ 规格的各项要求之外，在高温高剪力黏度、挥发度、过滤性、闪点、高温沉积物、磷含量上还有更严格的规范。同时，增加了程序节能试验，并强调对排放系统的保护，因而油中含磷量从 GF-1 的 0.12% 降到 0.10%
GF-3	基本上 ILSAC GF-3 及 API SL 是从 ILSAC GF-2 及 API SJ 升级而来。ILSAC GF-3 包含了 API SL 规格的各项要求之外，在燃油经济性，高温积垢控制，排放废气系统保护及抗氧化保护等方面有更严苛的要求。其中 ILSAC GF-3 的燃油经济性是以 ACEA XW-30 或是更低黏度油品为主
GF-4	GF-4 轿车汽油机润滑油在减少空气污染、提高燃料经济性和润滑油的高温性能有了很大提高。并同时符合 API SM 级润滑油要求，在 GF-4 中规定磷含量要求不超过 0.08%，硫含量 0.5%～0.7%，抗磨损性为 90μm。用于高性能的汽油缸内直喷增压发动机，并满足最新排放标准
GF-5	GF-5 在 GF-4 的基础上提高了燃料经济性和润滑油抗氧化性。并同时符合 API SN 级润滑油要求，GF-5 的具有超高的节能性能。用于高性能的汽油缸内直喷增压发动机，并满足最新排放标准

在我国 ILSAC 标准广泛用于日本和韩国进口汽车的发动机润滑油标准、中日合资的汽车厂商和润滑油厂商汽油发动机润滑油使用标准。

（5）汽车制造厂商的分类　在我国最大轿车制造和销售厂商分别是"一汽-大众"和"上海-大众"，两家中德合资生产的轿车占中国轿车年生产量的 1/4 左右。系列轿车使用的润滑油的标准都是德国大众厂商润滑油标准。德国大众公司的润滑油标准在 ACEA 和 API 中有一定的影响，其中德国大众公司的润滑油标准追加了黑油泥试验、密封材料适应性试验和高温沉积物试验等苛刻性能试验，对发动机的保护更有效。汽油机油标准是 VW500.00、VW501.00、VW502.00、VW503.00、VW503.01 和 VW504.00，见表 6-14。柴油机油标准是 VW505.00、VW505.01、VW506.00、VW506.01、VW507.00，见表 6-15。

表 6-14　德国大众公司汽油机润滑油使用性能分类及规格

德国大众原厂润滑油规格	质量水平和使用性能
VW500.00	具有优良的防止高、低温沉积物和抗腐蚀性、抗磨损性。磷含量大于 0.08%，硫酸灰分小于 1.5%。适合于 1999 年出厂的全系列 VW/AUDI 全车系汽油发动机
VW501.00	具有优良的防止高、低温沉积物和抗腐蚀性、抗磨损性。延长换油周期，磷含量大于 0.08%，硫酸灰分小于 1.5%。适合于 1999 年出厂的全系列 VW/AUDI 全车系汽油发动机
VW502.00	针对严苛环境设定的规范，用于诸如高气温、潮湿、爬坡及经常在市内走走停停等驾驶环境中。具有优良的防止高、低温沉积物和抗腐蚀性、抗磨损性。磷含量大于 0.08%，硫酸灰分小于 1.5%。适合于 1999 年出厂的全系列 VW/AUDI 全车系汽油发动机
VW503.00	本规范有 2 大重点，一是"加长换油周期"，二是 S4、RS4、TT、S6 等输出超过 180 马力的车型发动机，依其特殊润滑需求制定的特殊规范
VW503.01	VW503.01 除了 VW503.00 所涵盖的规范之外，加强了大众公司生产的 V8、W12 等多汽缸、大排量发动机需求的润滑等级
VW504.01	汽油发动机规范中的最新标准，除涵盖以上标准之外，还加强了节省燃油、清静排气、清洁引擎内部等功效。适用于大众公司生产的汽油缸内直喷增压发动机

第6章 汽车运行材料及其使用

表6-15 德国大众公司柴油机润滑油使用性能分类及规格

德国大众原厂润滑油规格	质量水平和使用性能
VW505.00	具有优良的防止高、低温沉积物生成和抗腐蚀性、抗磨损性。延长换油周期。满足相应排放法规。用于除泵喷嘴发动机之外的VW分配泵及共轨柴油发动机
VW505.01	具有优良的防止高、低温沉积物生成和抗腐蚀性、抗磨损性。延长换油周期。适用于配备涡轮增压泵喷嘴TDI发动机。满足相应排放法规
VW506.00	除涵盖以上标准之外,还加强了节省燃油、清静排气、清洁引擎内部等功效。适用于除了涡轮增压泵喷嘴之外的VW柴油发动机
VW506.01	除涵盖以上标准之外,还加强了节省燃油、清静排气、清洁引擎内部等功效。适用于VW集团的涡轮增压泵喷嘴TDI引擎及涡轮增压共轨高压TDI引擎。具有"加长换油周期"特性
VW507.00	柴油引擎规范中的最新标准,除涵盖506.01标准以外,还加强节省燃油、清静排气、清洁引擎内部等功效

ACEA、ILSAC和德国大众公司的发动机润滑油黏度都参照SAE的黏度标准进行分类。

3.发动机润滑油的选择

发动机润滑油的选择应兼顾使用性能级别和黏度级别选择两个方面,并参照相应外国润滑油的使用标准进行选择。

(1) 使用性能级别选择

① 汽油发动机润滑油使用级别的选择。主要根据发动机的结构特性、工作条件和燃料品质来选择。汽油发动机润滑油的使用性能选择时,应注意汽油发动机工况的苛刻和进排气系统中的附加装置及生产年代。汽油发动机润滑油使用性能级别的选择一般考虑如下具体因素:

a.选择发动机压缩比、排量、最大功率、最大扭矩。

b.发动机润滑油负荷,即发动机功率(kW)与曲轴箱油容量(L)之比。

c.曲轴箱强制通风、废气再循环等排气净化装置的采用对发动机的影响。

d.城市汽车时开时停等运行工况对沉积物和发动机润滑油氧化的影响等。

典型汽油发动机主要技术特性和所对应使用润滑油的性能级别见表6-16。

表6-16 典型汽油发动机润滑油使用性能级别

汽车型号	发动机型号或特征	功率/(kW/r·min)	扭矩/(N·m/r·min)	排量/L	压缩比ε	润滑油使用级别
哈飞民意微型面包车HF6371	DA465多点电喷	35.5/5000	72/3000~3500	1.0	8.8	SF
新奥拓1.0	K10B多点电喷	52/6200	92/2500~3500	1.0	10	SH或GF-2
POLO	EA111多点电喷	63/5000	132/3750	1.4	10.5	SJ、SL或VW502.00或A2、A3
捷达	EA113多点电喷	70/5600	140/3500	1.6	9.6	SJ、SL或VW502.00或A2、A3
高尔夫6	EA111缸内直喷带废气涡轮增压器	96/5000	220/1750~3500	1.4	9.8	SL、SM或VW504.00
别克凯越	F16D多点电喷发动机	81/6000	146/3600	1.6	9.5	SL、SM或A4
日产轩逸	HR16DE多点电喷发动机	86/6000	153/4400	1.6	9.8	SL或GF-3
现代悦动	G4FC多点电喷发动机	90.4/6300	155/4200	1.6	10	SL或GF-3

续表

汽车型号	发动机型号或特征	功率/(kW/r·min)	扭矩/(N·m/r·min)	排量/L	压缩比 ε	润滑油使用级别
速腾冠军版	EA888缸内直喷带废气涡轮增压器	118/5000~6200	250/1500~4200	1.8	9.6	SM、SN 或 VW504.00
丰田卡罗拉	2ZR-FE多点电喷发动机	103/6400	173/400	1.8	10	SL，SM 或 GF-3
本田思域	R18A1多点电喷发动机	103/6300	174/4300	1.8	10.5	SL，SM 或 GF-3
一汽奔腾	LF多点电喷发动机	108/6500	183/400	2.0	10.3	SL、SM
一汽迈腾	EA888缸内直喷带废气涡轮增压器	147/5000~6000	280/1800~5000	2.0	9.6	SM、SN 或 VW504.00
本田雅阁	K24Z2多点电喷发动机	132/6500	225/4500	2.4	10.5	SL、SM 或 GF-3、GF-4
雪铁龙C5	RFN10LH3X多点电喷发动机	108/6000	200/4000	2.0	11	SL、SM 或 A4
别克君越	LTD缸内直喷带废气涡轮增压器	162/5300	350/2000~4000	2.0	9.3	SM、SN 或 A5 或 GF-4
奥迪A6L	VAJ缸内直喷带机械式增压器	213/4850~6800	420/2500~4850	3.0	10.5	SM、SN 或 VW504.00 或 A5

车用汽油发动机润滑在使用级别上是就高不就低，厂家给出的使用级别一般是该车发动机润滑油的最低使用级别，不能低于该使用级别。在使用条件苛刻的情况下，应选用半合成或全合成润滑油，尽量提高一个使用级别，这样能有效减少磨损、延长发动机的使用寿命和换油周期。

② 柴油发动机润滑油使用级别的选择。主要依据发动机的平均有效压力、活塞平均速度、机油负荷、使用条件和柴油含硫量等因素。

目前车用柴油机的强化系数都在80以上，传统的通过计算确定柴油机强化系数来选择机油的方法已不科学。现代乘用车领域和商用车领域广泛使用高强度的电控高压共轨柴油机，并且由于尾气排放法规的严格，其使用润滑油的标准也相应提高。电控柴油机结合尾气排放法规，最低的柴油机润滑油的使用性能SAE标准在CF-4以上，见表6-17。

表6-17 典型车用柴油发动机使用性能级别

汽车型号	发动机型号或特征	最大功率/kW	最大扭矩/(N·m)	排量/L	压缩比 ε	润滑油使用级别
捷达SDI	电控VE分配泵	47	125	1.9	19	VW505.00、VW505.01 或 CG-4 或 B3
奥迪A6L	电控高压泵喷嘴带废气增压	140	380	2.7	19	VW507.00 或 CI-4,CJ-4 或 B5
日产皮卡	4D22直喷电控VE泵废气增压	52	173	2.2	18	CF-4,CF 或 B1,B2
依维柯面包车	8140.43N直喷高压共轨废气增加	107	320	2.8	18.5	CG-4,CH-4 或 B3
解放J6P重卡	奥威CA6DM2-42E3电控高压共轨直喷带废气增压中冷	324	1900	11.04	17.5	CI-4,CJ-4 或 B5

特别提示

柴油机的平均有效压力、活塞平均速度等反映柴油机的强化程度，用强化系数 K_ϕ 表示。早期柴油发动机润滑油的质量等级应根据柴油发动机的强化系数来确定：

第6章 汽车运行材料及其使用

$$K_\phi = 5P_{me}C_m$$

式中 K_ϕ——强化系数；

P_{me}——柴油机有效压力，MPa；

C_m——活塞平均速度，m/s。

而

$$P_{me} = \frac{30N_e\tau}{Vn}$$

式中 N_e——柴油机有效功率，kW；

τ——柴油机冲程数；

V——柴油机排量，L；

n——柴油机转速，r/min。

$$C_m = \frac{Sn}{30}$$

式中 S——活塞行程，m。

目前，所有车用柴油机的强化系数都在80以上，尤其电控柴油机发动机必须使用含硫量低的柴油，所以根据强化系数选用柴油机润滑油只做参考使用，一般强化系数大于80以上的柴油应选用 SAE CF-4 级润滑油。

（2）黏度级别选择　主要根据气温、工况和发动机的技术状态。发动机润滑油的黏度要保证发动机低温易于启动，而走热后又能维持足够黏度，保证正常润滑。在重载高速和高温下应选择黏度较大的润滑油；轻载低速应选择黏度较小的润滑油。同时，应尽量选用黏温特性好、黏度指数高的多级油，多级油使用温度范围比单级油宽，具有低温黏度和高温黏度的双重特性，是目前广泛使用的润滑油，见表6-18。任何发动机润滑油标准都采用SAE发动机润滑油黏度级别标准。

表6-18　SAE发动机润滑油黏度级别标准（多级油）

SAE黏度级别	适用气温/℃	SAE黏度级别	适用气温/℃
0W/40	-35～40以上,严寒地区使用,四季通用机油	10W/40	-25～40以上,四季通用机油
5W/20	-30～30,四季通用机油,适合新车发动机	15W/40	-20～40以上,高温地区使用
5W/30	-30～30,四季通用机油,适合新车发动机	10W/50	-20～40以上,炎热高温地区使用
5W/40	-30～40以上,四季通用机油	10W/60	-20～40以上,高温重负荷发动机使用
10W/30	-25～30,四季通用机油		

知识链接

发动机润滑油按制造的组成可分为矿物油和合成油，其中合成油又分为全合成油和半合成油。矿物油和合成油虽然都是从原油中提炼，但纯度和品质却相差甚远。

矿物油是原油提炼过程中在分馏出轻质物质如汽油等之后剩下来的塔底油经提炼而成的产物，再加入各类添加剂。矿物油是市场上最常见的润滑油，它最大的优点是价格相对合成油便宜，一般4L的发动机矿物润滑油的市场价格在50～180元不等（按使用性能和黏度划分）。

而全合成油是来自原油中的瓦斯气或天然气分散出来的乙烯、丙烯，在经聚合、催化等复杂化学反应炼制成的润滑油。在本质上，它使用的是原油中较好的成分，加以化学反应并在人为控制加入抗磨、抗氧化、抗腐蚀等添加剂，所以全合成油有比传统矿物油更高的纯度和品质。一般4L的发动机全合成润滑油的市场价格在400～800元不等（按使用性能和黏度划分）。

半合成油是全合成油与矿物油调和，又称为调和油。具有比矿物油好的性能，又比全合成油相对低廉的价格。一般4L的发动机半合成润滑油的市场价格在200～400元不等（按使用性能和黏度划分）。

发动机合成润滑油具有比矿物质润滑油更好的抗磨损性和氧化性。换油周期是矿物质油的1～2倍。

4. 发动机润滑油的更换

发动机润滑油的换油周期应根据相应的使用条件进行确定。过早会造成润滑油浪费，过迟又会增大发动机磨损。一般应按照汽车使用说明书上规定的期限换油。同时应遵循三个原则：一是根据车辆的行驶里程（或发动机润滑油的工作时间）确定，称为定期换油；二是根据发动机润滑油的使用性能降低程度确定，称为按质换油；三是采用在发动机润滑油油质检测下的定期换油。

（1）定期换油 发动机润滑油性能下降和质量的劣化，尤其是润滑油成分组元之间的化学变化，主要取决于使用时间的影响。定期换油就是按行驶里程或使用时间对发动机润滑油使用性能变化的影响规律来换油。换油期依据发动机润滑油使用性能变化的影响规律来确定。换油期与发动机润滑油使用性能级别、发动机润滑油技术状况和运行条件有关。由于我国汽车都是合资方式生产，所以都遵循各厂家的换油周期标准。应注意以下几点：

① 严格按照汽车生产厂家的使用性能级别标准选用润滑油。

② 根据车辆型号和气温选择合适质量级别和黏度等级的发动机油，应使用多级黏度机油。

③ 一般日系、韩系和自主品牌车型厂家规定5000km或6个月更换一次润滑油。欧系和美系车型厂家规定7500～10000km或6～8个月更换一次润滑油。

④ 使用普通矿物质润滑油应严格按照厂家规定期限换油，使用半合成或全合成润滑油平均换油里程是10000km，最高在15000km以内。

⑤ 柴油发动机润滑油使用级别较高，除按厂家规定的期限换油外，根据使用性能可延长换油周期。一般CH—4以上级别换油周期都在10000km左右。

⑥ 使用环境和使用条件恶劣的情况下应缩短换油周期。

（2）按质换油 按质换油是依据对能够反映在用发动机润滑油质量的一些有代表性理化指标的检测评定，来作出是否换油的决定。我国发动机润滑油都采用美国API标准，同时相应的换油指标是参照美国车用报废润滑油标准执行的。表6-19、表6-20为美国汽油机油和柴油机油报废标准的主要报废项目指标。

表6-19 美国汽油机油报废标准

检验项目	报废指标	附记	检验项目	报废指标	附记
基本检测项目			补充检验项目		
外观和气味	迅速变化	观察者判断	燃料稀释/%（体积分数）超过	5	
斑点试验	密集，黑而小	观察者判断	水/%（体积分数）小于	0.2	只在爆裂试验有水时测定
爆裂试验	有水	测水分	乙二醇	有乙二醇	只在使用防冻液时测定
黏度变化/%			微量磨损金属/(mg/kg)		金属来源：
40℃，降低超过/%	25	亦可用100 °F(37.8℃)	铝 大于	40	活塞
40℃，增加超过/%	50		镉 大于	40	活塞环、缸套
			铜 大于	40	轴承、轴瓦

表6-20 美国柴油机油报废标准

检验项目	报废指标	附记	检验项目	报废指标	附记
基本检测项目			补充检验项目		
外观和气味	迅速变化	观察者判断	燃料稀释/%（体积分数）大于	5	
斑点试验	密集，黑而小	观察者判断	水/%（体积分数）小于	0.2	只在爆裂试验有水时测定
爆裂试验	爆裂有水	测水分	乙二醇	有乙二醇	只在使用防冻液时测定
黏度变化/%			微量磨损金属/(mg/kg)		金属来源：
40℃，降低超过/%	25	亦可用100 °F(37.8℃)	铝 大于	40	活塞
40℃，增加超过/%	50		镉 大于	40	活塞环、缸套
			铜 大于	40	轴承、轴瓦

① 黏度。机油黏度过高，低温启动及泵送性能变坏，循环冷却作用下降，对发动机摩擦、磨损有不利影响。黏度太低，机油润滑能力下降，也会增加磨损。所以黏度报废指标大多数规定为100℃运动黏度变化范围不超过20%～25%，亦有规定不超过该油的SAE黏度级的。可能由于近年汽、柴油机强化程度及机油清净分散性能日益提高，在黏度变化上限有容许35%的。

② 不溶物。用溶剂使悬浮杂质分离、凝聚，随后用离心法可测定出不溶物含量。用正戊烷、石油醚、苯作溶剂测得润滑油中的不溶物，分别称为正戊烷不溶物、石油醚不溶物和苯不溶物。

对机油不溶物极限含量规定差别颇大。最新标准有容许值为5%～6%（凝聚法）的，主要是与发动机的清净分散性水平有关。

③ 水分。由于汽车发动机的工作温度范围很宽，机油内进入少量水是难免的，一般用机油水分最高值为0.5%，超过此值表示可能游离水。

④ 碱值。总碱值主要是控制柴油机油酸性添加剂消耗程度的指标。一般规定柴油机碱值报废指标多定在0.2～0.1之间，也有规定小于新油碱值的10%～20%。尤其是使用柴油含硫量高的柴油机和电控柴油机应严格控制碱值含量。

（3）在用油的快速检测方法　实施不定期换油需要对发动机内的再用机油进行定期检验。用光谱分析、薄膜过滤技术虽先进而准确，但设备昂贵、操作复杂，需要在专门的实验室内由专职技术人员操作和分析结果。对于广大私家车和运输车辆并不适用，并且也难以应用。随着对在用发动机润滑油油质分析技术的进步，特别是油质快速分析法的出现与广泛应用，使原来在用发动机润滑油的定期换油法，倾向于同时采用简易快速在用发动机润滑油分析法作为定期换油合理性的监测手段。

目前，我国多采用滤纸斑点试验法和油滴斑点色域迹象试验法。

① 滤纸斑点试验法。按GB/T 8030—1987《润滑油现场检验法》有关规定，测取滤纸斑点，并与典型斑点图谱对比分析，从而判断含有清净剂和分散剂的发动机润滑油的清净分散性，以此反映发动机润滑油的清净剂和分散剂作用的丧失程度。典型斑点形态为3个环，如图6-1所示。

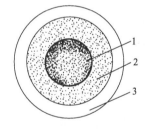

图6-1　滤纸斑点形态示意图
1—沉积环；2—扩散环；3—油环

a.沉积环：在斑点中心，呈淡灰至黑色，为大颗粒不溶物沉积区。发动机油接近报废时，清净剂和分散剂消失，沉积环直径小，颜色黑。

b.扩散环：在沉积环外圈呈浅灰色到灰色的环带，它是悬浮在油内的细颗粒杂质向外扩散留下的痕迹。宽度越宽，分散性越好；窄或消失，表示清净剂和分散剂已耗尽。

c.油环：在扩散环外圈，颜色由淡黄色到棕红色的侵油区，此环可反映发动机油的氧化程度。新油的油环透明，氧化越深，颜色越暗。

沉积环呈黑色，扩散环变窄，油环颜色变深。说明发动机油接近报废，应更换新油。

② 油滴斑点色域迹象试验法。按NY/T 512—2002《润滑油质量快速检测方法》的规定，在滤纸上测取油滴斑点色域迹象。将其与对照图谱比较，即可对润滑油质量进行判断。正常发动机润滑油的油滴色域迹象由4个圈域组成，如图6-2所示。

图6-2　正常发动机润滑油的油滴色域迹象
1—油心圈；2—清净圈；3—分散圈；4—扩散圈

a. 油心圈：由滴入滤纸上的油滴而形成的迹象，开始呈蓝色的内圈，色晕分布均匀，色晕随发动机润滑油工作时间的增加而逐渐变黑。

b. 清净圈：主要反映油质的清净程度，一般呈灰白色的环带，油质档次越高，其环带越大，随发动机油工作时间的增加而逐渐变黑。

c. 分散圈：主要反映油质的分散能力，是判断油质好坏的主要迹象，一般呈浅黑色环带。油质档次越高，圈域界限越明显、圈域越大，随发动机润滑油工作时间的增加圈域逐渐变小变黑。

d. 扩散圈：主要反映油中碱性物质的多少。碱性越大，环带越宽，颜色越蓝。随发动机润滑油工作时间的增加环带逐渐变窄，蓝色变浅或消失。

当出现油心圈、清净圈、分散圈三界限模糊不清，变小变黑时，扩散圈变小，蓝色变浅或消失时，应立即更换发动机润滑油。

6.2.2 车辆齿轮油的使用

1. 车辆齿轮油的使用性能

车辆齿轮油用于汽车等车辆机械变速器、驱动桥和转向器的润滑。车辆齿轮油的作用与发动机润滑油的作用基本相同，起润滑、冷却、减磨、防腐蚀和缓冲的作用。所以，车辆齿轮油应具有如下使用性能。

（1）润滑性和极压抗磨性　车辆齿轮油应具有适宜的运动黏度，以保证形成良好的润滑状态。高黏度的齿轮油可有效防止齿轮及轴承损伤，减少机械运转噪声并减少漏油；低黏度的齿轮油在提高机械效率、加强冷却和清洗作用等方面有明显的优点。为带走摩擦产生的热量和低温时迅速供油，齿轮油的黏度又不能过大。所以齿轮油应具有良好的润滑性。

车辆齿轮油的极压性是指齿轮油中极压抗磨剂在高压、高速、高温的苛刻工作条件下，能在齿面上与金属发生化学反应生成反应膜，防止齿面发生擦伤或烧结的性质，有时也叫承载能力或抗胶合性。车辆齿轮多处于混合润滑和边界润滑状态下工作，所承受的压力、润滑速度和局部温度都很高，所以对车辆齿轮油的极压抗磨性要求较高，尤其是双曲线齿轮。所以齿轮油应具有良好的极压抗磨性。

车辆齿轮油的润滑性和极压抗磨性的评定，除了运动黏度之外，还要通过四球极压试验机或台架试验来评定。

（2）低温操作性和黏温性　车辆齿轮油同发动机润滑油一样要求在低温下保持必要的流动性，以保证轴承和齿轮等零件的润滑。车辆齿轮油的工作温度范围也较宽，因此不但要求车辆齿轮油低温流动性好，而且要求高温时黏度不能太小，即有良好的黏温性。各种齿轮油的黏度均随着温度的升高而下降，其下降的幅度越小，齿轮油的黏温特性越好。

为了保证车辆齿轮油具有良好的低温操作性，除规定了倾点、成沟点和黏度指数等指标外，还特别采用了"表观黏度达150Pa·s时的温度"这一指标。

成沟点是指在规定试验条件下，试油成沟的最高温度。把容器内的试验油样在规定温度下放置18h，然后用金属片把油切成一条沟。10s后观察油的流动情况。若10s内试油流回并完全覆盖试油容器底部，则报告试样不成沟；反之则报告试样成沟。试验证明，对双曲线齿轮主减速器，齿轮油表观黏度小于150Pa·s，汽油起步后能在15s内流进小齿轮轴承而保证其正常润滑，这个黏度为汽车低温起步的极限黏度，因此车辆齿轮油规定中均规定了"表观黏度达到150Pa·s时的温度"这一指标。"黏度达到150Pa·s时的温度"是车辆齿轮油SAE黏度的依据之一。

（3）热氧化安定性　车辆齿轮油的热氧化安定性是指齿轮油在空气、水分、金属的催化作用和热作用下抵抗氧化变质的能力。齿轮油氧化后会使油的黏度增加，生成油泥，影响油的流动，降低齿轮油的使用期限，并且氧化产生腐蚀性的物质，会加速金属的腐蚀和锈蚀。所以车辆齿轮油应具有良好的热氧化安定性。热氧化安定性越好，齿轮油就可以延长使用期，并可降低对金属的腐蚀或磨损。

(4) 抗腐蚀性和防锈性　车辆齿轮油抗腐蚀性是指齿轮油在金属表面形成保护膜，以防止腐蚀性物质侵蚀金属的能力；齿轮油的防锈性是指齿轮油保护齿轮不受锈蚀，保证齿轮的使用性能和延长齿轮使用寿命的能力。

齿轮传动装置内可能会从外界渗入水分。工况变化，冷热交替也可能出现冷凝水分。齿轮油内的水分和氧化产生的酸性产物，是齿轮和轴承腐蚀、生锈的主要原因。此外，齿轮油内极压抗磨剂的作用实际上是一种控制性的腐蚀现象，对金属有一定的腐蚀作用。腐蚀和生锈会加速零件磨损，使材料强度降低。因此，齿轮油中应加入适当的极压抗磨剂、抗腐剂和防锈剂，使车辆齿轮油具有良好的抗腐性和防锈性。

(5) 抗泡沫性　齿轮油工作时在空气存在的情况下受到剧烈搅拌，会产生许多小气泡。它们上升到液面若能很快消失就不会影响使用，但若形成安定的泡沫则会发生溢流和磨损等现象。在齿轮油中，泡沫一旦形成，油和空气会一起到达润滑部位，油就不能充分供给，必然导致齿轮磨损和胶合等破坏。因此，齿轮油应具有良好的抗泡沫性，以保证在齿轮剧烈搅拌过程中产生的泡沫少并易于消失。为了减少泡沫，一方面要破坏已产生的泡沫，另一方面要抑制泡沫的产生。前者可用醇类达到这个目的，后者一般采用在齿轮油中添加抗泡剂来达到目的。常用的抗泡剂是硅油。

2. 车辆齿轮油的分类

(1) 车辆齿轮油的使用性能分类　世界上广泛采用美国石油学会 API 的车辆齿轮油使用性能分类法，根据其特性和使用要求划分为 GL-1、GL-2、GL-3、GL-4、GL-5 和 GL-6 六级，见表 6-21。

表 6-21　车辆齿轮油 API 使用性能分类

API 分类	使 用 说 明	用 途
GL-1	在低齿面压力、低滑动速度下的汽车螺旋锥齿轮、蜗轮式驱动桥以及各种手动变速器规定用 GL-1 级齿轮油。直馏矿物油能满足这类情况的要求，可以加入抗氧剂、防锈剂和抗泡剂改善其性能，但不能加摩擦改进剂和极压剂	汽车手动变速器，包括拖拉机和载货汽车手动变速器
GL-2	汽车蜗轮式驱动桥，由于其负荷、温度和滑动速度的状况，用 GL-1 齿轮油不能满足要求，规定用 GL-2 级齿轮油。通常都加脂肪类物质	蜗杆传动装置
GL-3	滑动速度和负荷比较苛刻的汽车手动变速器和螺旋锥齿轮的驱动桥规定用 GL-3 级油。这种使用条件要求润滑油的负荷能力比 GL-1 和 GL-2 级油高，但比 GL-4 级油低	苛刻条件的手动变速器和螺旋锥齿轮的驱动桥
GL-4	在低速高扭矩、高速低扭矩下操作的各种齿轮，特别是客车和其他各种车用的双曲线齿轮，规定用 GL-4 级齿轮油。适用于其抗磨伤性能等于或优于 CRC RGO-105 参考油。该级油经各种试验证明具有 1972 年 4 月 ASTM STP 说明的性能水平	手动变速器、螺旋锥齿轮和使用条件不太苛刻的双曲线齿轮
GL-5	在高速冲击负荷、高速低扭矩、低速条件下操作的各种齿轮，特别是客车和其他的双曲线齿轮，规定用 GL-5 级齿轮油。适用于其抗磨伤性能等于或优于 CRC RGO-110 参考油。该级油经各种试验证明具有 1972 年 4 月 ASTM STP 说明的性能水平	适用于操作条件缓和或苛刻的准双曲线齿轮及其他各种齿轮，也可用于手动变速器
GL-6	在高速冲击条件下运转的轿车和其他车辆的各种齿轮，特别是大偏移距的双曲线齿轮，偏移距大于 50mm 或接近大齿轮直径的 25%，规定用 GL-6 级齿轮油，其抗擦伤性能应等于或优于 L-1000 参考油。该级油经各种试验证明具有 1972 年 4 月 ASTM STP 说明的性能水平	高性能轿车手动变速器。卡车重载荷下苛刻条件的双曲线齿轮及其他各种齿轮，也可用于手动变速器

(2) 车辆齿轮油的黏度分类 世界上广泛采用美国汽车工程师学会 SAE 的车辆齿轮油黏度分类法，SAE J306—1991《驱动桥和手动变速器润滑油黏度分类》的规格见表 6-22。这个标准采用含有字母 W 和不含字母 W 的两组黏度等级系列。黏度等级代号由一组数字和字母 W（70W、75W、80W、85W 四种）或一组数字（90、140、250 三种）组成，共 7 种。含字母 W 是冬季用齿轮油，以低温黏度达到 150Pa·s 时的最高温度和 100℃ 时的最低运动黏度划分的。不含字母 W 的是夏季用齿轮油，以 100℃ 时运动黏度范围划分的。

黏度等级也有单黏度等级和多黏度等级之分，一个多黏度等级的车辆齿轮油，其低温黏度满足表 6-22 中一个含 W 级的要求，并且 100℃ 运动黏度在一个不含 W 级规定的黏度范围之内。例如 85W/90，它满足 80W 的低温性能并且在 90 的高温性能规定范围之内，目前车用齿轮油都使用多黏度级标准。

表 6-22 车辆齿轮油 SAE 黏度分类标准

SAE 黏度规格	黏度达到 150Pa·s 时的最高温度/℃	100℃时的运动黏度/(mm²/s)	
		最低	最高
70W	−55	4.1	
75W	−40	4.1	
80W	−26	7.0	
85W	−12	11.0	
90		13.5	<24.0
140		24.0	<41.0
250		41.0	

3. 车辆齿轮油的选用

车辆齿轮油与发动机润滑油一样，选择也包括使用性能级别的选择和黏度级别的选择两个方面。

车辆齿轮油使用性能级别的选择，主要根据齿面压力、滑移速度和油温等工作条件，而这些工作条件又取决于传动装置的齿轮类型，所以一般可按齿轮类型和传动装置的功能来选择车辆齿轮油的使用性能级别。

车辆齿轮油黏度级别的选择，主要根据最低气温和最高油温，并考虑车辆齿轮油换油周期较长的因素。

表 6-23 所示为汽车厂商对齿轮油的使用性能级别和黏度级别选择举例。

表 6-23 汽车厂商对手动变速器、后桥、传动轴推荐用齿轮油表

汽车厂商	手动变速器	后桥	分动器、传动轴
克莱斯勒公司	80W-90,GL-5,80W-140,GL-4	75W,80W,80W-90,85W-90,90,GL-5	75W,80W,80W-90,85W-90,90,GL-4
通用汽车公司	80W,80W-90,GL-5	80W,90,85W-90,GL-5	
丰田汽车公司	80W,85W,90,80W-90,GL-4	80W,85W,90,GL-5	
日产汽车公司	75W,80W,85W,90,140,GL-4	75W,80W,85W,90,140,GL-5	
富士重工汽车		80W,85W,80W-90,GL-4,GL-5	80W,85W,80W-90,GL-4,GL-5,90
大众汽车公司	80W-90,GL-5	90,GL-5	80W,80W-90,GL-4,90,GL-5

后桥润滑油一般用 GL-5 齿轮油，但也有一部分车型使用 GL-4 齿轮油，对于重载荷条件下应选用 GL-6 齿轮油。装用限滑差速器的后桥，使用含摩擦改进剂的 GL-5 齿轮油。分动器和传动轴多推荐使用 GL-4 或 GL-5 齿轮油。机械式转向器推荐使用 GL-3 或 GL-4 齿轮油。

黏度等级按外界气温区分,则后桥多用 SAE90 齿轮油,手动变速器多用 SAE80W 或 SAE90 齿轮油。基于低温性能要求和节能的要求,需同时考虑低温的流动性和高温的润滑性,以及齿轮的噪声等问题,推荐使用多黏度级 70W-90,80W-90,85W-90,80W-140 齿轮油。

齿轮油选用的原则是:为节能和降噪,最好选用多黏度级齿轮油;后桥齿轮油的级别应高于手动变速器齿轮油级别。

6.2.3 汽车自动变速器油的使用

1. 汽车自动变速器油的使用性能

随着汽车产量和保有量的增加,装载自动变速器的汽车越来越多。由于汽车自动变速器的工作原理以液力和液压为基础,内部采用行星齿轮(AT)或是金属链(CVT)的传动部件。因此汽车自动变速器油 ATF(Automatic Transmisson Fluid)是一种多功能(传递和改变转矩、实现控制、润滑及冷却等作用)工作油,它对自动变速器的工作和使用寿命影响很大。所以汽车自动变速器油应具有以下使用性能。

(1)黏度和黏温特性 黏度过小,不易形成油膜,会加剧零件磨损,并使执行机构的油压降低,从而出现换挡不正常等故障。如低温下自动变速器油的黏度过大,流动性差,使发动机启动后,油液供至各控制阀、执行机构时间延迟,造成换挡滞后时间增加,严重时可能引起离合器打滑或烧结。为了使自动变速器油具有良好的黏温性,在油中加入了一定量的黏度指数改进剂。

(2)摩擦特性 所谓摩擦特性就是自动变速器油对两接触表面静摩擦系数和动摩擦系数的控制。一般情况下,静摩擦系数总是大于动摩擦系数。自动变速器油的良好摩擦特性要求动摩擦系数尽可能大;静摩擦系数与动摩擦系数之间要小于 1.0;在工作温度范围内摩擦特性保持不变。动摩擦系数对转矩传递和换挡时间有明显影响,过小会影响传递功率和使离合器打滑,并使换挡时间延长;静摩擦系数过大,会使换挡后期转矩急剧增大,发出异响,使换挡过程恶化。自动变速器油的摩擦特性在很大程度上是由被称为摩擦改进剂的添加剂所决定的。

(3)抗热氧化性 汽车在苛刻条件下运行时,自动变速器油油温可达到 150~170℃。在高温下,油分子受到强烈的氧化作用,结果是生成油泥、漆膜和酸性物质等,影响自动变速器正常工作,例如堵塞滤清器、液压控制系统失灵、离合器和制动器打滑等。为使自动变速器具有良好的抗热氧化性能,自动变速器油中加有称为抗氧化剂的添加剂。

(4)抗磨性 为使自动变速器的行星齿轮机构的齿轮及轴承和油泵等正常工作,要求自动变速器油应具有良好的抗磨性能,为此在自动变速器油中加有抗磨剂。

(5)防锈蚀性 在自动变速器油中含有防腐蚀剂,以防止金属零件生锈和腐蚀。

(6)密封材料适应性 自动变速器油不应使自动变速器中使用的丁腈橡胶、丙烯橡胶、硅橡胶和尼龙等密封材料有明显的膨胀和收缩,否则可能出现漏油等问题。

(7)抗泡沫性 由于传动零件的激溅作用,自动变速器油会产生泡沫。一旦泡沫生成,则含有气泡的自动变速器油润滑性能变坏,自动变速器的液压控制系统也会因油中气泡的可压缩性而不能正常工作,气泡的产生还会加速自动变速器油的老化。在自动变速器油中加入消泡剂,其主要作用是降低油的表面张力,有助于防止气泡的生成,并限制气泡生成后的存留时间。

2. 汽车自动变速器油的分类和规格

汽车自动变速器油主要有行业标准和企业标准两类。

行业标准主要是由美国材料与试验协会 ASTM 和美国石油协会 API 共同提出的 PTF(Power Transmisson Fluid)液力传动油,将液力传动油分为为 PTF-1、PTF-2 和 PTF-3 三类，其中 PTF-1 和 PTF-2 用与汽车自动变速器，见表 6-24。

表 6-24 PTF 液力传动油的分类

分类	符合和规格	应用
PTF-1	通用汽车公司 Dexron 福特汽车公司 Mercon 克莱斯勒 MS-4228	主要用于轿车和轻型轿车液力传动系统（自动变速器油），其特点是低温启动性好，对油的低温黏度及黏温性有很高要求
PTF-2	通用汽车公司 Truck Coach 阿里森 C-2、C-3	主要用于重负荷的液力传动系统，如重型卡车、大型客车、越野车和工程机械的自动变速器油。有良好的极压抗磨性
PTF-3	约翰·狄尔 J-20A 马塞·福格森 M-1135	主要功能是作传动、差速器和最后驱动齿轮的润滑，以及液压转向、制动、分动箱和悬架装置。适用于在中低速下运转的拖拉机、工程机械、联合收割机的液力传动系统和齿轮箱油

企业标准主要是由各大汽车制造商各自制定符合自己汽车使用要求的自动变速器油。其各大公司之间的自动变速器油不通用。美国通用汽车公司是最早制定自动变速器油的企业，其自动变速器油标准可用于很多类型的汽车自动变速器。通用汽车公司将自动变速器油根据使用性能分为 Dexron、DexronⅡ、DexronⅡE、DexronⅢ、DexronⅢ H、Dexron-Ⅵ等规格，见表 6-25。

表 6-25 美国通用汽车公司 Dexron 自动变速器油的规格分类

分类	主要应用
Dexron	1967 年制定的 ATF 油，它含有摩擦改进剂
DexronⅡ	1973 年推出 ATF 油，它比 Dexron 规格自动变速器油具有更小的静摩擦系数，而且低温使用性能、抗氧化能力和摩擦稳定性更好
DexronⅡE	1990 年推出 ATF 油，与 DexronⅡ规格自动变速器油相比，具有低温黏度更低、抗泡沫性更强、抗磨性更好、热氧化安定性更强和耐久性等
DexronⅢ	1996 年推出 ATF 油，具备 DexronⅡE 所有性能，适合于早期的电控变速箱，是全球使用广泛的 ATF 油
DexronⅢ H	2003 年推出 ATF 油，在 DexronⅢ基础上改良的高效抗磨 ATF 油，逐步取代 DexronⅢ
Dexron-Ⅵ	美国通用于 2006 年公布的最新型 ATF，主要应用于 6～7 速的电控变速箱，也是将来 ATF 油的发展的方向

3. 汽车自动变速器油的选择

自动变速器油的型号不同，其摩擦系数不同。因此，既不能错用，也不能混用。如果使用错误或混用，会导致自动变速器发生换挡冲击和制动器、离合器突然啮合的现象，另外还会出现离合器、制动器打滑，加速摩擦片的早期磨损。汽车自动变速器油的选择原则是一定要加注原厂推荐的自动变速器油，不能随意更改。表 6-26 所示为部分汽车原厂要求使用自动变速器油的规格分类。

对装用 CVT 或 DSG 新型自动变速器的轿车，自动变速器油应严格按照厂家指定规格油品选用。不得随意更换，否则能严重损坏变速器。

4. 汽车自动变速器油的更换

自动变速器油都有一定的使用期限。当达到这个期限时，油品不能很好地起到作用，所以应定期更换。一般乘用车（轿车）行驶 50000～80000km（或 12～24 个月），商用车（卡车和客车）行驶 40000～80000km，就必须更换自动变速器油了。

延长自动变速器油使用的时间会在过滤器内产生杂质，引发齿轮和零件的磨损，并产生淤泥的堆积，使油品变质。而且超时间不更换自动变速油，在更换新自动变速器油时，可能会使这些微粒和杂质流通，堵塞换挡油阀和输油管道，引起自动变速器故障。

表 6-26 汽车原厂自动变速器油规格分类

汽车公司	车型	变速器型号	油品规格
一汽大众汽车有限公司	捷达、高尔夫、宝来	01M	Dexron Ⅲ
	奥迪 A6	01V（又称 5HP19 或 AG5）	CVT 自动变速器 VWG52160-ATF
	奥迪 A4、A6	01J	
	奥迪 A8	09E	
	奥迪 A6L	09L、01J	
上海大众汽车有限公司	桑塔纳 2000/3000、帕萨特 B5	01N（又称 AG4）	Dexron Ⅱ E、Dexron Ⅲ
	帕萨特 B5	01V（又称 5HP19 或 AG5）	Dexron Ⅲ
	波罗	001	Dexron Ⅲ， Dexron Ⅲ H
	途安	09G（又称 AG6）	
上海通用汽车有限公司	别克世纪、君威、GL8	4T65E	Dexron Ⅲ， Dexron Ⅲ H
	别克君越	4T45E、AF20	
	别克荣御	5L40E	Dexron Ⅲ H
	别克凯越、雪佛兰景程	4HP16	Dexron Ⅲ， Dexron Ⅲ H
	雪佛兰赛欧	AF13	
	雪佛兰乐聘	81-40LE	
神龙汽车有限公司	雪铁龙富康、爱丽舍、赛纳、毕加索、标志 307	AL4	Dexron Ⅲ，Dexron Ⅲ H
东风日产乘用车公司	轩逸蓝鸟	RL4F03A/RL4F03V	日产 CVT 专用
	颐达/骐达	RE4F03B	
	天籁	RE4F04B	
北京现代汽车有限公司	索纳塔、伊兰特、途胜、御翔	F4A42-2	Dexron Ⅲ，Dexron Ⅲ H
一汽丰田	花冠	U341 E	Dexron Ⅲ，Dexron Ⅲ H
	威驰	U540E	
	普拉多	A340F	
	皇冠、锐志	A760E	Dexron Ⅲ H
广州本田汽车有限公司	雅阁	MAXA、B7XA、BCLA、MCLA、BAYA	Dexron Ⅲ，Dexron Ⅲ H
	奥德赛	S-Matic	
	飞度	飞度 CVT	CVT 专用油

自动变速器油更换有两种方法：一种是通过重力作用把油放掉，换油率大概 40％，其原理和更换机油相同；另一种是利用自动变速器换油机产生压力，把变矩器的润滑油管和散热油管的油进行动态更换，换油率可以达到 80％以上。建议自动变速器油利用换油机器更换，有利于延长自动变速器使用寿命。

6.2.4 汽车润滑脂的使用

1. 汽车润滑脂的使用性能

车用润滑脂由基础油、稠化剂和添加物（添加剂和填料）组成。

车用润滑脂的结构是润滑脂的稠化剂和基础油组分颗粒的物理排列。润滑脂是具有结构骨架的两相胶体结构的分散体系，基础油是这种分散体系中的分散介质，稠化剂粒子或纤维构成骨架（即分散相），将其基础油保持在骨架中。

车用润滑脂的主要作用是润滑、保护和密封，绝大多数润滑脂用于润滑，称为减摩润滑脂。由于对分散或简单的摩擦副，利用润滑脂润滑具有简单方便等优点，所以汽车上许多部件应用润滑脂润滑。如轮毂轴承、各拉杆球节、传动花键和水泵轴承等。考虑润滑脂的结构特性和用脂部位的工作条件，汽车润滑脂具有以下使用性能。

（1）稠度 稠度是指像润滑脂一类的塑性物质在受力作用时抵抗变形的程度，稠度是塑性的一个特征，它仅是反应润滑脂的变形和流动阻力的一个笼统概念。稠度是一个与润滑脂在所润滑部位上的保持能力和密封以及与润滑脂的泵送和加注方式有关的重要性能。稠度级号是润滑脂代号的组成部分,是润滑脂选择的一个重要方面。

评定润滑脂稠度指标是锥入度。锥入度是在规定时间和温度条件下,标准锥体沉入润滑脂的深度,以 1/10mm 为单位。评定标准是 GB/T 269—1991《润滑脂和石油锥入度测定法》。锥入度反映了润滑脂在低剪切速率条件下变形与流动性能。锥入度值越高,脂越软,即稠度越小,越易变形和流动;锥入度值越低,则脂越硬,即稠度越大,越不容易变形和流动。锥入度可有效地表示润滑脂稠度,是选用润滑脂的重要依据。

(2) 高温性能　温度对于润滑脂的流动性具有很大影响。温度升高,润滑脂变软,使得润滑脂附着性能降低而易于流失。另外,在较高温度条件下还易使润滑脂的蒸发损失增大,氧化变质与凝缩分油现象严重。高温性能好的润滑脂可以在较高的使用温度下保持其附着性能,其变质失效过程也较缓慢。润滑脂的高温性能可用滴点、蒸发度和轴承漏失量等指标进行评定。

在规定的试验条件下,润滑脂达到一定流动性的温度叫做滴点。测定标准是 GB/T 4929—1985《润滑脂滴点测定法》。润滑脂滴点常用来粗略估计最高使用温度。一般润滑脂的最高使用温度比滴点低 20~30℃,个别低得更多。

轴承漏失量是检测润滑脂在轴承上使用寿命的一项重要性能指标。一般而言,润滑脂的轴承使用寿命越长,表示其使用期也越长。

(3) 低温性能　在寒冷地区使用的汽车,要求润滑脂仍能保持良好的润滑性能。评定润滑脂低温性能指标是相似黏度。润滑脂不是牛顿液体,但仍按牛顿液体的黏度概念表示,在一定温度和一定剪切速率下,将润滑脂流动时的切应力与剪切速率的比值称为润滑脂的相似黏度。由于润滑脂的相似黏度以温度和剪切速率两个固定条件为前提,因此对相似黏度要注明这两个前提条件。润滑脂相似黏度测定标准是 GB/T 0048—1991《润滑脂相似黏度测定法》。

(4) 抗水性　润滑脂的抗水性表示润滑脂在大气湿度条件下的吸水性能,要求润滑脂在储存和使用中不具有吸收水分的能力。润滑脂吸收水分后,会使稠化剂溶解而致滴点降低,引起腐蚀,从而降低保护作用。润滑脂抗水性能主要取决于稠化剂的抗水性与乳化性。汽车在使用过程中,底盘各摩擦点可能与水接触,这就要求润滑脂具有良好的抗水性。评定润滑脂抗水性的指标是水淋流失量。

(5) 极压性与抗磨性　涂在相互接触的金属表面间的润滑脂所形成的脂膜,能承受来自轴向与径向的负荷,脂膜具有的承受负荷的特性就称为润滑脂的极压性。在基础油中添加了皂基稠化剂后,润滑脂的极压性就增强了。

润滑脂通过保持在运动部件表面间的油膜,防止金属对金属接触而磨损的能力称为抗磨性。润滑脂的稠化剂本身就是油性剂,具有良好的抗磨性。在苛刻条件下使用的润滑脂,添加有二硫化钼、石墨等减磨剂和极压剂。

极压性和抗磨性的测定由 SH/T 0204—1992《润滑脂抗磨性能测定法(四球机法)》和 SH/T 0247—1992《润滑脂齿轮磨损测定法》。

(6) 防腐性　防腐性是润滑脂阻止与其相接触金属被腐蚀的能力。润滑脂的稠化剂和基础油本身是不会腐蚀金属的。使润滑脂产生腐蚀的原因很多,主要是氧化产生酸性物质所致。一般而言,过多的游离有机酸、碱都会引起腐蚀。评定润滑脂的防腐性能是通过防腐性试验、腐蚀试验和测定游离碱。评定标准是 SH/T 0331—1992《润滑腐蚀试验法》。

(7) 机械安定性　机械安定性是指润滑脂在机械工作条件下抵抗稠度变化的能力。机械安定性差的润滑脂，使用中容易变稀甚至流失，影响脂的寿命。机械安定性也叫剪切安定性，评定标准是 SH/T 0122—1992《润滑脂滚筒安定性测定法》。

（8）胶体安定性　胶体安定性是指润滑脂抵抗温度和压力影响而保持胶体结构的能力，也就是基础油与稠化剂结合的稳定性。润滑脂发生皂油分离的倾向大则说明其胶体安定性不好，将直接导致润滑脂稠度改变。评定润滑脂胶体安定性可采用分油试验进行。测定标准是 GB/T 392—1990《润滑脂压力分油测定法》。

（9）氧化安定性　润滑脂在储存与使用时抵抗大气的作用而保持其性质不发生永久变化的能力称为氧化安定性。润滑脂的氧化与其组分，也即稠化剂、添加剂及基础油有关。润滑脂中的稠化剂和基础油，在储存或长期处于高温的情况下很容易被氧化。氧化的结果是产生腐蚀性产物、胶质和破坏润滑结构的物质，这些物质均引起金属部件的腐蚀和降低润滑脂的使用寿命。因此润滑脂中普遍加入抗氧化剂。

2. 汽车润滑脂的规格

汽车用润滑脂的规格有 GB/T 5671—1995《汽车通用锂基润滑脂》、SH 0369—1992《石墨钙基润滑脂》、GB 7324—1994《通用锂基润滑脂》、SH/T 0039—1990《工业凡士林》。表 6-27 为汽车通用锂基润滑脂的规格。

表 6-27　汽车通用锂基润滑脂的规格

项　目		质量标准	试验方法
工作锥入度/(0.1mm)	不低于	265～295	GB/T 269
滴点/℃	不大于	180	GB/T 4269
钢网分油(100℃,30h)/%	不大于	5	SH/T0324
相似黏度(-20℃,10s^{-1})/(Pa·s)	不大于	1500	SH/T0048
游离碱(NaOH)/%	不大于	0.15	SH/T0329
腐蚀(T_2铜片,100℃,24h)		铜片无绿色或黑色变化	GB/T 7326(乙法)
蒸发量(99℃,22h)/%	不大于	2.0	GB/T 7325
漏失量(104℃,6h)/%	不大于	5.0	SH/T0326
水淋漏失量(79℃,1h)/g		10	SH/T0109
延长工作锥入度(100000次)变化率/%		20	GB/T 269
氧化安定性(99℃,100h,0.77MPa)压力降/MPa		0.07	SH/T0325
防腐蚀性(52℃,48h)级		1	GB/T 5018
杂质(个/cm^3)			
10μm	不大于	5000	
25μm	不大于	3000	SH/T0336
75μm	不大于	500	
125μm	不大于	0	

3. 汽车润滑脂的选择和使用

润滑脂的选择应根据车辆使用说明书的规定选用与用脂部位工作条件相适应的润滑脂品种和稠度牌号。所谓按工作条件选用，主要指以下几项。

（1）最低操作温度和最高操作温度　被润滑部位的最低操作温度应高于选用润滑脂第二个字母 A、B、C、D、E 所对应的 0℃、-20℃、-30℃、-40℃、<-40℃ 的低温界限，否则在启动和运转时，将会造成摩擦和磨损增加；被润滑部位的最高操作温度应低于第三个字母 A、B、C、D、E、F、G 所对应的 60℃、90℃、120℃、140℃、160℃、180℃、>180℃ 的高温界限。高温界限要比滴点低 20～30℃ 或更低。操作温度若达到滴点会因脂流失而失去润滑作用。也不能离滴点太近，否则因基础油蒸发，氧化加剧，造成寿命缩短。如汽车轮毂轴承，若工作温度范围为 -30～120℃，对应的第二、三个字母应为 C、C。

(2) 水污染和负荷　包括环境条件和防锈性。环境条件分干环境（L）、静态潮湿环境（M）和水洗（H）。防锈性分不防锈（L）、淡水存在下防锈性（M）和盐水存在下防锈（H）。综合环境条件下和防锈性要求，选择字母4所表示的水污染级别。如汽车在水洗环境（H）下使用，并有淡水防锈要求（M），第四个字母应为（H）。

负荷是指摩擦面单位面积所受的压力。根据高负荷和低负荷的工作条件分别选用极压型润滑脂（B）或非极压型润滑脂（A）。

(3) 稠度牌号　与环境温度及转速、负荷等因素有关。一般高速低负荷的部位，应选用稠度牌号低的润滑脂。若环境温度较高时，稠度牌号可提高一级。汽车一般推荐使用1号或2号润滑脂。

(4) 润滑脂在汽车上选用部位　润滑脂种类很多，但在车辆上选用润滑脂就几种。表6-28为汽车润滑脂品种与选择。

表6-28　汽车润滑脂品种与选择

润滑脂	应用部位
汽车通用锂基润滑脂或2号通用锂基润滑脂	汽车轮毂轴承、发动机水泵轴承、车用发电机轴承、离合器分离轴承和底盘用润滑脂部位
石墨钙基润滑脂	钢板弹簧
工业凡士林	蓄电池接线柱、车门锁铰接处、电动天窗

6.3　汽车特种液及其使用

汽车特种液主要包括汽车制动液、发动机冷却液和汽车添加剂。

6.3.1　汽车制动液及其使用

1. 汽车制动液的使用性能

汽车制动液主要用于液压制动系统。汽车制动液是汽车液压传动制动系统所采用的传递压力的工作介质。汽车制动液多为合成型制动液，按照合成原料的不同分为醇醚型和酯型两种。汽车制动液的工作温度范围很宽，一般在-30～150℃之间。当气温低时，制动液的黏度会增大，低温流动性差。在汽车高速制动或高速频繁制动时，汽车制动液温度最高可接近200℃左右。汽车在高温地区使用时液压制动系统容易产生气阻。制动液在遇水后会使沸点下降。汽车液压制动系统采用的材料种类多，既有金属材料，又有橡胶材料。汽车制动液应具有以下使用性能。

(1) 高温抗气阻性　如果制动液沸点过低，在高温时就会蒸发成蒸气，使液压传动制动系统管路中产生气阻，导致制动失灵，为保证行车安全，要求制动液具有高沸点、低挥发性，夏天不易产生气阻。

汽车制动液高温抗气阻性的评定指标是平衡回流沸点、湿平衡回流沸点和蒸发性。

(2) 运动黏度和润滑性　汽车制动液在使用范围内应具有良好的流动性，并且为了保持制动缸和橡胶皮碗间能很好地滑动，还要求制动液具有适当的润滑性。因此，要求汽车制动液具有良好的低温流动性，并且制动液的黏度随温度的改变变化小，即黏温性能较好。在制动液规格中，都规定了-40℃最大运动黏度和100℃的最小运动黏度。

(3) 与橡胶的配伍性　在汽车液压制动系统中，为了保证制动液不渗漏并能传递制动能量，使用了许多橡胶零件，如皮碗、软管和油封等，这些橡胶件长期浸泡在制动液中，为了保证它们正常工作，要求制动液应具有良好的橡胶适应能力，对与其接触的橡胶零件不会造成显著的溶胀、软化或硬化等不良影响，否则将不能形成液压而导致制动失效。制动液与橡胶配伍性通过橡胶皮碗试验评定。

（4）稳定性　汽车制动液要求其具有优异的高温稳定性和化学稳定性，即制动液在高温与相溶液体混合后平衡回流沸点的变化要小，保证制动液在储存和使用过程中不应有分层、变质等现象，不形成沉淀物，并且不引起制动系统金属零件的锈蚀和腐蚀等现象。

（5）溶水性　要求车用制动液吸水后能与水互溶，不产生分离和沉淀。因为制动液在使用过程中会逐渐吸收空气中的水分，当水不能被制动液溶解时，这部分水会积存在底部的凹部，产生对金属的腐蚀，并且会因为水在低温时凝固、高温时汽化而产生故障。故要求制动液能把这部分水分溶解，且不能因为有水而变质。制动液的溶水性通过溶水性试验评定。

（6）抗氧化性　制动液的抗氧化性是制动液的重要化学性能，它决定制动液在储存和使用过程中是否容易氧化变质，是决定制动液储存期和使用寿命的重要因素。而且零件腐蚀一般是因制动液氧化而引起的，所以制动液应具有良好的抗氧化性。制动液的抗氧化性通过抗氧化性试验评定。

2.汽车制动液的规格

我国乘用车多以外国品牌合资方式生产制造，都采用国外汽车制动液规格标准。普遍使用的是美国联邦政府运输安全部（DOT）制定的联邦机动车辆安全标准（FMVSS），具体是FM-VSS No.116 DOT3、DOT4、DOT5，见表6-29。这是世界公认的汽车制动液规格的通用标准。

3.汽车制动液的选用

（1）汽车制动液的选择　不同性能指标和不同类型车辆制动系统所要求使用的制动液产品质量等级不同。但汽车制造厂家在车辆使用说明书中一般都明确规定或推荐了该车辆制动系统应该使用的制动液产品质量等级。国内所用乘用车生产厂家都使用美国联邦机动车辆安全标准FMVSS。汽车制动液的选择应坚持两条原则：一是选择合成制动液；二是质量等级以美国联邦机动车辆安全标准FMVSS No.116规格为准确。

（2）汽车制动液的使用和更换　汽车制动液在使用过程中，由于受到高温、高压等使用环境因素的影响，其质量性能指标会发生衰变。另外，制动液在使用过程中不论初期的平衡回流沸点高低都要吸湿，从而造成制动液产品质量的下降，容易在高温或频繁制动等条件下使制动系统产生气阻现象，导致制动故障或制动失灵。为了防止制动液在使用过程中受到其他污染物的影响或过度吸水，造成车辆制动系统工作不可靠、制动失灵等故障，应该正确使用制动液，并对使用中的制动液按汽车行驶里程或使用时间进行更换。

制动液在使用时注意下列事项：

① 不同规格的制动液不能混用。

② 在加注或更换制动液时使用专业工具。

③ 防止水分和矿物油混入制动液中。

④ 制动缸皮碗不可敞开放置。

⑤ 汽车制动液多是以有机溶剂制成，易挥发、易燃，因此，在使用中要注意防火。

⑥ 制动液对车身涂层有一定的破坏作用，会产生"咬漆现象"，因此在使用过程中要防止制动液与车身涂层接触。

表 6-29 DOT 系列汽车制动液规格标准

项　目			DOT 系列		
			DOT3	DOT4	DOT5
平衡回流沸点/℃ 高于	干沸点		205	230	260
	湿沸点		140	155	180
运动黏度/(mm²/s)	−40℃		1500 以下	1800 以下	900 以下
	100℃		1.5 以上	1.5 以上	1.5 以上
pH 值			7.0～11.5		
稳定性(平衡回流沸点变化/℃)	高温稳定性(185,2h)化学稳定性		<3 <2		
金属腐蚀性 (100℃,120h)	金属片试验	质量变化/(mg/cm²)小于	马口铁	±0.2	
			钢	±0.2	
			铝	±0.1	
			铸铁	±0.2	
			黄铜	±0.4	
			紫铜	±0.4	
		外观		无蚀点	
	液体性状	外观		不生成胶状或结晶物质	
		pH 值		7.0～11.5	
		沉淀/%(体积分数)		0.10 以下	
	橡胶皮碗状态	根部直径增加值/mm		1.4 以下	
		硬度变化(HS)		0～−15	
		外观		无鼓泡,不析出炭黑,形状和表面无显著变化	
耐寒性	−40℃,144h		透明,不分层,无沉淀,气泡上升时间 10s 以下		
	−50℃,60h		透明,不分层,无沉淀,气泡上升时间 35s 以下		
溶水性(DOT5 仅吸湿试验)	−40℃,120h		容器倒置、气泡上升时间在 10s 以下		
	60℃,24h,沉淀		小于 0.05%(体积分数)		
	外观		透明,不分层		
蒸发性 100℃,168h	蒸发减量/%(质量分数)		小于 80		
	残留物	外观	无砂粒和磨料沉淀		
		残留物中倾点/℃	−5℃ 以下		
液体相溶性	−40℃,24h		透明,不分层,无沉淀(DOT5 允许分层)		
	60℃,24h		不分层,沉淀 0.05%(体积)以下(DOT5 允许分层)		
抗氧化性	质量变化/(mg/cm²)	铝	0.05 以下		
		铸铁	0.3 以下		
	外观		无蚀点、不粗糙、无胶状附着物		
橡胶相容性(SRS 橡胶)	70℃,70h	根部直径增加值/mm	0.15～1.4		
		硬度变化(HS)	0～10		
		外观	橡胶形状和表面无显著变化		
	120℃,70h	根部直径增加值/mm	0.15～1.4		
		硬度变化(HS)	0～15		
		外观	橡胶形状和表面无显著变化		
台架试验,120℃,85000 行程			通过		

制动液在使用过程中,由于受到高温、高压和金属或橡胶零件的催化作用等因素的影响,会因氧化变质或吸水而使其质量指标产生衰变和下降。因此必须对在用的制动液进行适时的更换。制动液的更换一般由汽车制造厂家或制动液生产厂家制定,根据汽车行驶或使用时间来确定。表 6-30 为部分乘用车辆使用制动液规格和更换期。

表 6-30　部分乘用车辆使用制动液规格和更换期

汽车公司	车型	制动液规格	制动液更换期
一汽大众汽车有限公司	捷达、高尔夫、宝来、速腾	DOT3 或 DOT4	每 24 个月或行驶 6 万公里
	奥迪 A4、A6	DOT4 或 DOT5	
	奥迪 A8		
	奥迪 A6L		
上海大众汽车有限公司	桑塔纳 2000/3000	DOT3	每 24 个月或行驶 6 万公里
	POLO、朗逸	DOT3 或 DOT4	
	帕萨特 B5、途安、途观	DOT4	
上海通用汽车有限公司	别克世纪、君威、GL8	DOT3 或 DOT4	每 24 个月或行驶 5 万公里
	别克君越	DOT4	
	别克荣御、林阴大道、昂科雷	DOT5	
	别克凯越、雪佛兰景程、雪佛兰赛欧、雪佛兰乐聘	DOT3	每 24 个月或行驶 4 万公里
神龙汽车有限公司	雪铁龙富康、爱丽舍、凯旋、毕加索、世嘉；标致 206、307、408	DOT3 或 DOT4	每 24 个月或行驶 3 万公里
东风日产乘用车公司	轩逸、颐达、骐达	DOT3 或 DOT4	每 24 个月或行驶 5 万公里
	天籁	DOT4	
北京现代汽车有限公司	索纳塔、伊兰特、途胜、御翔	DOT3 或 DOT4	每 24 个月或行驶 4 万公里
一汽丰田	花冠、威驰	DOT3 或 DOT4	每 24 个月或行驶 5 万公里
	普拉多、皇冠、锐志、陆地巡洋舰	DOT4 或 DOT5	每 24 个月或行驶 6 万公里
广州本田汽车有限公司	雅阁、奥德赛	DOT3 或 DOT4	每 24 个月或行驶 6 万公里
	飞度	DOT3	每 24 个月或行驶 4 万公里

6.3.2　汽车发动机冷却液及其使用性能

汽车发动机在工作工程中，汽缸内的气体温度可达 1700～1800℃。为了保证发动机能够正常工作，就必须对高温条件下工作的零部件进行冷却。汽车发动机广泛采用强制循环水冷冷却工作系统，冷却液就是冷却系统中带走高温零部件热量的工作介质。

1. 发动机冷却液的使用性能

（1）冰点低、沸点高　冰点就是在没有过冷情况下冷却液开始结晶的温度，或者在有过冷情况下结晶开始，短时间内停留不变的最低温度。若汽车在低温条件下停放时间较长，而发动机冷却液的冰点达不到应有的温度，则发动机的冷却水套和散热器就会被冻裂。因此，要求发动机冷却液防具有优良的防冻性能。

沸点是在发动机冷却系统与外界大气压相平衡的条件下，冷却液开始沸腾的温度。发动机冷却液在较高温度下不沸腾，可保证汽车在满载、高负荷、高速条件下或在山区、热带夏季正常行车。因此，要求发动机具有优良的防沸性能。

所以，车用发动机冷却液应在各种环境下都能满足发动机的工作要求，同时在低温严寒条件下防冻和高温炎热条件下防沸的性能。

（2）防腐蚀性好　发动机冷却液要接触多种金属材料，如果它对金属有腐蚀性，就会影响发动机的正常工作。为使发动机冷却液有良好的防腐蚀性，要保持冷却液呈碱性状态，要求发动机冷却液的 pH 值在 7.5～11.0 之间，超出范围将对防腐蚀性产生不利的影响。发动机冷却液是一种化学物质的调和物，在加注中很容易接触到汽车的有机涂料层，这就要求发动机冷却液对汽车有机涂料不能有不良影响，例如剥落、鼓泡和褪色等。

（3）不易产生水垢，抗泡沫性好　冷却系统中的水垢来源于水中的钙、镁离子，这些金属阳离子在较高温度条件下，容易与水中的硅酸根离子、碳酸根离子、硫酸根离子、磷酸根离子等阴离子反应生成水垢。水垢能磨损水泵密封件并且覆盖在汽缸体水套内壁，使金属的导热性能降低，在结垢严重时甚至会使汽缸盖高温区温度剧增而引起汽缸开裂，同时会导致发动机工作温度过高，引启动力下降和油耗增加。水垢对发动机冷却系统的散热强度影响很大。一般冷却液在生产和加注过程中均要使用经过软化处理的去离子蒸馏水。

冷却液在工作时由于是在水泵的高速推动下强制循环，通常会产生泡沫。发动机冷却液如果产生过多的泡沫，不仅会降低传热系数，加剧气蚀，同时还会使冷却液溢流。因此要求冷却液的抗泡沫性要好。

2. 发动机冷却液的规格

汽车广泛使用的冷却液是用乙二醇或丙二醇等化学物质与水（蒸馏水）按一定比例混合而成的混合液，还要加入腐蚀剂、清洁剂、阻垢剂和着色剂等添加剂。

我国汽车发动机冷却液标准是 SH0521—1999《汽车及轻负荷发动机用乙二醇型发动机冷却液》与美国材料与试验协会标准 ASTM D3306—1994《轿车及轻型卡车用乙二醇型发动机冷却液规范》等效，将产品分为浓缩液和冷却液，其中将冷却液按其冰点分为 -25 号、-30 号、-35 号、-40 号、-45 号和 -50 号六个牌号的。浓缩液是由乙二醇、适量的防腐蚀添加剂、消泡剂和适量的水组成。具体技术要求如表 6-31 所示。

表 6-31 发动机冷却液及浓缩液技术要求标准

项目	质量标准							试验方法
	浓缩液	冷却液						
		-25 号	-30 号	-35 号	-40 号	-45 号	-50 号	
颜色	有醒目的颜色							目测
气味	无异味							嗅觉
密度(20℃)/(kg/m^3)	1.107~1.142	1.053~1.072	1.059~1.076	1.064~1.108	1.068~1.088	1.073~1.095	1.075~1.097	SH/T 0068
冰点/℃ 不大于 50%(体积分数)蒸馏水 不低于	-37	-25.0	-30.0	-35.0	-40	-45	-50	SH/T 0090
沸点/℃ 不低于 50%(体积分数)蒸馏水 不低于	163.0 107.8	106.0	106.5	107	107.5	108	108.5	SH/T 0089
对汽车有机涂料的影响	无影响							SH/T 0084
灰分(质量分数)/% 不大于	5.0	2.0	2.3	2.5	2.8	3.0	3.3	SH/T 0067
pH 值 50%(体积分数)蒸馏水	7.5~11.0	7.5~11.0						SH/T 0069
水分质量分布/% 不大于	5.0							SH/T 0086
储备碱度/mL	报告							SH/T 0091
氯离子含量/(mg/kg) 不大于	25	报告						SH/T 0621
玻璃器皿腐蚀试验失重/(mg/片)								SH/T 0085
纯铜	±10							
黄铜	±10							
钢	±10							
铸铁	±10							
焊锡	±30							
铝	±30							

续表

项目	质量标准							试验方法
	浓缩液	冷却液						
		−25号	−30号	−35号	−40号	−45号	−50号	
模拟使用试验失重/ （mg/片） 　纯铜 　黄铜 　钢 　铸铁 　焊锡 　铝		±20 ±20 ±20 ±20 ±60 ±60						SH/T 0088
铝泵气穴腐蚀评级　不小于	8级							SH/T 0087
铸铝合金传热腐蚀/ ［(mg/cm^2)/周］　不大于	1.0							SH/T 0620
起泡性 　泡沫体积/mL　不大于 　消泡时间/s　不大于	150 5.0							SH/T 0066

3. 发动机冷却液的选用

发动机冷却液的选择原则是汽车发动机冷却液的冰点要比车辆运行地区的最低气温低10℃左右，以确保在特殊情况下冷却液不冻结。同时使用时应遵循以下原则：

① 所有车辆必须使用发动机冷却液，禁止用水代替冷却液。

② 按发动机环境温度和发动机负荷性质选择汽车厂规定的发动机冷却液。

③ 对浓缩液进行稀释时，应使用去离子水或蒸馏水。

④ 按制造厂规定发动机冷却液更换周期更换，但应经常注意发动机冷却液的颜色、气味等是否有变化，一般是车用制动液每12～24月根据环境气温进行更换。

⑤ 不同厂家、不同牌号的发动机冷却液不能混用。

6.3.3　汽车添加剂及其使用

汽车添加剂又叫汽车养护品，是一些具有特殊保护和提升性能的液体添加剂，主要包含发动机添加剂和燃油添加剂两类。

1. 汽车添加剂的基本功能

汽车添加剂主要用于发动机和燃油系统使用。发动机添加剂以清除发动机内积炭、油泥和减少发动机磨损为主要功能。燃油添加剂以清洗燃油系统油路、喷油器和气门背部积炭等，同时提升燃料的活性，促进发动机充分燃烧为主要功能。

（1）发动机添加剂　主要有抗磨保护剂、发动机修复剂和发动机内部清洗剂等。

① 发动机抗磨保护剂　发动机抗磨保护剂主要是减少发动机内部磨损。它能有效与发动机机油融合，提高机油的润滑性，改善机油在低温和高温时的黏度。同时它含有一些金属元素能吸附在发动机内部零件表面，能减少磨损，保护发动机。

② 发动机修复剂。发动机经过长期使用以后，活塞和汽缸壁的间隙会越来越大，造成汽缸密封性变差，压缩压力和爆发压力下降，燃气窜入曲轴箱，使机油变稀并加速氧化变质。机油窜入燃烧室，造成烧机油、冒蓝烟，从而造成一系列严重后果，最终导致发动机进行大修。

发动机修复剂多为高分子材料。以纳米陶瓷抗磨剂为例说明。纳米陶瓷粒子在高温和极压下随润滑油作用于发动机内部的机件表面以后，进行物理性纳米渗镀，渗嵌到金属表面凹痕和微孔中，填补表面的凹痕，修复受损表面，形成纳米陶瓷保护膜，使机油黏附度提高，与金属的附着膜增厚，而且黏附力大大提高，机油的密封作用得到明显的提高，在一定程度上减少了间隙，起到了修复作用。

③ 发动机内部清洗剂。发动机经过长期使用，机油本身的性能随着使用时间的延长，将不断氧化、变质。同时，由于吸入空气所带的沙土、灰尘、燃烧后形成的碳物质，润滑油氧化生成的胶状物以及由燃烧室漏出的废气和没有燃烧完全的气体结合在一起，形成油泥等沉积物，它们会导致发动机磨损加剧，严重危害发动机的使用寿命。

发动机内部清洗剂可免拆发动机来清洗内部的积炭和油泥等沉积物。它由清洗能力非常强的多种成分组成，是一种能对润滑系统内部进行自动清洗的添加剂，能有效去除发动机内部的各类沉积物，清洗下来的沉积物随机油的循环被机油滤清器滤除，或者沉积在油底壳中，待更换机油时彻底清除。

（2）燃油添加剂 主要包括电喷燃油系统清洗剂、汽油动力促进剂、柴油燃烧系统清洗剂和柴油燃烧促进剂等。

① 电喷燃油系统清洗剂。电喷发动机在使用过程中，由于汽油中的胶质和不可避免的污染，在汽油流过时，必然会在所有接触的表面留下一层附着物——污垢、胶状物和漆膜，随着使用时间的增长，这层附着物逐渐加厚，就会使系统中的各种工作阀密封阀工作不良，动作受阻，用于节流的孔隙（喷油器的喷口）流通能力下降，以致引起汽油压力调节失灵、喷油量控制不准、喷雾形态和雾程度不正常等故障。

电喷燃油系统清洗剂是专为汽油电喷发动机燃油供给系统设计的清洗剂，可在汽车行驶过程中自动清洗汽油流经部位的积炭、胶质和沉积物，使电动汽油泵、压力调节器、输油管和喷油器等燃油系统各部位畅通，使各部件的功能得到完全的恢复，运转灵活，保持良好的供油状态和喷雾质量。

② 汽油动力促进剂。高压缩比要求所使用的汽油辛烷值也必须高。因为汽油的辛烷值越高，其抗爆能力越好，所以，高性能的发动机需要使用高标号汽油。汽车的使用说明书都会标注规定的汽油标号。如果汽油的辛烷值达不大要求，则会造成燃烧室中的不正常燃烧——爆燃。汽油的辛烷值越高，标号越高，价格也越贵。目前生产的汽油发动机轿车压缩比都在 10 以上，要求使用 97 号汽油。但由于有些地区没有销售该标号汽油，加入低标号汽油就会使发动机产生不良现象。

汽油动力促进剂又称为辛烷值提升剂，具有消除汽缸中过氧化物的功能。它由短链、长链及环链等不同种类的不饱和烃组成，同时，还含有能使汽油中不饱和烃类反应物生成饱和烃的催化成分，从而在燃烧之前，就使不饱和烃变成了环氧化合物。由于环氧化合物本身辛烷值较高，所以也就提升了汽油的辛烷值。

③ 柴油燃烧系统清洗剂。柴油本身含有灰分和胶质，在燃烧过程中会形成油泥和积炭。在高温区的积炭会形成坚硬的漆膜。柴油中所含有的硫在燃烧后生成的氧化物，会使燃烧室、活塞顶和排气门等部位的漆状物和积炭增加，还会使积炭变得坚硬、更难清除。灰分是柴油中不能燃烧的物质，呈粒状。灰分和漆膜都是非常坚硬的物质，能在摩擦副中起磨料作用，致使汽缸壁和活塞环磨损加大，发动机功率下降。柴油中的胶质、灰分和积炭会引起油路堵塞、喷油器针阀卡死、喷油孔堵塞、出油阀关闭不严，造成柴油燃烧不良，出现排烟增加、油耗升高、动力下降、噪声增大等故障现象。

柴油燃烧系统清洗剂能有效清除燃烧系统和喷油嘴的灰分、胶质、油泥和积炭等沉积物，净化整个燃油系统，控制沉积物的形成，使燃油系统各部件保持清洁、畅通，从而提高柴油雾化效果，使燃烧更加充分、节省燃油，并提升动力，使汽车的起步、加速、爬坡性能明显改善，同时减少排放污染，延长发动机使用寿命。

④ 柴油燃烧促进剂。车用柴油机都是高速柴油机，要求柴油具有良好的发火性、低温流动性、蒸发、黏度和安定性等性能指标。柴油发火性的高低是用柴油的十六烷值来评定的。十六烷值高的柴油发火性就好。柴油机的转速越高，每个工作循环燃烧的时间就越短，就要求柴油能更快地燃烧，也就要求柴油的十六烷值高。然而，在柴油的生产中，催化和焦化柴油中含有较多芳香烃特别是多环芳香烃，这些柴油的十六烷值较低，自燃点就高，发火性差，就会导致柴油机冷启动困难、工作粗暴、功率下降、油耗增大和磨损加剧等故障现象。

柴油燃烧促进剂可以提高柴油的十六烷值，有效地改善柴油的燃烧性能，缩短滞燃期，提升燃油品质。即在发动机的压缩燃烧冲程中，柴油燃烧促进剂的热分解生成物可促进柴油的氧化燃烧，缩短着火落后阶段，以满足发动机高压缩比的需求及减轻柴油机的爆震。另外，可显著扩大燃烧前阶段的反应范围并降低燃烧室温度。

2.汽车添加剂的选用

汽车添加剂是根据车辆的性能状况、使用条件和使用环境所决定的，不能随意添加，否则容易损坏发动机及相关零部件。

（1）发动机添加剂的选用

① 发动机抗磨保护剂。

a.特点与功效。减少发动机磨损，防止因磨损造成的动力下降、加速无力、冷启动困难等现象；防止摩擦阻力而导致油耗升高，节省燃油；降低机械故障噪声和振动，减少尾气排放；减少发动机故障，降低维修费用，对发动机提高超强保护，延长发动机使用寿命。

b.适用范围。适合行驶里程20万公里以内，处于在正常行驶期的各类汽油、柴油和气体燃料发动机。

c.使用方法。根据车辆使用状况，在加注新机油时，从机油口加入与机油混合在一起使用。一般每12万公里使用一次。

② 发动机修复剂的选用。

a.特点与功效。自动修复磨损，提升动力，提高加速性能，改善烧机油、冒蓝烟现象，降低噪声，减少发动机故障，降低维修费用，延长大修期。

b.适用范围。适用于行驶里程在10~30万公里以上，或因磨损严重，出现烧机油、冒蓝烟、动力下降的车辆发动机。对于磨损特别严重的发动机不适用，例如：每行驶500km消耗1升左右机油的发动机。

c.使用方法。每次更换新机油时，按机油用量的5%的比例与新机油混合使用。怠速运转30min或行驶50km后，发动机动力会逐渐恢复。

③ 发动机内部清洗剂的选用。

a.特点与功效。自动清除发动机内部沉积物，改善润滑效果；减少故障，延长新机油的使用寿命和换油周期。

b.适用范围。适用于各种汽油、柴油和气体燃料车辆润滑系统的免拆清洗。

c.使用方法。在更换新机油前，将发动机内部清洗剂加入发动机中与旧机油混合，按机油量5%的比例加注，让车辆发动机怠速运转10~15min，放出旧机油即可。建议每行驶15000~20000km使用一次。

（2）燃油添加剂的选用

① 电喷燃油系统清洗剂。

a.特点与功效。清洗喷油嘴、进气门积炭、油泥和胶质等沉积物，保持燃油系统清洁。提升动力，改善启动性能，排除急速不稳、车辆发抖等故障，同时，降低燃油消耗，节省燃油，降低噪声，减少尾气排放。定期使用，可避免不必要的拆卸保养，节省维修费用。

b.适用范围。各类电控喷射的汽油发动机。

c.使用方法。加注汽油前先往汽油箱内注入电喷燃油系统清洗剂，再加满汽油。一般按8％的体积比例使用。每行驶1万～2万公里使用一次。

② 汽油动力促进剂的选用。

a.特点与功效。提高汽油辛烷值，防止爆燃，提高发动机性能。

b.适用范围。适用于使用无铅汽油和乙醇汽油的高压缩比发动机。

c.使用方法。将汽油动力促进剂按汽油体积0.4％的比例加入汽油箱中，一般可使研究法辛烷值提高5个单位左右。如加入了质量没有保障或劣质汽油，应适当提高使用比例。

③ 柴油燃烧系统清洗剂的选用。

a.特点与功效。促进燃烧，消除积炭，增加动力，节省燃油，降低污染。

b.适用范围。各类电控喷射的柴油发动机。

c.使用方法。加注柴油前先往柴油箱内注入柴油燃烧系统清洗剂，再加满柴油。添加比例为柴油体积的0.8％。

④ 柴油燃烧促进剂的选用。

a.特点与功效。提高十六烷值，提升燃油品质，使燃油高效燃烧，节省燃油，减少爆震。提升柴油机动力，改善冷启动性能。

b.适用范围。各类电控喷射的柴油发动机。

c.使用方法。将柴油燃烧促进剂按照柴油体积0.3％的比例添加到油箱内，直接混入柴油即可。

6.4 汽车轮胎的使用

轮胎是汽车的重要部件，它的性能对汽车的动力性、燃油经济性、制动性、行驶平顺性、操纵稳定性和通过性等都有直接影响。汽车轮胎的价值占汽车驾驶的5％～10％；在汽车运输过程中，轮胎费用也占10％左右。由于汽车技术水平和轮胎的结构种类不同，轮胎的使用寿命50000～200000km之间。因此，正确使用和维护轮胎，延长轮胎的使用寿命，不仅减少轮胎磨损，降低汽车运输成本，而且极大地影响着汽车的使用性能。

6.4.1 汽车轮胎的基本知识

1.轮胎的作用

（1）承载重量　汽车轮胎与地面直接接触，汽车本身的重量和汽车上的乘人及载运货物的重量都要靠轮胎来支承，因此，轮胎必须具有足够的承受载荷的能力。轮胎承受的载荷与重量有关外，还与路面质量、汽车行驶速度等因素有关。若路面质量差、汽车行驶速度快，就会使汽车的动载荷增加，致使轮胎受到负载。

（2）缓冲　汽车行驶时因路面不平要受到冲击。为保证汽车具有良好的乘坐舒适性，必须设法消除和衰减汽车行驶中产生的振动，这一任务通常是由轮胎和汽车悬架共同来完成的。为此，轮胎必须具有适当的弹性。

（3）提供附着　汽车行驶所需要的驱动力、汽车减速或停车所需要的制动力等都要靠轮胎与路面的作用而产生，因此，轮胎与路面间应有良好的附着性能。为增加轮胎的附着作用，轮胎胎面应具有多种形状的花纹。

2. 轮胎的结构

目前车用轮胎普遍使用充气无内胎结构方式，按胎体帘线排列方向分为普通斜交轮胎和子午线轮胎。

（1）普通斜交轮胎　普通斜交轮胎的结构特点是胎体帘布层帘线排列方向与轮胎断面成一定夹角，帘线是由一侧胎边穿过胎面到另一侧胎面，并且由这种斜置帘线组成的多层（层数通常为偶数）帘布交错叠合，呈斜交方式排列。结构如图 6-3 所示。为了兼顾轮胎的侧向刚性的缓冲性能，一般取胎冠角为 50°～52°。

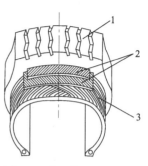

图 6-3　普通斜交轮胎结构
1—胎面和花纹；2—缓冲层；
3—帘布层

普通斜交轮胎具有噪声小、制造容易、价格便宜等优点。但是，由于帘布层的斜交排列，给轮胎胎面和胎侧同时增加了强度，所以其弹性较差，只有在适当充气时，轮胎才有一定的柔软和舒适。普通斜交轮胎还有滚动阻力大、行驶油耗高、承载能力较弱等缺点。因此，其使用受到了一定的限制。由于价格便宜，被广泛使用于轻型载货汽车和农用车中。

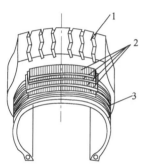

图 6-4　子午线轮胎结构
1—胎面；2—带束层；
3—帘布层

（2）子午线轮胎　子午线轮胎的结构特点是胎体帘布层帘线排列方向与轮胎子午线端面一致，呈环形排列，帘布也是由一侧胎边穿过胎面到另一侧胎边，同时在圆周方向有一带束层。结构如图 6-4 所示。胎体帘布层帘线的环形排列，使帘线的强度得到了充分利用，这使得子午线轮胎的帘布层数可比普通斜交轮胎减少 40%～50%。同时，由于帘布层的交错排列，所以帘布层数可以是奇数。

带束层的采用可防止帘线在圆周方向只靠橡胶联系而难以承担汽车行驶时产生的切向力。带束层一般采用强度较高、伸张很小的纤维织物帘布或钢丝帘布制造，能紧紧箍在胎体上，其作用是保证轮胎具有一定的外形尺寸，承受内压引起的负荷及滚动时所受的冲击力，减少胎面与胎体帘布层所受的负荷等。带束层一般有多层，相邻层线呈交叉排列，它们与胎面中心夹角很小，一般为 10°～20°，这就使得帘布层帘线和带束层帘线交叉于三个方向，形成许多密实的三角形网状结构。这种结构能有效阻止胎面向周围和横向伸张与压缩，从而大大提高了胎面的刚度，减少了胎面与路面的滑移，提高了胎面的耐磨性。

知识链接

相对于汽车整体而言，轮胎给人的感觉好像并不是很重要。但轮胎对于车辆，犹如鞋子对于人，其重要性是绝对不可小视的。了解轮胎生产、制作过程，有助于增强对相关轮胎产品的认知与信赖。

工序一：密炼工序

密炼工序就是把炭黑、天然合成橡胶、油、添加剂、促进剂等原材料混合到一起，在密炼机里进行加工，生产出"胶料"的过程。所有的原材料在进入密炼机以前，必须进行测试，被放行以后方可使用。密炼机每锅料的质量大约为 250kg。轮胎里每一种胶部件所使用的胶料都是特定性能的。胶料的成分取决于轮胎使用性能的要求。同时，胶料成分的变化还取决于配套厂家以及市场的需求，这些需求主要来自于牵引力、驾驶性能、路面情况以及轮胎自身的要求。所有的胶料在进入下一工序——胶部件准备工序之前，都要进行测试，被放行以后方可进入下一工序。

工序二：胶部件准备工序

胶部件准备工序包括6个主要工段。在这个工序里，将准备好组成轮胎的所有半成品胶部件，其中有的胶部件是经过初步组装的。工段一：挤出。胶料喂进挤出机头，从而挤出不同的半成品胶部件：胎面、胎侧子口和三角胶条。工段二：压延。原材料帘线穿过压延机并且帘线的两面都挂上一层较薄的胶料，最后的成品称为"帘布"。原材料帘线主要为尼龙和聚酯两种。工段三：胎圈成型。胎圈是由许多根钢丝挂胶以后缠绕而成的。用于胎圈的这种胶料是有特殊性能的，当硫化完以后，胶料和钢丝能够紧密的贴合到一起。工段四：帘布裁断。在这个工序里，帘布将被裁断成适用的宽度并接好接头。帘布的宽度和角度的变化主要取决于轮胎的规格以及轮胎结构设计的要求。工段五：贴三角胶条。在这个工序里，挤出机挤出的三角胶条将被手工贴合到胎圈上。三角胶条在轮胎的操作性能方面起着重要的作用。工段六：带束层成型。这个工序是生产带束层的。在锭子间里，许多根钢丝通过穿线板出来，再和胶料同时穿过口型板使钢丝两面挂胶。挂胶后带束层被裁断成规定的角度和宽度。宽度和角度大小取决于轮胎规格以及结构设计的要求。所有的胶部件都将被运送到"轮胎成型"工序，即准备轮胎成型使用。

工序三：轮胎成型工序

轮胎成型工序是把所有的半成品在成型机上组装成生胎，这里的生胎是指没经过硫化。生胎经过检查后，运送到硫化工序。

工序四：硫化工序

生胎被装到硫化机上，在模具里经过适当的时间以及适宜的条件，从而硫化成成品轮胎。硫化完的轮胎即具备了成品轮胎的外观——图案、字体以及胎面花纹。

工序五：最终检验工序

在这个区域里，轮胎首先要经过目视外观检查，然后是均匀性检测，均匀性检测是通过"均匀性实验机"来完成的。均匀性实验机主要测量径向力、侧向力、锥力以及波动情况的。均匀性检测完之后要做动平衡测试，动平衡测试是在"动平衡实验机"上完成的。最后轮胎要经过X-光检测，然后运送到成品库以备发货。

工序六：轮胎测试

在设计新的轮胎规格过程中，大量的轮胎测试就是必需的，这样才能确保轮胎性能达到政府以及配套车辆的要求。用于测试轮胎实验有高速实验和耐久实验。轮胎的生产过程就像一条链子一样环环相扣，每一道工序都必须满足下一道工序的要求，才能保证产品的质量。

（3）子午线轮胎与普通斜交轮胎的对比

① 使用寿命长。子午线轮胎与普通斜交轮胎的骨架比较如图6-5所示。可见，普通斜交轮胎是由胎体帘线构成轮胎的骨架，从胎冠到胎侧的柔软度是均匀的。而子午线轮胎基本骨架的胎体帘线呈环形排列，层数较少，所以胎侧部分柔软，在径向容易变形，滚动时与地接触面积增大，对地面的单位压力减小，所以使胎面磨耗小，耐磨性好。子午线轮胎在圆周方向有带束层，从而保证了胎面的刚性较大，这可有效阻止胎面周向和侧向的伸缩，从而减少了胎面与路面的滑移。所以子午线轮胎的使用寿命较长，其行驶里程一般比普通斜交轮胎高50%～100%。

② 缓冲性能好。由于子午线轮胎的胎侧比较软，所在即使在充足气后，两侧壁上也会产生一个特殊的隆起，如图6-5所示，好像充气不足。正因为子午线轮胎有径向容易变形这个特点，所以它可以缓和不平路面的冲击，并吸收大部分冲击能量，使汽车具有良好的行驶平顺性和乘坐舒适性，从而延长汽车零件的使用寿命。

③ 滚动阻力小。子午线轮胎的滚动阻力小，是由于胎冠具有较厚而坚硬的缓冲层，因而轮胎滚动时胎冠变形小，生热低。同时，由于子午线轮胎帘布层数小，层间摩擦力小，所以其滚动阻力比普通斜交轮胎小20%～30%。因此，使子午线轮胎不仅可提高汽车行驶速

第6章 汽车运行材料及其使用

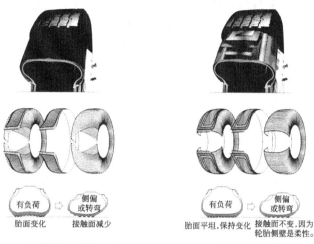

(a) 普通斜交轮胎　　(b) 子午线轮胎

图 6-5　普通斜交轮胎与子午线轮胎的对比

度,而且还可提高汽车燃料经济性。一般花纹设计合理的低滚动阻力子午线轮胎可降低车辆油耗 8%～10%。

④ 承载能力大和附着性好。由于子午线轮胎的帘线排列与轮胎的主要变形方向一致,因而其帘线强度可得到充分利用,当负荷增大时间,其承载能力比普通斜交轮胎大。如图 6-5 所示。

由于子午线轮胎胎体弹性大,使其滚动时与地接触面积大,且由于其胎面刚度大使得胎面滑移小,所以其附着性能好。如图 6-5 所示。

⑤ 操纵稳定性好。汽车转向行驶时,轮胎承受侧向力比较大。此时,子午线轮胎的胎侧变形会较大,但胎冠接地面积基本不变,而普通斜交轮胎却是胎侧变形不大,使整个轮胎倾斜,胎冠接地面积小。如图 6-5 所示。所以,子午线轮胎在转向时的稳定性明显好于普通斜交轮胎。

3. 汽车轮胎的规格

(1) 基本术语　轮胎的主要尺寸包括轮胎外直径、轮胎内直径、轮胎断面高度、轮胎断面宽度、负荷下静半径、轮胎滚动半径、双胎间距等。如图 6-6 所示。

① 轮胎外径 D。又称轮胎总直径,是指轮胎按规定压力充足气后,在无任何负荷状态下胎面最外直径。

② 轮胎内径 d。轮胎内径是指轮胎按规定压力充足气后,在无任何负荷状态下轮胎内圈直径。轮胎内径一般与配用轮毂的直径相一致。

③ 轮胎断面高度 H。轮胎断面高度是指轮胎按规定压力充足气后,轮胎外径与轮胎内径之差的一半。即:轮胎断面高度=(轮胎外径-轮胎内径)/2。

④ 轮胎的断面宽度 B。轮胎的断面宽度是指按规定压力充足气后,轮胎外侧面间的距离。

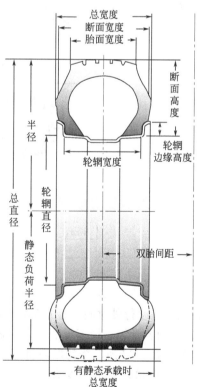

图 6-6　轮胎的主要尺寸

⑤ 静态负荷半径。静态负荷半径是指轮胎按规定压力充足气后，轮胎在静止状态下只承受法向负荷作用时，由轮轴中心到支承面的垂直距离。

⑥ 滚动半径。轮胎滚动半径是指车轮旋转与滑移运动的折算半径。计算公式为：

$$r = \frac{S}{2\pi n_w}$$

式中　r——轮胎滚动半径，mm；
　　　S——车轮移动的距离，mm；
　　　n_w——车轮旋转的圈数。

⑦ 双胎间距。双胎间距是指车辆后轴一侧使用双胎时，两轮胎并列连接后轮胎中心线间的距离。

(2) 高宽比　轮胎的高宽比是指轮胎断面高度 H 与轮胎断面宽度 B 的比值，以百分数形式表示，H/B（%）。轮胎的高宽比又称扁平率。如图 6-7 所示。

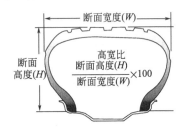

图 6-7　轮胎的高宽比

轮胎通常根据扁平率划分系列。汽车轮胎常见扁平率为 80、75、65、60、55、50、45 等，相对应的轮胎系列分别为 80 系列、75 系列、70 系列、65 系列、60 系列、55 系列、50 系列和 45 系列等。

轮胎发展的方向是扁平率越来越小，即扁平化。轮胎的扁平率小，说明轮胎的断面高度小、断面宽度大，因而在相同的承载能力下，宽断面轮胎较普通轮胎的直径减小，从而可降低整车重心，提高汽车行驶稳定。如图 6-8 所示为轿车轮胎升级后的比较。在轮胎外径不改变的情况下，降低了扁平率，提高了轮胎断面宽度、轮毂直径和速度等级，使轮胎增大接地面积，减小了接地比压，磨损小，滚动阻力小，抗侧向稳定性强。

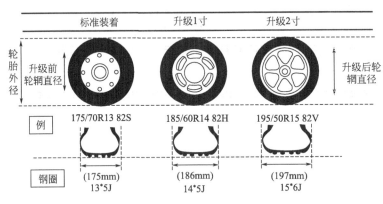

图 6-8　轿车轮胎升级示意图

(3) 轮胎最高速度　轮胎的最高速度是指在规定的路面级别、轮辋名义直径等条件下，在规定持续行驶时间（最长时间 1h）内，所允许使用的最高速度。将轮胎最高速度（km/h）分为若干级，用字母表示，叫做速度符号，以便根据汽车的最高速度正确选装轮胎速度等级。表 6-32 所示为轮胎速度级别的表示符号和允许的最高行驶速度。

表 6-32 规定的速度级别符号既适用于乘用车轮胎，也适用于商用车轮胎，但它们的含义不完全相同。对于乘用车轮胎，它是指不允许超过的最高速度；对于商用车轮胎，它是随负荷降低可以超过的参考速度。

表 6-32　轮胎速度级别符号与最高行驶速度

轮胎速度等级符号	最高行驶速度/(km/h)	轮胎速度等级符号	最高行驶速度/(km/h)	轮胎速度等级符号	最高行驶速度/(km/h)	轮胎速度等级符号	最高行驶速度/(km/h)
B	50	P	150	J	100	H	210
C	60	Q	160	K	110	V	240
D	65	R	170	L	120	W	270
E	70	S	180	M	130	Y	300
F	80	T	190	N	140	Z	超过 240
G	90	U	200				

对于乘用车轮胎来说，在限定最高行驶速度的前提下，如选用不同名义直径的轮辋，则轮胎速度级别符号所表示的最高行驶速度也不同，如表 6-33 所示。

表 6-33　轮胎速度级别表示不同轮辋名义直径时表示的乘用车（轿车）轮胎最高行驶速度（摘录）

速度符号	轮胎最高行驶速度/(km/h)		
	轮辋名义直径 10in	轮辋名义直径 10in	轮辋名义直径 10in
Q	135	145	160
S	150	165	180
T	165	175	190
H		195	210

注：1in＝0.0254m。

（4）轮胎负荷指数和负荷能力　轮胎的负荷指数是指在轮胎最高速度、最大充气压力等规定条件下负荷能力的参数，以数字表示，如表 6-34 仅摘录了一部分。

表 6-34　负荷指数与负荷能力对应表（摘录）

负荷指数	负荷能力/kg	负荷指数	负荷能力/kg
79	437	84	500
80	450	85	515
81	462	86	530
82	475	87	545
83	487	88	560

（5）轮胎的层级　轮胎的层级是表示轮胎承载能力的相对指数，主要用于区别尺寸相同但结构和承载能力不同的轮胎。轮胎的层数与轮胎帘布层的实际层数没有直接关系，就是说轮胎的层级不代表轮胎帘布层的实际层数。轮胎层级常用 PR 表示。

4. 汽车轮胎的表示方法

（1）轮胎胎侧表示

轮胎的胎侧都有标志，规定要求用凸字表示于胎侧醒目位置，内容包括轮胎的规格、速度级别符号、负荷能力、标准轮辋、生产编号和厂家品牌等，如图 6-9 所示。正确识别这些标志对轮胎的选配、使用、保养十分重要，对于保障行车安全和延长轮胎使用寿命具有重要意义。

（2）轮胎规格　在轮胎胎侧会有明显大凸字显示轮胎的规格。该规格基本反映了欧洲国家、美国和我国等对汽车轮胎规格的规定。

① 乘用车（轿车）轮胎

a. 斜交轮胎。微型轿车用斜交轮胎，示例：

$$6.07-13-6PR$$

6.07——轮胎的名义断面宽度（6.7in）

13——轮辋名义直径（13in）

6PR——轮胎层级（6层级）

b.子午线轮胎。轿车用子午线轮胎，示例：

$$205/55 \quad R \quad 16 \quad 82 \quad V$$

205——轮胎名义断面宽度（205mm）

55——高宽比（扁平率55%）

R——结构代号（子午线轮胎标志）

16——轮辋名义直径（16in）

82——负荷指数

V——速度等级符号

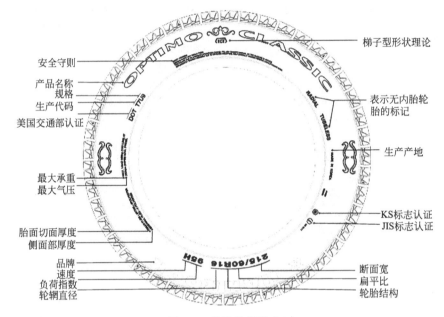

图6-9 轮胎胎侧标志

② 商用车（载货汽车）轮胎规格

a.微型载货汽车普通断面斜交轮胎，示例：

$$4.50-12 \quad ULT \quad 4PR \quad 67/65 \quad G$$

4.50——轮胎名义断面宽度（4.5in）

-——结构代号（"-"为斜交轮胎结构代号）

12——轮辋名义直径（12in）

ULT——微型载货汽车轮胎代号

4PR——轮胎层级

67/65——负荷指数（单胎/双胎）

G——速度等级符号

b.轻型载货汽车普通断面子午线轮胎，示例：

$$7.50 \quad R \quad 16 \quad LT \quad 8PR \quad 112/107 \quad Q$$

7.50——轮胎名义断面宽度（7.5in）

R——结构代号（子午线轮胎标志）

16——轮辋名义直径（16in）

LT——轻型载货汽车轮胎代号
8PR——轮胎层级
112/107——负荷指数（单胎/双胎）
　　Q——速度等级符号
　c.轻型载货汽车公制子午线轮胎，示例：
$$215/75 \quad R \quad 14 \quad LT \quad 104/101 \quad Q$$
215——轮胎名义断面宽度（215mm）
　75——高宽比（扁平率75%）
　　R——结构代号（子午线轮胎标志）
　14——轮辋名义直径（14in）
　LT——轻型载货汽车轮胎代号
104/101——负荷指数（单胎/双胎）
　　Q——速度等级符号
　d.载货汽车普通端面斜交轮胎，示例：
$$9.00-20 \quad 14PR \quad 141/137 \quad Q$$
9.00——轮胎名义断面宽度（9.0in）
　　——结构代号（"-"为斜交轮胎结构代号）
　20——轮辋名义直径（20in）
14PR——轮胎层级
141/137——负荷指数（单胎/双胎）
　　Q——速度等级符号
　e.中型、重型载货汽车普通断面子午线轮胎，示例：
$$9.00 \quad R \quad 20 \quad 14PR \quad 141/139 \quad J$$
9.00——轮胎名义断面宽度（9.0in）
　　R——结构代号（子午线轮胎标志）
　20——轮辋名义直径（20in）
14PR——轮胎层级
141/139——负荷指数（单胎/双胎）
　　J——速度等级符号

5.汽车轮胎的合理选择

汽车轮胎的要求是多方面的，各要求间有时还存在相互的矛盾。因此，轮胎的选择不能取决单一因素，应针对具体汽车的性能要求和使用特点综合考虑。

（1）轮胎类别　轮胎的类别主要有乘用轮胎、商用轮胎、非公路用轮胎、特种轮胎等。轮胎类别反映轮胎的基本特性。确定轮胎类别是选择轮胎的重要任务，选择依据是汽车类型和经常使用区域。乘用轮胎主要适于乘用车类；商用轮胎主要适用于商用车类；非公路用轮胎主要适用于松软路面上行使的越野车辆等使用；特种轮胎仅用于特种车辆或特殊环境。

知识链接

对于SUV车型的轮胎选择有三种——HT胎、MT胎、AT胎，分别在轮胎的胎壁上有明显的凸字表示出来。

HT胎：公路胎，胎壁柔软，胎纹细密，比较注重在公路上行驶的舒适性与经济性，兼顾一定越野通过性,所以SUV车型在出厂时大多标配此类轮胎。

MT胎:专业的泥地胎,胎壁坚硬,花纹夸张,即便在大泥坑里行驶也能将花槽里的泥浆及时甩出来,在极端路面下的抓地力更好,但因为巨大的胎噪和超高的滚动阻力而不太适合普通城市公路。

AT胎:全地形轮胎,相对于HT胎来说胎纹稍粗犷些,而且胎牙的间距也会略大,虽然在普通公路上行驶时的胎噪和舒适性会有所下降,但在非铺装路面的抓地力会好得多,综合性能好。

(2) 轮胎胎面花纹　轮胎胎面花纹对轮胎的滚动阻力、附着阻力、耐磨力及行驶噪声等都有显著的影响。轮胎花纹的形式、品种较多,选用原则是:根据轮胎类型和车辆长期使用路况决定花纹形式,根据季节、天气适时调整或换用。一般分为普通花纹轮胎、冰雪路面花纹轮胎、雨水路面花纹轮胎和适合高速行驶的非对称花纹轮胎。

(3) 胎体结构　轮胎的胎体结构决定其基本性能,子午线结构比普通斜交结构具有较多的优良特性,受到普遍推荐。但斜交轮胎由于技术成熟、造价低廉,其在商用车轮胎结构中仍为主要形式。但子午线轮胎的发展趋势是低断面化和无内胎化,尤其适合重载和高速行驶。

(4) 胎体材质　轮胎材质对轮胎的特性也有影响。轮胎材质包括橡胶材质和帘线材料。橡胶材质的成分构成因生产厂家的设备水平和技术能力不同而有差异,这也使得轮胎的品质有一定差异。帘线材料中钢丝帘线强度最大,但生产技术难度大,成本高。尼龙、人造丝等材质制造成本低,使用广泛,选用较多。

(5) 轮胎规格与使用气压　轮胎的规格和使用气压体现轮胎的承载能力。轮胎规格大,使用气压高,则承载能力强。但大规格轮胎会增加使用成本,高的使用气压会降低汽车的附着能力和缓冲性能。因此,选择轮胎时,在满足轴荷要求的前提下,轮胎规格小型化、轻量化;在满足承载要求的情况下,轮胎使用气压宜低不宜高。

(6) 轮胎的速度特性　所有轮胎都有适应速度范围,选择轮胎时应注意。尽量选择速度特性好的轮胎,子午线轮胎、无内胎轮胎、扁平化轮胎具有发热少、散热快、滚动阻力低和噪声小等特效,在速度特性上更易于实现高速化,是理想的选择对象。

6.4.2　汽车轮胎的不正常损坏及预防

汽车轮胎的不正常损坏形式有胎面磨损、胎侧受伤、胎体损坏、胎圈撕裂和轮胎爆破等。

1.胎面磨损

轮胎在使用过程中,由于直接和路面接触,受多种接触力的作用,如驱动力、制动力、侧向力、摩擦力等,不可避免会出现磨损。一般情况下,应要求胎面磨损均匀,缓慢。但在汽车使用过程中,一些不正常的驾驶方法,如汽车转弯速度过快、起步过急、制动过猛、高速行车、不注意选择道路等,都会加快轮胎的磨损。除此之外,若轮胎使用不当或车辆技术状况不良,将使轮胎胎面产生不正常磨损。常见的不正常磨损有胎面中间磨损严重、两边磨损严重、单边磨损严重、胎面出现块状磨损、局部胎面出现快速磨损、胎面出现锯齿状磨损、胎冠割裂或刺伤等。

(1) 轮胎胎面中间磨损严重　当轮胎气压过高时,汽车轮胎长时间行驶会出现轮胎胎面中间磨损严重,如图6-10 (a) 所示。

适当的提高轮胎的充气压力,可以减少轮胎的滚动阻力,提高汽车的燃油经济性。但轮胎的气压高于规定值过高时,不但影响轮胎的减振性能,还会使胎冠的中间部分突出,使轮胎与路面的接触面积减小,不但增加了单位面积上的负荷,这使得整个胎面的正常磨损转由其中央部分承担,所以胎冠中部的磨损会加速,行驶一段时间之后就会出现胎肩尚未磨损,胎冠中间部门已被磨平的现象。此外,如与轮胎相匹配的轮辋过窄,使轮圈内收,从而带动胎冠两侧的胎肩提升,使胎冠的中间部位突出,也会造成胎冠的中间部位磨损严重。

(a) 轮胎胎面中部磨损　(b) 轮胎两边磨损　(c) 轮胎单边磨损　(d) 轮胎胎面的块状磨损　(e) 轮胎局部胎面的磨损

图 6-10　轮胎常见的损坏形式

(2) 轮胎两边磨损　汽车轮胎两边出现严重磨损,是由于轮胎气压过低导致的。如图 6-10(b) 所示。轮胎气压低于规定值时,轮胎与地面的接触面积会增大,且接触面上的压力不均匀,轮胎产生向里弯曲,使轮胎的两边与地面接触强度增大,使胎面中部负荷减小、胎面边缘负荷急剧增大,有时称这种现象为"桥式效应"。产生"桥式效应"时,会使胎面磨损不均匀,其中部几乎保持不变,而两边部分磨损严重。另外,轮胎超载时引起的早期损坏与气压过低相似,只是超载时轮胎损坏更为严重。

(3) 轮胎单边磨损严重　汽车轮胎单边磨损严重是由车轮定位参数不对所致。如图 6-10(c) 所示。车轮定位参数中外倾角大小不适是导致轮胎单边磨损的主要原因。当车轮的外倾角过大时,易使轮胎的外侧胎肩形成早期磨损;外倾角过小时,易使轮胎的内侧胎肩形成早期磨损。这时,就会出现轮胎一侧的花纹还较深,而另一侧的花纹却已被磨平的现象,结果只能是造成轮胎提前报废。

(4) 轮胎胎面出现块状磨损　汽车轮胎胎面出现块状磨损主要是由车轮运转不平衡所致。如图 6-10(d) 所示。当车轮高速旋转而不平衡时,会使轮胎胎面的受力不均,有些个别部位受力过大,磨损加快,行驶一段时间后便出现块状磨损。

(5) 轮胎局部胎面出现快速磨损　汽车轮胎局部胎面出现快速磨损主要是由紧急制动和快速起步所致。如图 6-10(e) 所示。紧急制动和快速起步时,地面对胎面的局部磨损是十分严重的。因为轮胎磨损最严重的部位可能是轮胎爆炸时的突破口,所以轮胎的磨损程度不应以轮胎花纹的平均磨损量为准,而应以胎面损害最严重的部位为准。当轮胎局部磨损严重时就必须进行更换,以防止发生事故。

(6) 轮胎胎面出现锯齿状磨损　汽车轮胎胎面出现锯齿状磨损主要是由前轮定位调整不当或前悬挂系统位置失常、球头松旷等所致。如图 6-11 所示。这时,车轮在正常滚动过程易发生滑动或车轮定位的不断变化,从而导致轮胎出现锯齿状磨损。

(7) 胎冠割裂或刺伤　胎冠割伤现象主要是路上的障碍物所致,如路上的碎石头、铁钉子、钢筋、角铁等各种锋利物都有可能割裂或刺伤胎冠。严重时,锋利物能躲过胎冠上的花纹,直接割裂胎冠的胎基,露出胎体帘布层,导致胎冠剥离,以致轮胎早期报废。

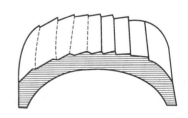

图 6-11　轮胎胎面的锯齿状磨损

2.胎侧损伤

从轮胎的构造看，胎侧是轮胎中强度最弱的部位，但胎侧却是轮胎中最为突出的部位，所以，胎侧是轮胎结构中最容易受伤的部位。胎侧损伤主要包括胎侧擦伤和胎侧起泡。

（1）胎侧擦伤　轮胎胎侧的擦伤多是由于汽车斜行马路牙所致。当轮胎斜着上较高的马路牙时，其受力部位主要是胎肩和胎侧。当遇有突出的转角，或轮胎与马路牙角度太小时，往往会造成胎侧擦伤，严重时会挤断胎侧帘布层帘线，产生胎侧气泡。

（2）胎侧气泡　轮胎胎侧气泡多是由于胎侧帘线断裂，断裂处的强度降低所致。除了轮胎小角度斜上马路牙时可能会挤断胎侧帘线外，轮胎的质量问题，如制造轮胎时胎侧帘布层衔接处没有衔接好等，都会出现帘线断裂，另外，轮胎在使用过程中，其胎体帘线会出现自然断纹，随着断纹的不断扩大，最后内层会完全断裂。

3.胎体损坏

胎体是轮胎的骨架，有保持轮胎的尺寸和形状的作用。当胎体损坏后，轮胎很快就会报废。胎体损坏的形式主要有帘线断裂、松散和帘布脱层，以及胎体扎伤、刮伤等。

（1）胎体帘线的断裂、松散和帘布脱层　引起胎体帘线断裂的原因很多，除部分轮胎在使用过程中胎体帘线产生自然裂纹并逐步扩大而引起帘线断裂或胎侧部位因某种原因产生强挤压而使帘线断裂之外，大部分胎体帘线的断裂是由于轮胎变形而引起的疲劳断裂。轮胎工作时，其挤压变形使胎体内部产生拉伸、压缩应力，在多次拉、压应力的作用下引起材料疲劳，强度降低，当应力超过帘线强度时，帘线就会断裂。另外，轮胎的变形还使帘布层之间产生切应力，当此切应力超过帘布层与橡胶之间的黏附力时，就会出现帘布松散或帘布层脱离。高温将使轮胎材料的力学性能下降，从而使轮胎磨损加剧、帘布脱层、帘线松散、断裂，甚至而引起胎体爆裂等。

（2）胎体扎伤、刮伤　胎体扎伤、刮伤主要是由行驶路面凹凸不平或路面上锋利的异物引起。当胎体被扎伤、刮伤后，有时不会影响轮胎的继续行驶，但会显著降低胎体的强度，如果继续高速行驶便会引发一定的危险。

4.轮胎爆破

引起轮胎爆破的原因很多，但归根结底都是因轮胎气压和温度升高、轮胎强度下降所致。使轮胎温度升高和轮胎气压增大的主要原因有轮胎的充气压力、轮胎的负荷、轮胎的行驶速度、驾驶方法等。使轮胎强度下降的原因有轮胎橡胶磨损、轮胎的胎体帘线断裂、胎体扎伤、轮胎工作温度、轮胎气压等。轮胎爆破往往引起车辆失去控制甚至翻车，其后果非常严重。

6.4.3　延长轮胎寿命的措施

轮胎合理使用的目的是降低轮胎的磨损速度，防止出现早期不正常磨损，以延长轮胎的使用寿命，从而保证行车安全和节约费用。延长轮胎使用寿命的措施有保持轮胎气压正常、防止轮胎超载、掌握行车速度、控制轮胎温度、合理搭配轮胎、正确驾驶车辆、保持车辆技术状况完好、加强轮胎维护及时翻新等。

1.保持轮胎气压正常

轮胎的充气压力直接影响轮胎的使用寿命和汽车行驶的安全性。

气压低于规定值时，胎体变形会增大，胎侧容易出现裂口，同时产生挠曲运动，导致过度生热，促使橡胶老化，帘布层也会因疲劳而折断，当遇有障碍受到冲击时，极易爆破。气压过低，还会使轮胎接地面积增大，加速胎肩磨损，同时滚动阻力也会加大，增加燃油消耗。

气压高于规定值时,轮胎接地面积减少,进而加速胎冠中部磨损,并使胎冠耐扎性能下降,气压过高,还会使轮胎帘线受到过度的伸张变形,胎体弹性下降,使汽车在行驶中受到负荷增大,如遇到冲击产生内裂和爆破。

因此,轮胎的气压过低或过高,都将加速轮胎的损坏,轮胎使用中应保持正常的气压。正常的轮胎气压与使用条件有关,使用中应根据轮胎所受的负荷、轮胎的安装位置和轮胎的类型来确定正常的气压。一般车辆使用说明书中会明确规定轮胎在各种条件下的标准气压,同时应定期检查轮胎气压。

2.防止轮胎超载

汽车的每条轮胎都有它规定的最大负荷,在使用时要严格按照规定装载。轮胎一旦超载,其变形就会加大,帘线应力也相应地加大,容易造成帘线断裂、松散和帘布脱层,并增加胎肩的磨损。若受到冲击,可能引起爆胎。轮胎超载时的损坏和胎压过低损坏相似,只是超载时轮胎损坏更为严重。另外,车辆超载在损坏轮胎的同时会给道路带来很大损伤,导致道路路面形成车辙,影响道路平整。超载严重的车辆会增大发动机的磨损,降低车辆的使用寿命。因此应严格禁止汽车超载。

汽车装载不平衡,会引起汽车上的个别轮胎超载。若装载的重心靠前,易造成前轮轮胎超载,导致前轮轮胎磨损加剧,同时还会使转向盘操作困难,影响操纵稳定性;若装载货物的重心靠后,易造成后轮轮胎超载,导致后轮轮胎磨损加剧。同时由于前轮负荷较小,也易使转向盘失去控制,造成行车事故;若装载货物的重心偏向一侧,则易造成这一侧轮胎超载。为保证汽车装载均衡,要使用正确的装载方法,如图 6-12 所示,并将货物固定牢固,避免在汽车运行过程中发生移位和掉失。

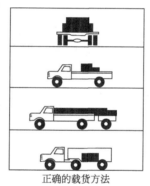 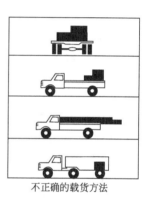

正确的载货方法　　不正确的载货方法

图 6-12　载货汽车货物装载位置

3.控制轮胎温度和行车速度

轮胎的工作温度对其使用寿命有很大的影响。胎温升高,橡胶老化加速,物理性能降低,产生龟裂,同时还会发生胎体帘布脱层等。胎温升高主要是由于轮胎在滚动过程中产生变形,摩擦生热不能快速散发而积聚所致。在炎热的夏季,由于外界气温较高,轮胎热量散发困难,导致胎温迅速上升。因此,夏季行驶应增加停歇的次数,如轮胎发热,应停车休息散热。另外,由于行车速度快、载荷大、运距长、道路条件恶劣等原因,也会引发胎温上升迅速。

轮胎工作温度的升高直接影响轮胎工作气压变大。气压过大,将使胎体帘线应力增大,易引起帘线拉断,造成轮胎爆破。因此,轮胎温度较高时,继续行车将非常危险。此外,当轮胎升温后,也不能用泼冷水的办法来降温。水击会使轮胎突然冷却造成胎面和胎侧胶层各部分收缩不均匀而发生裂纹,缩短轮胎使用寿命。正确的方法是降低车速或将汽车停在阴凉处降温。

4.合理搭配轮胎

不同车型要求选用不同的轮胎。在同一辆车上应该选用规格、结构、层级和花纹等完全相同的轮胎。至少在同一轴上,必须装用规格、结构、层级和花纹完全相同的轮胎。否则,工作不协调、相互影响，会加速轮胎磨损，缩短使用寿命。

当轮胎磨损到一定程度需要换用新胎时，最好是整车更换或同轴更换。如果条件不允许，可将新胎或质量好的轮胎装在转向轮上，把旧胎或翻新胎装在其他轮上，以保证行车安全。对于后轮并装的双胎，应将新旧程度接近的轮胎装在一起。为了避免双胎胎侧接触摩擦，要求二者之间的最小距离在汽车满载时不能小于2mm。

禁止将子午线轮胎与普通斜交轮胎混装在同一辆汽车上。有向花纹轮胎，必须按照规定的滚动方向安装。这样可使花纹嵌入地面的能力强，与地面的附着力大，排泥性好，更好地发挥汽车的通过性和牵引性。

5. 正确驾驶车辆

在驾驶技术方面，为减少轮胎磨损，应掌握起步平稳、加速均匀、中速行驶、直线前进、减速转向，少用制动等操作要领。

在滑路上要缓慢起步，以均匀速度行驶，车轮打滑空转时应即时采取防滑措施；行驶中注意选择路面，尽量避开障碍物和难行路段；道路不良或转弯时应减速行驶；遇有沟槽、坑洼或铁轨等障碍时，要以低速缓慢通过；在保证安全的前提下，少用制动器，尽量避免紧急制动。

6. 保持车辆技术状况完好

从延长轮胎使用寿命的角度出发，要保证车辆底盘技术等状况的完好。根据车辆使用时间、行驶里程和使用环境等状况及时检查和调整，主要内容包括：车辆四轮定位应符合标准；行车制动器调整良好，不拖滞；轮毂轴承的间隙调整适当；车胎螺母紧固，车轮应平衡旋转；钢板弹簧、扭杆弹簧等悬挂杆件的挠度应尽量一致，前后轴应平行；车轮总成的横向摆动量和径向跳动量应符合厂家标准；轮毂油封和液压制动缸无漏油现象。

7. 强制维护，及时翻新

轮胎技术状况应符合GB7258—2004《机动车运行安全技术条件》的"轮胎要求"。轮胎的磨损：轿车和挂车轮胎的胎冠上花纹深度不得小于1.6mm；其他汽车转向轮的胎冠花纹深度不得小于3.2mm，其余轮胎胎冠花纹深度不得小于1.6mm；轮胎胎面不得因局部磨损而暴露出轮胎帘布层；轮胎胎面和胎壁上不得有长度超过25mm或深度足以暴露出轮胎帘布层的破裂和割伤。

轮胎的维护主要是检查轮胎气压是否符合规定；检查轮胎螺母有无松动；清理轮胎夹石和花纹中的石子、杂物等；检查轮胎胎面的磨损情况；检查轮胎的胎面和胎壁是否有伤痕等。如有问题应将轮胎拆下仔细检查，并予以修理。

由于负荷、驱动形式和道路的影响，汽车各轮磨损部位和磨损程度不同，为使全车胎磨损均匀，一般应按规定的周期对轮胎进行换位。轮胎换位的基本方法有交叉换为法和混合换位法，如图6-13所示。一次更换轮胎的位置，不能使所有轮胎从汽车的一侧完全换到另一侧的换位方法，叫循环换位法。仅一次更换轮胎的位置，便可实现所用轮胎从汽车的一侧完全换到另一侧的换位方法，叫交叉换位法。

进行轮胎的换位应注意：轮胎换位方法选定后，不再变动；对有方向性花纹轮胎，换位后不能改变旋转方向；轮胎换位后，应按规定重新调整轮胎气压、车轮定位参数和车轮动平衡。

当轮胎花纹磨损至极限时，应及时更换或翻新，不可翻新的应报废处理。轮胎翻新是将轮胎胎面花纹磨耗超限而胎体尚好的轮胎进行翻新。轮胎的胎体使用寿命一般都比胎面寿命长，特别是尼龙胎和钢丝胎，胎体寿命一般都比胎面寿命长4~5倍，而胎体经济价值占整

 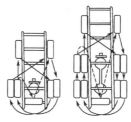

(a) 乘用车,无向胎面花纹交叉换位   (b) 商应车,无向胎面花纹交叉换位;

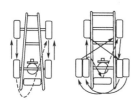 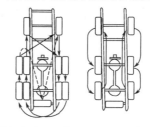

(c) 乘用车,定向胎面花纹交叉换位   (d) 商用车(卡车或客车),定向胎面花纹交叉换位

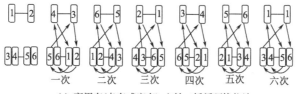

(e) 商用车(卡车或客车),六轮二桥循环换位法;

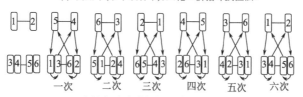

(f) 商用车(卡车或客车),六轮二桥混合换位法

图 6-13　轮胎换位的基本方法

个外胎经济价值的 70% 左右,又加上翻新费用低廉,因此轮胎翻新的经济效益显著。轮胎翻新后应达到相应的技术标准。翻新过的轮胎使用性能上远不及新轮胎,在使用时应注意行车速度和降低载重量等。

小　　结

1. 车用汽油的主要使用性能是:蒸发性、抗爆性、氧化安定性、无腐蚀性、无害性、清洁性等。

2. 车用汽油按研究法辛烷值(RON)划分为 90 号、93 号和 97 号三种牌号。

3. 车用柴油的主要使用性能是:低温流动性、燃烧性、雾化和蒸发性、安定性、无腐蚀性、无害性、清洁性等。

4. 车用柴油按凝点分为 10 号、5 号、0 号、-10 号、-20 号、-35 号和 -50 号七个种牌号。

5. 车用柴油的选择按风险率为 10% 的最低气温进行牌号选择。

6. 汽车使用节油的基本途径:合理组织汽车运输;保持车辆技术状况完好;采用节油装

置和技术；推广正确节油驾驶技术等。

7. 汽车新能源包括：天然气、液化石油气、醇类燃料、生物柴油等。

8. 汽车发动机润滑油的使用性能是：润滑性、低温操作性、黏温性、清净分散性、抗氧化性、抗腐蚀性和抗泡沫性等。

9. 发动机的使用性能分类和黏度分类。发动机润滑的选用。

10. 汽车齿轮油的使用性能、分类和选用。

11. 汽车润滑脂的使用性能、分类和选用。

12. 汽车自动变速器油的使用性能、分类和选用。

13. 发动机冷却液的使用性能、分类和选用。

14. 汽车制动液的使用性能、分类和选用。

15. 汽车添加剂的性能、分类和选用。

16. 汽车子午线轮胎和斜交轮胎的结构特点。

17. 汽车轮胎的技术规格。

18. 汽车轮胎的不正常损坏形式。

19. 延长汽车轮胎使用寿命的措施。

思考与练习

1. 车用汽油主要有哪些性能指标？
2. 什么是汽油辛烷值？
3. 车用汽油是如何划分牌号的？
4. 针对发动机如何选择汽油？
5. 车用柴油有哪些性能指标？
6. 车用柴油是如何划分牌号的？
7. 汽车新能源有哪些？
8. 常用的汽车节油装置有哪些？
9. 发动机润滑油有哪些性能指标？
10. 发动机润滑油是如何分类的？
11. 如何选用发动机润滑油？
12. 如何确定发动机的换油周期？
13. 车辆齿轮油有哪些性能指标？
14. 如何选择车用齿轮油？
15. 汽车润滑脂有哪些性能指标？
16. 如何选用车辆润滑脂？
17. 如何选用汽车自动变速器油？
18. 发动机冷却液的选用？
19. 汽车制动液的使用性能指标有哪些？
20. 如何选用汽车制动液？
21. 如何选用汽车添加剂？
22. 什么是轮胎的高宽比、层级数和轮胎的负荷指数？
23. 汽车轮胎常见的损坏形式有哪些？
24. 延长汽车轮胎寿命的使用措施有哪些？

第7章 汽车公害及防治

【学习目标】

能 力 目 标	知 识 目 标
1.应知汽车排放主要污染物的危害;	1.了解汽车排放主要污染物的危害;
2.应知汽车排放污染物主要成分的形成及影响因素;	2.掌握汽车排放污染物主要成分的形成及影响因素;
3.应知汽车噪声污染的危害及来源;	3.了解汽车噪声污染的危害及来源;
4.应知汽车电波公害的危害及预防措施;	4.了解汽车电波公害的危害及预防措施;
5.应知汽车排放的控制技术措施;	5.掌握汽车排放的控制技术措施;
6.应知在用汽车排放污染物的测定方法。	6.掌握在用汽车排放污染物的测定方法。

7.1 汽车排放污染及控制

7.1.1 汽车排放污染物及其危害

目前,大气污染已逐渐发展成为世界性的问题,尤其是在一些大中城市,随着汽车保有量的增加,汽车的生产、销售、使用、报废还带来了环境大气危害和城市的空气污染(见图7-1)。如汽车排放的二氧化碳 CO_2、硫化物(指一氧化硫 SO 和二氧化硫 SO_2)、氮氧化物(指一氧化氮 NO 和二氧化氮 NO_2)、氟氯烃等使温室效应、臭氧层破坏和酸雨等大气环境问题变得更为严重;汽车排出的 CO、NO、SO、未燃碳氢化合物 HC、颗粒物 PM 和臭味气体等污染了空气,对人类和动、植物危害甚大;汽车行驶过程产生的噪声和新近的驻车用防盗器的误鸣不仅能引起人体的生理改变和损伤,导致对心理、生活和工作的不利影响,还会使人的听力减弱、视觉功能下降、神经衰弱、血压变化和胃肠道出现消化功能障碍,影响人的睡眠、谈话、学习、工作和情绪等。又如报废汽车对环境的污染,报废汽车在发达国家已成为重要的垃圾源,并影响市容环境;残留在报废汽车中的燃油、润滑剂、空调制冷剂和铅等有害金属,一旦进入水系和土壤,其危害不堪设想。汽车排气污染物造成的环境污染情况将日趋严重。所以对汽车排气污染物的监控与防治,已处于刻不容缓的地步。

7.1.2 汽车排放污染物的成因及影响因素

汽车排放的主要污染物有一氧化碳(CO)、碳氢化合物(HC)、氮氧化合物(NO_x)、二氧化碳(CO_2)和微粒物(PM)等。

1.一氧化碳(CO)

在内燃发动机中,CO 是空气不足或其他原因造成不完全燃烧时,所产生的一种无色、无味的气体。CO 吸入人体后,非常容易和血液中的血红蛋白结合,它的亲和力是氧的300倍。因此,肺里的血红蛋白不与氧结合而与 CO 结合,致使人体缺氧,抑制思考,使人反应迟钝,引起头痛、头晕、呕吐等中毒症状,严重时可能导致死亡。

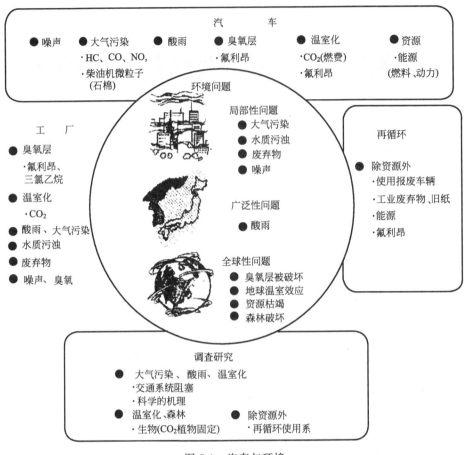

图 7-1 汽车与环境

2. 碳氢化合物（HC）

HC 是指发动机废气中的未燃部分，还包括供油系中燃料的蒸发和滴漏。单独的 HC 只有在含量相当高的情况下才会对人体产生影响，一般情况下作用不大，但它却是产生光化学烟雾的重要成分。

3. 氮氧化合物（NO_x）

NO_x 是发动机有一定负荷时大量产生的一种褐色的有臭味的废气。发动机废气刚一排出时，气体内存在的 NO 毒性较小，但 NO 很快氧化成毒性较大的 NO_2 等其他氮氧化合物。这些氮氧化合物，统称为 NO_x。NO_x 进入肺泡后能形成亚硝酸和硝酸，对肺组织产生剧烈的刺激作用。亚硝酸盐则能与人体内的血红蛋白结合，形成变性血红蛋白，可在一定程度上导致组织缺氧。

NO_x 与 HC 受阳光中紫外线照射后发生化学反应，形成有毒的光化学烟雾。当光化学烟雾中的光化学氧化剂超过一定浓度时，具有明显的刺激性。它能刺激眼结膜，引起流泪并导致红眼症，同时对鼻、咽、喉等器官均有刺激作用，能引起急性喘息症，可以使人呼吸困难、眼红喉痛、头脑晕沉，造成中毒。光化学烟雾还具有损害植物、降低大气能见度、损坏橡胶制品等危害。1943 年美国发生的洛杉矶烟雾事件，1952 年伦敦的烟雾事件，都是最有代表性的光化学烟雾事件。在这些大气污染事件中，受害和死亡的人竟数以千计。

4. 颗粒物（PM）

由燃烧室排放出的颗粒物（Particulate Matter）有三个来源，其一是不可燃物质，其二是可燃的但未进行燃烧的物质,其三是燃烧生成物。燃烧过程排出的颗粒物质的组成中大部分是固态碳,火焰中形成的固体碳粒子称为炭黑。炭黑可以在燃烧纯气体燃料时形成,但更多的则是在燃烧液体燃料时形成。颗粒物质的组成中除炭黑外还有碳氢化合物、硫化物和含金属成分的灰分等。含金属成分的颗粒物主要来自于燃料中的抗爆剂、润滑油添加剂以及运动产生的磨屑等。

柴油发动机燃料燃烧不完全时,其内含有大量的黑色炭颗粒。形成的炭烟能影响道路上的能见度,并因含有少量的带有特殊臭味的乙醛,往往引起人们恶心和头晕。炭烟不仅本身对人的呼吸系统有害,而且炭烟粒的孔隙中往往吸附着二氧化硫及有致癌作用的多环芳香烃等。

5. 二氧化碳(CO_2)

世界工业化进程引起的能源大量消耗,导致大气 CO_2 的剧增。其中 30% 约来自汽车排气。CO_2 为无色无毒气体,对人体无直接危害,但大气中的 CO_2 大幅度增加,因其对红外热辐射的吸收而形成的温室效应,会使全球气温上升,南北极冰层溶化,海平面上升,大陆腹地沙漠趋势加剧,使人类和动植物赖以生存的生态环境遭到破坏。因此,近年来对 CO_2 的控制也已上升为汽车排放研究的重要课题,提高汽车的经济性和使用低排量汽车是减少 CO_2 排放的重要措施。

6. 温室效应

汽车污染已成为世界性公害,其对于温室气体浓度增加的"贡献"不容忽视。汽车的内燃机实际上是一座小型化工厂,消耗大量石油资源。汽油燃爆后产生驱车动力,同时也产生了许多复杂的化学反应,排放出大量温室气体,加剧了温室效应。

汽车每燃烧 1kg 汽油排出 3.08kg 的二氧化碳。当二氧化碳含量升高时,会增强大气对太阳光中红外线辐射的吸收,阻止地球表面的热量向外散发,使地球表面的平均气温上升。这就是所谓的温室效应。

地球上接连出现的"厄尔尼诺"和"拉尼娜"现象都与温室效应加剧有关。城市因人口密集、高楼密集、公路密集,导致"城市热岛效应"更为严重。温室气体像毯子一样把热束缚在低层大气里,城市年平均气温比郊区高 1°,甚至更多。城市热岛效应已经改变了地方天气形势,特别是雨量分布形势已经发生改变。这是全球变暖在城市的反应。

汽车排放造成的大气污染还会破坏臭氧层,而臭氧损耗与气候变化通过某些机制相互联系。一些专家认为,臭氧层的破坏造成太阳辐射过强,也会导致高温天气。

大气环境是人类赖以生存的可贵资源,因此,减少温室气体排放、防止全球气候变暖是世界各国共同关注的问题。为了 21 世纪的地球免受气候变暖的威胁,1997 年 12 月,149 个国家和地区的代表在日本东京召开《联合国气候变化框架公约》缔约方第三次会议,会议通过了旨在限制发达国家温室气体排放量以抑制全球变暖的《京都议定书》。该议定书规定,在 2008 年至 2012 年期间,发达国家的二氧化碳等 6 种温室气体排放量要在 1990 年的基础上平均削减 5.2%,其中美国削减 7%、欧盟 8%、日本 6%、加拿大 6%、东欧各国 5%~8%。

特别提示

了解汽车排放物的成分、生成原因以及影响其生成的因素。

7.1.3 汽车排放标准

1. 欧洲排放标准

汽车排放的欧洲法规(指令)标准的计量是以汽车发动机单位行驶距离的排污量

(g/km) 计算，因为这对研究汽车对环境的污染程度比较合理。同时，欧洲排放标准将汽车分为总质量不超过 3500kg（轻型车）和总质量超过 3500kg（重型车）两类。轻型车不管是汽油机或柴油机，整车均在底盘测功机上进行试验。重型车由于车重，则用所装发动机在发动机台架上进行试验。

随着汽车尾气污染的日益严重，汽车尾气排放立法势在必行，世界各国早在 20 世纪 60～70 年代就对汽车尾气排放建立了相应的法规制度，通过严格的法规推动了汽车排放控制技术的进步，而随着汽车排放控制技术的不断提高，又使更高标准的制订成为可能。

汽车排放是指从废气中排出的 CO（一氧化碳）、$HC+NO_x$（碳氢化合物和氮氧化物）、PM（微粒，炭烟）等有害气体。它们都是发动机在燃烧做功过程中产生的有害气体。这些有害气体产生的原因各异，CO 是燃油氧化不完全的中间产物，当氧气不充足时会产生 CO，混合气浓度大及混合气不均匀都会使排气中的 CO 增加。HC 是燃料中未燃烧的物质，由于混合气不均匀、燃烧室壁冷等原因造成部分燃油未来得及燃烧就被排放出去。NO_x 是燃料（汽油）在燃烧过程中产生的一种物质。PM 也是燃油燃烧时缺氧产生的一种物质，其中以柴油机最明显。因为柴油机采用压燃方式，柴油在高温高压下裂解更容易产生大量肉眼看得见的炭烟。

为了抑制这些有害气体的产生，促使汽车生产厂家改进产品以降低这些有害气体的产生源头，世界各国都采取了相关措施保护大气环境，欧盟和美国制定了严格的汽车排放标准。欧洲经济委员会（ECE）从 1970 年开始先以 ECEW5 法规的形式对轻型汽油车排放污染物和曲轴箱污染物排放进行控制，后以 ECER83 和 ECER15-04 法规来逐步控制 NO_x 的排放，不断进行修订与加严，从而制定了分别在 1992 年、1996 年和 2000 年开始执行的欧Ⅰ排放法规、欧Ⅱ排放法规与欧Ⅲ排放法规。

在欧洲，汽车排放的标准一般每四年更新一次。在 1992 年实行了欧Ⅰ标准，从 1996 年开始实行了欧Ⅱ标准，从 2000 年开始，实行了欧Ⅲ标准，从 2005 年开始，实行了欧Ⅳ标准。2009 年 9 月实施欧Ⅴ标准，2014 年将实施欧Ⅵ标准。

2008 年 11 月欧盟议会通过了以轿车为代表的 CO_2 排放法规总体规划 2012 年要达到 130g/km，尽管汽车企业提出种种困难，但仍认为要坚持实施。到 2020 以轿车为代表的 CO_2 排放达到 95g/km。

关于新能源汽车的立法法规：

欧盟委员会 2007 年通过了有关发展氢燃料汽车的立法建议，欧盟和私有企业将各出资 4.7 亿欧元在之后 6 年的时间内发展氢燃料汽车。

2008 年 9 月，欧盟通过《关于发展新能源汽车的立法建议》案。欧洲议会以立法的方式展现了支持欧盟委员会进一步发展洁净能源产业，减少温室气体和其他有害气体排放的决心。

欧洲议会 2008 年 10 月 22 日通过一项有关鼓励清洁节能汽车发展的立法议案，该议案要求公共部门、公营企业及从事公共客运服务的企业今后采购车辆时必须符合清洁节能指标。

2. 我国排放标准

与国外先进国家相比，我国汽车尾气排放法规起步较晚、水平较低，根据我国的实际情况，从 20 世纪 80 年代初期开始采取了先易后难分阶段实施的具体方案，其具体实施至今主要分为三个阶段。

① 第一阶段。1983 年我国颁布了第一批机动车尾气污染控制排放标准，这一批标准的制定和实施，标志着我国汽车尾气法规从无到有，并逐步走向法制治理汽车尾气污染的道

路,在这批标准中,包括了《汽油车怠速污染排放标准》、《柴油车自由加速烟度排放标准》、《汽车柴油机全负荷烟度排放标准》三个限值标准和《汽油车怠速污染物测量方法》、《柴油车自由加速烟度测量方法》、《汽车柴油机全负荷烟度测量方法》三个测量方法标准。

② 第二阶段。在1983年我国颁布第一批机动车尾气污染控制排放标准的基础上,我国在1989年至1993年又相继颁布了《轻型汽车排气污染物排放标准》、《车用汽油机排气污染物排放标准》二个限值标准和《轻型汽车排气污染物测量方法》、《车用汽油机排气污染物测量方法》二个工况法测量方法标准,至此,我国已形成了一套较为完整的汽车尾气排放标准体系;值得一提的是,我国1993年颁布的《轻型汽车排气污染物测量方法》采用了ECE-ER15-04的测量方法,而测量限值《轻型汽车排气污染物排放标准》则采用了ECER15-03限值标准,该限值标准只相当于欧洲20世纪70年代来的水平(欧洲在1979年实施ECE R15-03标准)。

③ 第三阶段。以北京市DB11/105—1998《轻型汽车排气污染物排放标准》的出台和实施,拉开了我国新一轮尾气排放法规制订和实施的序曲,从1999年起北京实施DB11/105—1998地方法规,2000年起全国实施GB14961—1999《汽车排放污染物限值及测试方法》(等效于91/441/1EEC标准),同时《压燃式发动机和装用压燃式发动机的车辆排气污染物限值及测试方法》也制订出台;

从2004年1月1日起,北京对机动车的尾气排放标准由欧洲Ⅰ号改为欧洲Ⅱ号;到2008年,正式实施相当于欧洲Ⅲ号标准。

④ 第四阶段。北京市政府发布《北京市十二五时期节能降耗与应对气候变化综合性工作方案》,计划从2012年开始,北京将执行机动车"国五"排放标准,并争取在今后五年淘汰老旧机动车40万辆。

国五标准,也就是国家第五阶段机动车污染物排放标准,相当于欧盟2009年开始执行的欧五标准,国五标准对碳氧化物、碳氢化合物等机动车排放物的限制更为严格。

特别提示

了解汽车排放标准的制定阶段和我国现行的排放标准。

7.1.4 汽车排放检测技术

汽车排放法规所控制的有害污染物主要为HC、CO、NO_x、PM,国家环保总局对这些排放物推荐的检测方法分别为:HC采用氢火焰离子法;CO采用非分光红外线法;NO_x采用化学发光法;PM采用滤纸过滤称重法。

氢火焰离子法(FID)的工作原理是利用碳氢化合物在氢火焰的2000℃左右高温中燃烧时可离子化成电子和自由离子,其离子数基本与碳原子数成正比。HC在氢火焰中分解出的离子在离子吸收极板间的电压作用下形成电子流,其电流大小代表了样气中碳原子浓度,因此FID检测的结果是样气中的碳原子值。

非分光红外线法(NDIR)是目前测定CO的最好方法,其工作原理是基于测量气体对特定波长红外线的能量吸收。CO能吸收波长为4.5~5.0μm的红外线,样气中CO的浓度可通过红外线透过一定长度该气体后的透射能量得到。为了减小其他气体干扰,在样气室前设置滤波室来过滤掉其他干扰气体所对应的波长。

化学发光法(CLD)用于分析排气中的NO_x,CLD只能直接测定NO。样气中和过量臭氧在反映室中混合并发生化学反应,生成NO_2,其中约10%处于电子激发态,当激发态的NO_2衰减到基态时发射波长0.6~3μm光子,化学发光强度与NO和臭氧浓度乘积成正比,还与测量条件有关,但当测量条件不变且臭氧浓度恒定并远高于NO浓度时,化学发光强度与 NO 成正比。而测量 NO_x 实际是测量 NO 和 NO_2 的总和，因此在测量前首先要将排气中的 NO_2 转化成 NO。

除了以上的方法以外，我国对汽车的检测方法也可分为汽油车为急速法（或双急速法）和自由加速烟度法，分别是针对汽车和柴油车的。下面对这两种方法做简单的介绍。

1. 汽油车急速检测法

我国现行的在用汽油车的排放标准为 GB 14761.5—1993《汽油车急速污染物排放标准》，相应的测试方法为 GB/T 3845—1993《汽油车排气污染物的测量（急速法）》。

① 急速工况：是汽车多种工况的一种，指车辆变速箱位于空挡、离合器为接合位置、发动机油门松开、低速空转的状态。在汽车启动后的稳定、暖机时，十字路口等红灯及交通堵车时，汽车为急速工况。急速检测主要用于在用车。对于新车主要用于车间新车下线后的检测。

② 测试方法：发动机由急速工况加速至 0.7 倍额定转速，维持 60s 后降至急速。将取样探头插入排气管中，维持 15s 后开始读取 30s 内的最高值和最低值，取平均值。

③ 急速检测特点：只能反映车辆急速状态下空负荷排放情况，这时发动机为贫氧偏浓燃烧，主要产生 CO 和 HC，产生少量或不产生 NO_x。操作方便快捷，价钱便宜。广泛使用于检测场车辆年检、环保部门进行路检以及修理厂对车辆的检修工作等方面。帮助环境监管人员、车辆维修人员判断发动机是否处于正常的工作状态。

2. 柴油车自由加速烟度法

我国现行的在用柴油车的排放标准为 GB 14761.6—1993《柴油车自由加速烟度排放标准》，相应的测试方法为 GB/T 3846—1993《柴油车自由加速烟度的测量（滤纸烟度法）》。

① 自由加速工况与滤纸式烟度。指柴油发动机于急速、将油门迅速踏到底，维持 4s 后松开。在该工况下，从排气管抽取规定长度的排气柱所含的碳烟，用光电法确定清洁滤纸染黑的程度。

② 滤纸式烟度计的工作原理：由取样系统和测量系统组成。抽气泵将一定容量的柴油车排气吸入，排出的污染颗粒被阻隔在滤纸上，形成污斑。将一束光照射在滤纸上，上方放置硒光电池。污斑越黑，照射光的反射越少，光电池光电压较小，仪表有示值显示。滤纸越黑，烟度计示值越大。

③ 测试方法：将取样探头固定于排气管内，插深于 300mm 以上，并使其中心线与排气管轴线平行。将抽气泵开关置于油门踏板上。完成滤纸走位、清除排气管残存的碳烟之后，将油门踏板迅速踏到底，维持 4s 后松开。按仪表指示读数。15s 后执行同一操作，连续测量 4 次，取后 3 次读数的算术平均值即为所测烟度值。

④ 自由加速烟度测试特点：该方法具有检测操作简便易行、测试仪器价格便宜和便于携带以及检测时间短等优点，广泛应用与柴油车的年检、路检。

知识链接　汽油车排放污染物检测项目及注意事项

1. 汽油车排放污染物检测项目

汽油车排放污染物的检测一般分为急速和双急速检测、加速模拟工况（ASM）检测等。

急速和双急速检测主要是检测车辆在急速或者高急速时尾气中污染物的含量，并通过尾气分析仪将其转化为数字显示出来。加速模拟工况（ASM）检测是检测车辆在加速模拟工况（ASM）时尾气中污染物的含量，并通过尾气分析仪将其转化为数字显示出来。

2. 检测时注意事项

（1）汽油车急速污染物的检测一定要把发动机急速和温度控制在规定范围之内。

(2) 取样探头、导管分为低浓度用和高浓度用两种，两者要分别使用。
(3) 检测时导管不要发生弯折现象。
(4) 多部车辆连续检测时，一定要把取样探头从排气管里抽出并待仪表指针回到零点后，再进行下一部车的测量。
(5) 不要在有油或有机溶剂的地方进行检测。
(6) 要注意检测地点通风换气，以防人员中毒。
(7) 检测结束后，要立即把取样探头从排气管里抽出来。
(8) 取样探头不用时要垂直吊挂，不要平放，以防管内的积水腐蚀取样探头。
(9) 分析仪不要放置在湿度大、温度变化大、振动大或有倾斜的地方。
(10) 分析仪要定时保养，以确保使用精度。
(11) 校准用的标准气样是有毒的，要注意保管。

知识链接　柴油车排放污染物检测项目

柴油车自由加速烟度的检测应在自由加速工况下，采用滤纸式烟度计按测量规程进行。自由加速工况是指：柴油发动机处于怠速工况（发动机运转；离合处于接合位置；加速踏板与手油门处松开位置；当装有自动变速器时需选择在停车或空挡位置），将加速踏板迅速踩到底，维持数秒后松开。

1. 检测注意事项

(1) 从取样探头至抽气泵的取样软管，最好能逐渐向上倾斜，以防止冷凝水流如抽气泵弄湿滤纸。
(2) 取样软管的内径和长度有规定，不能随意更换和替代。
(3) 测取滤纸染黑度时，要注意光电传感器与滤纸贴紧。
(4) 为保护硒光电池的光敏层，光电传感器不用时应该套上测头盖或避开强光放置。
(5) 指示装置不用时，应把测量开关打到"关"的位置，以免在移动或运输时损坏电表表头。
(6) 指示装置应避开在有振动和湿度大的地方放置。
(7) 滤纸和校准用标准烟样，不要放置在日光下曝晒或灰尘多的地方。
(8) 标准烟样要定期更换。

2. 烟度计的维护

(1) 仪器平时应放在阴凉干燥处，避免高温及阳光直射。
(2) 应尽量避免在振动及潮湿的环境中使用。
(3) 测试时用的滤纸要保存好，严禁受到污染。
(4) 标准烟度卡平时不使用时要放在袋中保存好，不得在日光下暴晒。
(5) 每年应对仪器正式检定一次。

7.1.5　汽车排放污染物的防治

减少汽车大气环境公害的基本方法可以归纳为两类：一是从源头着手的降低技术，称为源头法；二是采取一些措施减少已产生的汽车环境公害，通常把与此相关的技术称为后治理法。

1. 源头控制法

源头控制法是把燃烧污染物消灭在燃料化学能转化为机械能的过程之中的有关技术，因为发生在发动机的汽缸之内，故这种方法以前被称为机内净化。源头控制法主要包括四个方面的内容。其一是对现有的车用发动机进行改造，如丰田公司的1～4缸内直喷发动机根据负荷的不同而采用"分层燃烧、弱分层燃烧、均质燃烧"、三菱汽车公司采用的"两段燃烧法"、五十铃公司的"一个循环五次喷射"等技术，这些都使污染物的排放得到了大幅度降低。由于这些技术仍然赶不上法规的加严速度，因而人们还在不断地寻求降低排放的新技术，如被各个厂家和研究人员看好的集压燃式发动机和点燃式发动机优点集于一身的HCCI技术等。其二是设法使发动机始终工作在低排放工况，各种混合动力车的上市即为这种方法的成功范例。其三是电动汽车技术,包括燃料电池和各种电动汽车。其四是在汽车使用中控制污染的排出法,主要有使汽车保持良好技术状况和采用合理的驾驶方法,采用"自动停止怠速和启动"技术等。

2. 后治理法

由于源头控制的效果是有限的,并不是所有的问题都可以在源头解决。后治理法降低发动机排出的有害物的技术主要有各种催化净化器和过滤器等。汽油车使用最多的是三效催化净化器和吸附还原(NO)催化净化器。柴油车使用最多的是颗粒捕捉器 DPF(Diesel Particulate Filter)等,其原理是把排出的颗粒物 PM(Particulate Matter)过滤捕捉起来,使其燃烧变成 CO 排出。此外,还有利用氧化催化剂使 CO、HC 和 PM 变为 H_2O 和 CO_2 排出的氧化催化法等。在实际的汽车排放控制措施中,都是源头控制和后治理并用的。

3. 使用中减少排放的措施

生产出的汽车在使用中减少排放,有时更加重要,具体措施如下:

① 汽车渗漏的润滑剂和其他渗漏的液体对空气的污染极大,因此,应每天进行检查,及时发现汽车的渗漏现象并立即修复故障。

② 每年应对车内空调进行一次彻底的检查,这是预防制冷剂渗漏的最好方法。在不使用空调的季节,也应偶尔打开空调,这样有利于更好地密封和防止渗漏。

③ 经常检查阻风门。阻风门安装得太松,会导致发动机缺油,从而使汽车启动非常困难;阻风门装得太紧,则使大量汽油涌入发动机,使大量没有充分燃烧的碳氢化合物从尾气管中排放出去,从而造成对空气的污染。

④ 避免燃烧机油,如果从排气管中排出的是蓝色或蓝白色的烟,则表明汽车是在燃烧机油,这样对空气的污染很大,应立即检修发动机。

⑤ 检查空气管道最常忽略的是化油器和喷油器的空气通道,要经常对这两个通道进行检查。如果松动了,紧一下;如果破损了,应立即更换。

⑥ 使用清洁的滤清器,污染的滤清器将迫使发动机燃烧更多的油料,从而造成污染。因此,应该按照汽车生产厂家的要求,按使用里程进行更换。

⑦ 按期更换机油,磨合前期,汽车行驶 500km,应换一次机油。当汽车正常使用后,按使用里程(或期限)更换机油。

⑧ 不要冷启动就开动汽车,在发动机冷却时开动汽车,不仅对汽车本身毫无益处,而且还会增加汽车对空气的污染和燃油消耗。因此,在发动机尚未预热完毕时,千万不要开动汽车。

⑨ 尽量减少发动机空转,汽车停止运动,产生更多的污染气体。因此,不要空转发动机。

⑩ 加速要谨慎,有关试验表明,快速加速所消耗的燃料是通常情况下的 1.5 倍,从而产生过多的废气。因此每次踩加速踏板时,都应控制踏板的开度(70%~80%),轻轻地、慢慢地踩下加速踏板。同样,突然制动也会造成过多的废气排放。

⑪ 加油次数越少,汽油挥发对空气产生的污染就越小。但油加得不能太满,一般要比满箱少几升,这样不至于在汽车开动时有油溢出。

7.2 汽车噪声污染及控制

7.2.1 汽车噪声及危害

声是一种普遍的物理现象。自然界中充满了各种各样的声音,有了声音,人们才能用语言交流思想感情,开展娱乐等各种活动。但是另一方面,有些声音却影响人们的工作、学习、休息和身体健康。例如,汽车、内燃机、拖拉机、发电机组运转时发出的声音,使人烦躁、讨厌,久而久之甚至引起耳聋和其他疾病。可见在日常生活中,有的声音是需要的,而另一些声音则是不需要的,甚至是厌恶的。这些不需要的声音,不论是什么样的声音,统称为噪声。

噪声污染与大气污染、水源污染不同,噪声污染是局部的、多发性的,除飞机噪声等特殊情况外,其特点是从声源到受害者的距离很近。以汽车噪声污染来看,以城市街道和公路干线两侧最为严重。

汽车噪声是汽车的第二公害,它随着汽车发动机功率、汽车速度及汽车流量的增加而增大,约占城市噪声的75%。噪声对人的影响是一个很复杂的问题,不仅与噪声的性质有关,而且还与每个人的心理、生理状态以及社会生活等多方面的因素有关。经过长期的研究表明噪声确实会危害人的健康,噪声级越高,危害性越大。即便噪声级较低,如小于80dB(A)的噪声,虽然不致直接危害人的健康,但同样会影响和干扰人们的正常活动。

汽车噪声一方面对环境产生噪声污染,使人心情不安、烦躁、疲倦、工作效率下降;干扰语言交流和通信联络,影响人们的工作和生活;会降低人的听力,严重时可致人耳聋;另一方面使驾驶员反应时间加长,从而影响行车安全。

7.2.2 汽车噪声的来源

汽车的噪声源有多种,例如发动机、变速器、驱动桥、传动轴、车厢、玻璃窗、轮胎、继电器、喇叭、音响等都会产生噪声。这些噪声有些是被动产生的,有些是主动发生的(如人为按动喇叭)。但是主要来源只有两个方面,一个是发动机,另一个是轮胎,它们都是被动发生的,只要汽车行驶就会产生噪声。

发动机的噪声主要包括:燃烧噪声、机械噪声、进气噪声、排气噪声和风扇噪声等。按照噪声的产生方式可分为燃烧噪声、机械噪声和气体动力噪声。燃烧噪声是汽缸内气体压力由于燃烧而引起的周期性变化;机械噪声是由于运动部件之间及运动部件与固定件之间机械作用的周期性变化而产生的噪声;气体动力噪声包括进气系统、排气系统和风扇所产生的噪声。燃烧噪声和机械噪声是通过发动机表面向外辐射的,故又称为发动机表面噪声;进、排气噪声和风扇噪声是直接向大气辐射的噪声。

在发动机各种噪声中,发动机表面辐射噪声是主要的。发动机表面辐射噪声由燃烧噪声和机械噪声两大类构成,是发动机内部的燃烧及机械振动所产生的噪声。一般情况下,低转速时燃烧噪声占主导地位,高转速时机械噪声占主导地位。两者是密切相关,相互影响的。实践表明,减少振动是降低噪声的根本措施。增加发动机结构的刚度和阻尼,是减少表面振动的方法,从而达到降低噪声的目的。

轮胎在路面滚动产生的噪声也是很大的。有关研究表明,在干燥路面上,当汽车时速达到100km/h,轮胎噪声成为整车噪声的重要噪声源。而在湿路面上,即使车速低,轮胎噪声也会盖过其他噪声成为最主要的噪声源。轮胎噪声来自泵气效应和轮胎振动。所谓泵气效应是指,轮胎高速滚动时引起轮胎变形,使得轮胎花纹与路面之间的空气受压挤,随着轮胎滚动,空气又在轮胎离开接触面时被释放,这样连续的"压挤释放",空气就迸发出噪声,而且车速越快噪声越大,车辆越重噪声越大。轮胎振动与轮胎的刚度和阻尼有关,刚度增大(例如轮胎帘布层数目增加),阻尼减少,轮胎的振动就会增大,噪声也就大了。要降低轮胎的噪声,胎面可采用多种花纹节距,采用高阻尼橡胶材料,调整好轮胎的负载平衡以减少自激振动等。

为了防止发动机噪声和轮胎噪声窜入乘员厢,除尽量减少噪声源外,也要在车厢的密封结构上下功夫，尤其是前围板和地板的密封隔音性能。

解决汽车的噪声是一项涉及整车方方面面的技术问题，包括发动机的结构、材料质量分布、工艺水平、装配密封性等。实际上，汽车噪声的大小能够反映出整车的质量和技术性能的高低。汽车噪声的大小是衡量汽车质量水平的重要指标，因此，降低汽车噪声也是世界汽车工业的一个重要课题。

7.2.3 汽车噪声的检测及防治

噪声作为一种严重的公害已日益引起人们的关注，目前世界各国已纷纷制定出控制噪声的标准。噪声的一般定义是：频率和声强杂乱无章的声音组合，造成对人和环境的影响。更人性化的描述是，人们不喜欢的声音就是噪声。

1. 噪声的评价指标

（1）噪声的声压和声压级　噪声的主要物理参数有声压与声压级、声强与声强级和声功率与声功率级。其中声压与声压级是表示声音强弱的最基本的参数。

声压是指由于声波的存在引起在弹性介质中压力的变化值。声音的强弱取决于声压，声压越大听到的声音越强。人耳可以听到的声压范围是 2×10^{-5}（听阈声压）～20Pa（痛阈声压），相差 100 万倍，因此用声压的绝对值表示声音的强弱会感到很不方便，所以人们常用声压级来表示声音的强弱。

声压级是指某点的声压 P 与基准声压（听阈声压）P_0 的比值取常用对数再乘以 20 的值（$L_0=20\lg\dfrac{P}{P_0}$），单位为分贝（dB）。可闻声声压级范围为 0～120dB。

（2）噪声的频谱　人耳对声音的感觉不仅与声压有关，而且还与声音的频率有关。人耳可闻声音的频率范围为 20～20000Hz。一般的声源，并不是仅发出单一频率的声音，而是发出具有很多频率成分的复杂声音。声音听起来之所以会有很大的差别，就是因为它们的组成成分不同造成的。因此，为全面了解一个声源的特性，仅知道它在某一频率下的声压级和声功率级是不够的，还必须知道它的各种频率成分和相应的声音强度，这就是频谱分析。

噪声的频谱也是噪声的评价指标之一。以声音频率（Hz）为横坐标、以声音强度（如声压级 dB）为纵坐标绘制的噪声测量图形，称为频谱图。

人耳可闻声音的频率有 1000 多倍的变化范围，在实际频谱分析中不可能逐个频率分析噪声。在声音测量中，让噪声通过滤波器把可闻声音的频率范围分割成若干个小的频段，称为频程或频带。频带的上限频率 f_k（或称上截止频率）与下限频率 f_L（或称下截止频率）具有 $f_h/f_L=2^n$ 的关系，频带的中心频率 $f_m=\sqrt{f_hf_L}$，当 $n=1$ 时称为倍频程或倍频带。可闻声音频率范围用 10 段倍频程表示，如表 7-1 所示。

表 7-1　倍频程中心频率及频率范围　　　　　　　　　　Hz

中心频率	31.5	63	125	250	500
频率范围	22～45	45～90	90～180	180～355	355～710
中心频率	1000	2000	4000	8000	16000
频率范围	710～1400	1400～2800	2800～5600	5600～11200	11200～22400

如果需要更详细地分析噪声，可采用 1/3 倍频程，即可以把每个倍频程分成 3 份（$n=1/3$）。

（3）噪声级　声压级相同的声音，但由于频率不同，听起来并不一样响，相反，不同频率的声音，虽然声压级也不同，但有时听起来却一样响，因此，用声压级测定的声音强弱与人们的生理感觉往往不一样。因而，对噪声的评价常采用与人耳生理感觉相适应的指标。

第7章 汽车公害及防治

为了模拟人耳在不同频率有不同的灵敏性,在声级计内设有一种能够模拟人耳的听觉特性,把电信号修正为与听觉近似值的网络,这种网络称为计权网络。通过计权网络测得的声压级,已不再是客观物理量的声压级,而是经过听感修正的声压级,称为计权声级或噪声级。

国际电工委员会(IEC)对声学仪器规定了 A、B、C 等几种国际标准频率计权网络,它们是参考国际标准等响曲线而设计的。由于 A 计权网络的特性曲线接近人耳的听感特性,故目前普遍采用 A 计权网络对噪声进行测量和评价,记作 dB(A)。

2. 汽车噪声的标准及检测

(1) 汽车噪声检验标准 GB7258—2004《机动车运行安全技术条件》对客车车内噪声级、汽车驾驶员耳旁噪声级和机动车喇叭声级作了规定。

GB 1495—2002《汽车加速行驶车外噪声限值及测量方法》对车外最大噪声级及其测量方法作了规定。汽车加速行驶时,其车外最大噪声级不应超过表 7-2 的规定。

表 7-2 车外最大允许噪声级

汽车分类	噪声限值/dB(A)	
	第一阶段	第二阶段
	2002.10.1～2004.12.30 期间生产的汽车	2005.1.1 以后生产的汽车
M_1	77	74
$M_2(GVM \leq 3.5t)$,或 $N_1(GVM \leq 3.5t)$:		
$GVM \leq 2t$	78	76
$2t < GVM \leq 3.5t$	79	77
$M_2(3.5t < GVM \leq 5t)$,或 $M_3(GVM > 5t)$:		
$P < 150kW$	82	80
$P \geq 150kW$	85	83
$N_2(3.5t < GVM \leq 12t)$,或 $N_3(GVM > 12t)$:		
$P < 75kW$	83	81
$75kW \leq P < 150kW$	86	83
$P \geq 150kW$	88	84

注:1. M_1、M_2 ($GVM \leq 3.5t$) 和 N_1 类汽车装用直喷式柴油机时,其限值增加 1dB(A)。

2. 对于越野汽车,其 $GVM > 2t$ 时:
   如果 $P < 150kW$,其限值增加 1dB(A);
   如果 $P \geq 150kW$,其限值增加 2dB(A)。

3. M_1 类汽车,若其变速器前进挡多于四个,$P > 140kW$,P/GVM 之比大于 75kW/t,并且用第三挡测试时其尾端出线的速度大于 61km/h,则其限值增加 1dB(A)。

4. GVM——最大总质量,t;P——发动机额定功率,kW。

(2) 声级计的结构与工作原理 在汽车噪声的测量方法中,国家标准规定使用的仪器是声级计。声级计是一种能把噪声以近似于人耳听觉特性测定其噪声级的仪器。可以用来检测机动车的行驶噪声、排气噪声和喇叭声音响度级。

根据测量精度不同声级计可分为精密声级计和普通声级计两类,根据所用电源不同可分为交流式声级计和直流式声级计两类。后者也可以称为便携式声级计,具有体积小、重量轻和现场使用方便等特点。

声级计一般由传声器、放大器、衰减器、计权网络、检波器、指示表头和电源等组成。其工作原理是:被测的声波通过传声器被转换为电压信号,根据信号大小选择衰减器或放大,放大后的信号送入计权网络作处理,最后经过检波并在以 dB 标度的表头上指示出噪声数值。图 7-2 为我国生产的 ND_2 型精密声级计。

① 传声器。传声器是将声波的压力转换成电压信号的装置,也称话筒,是声级计的传感器。常见的传声器有动圈式和电容式等多种形式。

动圈式传声器由振动膜片、可动线圈、永久磁铁和变压器等组成。振动膜片受到声波压力作用产生振动，它带动着和它装在一起的可动线圈在磁场内振动而产生感应电流。该电流根据振动膜片受到声波压力的大小而变化。声压越大，产生的电流就越大。

电容式传声器由金属膜片和金属电极构成平板电容的两个极板，当膜片受到声压作用发生变形，使两个极板之间的距离发生变化，电容量也发生变化，从而实现了将声压转换为电信号的作用。电容式传声器具有动态范围大、频率响应平直、灵敏度高和稳定性好等优点，因而应用广泛。

② 放大器和衰减器。在放大线路中都采用两级放大器，即输入放大器和输出放大器，其作用是将微弱的电信号放大。输入衰减器和输出衰减器是用来改变输入信号的衰减量和输出信号衰减量的，以便使表头指针指在适当的位置上。衰减器每一挡的衰减量为10dB。

③ 计权网络。计权网络一般有A、B、C三种。

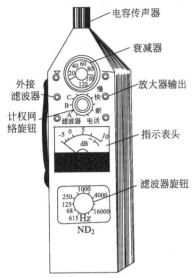

图 7-2 ND_2 型精密声级计

④ 检波器和指示表头。为了使经过放大的信号通过表头显示出来，声级计还需要有检波器，以便把迅速变化的电压信号转变成变化较慢的直流电压信号。这个直流电压的大小要正比于输入信号的大小。根据测量的需要，检波器有峰值检波器、平均值检波器和均方根值检波器之分。峰值检波器能给出一定时间间隔中的最大值，平均值检波器能在一定时间间隔中测量其绝对平均值。

多数的噪声测量中均采用均方根值检波器。均方根值检波器能对交流信号进行平方、平均和开方，得出电压的均方根值，最后将均方根电压信号输送到指示表头。指示表头是一只电表，只要对其刻度进行标定，就可从表头上直接读出噪声级的dB值。

声级计表头阻尼一般都有"快"和"慢"两个挡。"快"挡的平均时间为0.27s，很接近于人耳听觉器官的生理平均时间。"慢"挡的平均时间为1.05s。当对稳态噪声进行测量或需要记录声级变化过程时，使用"快"挡比较合适；在被测噪声的波动比较大时，使用"慢"挡比较合适。

声级计面板上一般还备有一些插孔，这些插孔如果与便携式倍频带滤波器相连，可组成小型现场使用的简易频谱分析系统；如果与录音机组合，则可把现场噪声录制在磁带上储存下来；如果与示波器组合，则可观察到声压变化的波形，并可存储波形或用照相机把波形摄制下来；还可以把分析仪、记录仪等仪器与声级计组合、配套使用，这要根据测试条件和测试要求而定。

3. 汽车噪声的测量方法

国家标准规定汽车噪声使用的测量仪器有精密声级计或普通声级计和发动机转速表，声级计误差不超过±2dB，并要求在测量前后，按规定进行校准。

(1) 声级计的检查与校准

① 在未接通电源时，先检查并调整仪表指针的机械零点。可用零点调整螺钉使指针与零点重合。

② 检查电池容量。把声级计功能开关对准"电池"，此时电表指针应达到额定红线，否则读数不准，应更换电池。

③ 打开电源开关，预热仪器10min。

④ 校准仪器。每次测量前或使用一段时间后，应对仪器的电路和传声器进行校准。根

据声级计上配有的电路校准"参考"位置，校验放大器的工作是否正常。如不正常，应用微调电位计进行调节。电路校准后，再用已知灵敏度的标准传声器对声级计上的传声器进行对比校准。

常用的标准传声器有声级校准器和活塞式发声器，它们的内部都有一个可发出恒定频率、恒定声级的机械装置，因而很容易对比出被检传声器的灵敏度。声级校准器产生的声压级为94dB，频率为1000Hz；活塞式发声器产生的声压级为124dB，频率为250Hz。

⑤ 将声级计的功能开关对准"线性"、"快"挡。由于室内的环境噪声一般为40~60dB，声级计上应有相应的示值。当变换衰减器刻度盘的挡位时，表头示值应相应变化10dB左右。

⑥ 检查计权网络。按上述步骤，将"线性"位置依次转换为"C"、"B"、"A"。由于室内环境噪声多为低频成分，故经三挡计权网络后的噪声级示值将低于线性值，而且应依次递减。

⑦ 检查"快"、"慢"挡。将衰减器刻度盘调到高分贝值处（例如90dB），通过操作人员发声，来观察"快"挡时的指针能否跟上发音速度，"慢"挡时的指针摆动是否明显迟缓。

⑧ 在投入使用时，若不知道被测噪声级多大，必须把衰减器刻度盘预先放在最大衰减位置（即120dB），然后在实测中再逐步旋至被测声级所需要的衰减挡。

(2) 车外噪声测量方法

① 测量条件。

a. 测量场地应平坦而空旷，在测试中心以25m为半径的范围内，不应有大的反射物，如建筑物、围墙等。

b. 测试场地跑道应有20m以上平直、干燥的沥青路面或混凝土路面。路面坡度不超过0.5%。

c. 本底噪声（包括风噪声）应比所测车辆噪声至少低10dB。并保证测量不被偶然的其他声源所干扰。本底噪声是指测量对象噪声不存在时，周围环境的噪声。

d. 为避免风噪声干扰，可采用防风罩，但应注意防风罩对声级计灵敏度的影响。

e. 声级计附近除测量者外，不应有其他人员，如不可缺少时，则必须在测量者背后。

f. 被测车辆不载重，测量时发动机应处于正常使用温度，车辆带有其他辅助设备亦是噪声源，测量时是否开动，应按正常使用情况而定。

② 测量场地及测点位置。如图7-3所示为汽车噪声的测量场地及测量位置，测试传声器位于20m跑道中心点O两侧，各距中线7.5m，距地面高度1.2m，用三角架固定，传声器平行于路面，其轴线垂直于车辆行驶方向。

③ 加速行驶车外噪声测量方法。

a. 车辆须按规定条件稳定地到达始端线，前进挡位为4挡以上的车辆用第3挡，前进挡位为4挡或4挡以下的用第2挡，发动机转速为其标定转速的3/4。如果此时车速超过了50km/h，那么车辆应以50km/h的车速稳定地到达始端线。对于自动变速器的车辆，使用在试验区间加速最快的挡位。辅助变速装置不应使用。在无转速表时，可以控制车速进入测量区，即以所定挡位相当于3/4标定转速的车速稳定到达始端线。

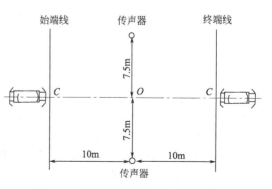

图7-3 车外噪声测量场地及测量位置

b. 从车辆前端到达始端线开始,立即将加速踏板踏到底或节气门全开,直线加速行驶,当车辆后端到达终端线时,立即停止加速。车辆后端不包括拖车以及和拖车连接的部分。

本测量要求被测车在后半区域发动机达到标定转速,如果车速达不到这个要求,可延长 OC 距离为 15m,如仍达不到这个要求,车辆使用挡位要降低一挡。如果车辆在后半区域超过标定转速,可适当降低到达始端线的转速。

c. 声级计用"A"计权网络、"快"挡进行测量,读取车辆驶过时的声级计表头最大读数。

d. 同样的测量往返进行 1 次。车辆同侧两次测量结果之差,应不大于 2dB,并把测量结果记入规定的表格中。取每侧 2 次声级平均值中最大值作为检测车的最大噪声级。若只用 1 只声级计测量,同样的测量应进行 4 次,即每侧测量 2 次。

④ 匀速行驶车外噪声测量方法。

a. 车辆用常用挡位,加速踏板保持稳定,以 50km/h 的车速匀速通过测量区域。

b. 声级计用"A"计权网络、"快"挡进行测量,读取车辆驶过时声级计表头的最大读数。

c. 同样的测量往返进行 1 次,车辆同侧两次测量结果之差不应大于 2dB,并把测量结果记入规定的表格中。若只用 1 个声级计测量,同样的测量应进行 4 次,即每侧测量 2 次。

(3) 车内噪声测量方法

① 测量条件。

a. 测量跑道应有足够试验需要的长度,应是平直、干燥的沥青路面或混凝土路面。

b. 测量时风速(指相对于地面)应不大于 3m/s。

c. 测量时车辆门窗应关闭。车内带有其他辅助设备是噪声源,测量时是否开动,应按正常使用情况而定。

d. 车内本底噪声比所测车内噪声至少低 10dB,并保证测量不被偶然的其他声源所干扰。

e. 车内除驾驶员和测量人员外,不应有其他人员。

② 测点位置。

a. 车内噪声测量通常在人耳附近布置测点,传声器朝车辆前进方向。

b. 驾驶室内噪声测点的位置如图 7-4 所示。

c. 载客车室内噪声测点可选在车厢中部及最后一排座的中间位置,传声器高度参考图 7-4。

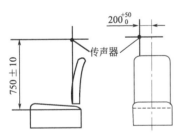

图 7-4 驾驶室内噪声测点的位置

③ 测量方法。

a. 车辆以常用挡位、50km/h 以上的不同车速匀速行驶,分别进行测量。

b. 用声级计"慢"挡测量"A"、"C"计权声级,分别读取表头指针最大读数的平均值,测量结果记入规定的表格中。

c. 做车内噪声频谱分析时,应包括中心频率为 31.5Hz、63Hz、125Hz、250Hz、500Hz、1000Hz、2000Hz、4000Hz、8000Hz 的倍频带。

(4) 驾驶员耳旁噪声的测量方法

① 车辆应处于静止状态且变速器置于空挡,发动机应处于额定转速状态。

② 测点位置如图 7-4 所示。

③ 声级计应置于"A"计权、"快"挡。

(5) 汽车喇叭声的测量 汽车喇叭声的测点位置如图 7-5 所示,测量时应注意不被偶然的其他声源峰值所干扰。测量次数宜在 2 次以上,并注意监听喇叭声是否悦耳。

4. 汽车噪声的防治

根据噪声产生和传播的机理,可以把噪声防治技术分为以下三类:一是对噪声源的控制;二是对噪声传播途径的控制;三是对噪声接受者的保护。其中对噪声源的控制是最根本、最直接的措施,包括降低噪声的激振力及降低发动机部位对激振力的

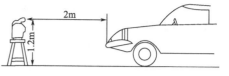

图 7-5　汽车喇叭噪声的测点位置

响应等,即改造振源和声源。但是对噪声源难以进行控制时,就需要在噪声的传播途径上采取措施。

(1) 发动机的振动与噪声　降低发动机噪声是汽车噪声控制的重点。发动机是产生振动和噪声的根源。发动机的噪声是由燃料燃烧、配气机构、正时齿轮及活塞的敲击噪声等合成的。

① 发动机本体噪声。降低发动机本体噪声就是要改变振源和声源,包括用有限元法等分析设计发动机,选用柔和的燃烧过程,提高机体的刚度,采用严密的配合间隙,降低汽缸盖噪声。另外,给发动机涂阻尼材料也是一个有效的办法。阻尼材料能把动能转化成热能。进行阻尼处理的原理就是将阻尼材料与零件结合成一体来消耗振动能量。它有以下结构:自由阻尼层结构、间隔自由阻尼层机构、约束阻尼层结构和间隔约束阻尼层结构。它的采用明显减少了共振的幅度,加快了自由振动的衰减,降低了各个零件的传振能力,增加了零件在临界频率以上的隔振能力。目前,已有一些国家的专家设计了一种发动机主动隔振系统,用于减少发动机振动,以达到降低噪声的目的。

② 进气噪声。进气噪声是发动机的主要噪声源之一,是发动机的空气动力噪声,随发动机转速的提高而增强。非增压式发动机的进气噪声主要成分包括周期性压力脉动噪声、涡流噪声、汽缸的亥姆霍兹共振噪声等。增压式柴油机的进气噪声主要来自增压器的压气机。二冲程的发动机噪声源于罗茨泵。对此最有效的方法是采用进气消声器。类型有阻性消声器(吸声型)、抗性消声器(膨胀型、共振型、干涉型和多孔分散型)和复合型消声器。将其与空气滤清器结合起来就成为最有效的进气消声器,消声量可超过 20dB(A)。

(2) 底盘噪声

① 排气系统噪声。排气系统噪声是底盘的主要噪声源,主要由排气压力的脉动噪声,气流通过气门座时所发生的涡流噪声,由于边界层气流的扰动而产生的噪声以及排气口出的喷流噪声所组成。优化设计性能良好的消声器,是降低汽车噪声的主要手段之一。优化设计的方法有声学有限元法和声学边界元法,但是目前处于起步阶段。避免消声器的传递特性和振动特性耦合是消声器设计中要重点解决的一个问题。其次,降低排气噪声与提高动力性也是一对矛盾,因为降低排气噪声与降低排气背压对排气管直径的设计有着相矛盾的要求。前者要求有较小的直径,而后者却相反。对此,采用并联流路的双功能消声器,在减小背压和降低气流噪声方面颇为有效。另外,对于发动机排气歧管到消声器入口的一段管路,采用柔性管的减振、降噪效果明显,可降低 7dB(A) 左右。

② 传动系统噪声。传动系统噪声来源于变速齿轮啮合引起的振动和传动轴旋转振动。一般采取的措施是:一是选用低噪变速器;二是发动机与变速箱及后桥主减速器等部件与底盘用橡胶垫进行柔性连接,从而达到隔振的目的;三是控制转动轴的平衡度,降低扭转振动。

(3) 电气设备噪声

① 冷却风扇噪声。冷却风扇噪声是发生装置,受到护风圈、水泵、散热器及传动装置

的影响，但其噪声的产生主要取决于底盘。

② 汽车发电机噪声。汽车发电机噪声取决于多种来源的效应，这些来源有磁体圈、机械和空气动力源。噪声级取决于发电机的磁力和通风系统的结构以及发电机的装配精度。

(4) 车身噪声　随着车速的提高，车身的噪声也就越来越大，主要起因是空气动力噪声。因此，提出了如下方案来改善车身噪声：一是对车身进行流线型设计，实现光滑过渡；二是在车身与车架之间采用弹性元件连接；三是进行室内软化，如在顶棚及车身内蒙皮间使用吸声材料。另外，汽车在行驶时，轮胎也是产生噪声的一个来源。实车已经测得：轮胎的轮距越大则噪声越大。此外，轮胎的花纹与噪声的产生也有很大的关系，选用有合理花纹的钢丝帘布子午轮胎是降低轮胎噪声的有效方法。对于轮胎材料而言，使用更富有弹性且柔软度高的橡胶就可制造出低噪声轮胎。

(5) 其他措施　对汽车噪声的控制，除了在设计上使用优良方法和零件的优化选用以外，还可以对噪声进行主动控制，这就是用声消声技术。其原理是利用电子消声系统产生与噪声相位相反的声波，使两者的振动相互抵消，以降低噪声。这种消声器装置采用极其先进的电子元件，具有优异的噪声效果，可用于降低车内噪声、发动机噪声，还可以用于主动发动机支承系统，以抵消发动机振动噪声。

7.3　汽车电波公害

7.3.1　汽车电波概述

汽车电波公害虽然没有像汽车排出的废气和噪声公害对人们生活环境造成那么严重的影响，但是随着环境保护意识的日趋增强，近几年来也越来越被人们所关注。

在汽车电气设备中，由电感和电容组成的闭合回路会组成振荡回路，形成电磁振荡。当火花放电时，会产生高频振荡电磁波放射到空中，切割无线电、电视、广播等通讯设备的天线，引起电磁干扰。在汽车电气设备中，点火系统的干扰最为严重，此外还有发电机、调节器、刮水器以及灯开关等。

控制电波公害主要是限制汽车点火系统的电波强度。为此，很多国家对汽车（或汽车内燃机）点火系的电波杂音强度制定了标准，我国国标规定了车辆产生辐射干扰的测量方法和允许值（见表 7-3）及点火系统干扰抑制器等测量方法。

测量标准规定的频率范围为 30～1000MHz 整个频段。不具备连续扫描的测量仪器，可测 45、65、90、150、180、220、300、450、600、750、900（Hz）几个点来代替。测量结果以带宽为 120kHz 时的 dB（μV/m）表示。

对于不同带宽的测量仪器的转换系数为

$$x = x_1 + 20\lg(120/D_1)$$

式中　x——加上不同带宽修正系数后的计算值，dBμV/m；

x_1——不同带宽的实际测量值，dBμV/m；

D_1——实测仪器的带宽，kHz。

表 7-3　电波干扰允许值

带宽	电波干扰允许值 L/[dB(μV/m)]			测量仪类型
	30～75MHz	75～400MHz	400～1000MHz	
120kHz	$L=34$	$L=34+15.13\lg(f/75)$	$L=45$	准峰值
1kHz	$L=12$	$L=12+15.13\lg(f/75)$	$L=23$	峰值
1MHz	$L=72$	$L=72+15.13\lg(f/75)$	$L=83$	峰值

7.3.2 汽车电波的防治

1. 加装阻尼电阻

在汽车的点火装置的高压电路中适当串入阻尼电阻或采用特制高压阻尼导线，以削弱电火花产生的高频振荡放电。国产东风 EQ1090 型汽车就装用了特制的高压阻尼导线。

2. 加装电容器

在汽车电气中凡是产生火花的部件上并联适当容量的电容器，以便吸收火花能量，减弱高频振荡电磁波的发射。如发电机的"电枢"接柱与搭铁之间，以及调节器"电池"与搭铁之间并联 $0.2\sim 0.8\mu F$（微法）的电容器，在水温表、油压表传感器的触点处并联一个 $0.1\sim 0.2\mu F$（微法）的电容器等。

3. 加装屏蔽遮掩

在容易产生火花的电器外，用金属网遮掩起来。导线也用密织的金属网或金属套管套起来，并将金属网搭铁。这样就使这些电器因火花而发射的电磁波在金属屏蔽内产生寄生电流变成热能消失，使电磁波不能发射出去，从而起到防干扰作用。

小　　结

本章从源头上介绍了汽车排放物的生成以及影响因素；详细介绍了汽车的排放标准、排放检测技术和防治排放污染的方法；阐述了汽车噪声的来源、检测方法和控制标准以及防治噪声的方法。

思考与练习

1. 汽车排放物的成分有哪些？影响其生成的因素有哪些？
2. 怎样防治汽车污染？
3. 汽车噪声有哪些类型？
4. 怎样防治汽车噪声？

# 第8章 汽车的户籍管理与保险

【学习目标】

能力目标	知识目标
1. 能处理汽车注册登记的常规手续;处理汽车异动登记的情况;	1. 掌握车辆管理的方法;掌握车辆注册登记及异动登记;
2. 能解决汽车年度检测及审验;	2. 掌握汽车年度检测及审验的规定;了解汽车年度检测及审验的分类;
3. 会处理、分析汽车保险的投保、索赔与理赔。	3. 掌握汽车保险的项目及范围;掌握车辆投保的一般程序;掌握保险的索赔与理赔;掌握机动车的交强险。

 ## 8.1 汽车的户籍管理

8.1.1 车辆管理概述

车辆包括各种机动车和非机动车的数量和构成。汽车是当今交通运输中重要的交通工具,其管理在整个车辆管理中占有重要的地位。车辆管理就是依据道路管理交通法规、规章、国家有关的政策和技术标准,运用行政和技术手段进行监督和管理。其管理的基本方法就是实行车辆牌照制度,包括对车辆进行注册登记、核发牌照和技术安全检验等几个方面。

车辆的牌证管理是全世界都采用的车辆管理的基本方法。在我国,由公安机关交通管理部门负责对属于民用的车辆核发车辆号牌和行驶证。直辖市公安机关交通管理部门的车辆管理所,设区的市或者相当于同级的公安机关交通管理部门的车辆管理所,负责办理本行政区内的业务。警用车辆由省级公安机关交通管理部门办理。

属于军队编制单位的装备车辆(即:列入武器装备实力的车辆,列入后勤装备实力的车辆,军队事业单位车辆编制数内用于生活勤务保障的车辆,经总部、大单位批准配发的专用车及自购定编使用的车辆、军队保留的保障性企业和担负军事保障任务的军地联合办事机构限额使用军车号牌的车辆),其号牌由总后勤部军事交通运输部统一制作,由军队车辆管理机关具体负责。

属于人民武装警察部队编制单位的装备车辆,使用人民武装警察部队车辆号牌和行驶证的,由人民武装警察部队负责。军队及武警的企业化单位(工厂、马场、农场等)和未列入军队、武装警备实力的车辆,使用民用车辆号牌和行驶证。

无论地方车辆管理或是军队、武警车辆管理机关核发的车辆号牌和行驶证,在全国范围内都有效。

车辆牌证在管理中有如下作用。

(1) 对车辆进行拍号定名 车辆牌证可依据以作为车辆、车主或驾驶人、管辖地区等的

对照依据，起到了车辆"车籍"登记的作用。据此可及时掌握车辆所有权转移、车辆改装、改型、喷改颜色，是否正在使用等变化情况，准确统计机动车保有量，为研究车辆发展规划和制定交通管理规划提供数字依据。

（2）验明违章车辆的依据　利用车辆违章摄影设施摄取违章车辆的牌号，可查找违章驾驶人。同时，可为事故后逃逸车辆、作案及被盗车辆侦缉提供查询；亦可据此检查来路不明的车辆。

（3）落实车辆停放地点、制定车辆年审计划等管理措施的依据　例如北京市和上海市都曾规定：凡新购和复驶机动车辆申领牌证时，该车必须具有相应的停车场地，在车辆检验登记表内填明停车场地，经核实后，方可领取牌证。

> **特别提示**
>
> 车辆的牌证管理是通用的车辆管理方法。
>
> 汽车号牌是指在固定规格材料面上印制车辆所在省份、车辆序号等的揭示牌，是汽车取得合法行驶权的标志。
>
> 行驶证是记录该车车型、车号、厂牌车型、核定的载货和载人数量、空车重量、车主单位名称、主管机关和发证机关名称、车长、车宽、车高、车厢面积、栏板高度、轴距、轮胎只数及尺寸、使用性质、发动机和车型号码等有关事项的证件。

8.1.2　车辆的注册登记

凡属个人、单位购买和使用的各种类型机动车辆，在投入使用之前，必须到当地（指个人户口所在地、单位注册所在地）车辆管理机关领取《机动车辆登记表》，提供身份证、单位证明或个人户口所在地管理区（或镇、街道办事处）的证明及有关车辆来源牌证，对机动车辆的机件设备和产权进行注册登记，也称为新车上（入）户。经过车辆管理机关检验审核合格后，发给号牌、行驶证方可行驶。

汽车注册登记必须具备如下手续：

① 对于商品车，必须具备如下手续。

合法经营单位开具的购车发票。

国产车须有列入当年《车辆生产企业及产品公告》的生产厂及公安厅批准入户车型的出厂合格证；进口车须有"海关货物进口证明书"和"进口机动车辆终检通知单"，如是统一进口的，还须有进口单位转拨（分销）凭证。

生产厂（经营单位或进口口岸）所在地至用户所在地的临时号牌或其他调运方式凭证。

主管税务机关出具的车辆购置税完税证明或车辆购置税免征凭证。

车辆彩色照片 4 张（汽车照片要求在天气晴好的条件下，照汽车转向盘一侧，与车身呈 45°角，把整车照全）。

② 港澳台同胞、华侨或外国友人捐赠的进口汽车。必须有省政府批准接受捐赠的批文、"海关货物进口证明书"、进口口岸至用户所在地的临时号牌或其他调运方式的凭证。

③ 减免税进口汽车（包括新车和在用车）。必须有省政府批准文件、外缴海关税款单及指定的物资部门的销售发票。

④ 机动车第三者责任强制保险凭据。

⑤ 当地人民政府、公安局和车辆管理机关所规定的其他证件。

在办理登记手续时，车辆管理机关可根据需要，留存上述证件的原件或复印件。

汽车运用基础

对除使馆、领事馆外的其他驻华机构、商社、"三资"企业及外籍人员的机动车辆,一律核发外籍车号牌,须具有部、省等有关部门批准的批文、海关货物进口证明凭证,进口口岸至用户所在地的临时号牌或其他调运方式凭证、购车发票。"三资"企业、驻境内办事处还须提供经批准的合同文件、工商营业执照复印件,驻境内的外籍人员自用车辆还须提供有效期内居留凭证。

车辆号牌的式样设计标准全国一致,在全国范围内有效。机动车辆号牌分类、规格、颜色及适用范围见表8-1。

表8-1 机动车辆号牌的分类、规格、颜色及适用范围

序号	分类	外廓尺寸 (mm×mm)	颜色	每幅面数	适用范围
1	大型汽车	前 440×140 后 440×220	黄底黑字黑框线	2	总质量4.5t(含),乘坐人数20人(含)和车长6m(含)以上的汽车、无轨电车及有轨电车
2	小型汽车	440×140	蓝底白字白框线	2	除大型汽车以外的各种汽车
3	使馆汽车	440×140	黑底白字红"使"、"领"字白框线	2	驻华使馆的汽车
4	领事馆汽车	440×140		2	驻华领事馆的汽车
5	境外汽车	440×140	黑底白字白框线	2	出入境的境外汽车
			黑底红字红框线		出入境限制行驶区域的境外汽车
6	外籍汽车	440×140	黑底白字白框线	2	除使、领馆外,其他驻华机构、商社、外资企业及外籍人员的汽车
7	两、三轮摩托车	前 220×95 后 220×140	黄底黑字黑框线	2	两轮摩托车和三轮摩托车
8	轻便摩托车		蓝底白字白框线	2	轻便摩托车
9	使馆摩托车		黑底白字红"使"、"领"字白框线	2	驻华使馆的摩托车
10	领事馆摩托车			2	驻华领事馆的摩托车
11	境外摩托车		黑底白字白框线	2	出入境的境外摩托车
12	外籍摩托车			2	除使、领馆外,其他驻华机构、商社、外资企业及外籍人员的摩托车
13	农业运输车	300×165	黄底黑字黑框线	2	三、四轮农用运输车、轮式自动专用机械和电瓶车
14	拖拉机		黄底黑字	2	各种在道路上行驶的拖拉机
15	挂车	同大型汽车后号牌		1	全挂车和不与牵引车固定使用的半挂车
16	教练汽车	440×140	黄底黑字黑框线	2	教练用的汽车及其他机动车,不含摩托车和轻便摩托车
17	教练摩托车	同摩托车号牌		2	教练用的摩托车和轻便摩托车
18	试验汽车	440×140		2	试验用的汽车及其他机动车,不含摩托车和轻便摩托车
19	试验摩托车	同摩托车号牌		2	试验用的摩托车和轻便摩托车
20	临时入境汽车	200×165	白底红字黑"临时入境"字红框线	1	临时入境参加旅游、比赛等活动的汽车
21	临时入境摩托车	200×120	白底红字黑"临时入境"字红框线	1	临时入境参加旅游、比赛等活动的摩托车
22	临时行驶汽车	200×140	白底(有蓝色暗纹)黑字黑框线	1	无牌证需要临时行驶的机动车

第8章 汽车的户籍管理与保险

特别提示

凡属个人、单位购买和使用的各种类型机动车辆，在投入使用之前，必须到当地车辆管理机关对机动车辆进行注册登记（上户），经过车辆管理机关检验审核合格后，发给号牌、行驶证方可行驶。

知识链接

2010年12月23日北京市人民政府发布了《北京市小客车数量调控暂行规定》，依据该规定，北京市户籍居民和外地户口进京5年以上缴纳社保费以及个人所得税的居民，可以通过摇号方式取得小客车登记入户指标。这就意味着没有取得小客车入户指标的购车人在北京市无法办理车辆登记落户手续。此举的目的是为了缓解交通拥堵，合理控制小客车数量增长。

汽车的号牌和行驶证不准转借、涂改和伪造。号牌须按指定位置安装，并保持清晰。其要求是：正式号牌要安装在车辆出厂时设置的号牌位置，或安装在车体前端中部或偏右，或车体后端中部或偏左的明显部位。临时号牌则粘贴在前风窗玻璃和后窗的明显位置。汽车挂车的号牌要装在尾灯的上下位置。大型车、货车和所有挂车还须用与车体颜色区别明显的油漆，按照号牌字体式样放大喷写到车辆后部的明显部位。字体规格为：大型车为号牌的3.5倍；小型车为号牌的2.5倍。其目的是提高车辆号牌的视认性，以便监督管理。

汽车在没有领取正式号牌、行驶证以前，需要移动或试车时，必须申领移动证、临时号牌或试车号牌。

车辆移动证是无号牌的新车或半成品车，出入库或到车辆管理机关初检等需要在道路上行驶时，凭证明到车辆管理机关领取的"通行证"。持此证的车辆只能在本地区移动，不准驶往外地，不准装货和专门用作载人，并按指定的时间和线路行驶。

临时号牌只能在发证机关核定的有效期内，按指定的时间和线路行驶。

试车号牌是在试车时挂的，必须按指定的时间和线路行驶。

8.1.3 车辆的异动登记

1. 变更登记

（1）进行变更登记的情形　已注册登记的机动车有下列情形之一的，机动车所有人应当向登记该机动车的公安机关交通管理部门申请变更登记。包括：改变机动车车身颜色的；更换发动机的；更换车身或者车架的；因质量问题，制造厂更换整车的；营运机动车改为非营运机动车或者非营运机动车改为营运机动车的；机动车所有人的住所迁出本市或迁入本市管辖区域的。

（2）允许变更的条件　对于变更车身颜色的要求是：变更后的车身颜色不能与特种车颜色相同；发动机号和车辆识别代号（车架号码）与登记相符；变更的车辆未达到机动车强制报废标准。

变更车身、车架的条件是：更换同型号车身、车架；发动机号和车辆识别代号（车架号码）与登记相符；未达到机动车强制报废标准。

机动车所有人的住所迁出本市管辖区域的条件是：机动车所有人身份证明记载的住所地址迁出本市管辖区域；机动车符合注册登记时国家对机动车的统一管理规定；车辆未达到机动车强制报废标准。

机动车所有人的住所迁入本市管辖区域的条件是：机动车所有人身份证明记载的住所地址由外省市迁入本市管辖区域；机动车符合注册登记时国家对机动车的统一管理规定；车辆未达到机动车强制报废标准；机动车的尾气排放符合当地规定的要求。

特别提示

已注册登记车辆的车身、车架、发动机、车身颜色、营运性质、管辖区域等发生改变，应申请变更登记。

(3) 变更登记的程序　变更登记程序根据需要变更的情形不同而不同。

① 变更机动车车身颜色、更换车身或者车架的程序。

a. 变更前：车辆管理机构审查机动车所有人提交的机动车变更登记申请表、机动车所有人的身份证明、机动车登记证书、行驶证；对符合规定的，打印准予变更通知单交机动车所有人。

b. 变更后：车辆管理所收回准予变更通知单并审查机动车所有人提交的机动车变更登记申请表、机动车所有人的身份证明、机动车登记证书、行驶证；确认机动车；属于更换车身或者车架的，审查安全技术检验合格证明、车身或者车架的来历凭证，核对车辆识别代号（车架号码）拓印膜，查验车辆识别代号（车架号码）有无被凿改嫌疑；与全国被盗抢机动车信息系统比对。符合规定的，受理变更登记申请，签注机动车登记证书，收回原行驶证并销毁，重新核发行驶证，交机动车所有人。

② 机动车所有人的住所迁出本市管辖区域的程序：车辆管理所确认机动车，核对车辆识别代号（车架号码）拓印膜，并查验车辆识别代号（车架号码）有无被凿改嫌疑；与全国被盗抢机动车信息系统比对。核对无误的，审查机动车所有人提交的机动车变更登记申请表、机动车所有人的身份证明、机动车登记证书、行驶证。符合规定的，受理变更登记申请，签注机动车登记证书，整理资料，密封机动车档案；收回号牌并销毁；将机动车档案交机动车所有人；核发临时行驶车号牌。

③ 机动车所有人的住所迁入本市管辖区域的程序：按照注册登记的程序办理，但不重新核发机动车登记证书。

(4) 变更登记的内容　变更登记应当分别登记下列内容：变更后的车身颜色；变更后的发动机号码；机动车更换车身、车架后的车辆识别代号（车架号码）；发动机、车身或者车架来历凭证的名称、编号；更换整车后的车辆识别代号（车架号码）、发动机号码、车身颜色、整车出厂合格证明或者进口凭证编号、出厂日期、注册登记日期；机动车所有人变更后的姓名或者单位名称；变更后的使用性质；需要办理机动车档案转出的，还登记转入地车辆管理所的名称；变更登记的日期等。

知识链接

有下列情形之一，在不影响安全和识别号牌的情况下，机动车所有人可以自行变更，不需办理变更登记：

（一）小型、微型载客汽车加装前后防撞装置；

（二）货运机动车加装防风罩、水箱、工具箱、备胎架等；

（三）机动车增加车内装饰等；

（四）机动车喷涂、粘贴标识或者车身广告的。

但喷涂、粘贴标识或者车身广告，应当遵守以下规定：

1. 喷涂和粘贴车身广告需经户外广告管理处审批，未经批准一律不准在车身上做广告。

2. 在机动车车身外喷涂、粘贴标识的（不含车窗玻璃、前、后风挡玻璃），允许喷涂和粘贴的内容为：单位名称、标识、电话、地址、网址。喷涂字迹应端正，字号大小不得大于车身高度的10%；字迹和标识颜色面积不得大于车身主体颜色的1/3，不得改变车身整体颜色，原行驶证和机动车登记证书登记的车身颜色不变。

3.重型、中型载货汽车及其挂车应在车身后部喷有与号牌字体相同，放大倍数应为号牌字体的2.5倍的放大号，字迹颜色应与车身颜色色差分明；厢式货车和封闭货车在车身两侧分别喷有统一的"厢式货车、封闭货车"字样；大型货车和大型客车车门两侧应喷有载重吨位及乘员人数字样，字迹要端正，颜色与车身颜色色差分明。

2.转移登记

已注册登记的机动车所有权发生转移的，现机动车所有人应当于机动车交付之日起三十日内提交相关资料，到指定地点交验车辆，办理转移登记。

办理转移登记需填写机动车转移登记申请表，提交法定证明、凭证，并交验机动车。属于海关解除监管的机动车，还应当提交海关出具的中华人民共和国海关监管车辆解除监管证明书。超过检验有效期的机动车应当进行安全技术检验。

现机动车所有人住所在车辆管理所管辖区内的，收回原行驶证，重新核发行驶证。需要改变机动车登记编号的，收回原号牌、行驶证，确定新的机动车登记编号，重新核发号牌、行驶证和检验合格标志。

机动车所有人的住所迁出车辆管理所管辖区域的，车辆管理所应当收回号牌和行驶证，核发临时行驶车号牌，机动车档案应当密封，交由机动车所有人携带，于九十日内到住所地车辆管理所申请机动车转入。

申请机动车转入的，应当填写机动车注册登记/转入申请表，提交机动车所有人的身份证明、机动车登记证书、机动车行驶证、机动车档案、交强险保险凭证等相关证明凭证，并交验机动车。车辆管理所应当自受理之日起三日内，查验并收存机动车档案，确认机动车，核发号牌、行驶证和检验合格标志。

办理转移登记应当登记的内容有：现机动车所有人的姓名或者单位名称、身份证明名称、身份证明号码、住所地址、邮政编码和联系电话；机动车获得方式；机动车来历凭证的名称、编号；转移登记的日期；海关解除监管的机动车，登记海关出具的中华人民共和国海关监管车辆解除监管证明书的名称、编号；改变机动车登记编号的，登记机动车登记编号；现机动车所有人住所不在现登记地车辆管理所管辖区内的，登记转入地车辆管理所的名称等。

对于机动车所有人提交的证明、凭证无效或与机动车不符；机动车来历凭证记载的机动车所有人与身份证明不符；机动车未经国家机动车产品主管部门许可生产、销售或者未经国家进口机动车主管部门许可进口，或机动车的有关技术数据与国家机动车产品主管部门公告的数据不符，已达到国家规定的强制报废标准，超过检验有效期未进行安全技术检验的；机动车未被海关解除监管，或者机动车档案被人民法院、人民检察院、行政执法部门依法查封、扣押；机动车与该车的档案记载的内容不一致；机动车在抵押期间、涉及未处理完毕的道路交通安全违法行为或者交通事故；以及其他不符合法律、行政法规规定的情形，不能办理机动车转移登记。

不符合机动车注册登记时国家对机动车管理统一规定的，禁止转出和转入。转入的机动车应当符合国家和当地环境保护标准。转出的机动车因不符合外省市地方性机动车污染物排放标准而退回的，应当凭转入地车辆管理所的证明予以接收，恢复档案和计算机信息。被司法机关和行政执法部门依法没收并拍卖，或者被仲裁机构依法仲裁裁决，或者被人民法院调解、裁定、判决机动车转移时，原机动车所有人未向现机动车所有人提供机动车登记证书和行驶证的，可以凭人民法院出具的协助执行通知书，或者行政执法部门出具的未得到机动车登记证书和行驶证的证明办理转移登记。若机动车转出后机动车登记证书丢失、灭失的，应当补发登记证书。对于机动车转出后尚未办理转入前，因交通事故等原因更换了发动机、车身或者车架的可一并办理变更登记。

> **特别提示**
>
> 已注册登记的机动车所有权发生转移的到指定地点交验车辆，办理转移登记。

3. 抵押登记

机动车所有人将机动车作为抵押物抵押的，机动车所有人应当向登记该机动车的公安机关交通管理部门申请抵押登记。申请抵押登记，应当填写机动车抵押/注销抵押登记申请表，持抵押人和抵押权人的身份证明、机动车登记证书以及抵押人和抵押权人依法订立的主合同和抵押合同，由机动车所有人抵押人和抵押权人共同申请。对于抵押人和抵押权人的身份证明、机动车登记证书无效，机动车或者机动车档案被人民法院、人民检察院、行政执法部门依法查封、扣押的不能办理抵押登记。

办理抵押登记时登记的内容有：抵押权人的姓名或者单位名称、身份证明名称、身份证明号码、住所地址、邮政编码、联系电话；主合同和抵押合同号码；抵押登记的日期。

办理抵押登记后的车辆也可以申请注销抵押。办理注销抵押登记时先填写机动车抵押/注销抵押登记申请表，持抵押人和抵押权人的身份证明、机动车登记证书，与抵押权人共同申请，车辆管理所在机动车登记证书上记载注销抵押内容和注销抵押的日期即可。

> **特别提示**
>
> 机动车所有人将机动车作为抵押物抵押的应当向登记该机动车的公安机关交通管理部门申请抵押登记。
>
> 以下情形不予办理抵押登记：
> 1. 抵押人和抵押权人的身份证明、《机动车登记证书》无效的；
> 2. 机动车或机动车档案被人民法院、人民检察院、行政执法部门依法查封、扣押的。

4. 注销登记

国家实行机动车强制报废制度，根据机动车的安全技术状况和不同用途，规定不同的报废标准。

已达到国家强制报废标准的机动车，因质量问题需要退车，或种种原因已经灭失的机动车均需要办理注销登记。

已达到国家强制报废标准的机动车，机动车所有人须将车辆交售给国家规定的机动车回收企业。由机动车回收企业将报废的机动车登记证书、号牌、行驶证交公安机关交通管理部门注销。机动车所有人逾期不办理注销登记的，公安机关交通管理部门应当公告该机动车登记证书、号牌、行驶证作废。

机动车所有人向机动车回收企业交售机动车时，填写《机动车停驶、复驶/注销登记申请表》，提交机动车登记证书、号牌和行驶证。机动车回收企业确认机动车并解体，向机动车所有人出具报废机动车回收证明。机动车所有人在机动车解体后规定的时间内（目前的规定为七日）将机动车停驶、复驶/注销登记申请表、机动车登记证书、号牌、行驶证和报废机动车回收证明副本交回车辆管理所。车辆管理所办理注销登记，在计算机装配系统内登记注销信息。

因机动车灭失或机动车所有人因其他原因申请注销登记的，机动车所有人填写机动车停驶、复驶/注销登记申请表，并提交有关灭失证明。车辆管理所办理注销登记，收回机动车登记证书、号牌和行驶证。对因机动车灭失无法交回号牌、行驶证的，车辆管理所对其公告作废。

第8章 汽车的户籍管理与保险

达到报废标准的机动车不得在道路上行驶。报废的大型客、货车及其他营运车辆应当在公安机关交通管理部门的监督下解体。在当地注册登记的机动车,因交通事故等原因无法在当地机动车解体厂交售报废机动车的,机动车所有人向车辆报废地机动车解体厂交售机动车后,应当向车辆报废地车辆管理所申请出具机动车异地解体证明。机动车所有人应持办理注销登记时要求提交的资料以及机动车异地解体证明向车辆管理所申请注销登记。

在外省市注册登记的机动车,因交通事故等原因无法回当地机动车解体厂交售报废机动车的,机动车所有人向本地机动车解体厂交售机动车后,应持办理注销登记时要求提交的资料向机动车解体厂申请出具机动车异地解体证明。

注销登记时需提交的资料有:机动车停驶、复驶/注销登记申请表;机动车登记证书;机动车行驶证;机动车号牌;代理人身份证明;属于报废的,还需提供报废机动车回收证明;属于车辆灭失的,还需提供灭失证明材料;属于使(领)馆外籍机动车退运出境申请办理注销登记的,应当提供中华人民共和国海关监管车辆进(出)境领(销)牌照通知书;属于因质量问题退车的,还需提交相关证明。

特别提示

已注册登记的机动车达到国家规定的强制报废标准、灭失或者机动车因故不在我国境内使用、因质量问题退车的,机动车所有人应当申请注销登记。

5.其他管理规定

(1)机动车停驶、复驶以及信息更正　已注册登记的机动车需要停驶或者停驶后恢复行驶的,应当填写机动车停驶、复驶登记申请表,提交机动车所有人和代理人的身份证明,申请停驶登记的,交回机动车号牌和机动车行驶证。

机动车所有人发现登记内容有错误的,应当及时要求车辆管理所更正。车辆管理所确属登记错误的,在规定的时间内在机动车登记证书上更正相关内容,换发行驶证。需要改变机动车登记编号的,收回原号牌、行驶证,确定新的机动车登记编号,重新核发号牌、行驶证和检验合格标志。

(2)补(换)领机动车登记证书、号牌、行驶证　机动车登记证书灭失、丢失或者损毁的,机动车所有人应当向车辆管理所申请补领机动车登记证书。申请时应当填写补领、换领机动车牌证申请表、提交机动车所有人的身份证明。

申请换领机动车登记证书的,车辆管理所收回原机动车登记证书。

申请补领机动车登记证书的,车辆管理所首先确认机动车,并在规定期限内重新核发机动车登记证书。在补发机动车登记证书期间,停止办理该机动车的各项登记。

已核发的机动车号牌、行驶证灭失、丢失或者损毁,机动车所有人应向车辆管理所申请补领、换领号牌、行驶证。申请时填写补领、换领机动车牌证申请表,提交机动车所有人的身份证明。机动车号牌辨认不清的或丢失一面号牌的应将原号牌交回。车辆管理所按规定要求在规定的时间内补发、换发行驶证、号牌,原机动车登记编号不变。在补发号牌期间给机动车所有人核发临时行驶车号牌。

(3)机动车检验合格标志的申领和补领　机动车所有人申请检验合格标志,应当提交行驶证、机动车第三者责任强制保险凭证、机动车安全技术检验机构开具的安全技术检验合格证明。车辆管理所在规定的时间内确认机动车,对涉及机动车的道路交通安全违法行为和交通事故处理情况进行核查后,核发机动车检验合格标志。

对于机动车涉及道路交通安全违法行为和交通事故未处理完毕的,不予核发检验合格标志。

机动车因故不能在登记地检验的,机动车所有人应当向登记地车辆管理所申请委托核发检验合格标志。申请时,机动车所有人应当提交行驶证、机动车第三者责任强制保险凭证。车辆管理所对涉及机动车的道路交通安全违法行为和交通事故处理情况核查后,出具核发检验合格标志的委托书。机动车在检验地检验合格后,机动车所有人应当按照规定向被委托地车辆管理所申请检验合格标志,并提交核发检验合格标志的委托书。被委托地车辆管理所按规定核发机动车检验合格标志。对于大型载客汽车和涉及道路交通安全违法行为或者交通事故未处理完毕的机动车,不能委托核发检验合格标志。

在机动车检验合格有效期内,机动车检验合格标志因故损坏或者丢失、灭失的,机动车所有人应当申请补领机动车检验合格标志。申请补领时提交:机动车行驶证;属于机动车检验合格标志损坏的,还应交回损坏的机动车检验合格标志。

(4) 申请机动车临时行驶车号牌 未注册登记的机动车需要驶出本行政辖区的,机动车所有人应当到车辆管理所申领临时行驶车号牌,提交机动车所有人的身份证明、机动车来历凭证、机动车整车出厂合格证明或者进口机动车进口凭证、机动车强制保险凭证等,车辆管理所向符合条件的申请者核发机动车临时行驶车号牌。

8.2 汽车的年度检测和审验

为确保车辆运行安全和技术状况良好,必须对在用车辆进行技术检测。在用车辆的技术检测分为自检和强制性检测。车辆所属单位的自检,以确保车辆具有良好的动力性、经济性和安全性为主要目的;车辆管理部门对在用车辆进行的强制性检验,是通过检查其是否符合国家规定的技术条件,以确定被检车辆的技术状况是否满足运行安全和营运的基本要求。

8.2.1 汽车的年度检测及审验规定

根据《中华人民共和国道路交通安全法实施条例》第二章第十六条,机动车应当从注册登记之日起,按照下列期限进行安全技术检验。

(1) 营运载客汽车5年以内每年检验1次;超过5年的,每6个月检验1次。

(2) 载货汽车和大型、中型非营运载客汽车10年以内每年检验1次;超过10年的,每6个月检验1次。

(3) 小型、微型非营运载客汽车6年以内每2年检验1次;超过6年的,每年检验1次;超过15年的,每年检验2次。

(4) 摩托车4年以内每2年检验1次;超过4年的,每年检验1次。

(5) 拖拉机和其他机动车每年检验1次。

营运机动车在规定检验期限内经安全技术检验合格的,不再重复进行安全技术检验。

8.2.2 汽车年度检测及审验的分类

1. 汽车检验的种类

机动车辆必须按照规定的期限接受检验,未按规定进行检验或检验不合格的,不准继续行驶。

(1) 初次检验 拥有机动车的部门或个人,申领机动车号牌和行车执照时,车辆管理机关对申领牌证的机动车的检验,称为初次检验。其主要目的是检验申请牌证车辆的技术状况是否符合国家标准,并对原车况做记录。检验合格后,核发准予上道路行驶的牌证。

(2) 临时性检验 车辆在使用期间,必须经常保持合乎规定的安全技术要求,车辆管理机关可以酌情对车辆进行临时性检验。如抽查及季节性检验都属于临时性检验。

第8章　汽车的户籍管理与保险

（3）特殊检验　包括对改装车辆的检验，对肇事车辆的技术鉴定检验和对外事车辆的检验。

（4）年度检验　也称总检验、年检。它是对已领牌证、已在运行的车辆每年进行的常规性安全检验。每年检验的方式大体上有以下三种。

集中一段时间，对管区内所有领有牌证的机动车集中进行检验，办理"年检"手续。

采用"过生日"方式，按号牌编号末尾数月份或按申领牌证月份，每年进行"年检"。

实行两年合检及每两年进行一次总检验。

车辆年检的目的是检验车辆的主要技术性能是否满足《机动车运行安全技术条件》的规定，督促车主单位对车辆进行维修和更新，确保车辆具有良好的技术状况，消除事故隐患，确保行车安全。同时，使车辆管理部门全面掌握车辆分类的技术状况的变化情况，以便加强管理。

2. 年检项目

根据检测项目和检测目的，车辆年检和审验有以下项目。

（1）安全检测：以汽车安全与环保为主要检测内容，是对全社会民用汽车的安全性检查。

（2）综合性能检测：是指对汽车的安全性、动力性、经济性、可靠性、噪声和废气排放状况等进行的全面检测。以便确保车辆维修质量、运行安全，提高运输效率和降低运行消耗。

（3）维修检测：以汽车性能检测和故障诊断为主要内容，以便确定维修类别及维修后的质量检测。

（4）特殊检测：是指为了不同的目的和要求对在用车辆进行的检测。检测的内容和重点与上不同，主要包括：改装或改造车辆的检测；事故车辆的检测；外事车辆的检测；其他检测，如接受公安、商检、计量、保险等部门的委托，进行有关项目的检测。

（5）检查车辆号牌、行车证有无损坏、涂改、字迹不清楚等情况。

3. 检查方法

（1）人工检验　是由检验人员通过眼看、手摸、耳听等凭经验进行的技术检查。检查的结果由检验人员的水平和责任心而定，比较落后，现已淘汰。

（2）检测线检验　是通过检测仪器和设备，对车辆主要技术性能和使用性能进行检验，比较方便、可靠、省时省力。

车辆在检测线上检测的一般程序如下：

被检车辆驶入检测站后，由检验员指挥，按先后顺序将车停放在场内停车道上。

由检测员按照顺序指挥车辆进入待检车道，接受对车牌、证、表、发动机号、车架号及外观的检查和审验。

上述检查和审验合格后，车主将车交检测站检验员，车主到"收费处"交费及进行车辆登记，然后车主可以到"领取记录单"处等候接车。

机动车辆由检验员驾驶上检测线逐项检测。检测完毕，检验员将"检验结果单"与车辆一道交给车主。检测站用微机进行车辆登记。

检验合格的车辆，车主应将车开到停车场内停车道上停放，并到办公室办理有关签证手续。

🚗 特别提示

1. 年检的不合格车辆，应限期修复，逾期仍不合格的，车管所应收缴其行车牌证，不准再继续行驶；

2. 无故不参加年检或年检不合格的车辆，不准在道路上行驶，也不准转籍；

3. 符合报废条件或使用超过规定年限的车辆，不予检验，并收回牌证，注销档案，予以报废。

案例分析

刘先生驾车出游，当行驶到高速公路某路段时发生了交通事故，造成行为第三方受伤住院治疗。刘先生以为自己投保了三者险，因而能获得保险公司的理赔金。保险公司却以"车辆未年检"为由拒绝理赔。保险公司拒赔的理由是否合理？

• 根据条款规定，驾驶员没有年审，车辆没年检（对于未年检的车辆只能视为不合格车辆），保险公司可以根据保险合同拒绝任何理赔。

8.3 汽车的保险

8.3.1 汽车保险的项目及范围

汽车保险（我国称为机动车保险）是指以机动车或机动车所有人或驾驶员因驾驶机动车肇事所负的责任为保险标的的保险。

在保险实务上因标的及内容不同而予以不同的名称。汽车保险分为车辆损失险和第三者责任险，以及加在两大主要险种上的若干附加保险。保险公司按照投保人所购买的保险险种分离承担保险责任。

特别提示

根据《机动车辆保险条款》规定：机动车辆保险所承保的车辆是指汽车、电车、蓄电池车、摩托车、拖拉机、各种专用机械车和特种车。

知识链接

保险是指投保人根据合同规定，向保险人支付保险费，保险人对于合同约定的可能发生的事故因其发生所造成的财产损失承担赔偿保险责任，或者当被保险人死亡、伤残、患疾病或达到合同约定的年龄、期限时，承担给付责任的商业保险行为。即保险是一种按照合同实施的契约行为，保险关系的建立是以合同的形式体现的。

保险人又叫承保人，其法律上的资格可以是自然人也可以是法人。在我国，根据《保险法》的规定，保险人是法人及保险公司。

投保人也称要保人，指在签订保险合同前向保险人提出投保申请的人。

被保险人是指保险事故（事件）在其财产或其身体上发生而受到损失、损害时，享有向保险人要求赔偿或给付权利的人。

1. 车辆损失险

车辆损失险是指保险车辆遭受责任范畴内的自然灾难或意外事故，造成保险车辆自身损失，保险人按照保险合同的规定给予赔偿。

汽车车辆损失保险又称汽车损失险，简称为车损险。它是汽车保险中最基本的险种，是汽车保险单主要承保内容之一，车辆损失险是承保车辆因产生意外事故所致毁损灭失予以的赔偿。因为波及保险车辆意外事故颇多，各国为扩展对被保险人的保障，个别以综合保险单承当保险车辆。此外针对一些损失频率较高的危险事故，在保单中特殊将该危险事故独自列出而为独破险种，如美国、日本等国的车辆损失险承保险种，包含汽车综合损失险及汽车碰撞损失险。我国汽车保险因为机动车盗抢日益重大，现已将机动车盗抢作为车损险的附加险单列。

第8章　汽车的户籍管理与保险

这里所提到的保险责任范围是指车辆行驶过程中发生碰撞、倾覆、火灾、爆炸、外界物体的倒塌、空中运行物体的坠落、行驶中平行坠落、雷击、暴风、龙卷风、暴雨、洪水等原因造成的车辆损失。由于自然磨损、朽蚀、地震、战斗、暴乱、扣押、比赛、测试、进厂修理、饮酒、吸毒、无证驾驶所造成的损失，保险公司概不赔偿。另外，不同车种收费标准不同，国产车与进口车根本保费也不同。

车辆损失险按以下规定赔偿：

（1）全部损失　保险金额高于实际价值时，以出险当时的实际价值计算赔偿；保险金额等于或低于实际价值时，按保险金额计算赔偿。

（2）部分损失　以新车购置价确定保险金额的车辆，按实际修理及必要、公道的施救费用计算赔偿；保险金额低于新车购置价的车辆，按保险金额与新车购置价的比例计算赔偿修理及施救费用。

保险车辆损失赔偿及施救费用分别以不超过保险金额为限，如果保险车辆部分损失一次赔款金额与免赔金额之和等于保险金额时，车辆损失险的保险责任即行终止。

2. 第三者责任险

汽车第三者责任保险是指被保险人或其允许的合格驾驶员在使用保险车辆过程中，发生意外事故，致使第三者遭受人身伤亡或财产的直接损毁，依法应当由被保险人支付的赔偿金额，保险人依照《道路交通事故处理办法》和保险合同的规定给予赔偿。但因事故产生的善后工作，保险人不负责处理。

在保险合同中，有三方的关联人，保险人即保险公司是第一方，也叫第一者；被保险人或致害人是第二方，也叫第二者；遭遇人身损害或财产损失的受害人是第三方，也就是第三者。

第三者责任则是指被保险人允许的合格驾驶员在使用保险车辆过程中发生意外事故，致使第三者遭受人身伤害或财产的直接损毁，依法应当由被保险人支付的赔偿金额，保险人依照保险合同的规定予以赔偿。也就是说，第三者责任是被保险人对别人因保险车辆使用过程中发生意外事故而导致的民事赔偿责任。

第三者侧重于保险合同中的一方，而第三者责任是一种民事赔偿责任，两者存在明显不同的特色。

投保人（被保险人）在购置了第三者责任保险后，一旦发生了保险责任规定规模内的事故致使第三者遭受损失，保险公司应予以赔偿。

目前第三者责任保险在我国属法定保险，也就是所有车辆（军事车辆、国家另有规定的车辆除外）都要购买此险种。

第三者责任保险由于同样是机动车保险中最基本的险种，因此在条款中规定的也比较具体，不同的车种收费标准不同，营业与非营业车辆，收费标准也不同。这是由于营业车辆由于行驶里程多于非营业用车辆，可能发生的风险也高于后者，因此在收取第三者责任保险保费时，营业用车辆要高于非营业用车辆。

投保人在投保第三者责任险前，要根据本身车辆的详细情况，进行风险评估。目前，我国机动车辆第三者责任保险的每次事故最高赔偿限额从5万至100万元不等，赔偿限额越高，保费也随之增加。投保人可以根据实际需求和保费支付能力挑选赔偿限额。一般来讲，不同车种可投保不同赔偿限额。微型车可选择赔偿限额5万元或10万元；小型轿车可选择10万元或20万元；中型货车和20座左右客车可选择20万元；载货量超过5t的货车、座位数超过20座的客车以及5t以上各种工程车和特种车辆可选择20万元或50万元或更高限额。总之，在购买第三者责任保险时，应体现高风险高保额，低风险低保额这一购买原则。

233

3.各种附加保险

为了满意被保险人对与机动车有关其他风险的保险要求,解除被保险人的后顾之忧,保险人经常通过附加险的方式承保。目前,我国创办的汽车附加保险主要有全车盗抢险、车上责任险、无错误责任险、车载货物掉落责任险、玻璃单独破碎险、车辆停驶损失险、自然损失险、新增加设备损失险和不计免赔特约险。

附加险不能单独投保,在投保车辆损失险的基础上,才可投保全车盗抢险、玻璃单独破碎险、车辆停驶险、自燃损失险、新增加设备损失险;在投保第三者责任险的基础上,才可投保车上责任险、无差错责任险、车载货物掉落责任险;在同时投保车辆损失险和第三者责任险的基础上,才可以投保不计免赔特约险。

知识链接

最早开发汽车保险业务的是英国的"法律意外保险有限公司",1898年该公司率先推出了汽车第三者责任保险,并可附加汽车火险。

20世纪初期,汽车保险业在欧美得到了迅速发展。1903年,英国创立了"汽车通用保险公司",并逐步发展成为一家大型的专业化汽车保险公司。1906年,成立于1901年的汽车联盟也建立了自己的"汽车联盟保险公司"。到1913年,汽车保险已扩大到了20多个国家,汽车保险费率和承保办法也基本实现了标准化。1927年是汽车保险发展史上的一个重要里程碑。美国马萨诸塞州制定的举世闻名的强制汽车(责任)保险法的颁布与实施,表明了汽车第三者责任保险开始由自愿保险方式向法定强制保险方式转变。此后,汽车第三者责任法定保险很快波及世界各地。第三者责任法定保险的广泛实施,极大地推动了汽车保险的普及和发展。车损险、盗窃险、货运险等业务也随之发展起来。

自20世纪50年代以来,随着欧、美、日等地区和国家汽车制造业的迅速扩张,机动车辆保险也得到了广泛的发展,并成为各国财产保险中最重要的业务险种。到20世纪70年代末期,汽车保险已占整个财产险的50%以上。

8.3.2 车辆投保的程序

1.投保的程序

个人办理投保手续时,应将车辆驶至保险公司指定的检验地点,并带齐驾驶员本人的身份证或介绍信、工作证、驾驶证、车辆行驶证及有关投保车辆的相关证件。若是从事个体营运的车辆,还应携带营业执照等证件到保险公司办理投保手续,经保险公司工作人员验明证件后,填写机动车辆投保单。投保单的主要内容有:投保的险别、被保险人名称、保险标的、车辆厂牌型号、牌照号、发动机号、车架号、吨(座)位数、使用性质;保险金额、保险费率、保险费,第三者责任保险额、保险费,附加险险种及保险费;投保人地址、保险责任起讫日期和投保人签章、投保日期等。

保险公司检查投保单填写无误后,将视情况对投保车辆进行必要的检查,符合保险条件后,确定起保时间,核收保险费,保险人向投保人签发保险单(简称保单)。

起保时间由投保人决定,若投保人要求立即开始,保险人将注明收保单的时间,写清年、月、日、时、分,然后由保险人和投保人分别签字盖章,至此保险单开始有效。有效期至约定期满日的24时止。若办理预定投保的,应向保险人注明约定起保的日期,保险单生效的时间就从起保日的当天0时起,至约定期满日的24时止。保险有效期以1年为限,可以少于1年,但不能超过1年,期满可以续保,并重新办理手续。

集体单位投保,除带必要的证件外,还需开列投保车辆的型号、牌号、行驶证号码等。保险人将视情况办理或派人员到投保单位办理手续。

保单是载明了保险人与投保人(被保险人)所约定的义务和权利的书面凭证。其正本交被保险人存执,它是当被保险人需变更保险合同内容或遭受保险事故并产生损失向保险人索赔的重要依据。也是保险人处理赔款的主要依据。

投保第三者责任险后，保险人要发给被保险人保险凭证，俗称机动车辆保险证。它是保险合同已经订立或保险单已正式签发的一种凭据。它与保险单具有同样的作用和效力。可以用来证明被保险人已遵照政府有关法令或规定参加了第三者责任保险。

2. 保险金额的确定

保险金额是保险公司计算保费的基础。根据我国现行的《机动车辆保险条款》，车辆的保险价值根据新车购置价确定。车辆损失险的保险金额可以按投保时的保险价值或实际价值确定，也可以由被保险人与保险人协商确定，但保险金额不得超过保险价值，超过部分是无效的。保险价值是指投保时作为确定保险金额的标的价值，实际价值是指投保车辆在合同签订地的市场价格。当投保车辆的实际价值高于购车发票金额时，以购车发票金额确定实际价值。

3. 保险费的计算

车辆的保险费是根据投保人所投保车辆的种类、使用性质及需要投保的险种等分别计算相应的数额。

车辆损失险保险费的构成为：

$$车辆损失险保险费 = 基本保险费 + 保险金额 \times 费率（\%）$$

第三者责任保险则按照车辆种类及使用性质选择不同的赔偿限额档次收取固定保险费。机动车辆共分为客车、货车、挂车、罐车、特种车、摩托车、拖拉机等 13 个车种和收费档次，以及国产和进口两个类别。

车辆的使用性质分为：非营业车辆，即各级党政机关、社会团体、企事业单位自用的车辆或仅限用于个人及家庭生活的车辆；营业车辆指从事社会运输并收费的车辆。对于兼顾有两类使用性质的车辆按高档费率计算。

8.3.3 保险的索赔与理赔

保险索赔是指被保险人或其受益人在保险标的遭受损失后或保险期满或保险合同约定实现时，按保险单有关条款的规定，向保险人要求赔偿或给付保险金的行为。

理赔是指在保险标的发生保险事故而使被保险人财产受到损失或人身生命受到损害或保单约定的其他保险事故出现而需要给付保险金时，保险公司根据合同规定，履行赔付责任的行为，是直接体现保险职能和履行保险责任的工作。

1. 索赔的一般程序

① 当被保险车辆发生事故时（后），应立即通知保险人（俗称"报案"），将事故的基本情况报给保险人，如灾害事故的发生时间、地点、可能的原因、施救情况、损失概况等。报案可以用电话、传真、电报、派员等方式进行。无论用什么方式报案，最后保户均须填写由保险公司印制的出险通知书和损失清单。

② 协助保险人进行现场勘察或进行调查，查明事故的原因和损失情况。接受保险公司理赔业务人员的询问，提供勘察的方便。

③ 提供保险单、事故的证明、事故责任认定书、事故调解书、判决书、损失清单和有关费用单据。并要在保险车辆修复或交通事故结案之日起的 3 个月内提交，不提交这些必要单证，保险公司就认为被保险人自愿放弃权益。

④ 接到保险公司赔偿或给付的通知后，被保险人（或受益人）对保险公司确定的赔款金额无异议后，在 10 日内向保险公司领取赔款。

2. 车辆损失险的赔偿额确定

（1）车辆损失险的赔偿　投保的机动车辆出险后，受损车辆必须由保险公司定损，或经保险公司同意后方可定损。

保险车辆在发生保险事故遭受损失后，执行以修复为主的原则。修理前，被保险人须保险人检验，确定修理的项目、方式和费用，否则保险人有权重新核定或拒绝赔偿。

① 车辆全部损失的赔偿。车辆全部损失应按保险金额计算赔偿，但保险金额高于实际时，以出险当时的实际价值计算赔偿。即赔偿金额为：

$$赔偿金额 = （实际价值 - 残值） \times （1 - 免赔率）$$

当保险余额等于或低于实际金额时，按保险金额计算赔偿。即赔偿金额为：

$$赔偿金额 = （保险金额 - 残值） \times （1 - 免赔率）$$

② 车辆部分损失的赔偿。保险车辆的保险金额达到投保时的保险价值，无论保险金额是否低于出险时的保险价值，发生的部分损失按照实际修复费用进行赔偿。即赔偿金额为：

$$赔偿金额 = （实际修复费用 - 残值） \times （1 - 免赔率）$$

当保险金额低于保险价值时，发生的部分损失按照保险金额与投保时的保险价值比例计算赔偿修复费用。即赔偿金额为：

$$赔偿金额 = （修复费用 - 残值） \times \frac{保险金额}{保险价值} \times （1 - 免赔率）$$

除此，部分损失最高赔偿金额以保险金额为限。保险车辆按全部损失或部分损失一次赔偿金额加免赔金额之和达到保险金额时，车辆损失险的保险责任即行终止。但保险车辆在保险期限之内，不论发生一次或多次保险责任范围内的部分损失或费用支出，只要每次赔偿金额加免赔金额之和未达到保险金额，其保险责任仍然有效。

（2）第三者责任险的赔偿　保险车辆发生第三者责任事故时，按照《中华人民共和国道路交通事故处理方法》有关法律法规和保险合同规定，在保险单载明的赔偿限额内核定赔偿数额。

当保险人应付赔偿金额超过赔偿限额时，赔偿金额为：

$$赔偿金额 = 赔偿限额 \times (1 - 免赔率)$$

当保险人应付赔偿金额低于赔偿限额时，赔偿金额为：

$$赔偿金额 = 应付赔偿金额 \times (1 - 免赔率)$$

第三者责任事故赔偿后，每次事故无论赔偿金额是否达到保险赔偿金额保险责任继续有效，直至保险期满。

车辆损失险和第三者责任险的赔偿金额经保险双方确认后，还应根据车辆驾驶员在事故中所负责任，扣除一定的赔偿金额，即免赔率。负全部责任的免赔率为20%，负主要责任的免赔率为15%，负同等责任的免赔率为10%，负次要责任的免赔率为5%，单方肇事事故的免赔率为20%。

3. 索赔的注意事项

在按照索赔手续办理索赔过程中应注意以下事项。

① 保险卡一定要随车携带。一旦车辆出险，应妥善保护好事故现场，在向公安交警部门报案的同时，要向保险公司报案。若为路面事故还要报请公安交通管理部门处理，非路面事故（如车辆因驾驶原因撞在树上）应由当地公安派出所出具证明材料。及时向保险公司报案不仅可以得到保险公司的及时救援，还可以得到正确的指导意见。

② 索赔应直接找保险公司，而不要找代理人，因为代理人没有理赔权。

③ 保险公司仅承担善后补偿责任，受损车辆修复应尊重被保险人或车主的选择。如果保险公司人员指定修理厂，被保险人或车主可以不接受，必要时可以投诉。

第8章　汽车的户籍管理与保险

④ 车辆修理完毕后，保户在提车时一定要进行验车。

⑤ 对第三者责任的索赔，还应由保险公司对赔偿金额依法确定，并依据投保金额予以赔付。对于保户与第三者私下谈定的赔偿金额，保险公司有权重新核定或拒绝赔偿。

4. 典型出险情况的索赔操作

（1）车辆失窃的索赔　车辆失窃，车主保户应快速、及时、有效地向保险公司索赔。

① 当发现车辆被盗抢后，应在24小时内向公安部门报案，同时在48小时内通知保险公司，并登报声明。经县级以上刑侦部门立案、证实，3个月内盗抢车辆未追回，保户即可向保险公司索赔。

② 如果偷车人驾驶保险车辆肇事而造成保险车辆本身损失，可向保险公司索赔，但发生责任事故，其经济损失应根据有关部门对肇事者处理的裁决来确定，保险公司按条款规定不予赔偿。

③ 保险公司理赔后，被盗车辆又找回来。保险公司可将车辆返还给用户，并收回相应的赔款。如果保户不愿收回原车，则车辆的所有权归保险公司。

④ 特别提醒车主保户，请在车辆被盗3个月后将必需的索赔单证交给保险公司。向保险公司提供的索赔单证、项目、印章必须齐全，书写规范，数额计算必须准确，内容必须真实、合法、有效。若手续齐备，且与保险公司达成赔偿协议后，保险公司应在10天内一次结案赔偿。领取赔款时，要携带公章、车主或领款人身份证等有效证件进行办理。

（2）常见交通事故的索赔　最常见的是一些完全由自己承担责任的事故，例如，倒车、停车时不小心把车碰伤了。这种情况理赔也最简单：向当地公安部门报案后，带上保单，直接开车去保险公司，按规定填表、照相，保险公司经核实后，很快会给车主开具修车单据，将车开到指定修理点就是了。在某些修车点甚至有保险公司在现场办公，可免去一番周折。修完车，就可以提车回家，修理厂会代理或直接跟保险公司结账。

另外就是轻微的交通事故，例如追尾，由于这种事故双方的责任比较清楚，向当地公安交管部门报案后，只要双方同时将车开到保险公司，由理赔人员拍照、定损，事故当事人办妥相关手续后，就可以去结案、修车了。费用由责任方保险公司承担。

而对于有人员伤亡的比较严重的交通事故，由于后续问题复杂，案件处理时间也就相应较长，必须由公安交通管理部门处理。事故发生后，当事人首先应抢救伤员，保护现场，并打"112"电话通知交管部门和所投保的保险公司。保险公司可能会到现场了解情况，由保险公司对事故车辆拍照、定损，并由保户、车主进行修理。待伤员伤势稳定后，交管部门要对事故双方进行责任裁定和调解。然后出具有关的事故证明、事故责任认定书，事故调解书，判决书等文件。伤员的医疗费、误工费和其他一些费用都会反映在处理结果中（应当注意，误工费等费用，保险公司是有标准可供参照的。一般是按当地的道路交通事故损害赔偿标准执行）。如果事先垫付了款项，事故处理后，款项结清，最后带齐保险单、交管部门的事故处理文件、所有费用单据、相关证明材料到保险公司办理赔付事宜。

🚗 特别提示

出交通事故后，不管严重与否，应及时（48小时内）向保险公司报案。

不要随意私了，符合公安交通管理部门私了范围的交通事故，在按私了规定快速处理后也要尽快向保险公司报案。

事故发生后或结案过程中，如有不清楚问题，可随时拨打保险公司理赔咨询电话，万不可盲目结案。

超范围、超标准的赔付，只能由自己承担。

8.3.4 机动车交通事故责任强制保险

1. 概述

机动车交通事故责任强制保险（以下简称"交强险"）是我国首个由国家法律规定实行的强制保险制度。《机动车交通事故责任强制保险条例》（以下简称《条例》）规定：交强险是由保险公司对被保险机动车发生道路交通事故造成受害人（不包括本车人员和被保引险人）的人身伤亡、财产损失，在责任限额内予以赔偿的强制性责任保险。

2. 交强险与商业三责险的区别

交强险与消费者熟悉的机动车第三者责任保险（即三责险）在保险种类上属于同一个险种，都是保障道路交通事故中第三方受害人获得及时有效赔偿的险种。只不过交强险是法定强制性的，实际上可叫做"强制三责险"，而过去的三责险都是商业性的。

尽管保险种类是一样的，但交强险与商业三责险在赔偿原则、赔偿范围等方面存在着本质的区别。

（1）交强险具有强制性，商业三责险存在自愿性。

交强险要求在中华人民共和国境内（不含港、澳、台地区）道路上行驶的机动车的所有人或管理人必须投保；同时要求具有经营交强险资格的保险公司不能拒保，也不能随意解除交强险合同，但投保人未履行如实告知义务的除外。违反强制性规定的机动车所有人、管理人或保险公司都将受到处罚。因此，交强险具有强制性，而商业三责险则是由投保人自愿投保，不具有强制性。

（2）交强险实行"无过错责任"赔偿原则，商业三责险实行"按责论处"赔偿原则。

投保了交强险的机动车不论在交通事故中是否有过错，只要造成了他人的人身损害或财产损失，保险公司均须在交强险的责任限额内负责赔偿。而现行商业三责险实行的是"按责论处"赔偿原则，即保险公司只根据被保险机动车在事故中的责任比例，在商业三责险的责任限额内承担赔偿责任。

（3）交强险保险责任范围比商业三责险宽泛。

除了《机动车交通事故责任强制保险条例》规定的个别事项外，交强险的赔偿范围几乎涵盖了所有道路交通责任风险。而商业三责险中，保险公司不同程度规定有免赔偿、免赔率或责任免除事项。

（4）交强险实行分项责任限额制，且责任限额固定；而商业三责险只设定综合的责任限额，但责任限额可以分成不同的档次，由投保人自由选择。

交强险责任限额分为死亡伤残赔偿限额、医疗费用赔偿限额、财产损失赔偿限额及被保险人在道路交通事故中无责任的赔偿限额。其中，无责任的赔偿限额分为无责任死亡伤残赔偿限额、无责任医疗费用赔偿限额及无责任财产赔偿限额。

保险人按照交强险合同的约定对每次事故在下列赔偿限额内负责赔偿。

① 机动车在道路交通事故中有责任的赔偿限额

■死亡伤残赔偿限额：110000 元人民币；

■医疗费用赔偿限额：10000 元人民币；

■财产损失赔偿限额：2000 元人民币；

② 机动车在道路交通事故中无责任的赔偿限额

■死亡伤残赔偿限额：11000 元人民币；

第8章 汽车的户籍管理与保险

- 医疗费用赔偿限额：1000 元人民币；
- 财产损失赔偿限额：100 元人民币；

商业三责险只设定综合的责任限额，但责任限额可以分成不同的档次，由投保人自由选择。第三者责任险与交强险的赔偿对比，见表 8-2。

🚗 特别提示

交强险是法定强制性，商业三责险对交强险是一个有益补充。交强险实施后，如果投保人想要获得充分的保险保证，在购买了交强险之后，最好再投保商业三责险及其他险种，只是可以根据自身情况适当减少商业三责险的投保额度，但并不能完全依赖交强险而取消投保其他车险品种。

表 8-2　第三者责任险与交强险的赔偿对比

死亡伤残赔偿		
商业第三者责任险	保费 1040 元	最高赔偿 10 万元
交强险	保费 1050 元	最高赔偿 11 万元
医疗费用赔偿		
商业第三者责任险	保费 1040 元	最高赔偿 10000 万元
交强险	保费 1050 元	最高赔偿 8000 元
财产损失赔偿		
商业第三者责任险	保费 1040 元	最高赔偿 10 万元
交强险	保费 1050 元	最高赔偿 2000 元
以上均为车主无责情况下的赔偿		

3. 交强险最终保险费的计算办法

交强险最终保费＝交强险基础保费×（1＋与道路交通事故相联系的浮动比率）×（1＋与交通安全违法行为相联系的浮动比率 A）。

交强险费率浮动因素及比率见表 8-3，机动车交通事故责任强制保险基础费率见表 8-4。

表 8-3　交强险费率浮动因素及比率

	浮动因素		浮动比率
与道路交通事故相联系的浮动比率 A	A_1	上一个年度未发生有责任道路交通事故	－10％
	A_2	上两个年度未发生有责任道路交通事故	－20％
	A_3	上三个及以上年度未发生有责任道路交通事故	－30％
	A_4	上一个年度发生一次有责任不涉及死亡的道路交通事故	0％
	A_5	上一个年度发生两次及以上有责任道路交通事故	10％
	A_6	上一个年度发生有责任道路交通死亡事故	30％

注：1. 座位和吨位的分类都按照"含起点不含终点"的原则来解释。

2. 特种车一：油罐车、汽罐车、液罐车；特种车二：专用净水车、特种车一以外的罐式货车，及用于清障、清扫、清洁、起重、装卸、升降、搅拌、挖掘、推土、冷藏、保温等各种专用机动车；特种车三：装有固定专用仪器设备从事专业工作的监测、消防、运钞、医疗、电视转播等的各种专用机动车；特种车四：集装箱拖头。

3. 挂车根据实际的使用性质并按照对应吨位货车的 30％计算。

4. 低速载货汽车参照运输型拖拉机 14.7kW 以上的费率执行。

表 8-4 机动车交通事故责任强制保险基础费率（2008 年版）

金额单位：（人民币）元

车辆大类	序号	车辆明细分类	保费	车辆大类	序号	车辆明细分类	保费
一、家庭自用车	1	家庭自用汽车 6 座以下	950	四、非营业货车	24	非营业货车 2t 以下	1200
	2	家庭自用汽车 6 座以上	1100		25	非营业货车 2~5t	1470
二、非营运客车	3	企业非营业汽车 6 座以下	1000		26	非营业货车 5~10t	1650
	4	企业非营业汽车 6~10 座	1130		27	非营业货车 10t 以上	2220
	5	企业非营业汽车 10~20 座	1220	五、营业货车	28	营业货车 2t 以下	1850
	6	企业非营业汽车 20 座以上	1270		29	营业货车 2~5t	3070
	7	机关非营业汽车 6 座以下	950		30	营业货车 5~10t	3450
	8	机关非营业汽车 6~10 座	1070		31	营业货车 10t 以上	4480
	9	机关非营业汽车 10~20 座	1140	六、特种车	32	特种车一	3710
	10	机关非营业汽车 20 座以上	1320		33	特种车二	2430
三、营业客车	11	营业出租赁 6 座以下	1800		34	特种车三	1080
	12	营业出租赁 6~10 座	2360		35	特种车四	3980
	13	营业出租赁 10~20 座	2400	七、摩托车	36	摩托车 50CC 及以下	80
	14	营业出租赁 20~36 座	2560		37	摩托车 50~250CC(含)	120
	15	营业出租赁 36 座以上	3530		38	摩托车 250CC 以上及侧三轮	400
	16	营业城市公交 6~10 座	2250	八、拖拉机	39	兼用型拖拉机 14.7kW 及以下	按保监产险[2007]53 号文件实行地区差别费率
	17	营业城市公交 10~20 座	2520		40	兼用型拖拉机 14.7kW 以上	
	18	营业城市公交 20~36 座	3020				
	19	营业城市公交 36 座以上	3140		41	运输型拖拉机 14.7kW 及以下	
	20	营业公路客运 6~10 座	2350				
	21	营业公路客运 10~20 座	2620		42	运输型拖拉机 14.7kW 以上	
	22	营业公路客运 20~36 座	3420				
	23	营业公路客运 36 座以上	4690				

应用案例

例：6 座以下的私家车主一年内未发生有责任交通事故，但有过 1 次酒后驾车导致受害人死亡的交通事故，其第二年缴纳的保费为：$950 \times (1-10\%) \times (1+30\%) = 1111.5$ 元。

知识链接

从 2000 年 7 月 1 日起，全国开始执行新的机动车辆保险条款，其中包括 2 个基本险和 9 个附加险。在这 11 个险种中，除第三者责任险是强制性险外，其他的险种则在很大程度上是让车主自己做主。也就是说车主可以根据自己的经济实力与实际需求有选择地进行投保。以下是 5 种针对不同消费者的机动车辆保险方案。

• 最低保障方案

险种组合：第三者责任险。

保障范围：只对第三者的损失负赔偿责任。

特点：适用于那些怀有侥幸心理认为上保险没用的人或急于拿保险单去上牌照或验车的人。

适用对象：急于上牌照或通过年检的个人。

优点：可以用来应付上牌照或验车。

缺点：一旦撞车或撞人，对方的损失能得到保险公司的一些赔偿，但是自己车的损失只有自己负担。

• 基本保障方案

险种组合：车辆损失险+第三者责任险保障范围：只投保基本险，不含任何附加险。

特点：适用部分认为事故后修车费用很高的车主，他们认为意外事故发生率比较高，为自己的车和第三者的人身伤亡和财产损毁寻求保障，此组合为很多车主青睐。

适用对象：有一定经济压力的个人或单位。

优点：必要性最高。

第8章 汽车的户籍管理与保险

缺点：不是最佳组合，最好加入不计免赔特约险。

- 经济保险方案

险种组合：车辆损失险＋第三者责任险＋不计免赔特约险＋全车盗抢险。

特点：投保四个最必要、最有价值的险种。

适用对象：个人，是精打细算的最佳选择。

优点：投保最有价值的险种，保险性价比最高；人们最关心的丢失和100％赔付等大风险都有保障，保费不高但包含了比较实用的不计免赔特约险。

- 最佳保障方案

险种组合：车辆损失险＋第三者责任险＋车上责任险＋风挡玻璃险＋不计免赔特约险＋全车盗抢险。

特点：在经济投保方案的基础上，加入了车上责任险＋风挡玻璃险，使乘客及车辆易损部分得到安全保障。

适用对象：一般公司或个人。

优点：投保价值大的险种，物有所值。

- 完全保障方案

险种组合：车辆损失险＋第三者责任险＋车上责任险＋风挡玻璃险＋不免赔特约险＋新增加设备损失险＋自燃损失险＋全车盗抢险。

特点：居安思危方才有备无患。全部投保，从容上路，不必担心交通所带来的种种风险。

适用对象：机关、事业单位、大公司。

优点：几乎与汽车有关的全部事故损失都能得到赔偿。投保的人员不必为少保某一个险种而承担投保决策失误的损失。

缺点：保费较高。

综合应用案例

在交强险死亡伤残赔偿限额内，是先赔付财产性损失、后赔付精神损害抚慰金，还是按相关比例赔付？

- 发生交通事故

2008年6月20日，王先生为自己的小轿车向保险公司投保了"机动车交通事故责任强制保险"、"神行车保系列产品保险（含机动车损失险、第三者责任险，基本险不计免赔）"。保险期限自2008年7月8日零时起至2009年7月7日24时止。

2008年7月17日，王先生驾车发生交通事故，造成王女士10级伤残。交通管理部门认定王先生负事故全部责任。为此，王女士诉至法院，要求王先生赔偿损失。经法院调解，王先生赔付王女士医疗费、交通费、残疾赔偿金及精神损害抚慰金等共计60895.35元。

- 拒付精神赔偿

2009年3月21日，王先生向保险公司索赔，保险公司共赔付王先生55895.35元。其中交强险赔付55789.35元，包括死亡伤残赔偿金项下的残疾赔偿金、护理费、交通费、误工费计50106元和医疗费用赔偿项下的医疗费和营养费计5789.35元。商业险赔付106元，对于精神损害抚慰金5000元未赔付。

保险公司给出的理由是，在交强险的赔付中，对被保险人依法院判决或者调解承担的精神抚慰金，原则上在其他赔偿项目足额赔偿后，在死亡伤残赔偿限额内赔偿。而现在保险公司赔偿的医疗费、营养费等总额已经超出了交强险50000元限额，超过的部分依合同应由第三者责任险赔付，而第三者责任险对"精神抚慰金"是无需赔付的。

- 未尽告知义务

案件审理中，原告王先生认为，按照交强险相关规定，该规定并未说明交强险死亡伤残赔偿限额内各项费用赔付的先后顺序，因此保险公司所称先赔付财产性损失，后赔付精神损害抚慰金的做法是没有合同依据的。保险公司在签订合同时并没有解释此先后顺序，因此要求理赔保险费5000元。

法院经审理后认为，"机动车交通事故强制保险条款"虽在"死亡伤残赔偿限额和无责任死亡伤残赔偿限额项下"作了列举，但并未规定列举在前的项目应当优先得到理赔。此外，没有证据可以证明在原告投保时，被告将理赔依据明确告知了原告，因此不应该要求投保人在投保时知道超出保险条款的约定。由于被告未尽到告知的义务，应承担由此产生的不利后果。法院同时又认为，交强险赔付部分应该按每项

241

的金额占赔付项目总额的比例赔付，不足部分剔除精神损害赔偿金后由第三者责任险赔付，这样才能体现保险合同的最大诚信原则。按比例折算后，被告还应给付原告 4536.71 元。

小　　结

　　1. 实行车辆牌照制度是车辆管理的基本方法；学习号牌、行驶证在车辆管理中所起的作用。

　　2. 机动车辆投入使用之前，经过车辆管理机关检验审核合格后，发给号牌、行驶证方可行驶，即车辆的注册登记（上户）；掌握车辆注册登记的手续办理。

　　3. 说明机动车辆、车辆所有人等发生变化时，应办理相应登记手续。

　　4. 确保车辆运行安全和技术状况，必须对车辆进行技术检测，包括自检和强制性检验；不同机动车在其规定期限内应进行安全技术检验。

　　5. 汽车保险是指对机动车辆由于自然灾害或意外事故所造成的人身伤亡或财产损失负赔偿责任的一种商业保险。主要有车辆损失险、第三者责任险及其他附加险种。

　　6. 说明投保的程序、保险金的确定、保险费的计算，掌握保险的索赔与理赔程序及操作。

　　7. 交强险是国家法律规定实行的强制保险制度，与商业性三责险区别大。

思考与练习

一、填空题

1. 机动车辆投入使用前，到当地车辆管理机关_____，经过车辆管理机关检验审核合格后，发给_____、_____方可行驶。
2. 小型、微型非营运载客汽车 6 年以内每_____年检验 1 次。
3. 汽车的保险有基本险和附加险两部分，其中基本险分为_____和_____。
4. 车辆使用事故中遭遇人身损害或财产损失的受害人是第_____者。

二、判断题

1. 车辆的牌证管理是全世界都采用的车辆管理的基本方法。（　　）
2. 车辆没有领取号牌不准移动车辆。（　　）
3. 发生任何自然灾害和意外事故，车辆损失险下保险人承担责任。（　　）
4. 汽车保险投保项目越多越好。（　　）
5. 交强险是由保险公司对被保险机动车发生道路交通事故造成受害人的人身伤亡、财产损失，在责任限额内予以赔偿的强制性责任保险。（　　）
6. 车辆年检的目的是检验车辆的主要技术性能是否满足规定，确保车辆具有良好的技术状况，消除事故隐患，确保行车安全。（　　）
7. 摩托车和拖拉机不需进行年检。（　　）

三、问答题

1. 车辆牌证在管理中的作用有哪些？
2. 简述车辆年度检测及审验规定。
3. 什么是汽车保险？汽车保险有哪些种类？
4. 简述汽车保险索赔业务的一般程序。

第9章 汽车驾驶与安全行驶

【学习目标】

能力目标	知识目标
1.能了解汽车的安全行驶以及安全行驶的影响因素;	1.了解汽车的安全行驶以及安全行驶的影响因素;
2.会安全驾驶车辆;	2.掌握安全驾驶车辆技术和行为习惯;
3.会分析道路交通事故的原因,了解道路交通事故的影响因素、预防措施以及处理流程。	3.了解道路交通事故的影响因素、预防措施以及处理流程。

 ## 9.1 汽车的行驶安全及影响因素

道路交通安全与否,取决于人、车、路、交通环境相互依赖、相互影响的闭环系统。由交通因子——人、车、路、交通环境组成的交通系统,具有宽松的平衡关系,即交通因子偏离平衡关系,不一定会导致交通事故,但任一交通事故必然是交通因子——人、车、路、交通环境之一失衡引起的。

9.1.1 交通行为人与行车安全

1.驾驶人与交通安全

(1) 感知觉　要做到安全行车,驾驶人在操作过程中必须不断获得充分的相关信息,在事故发生之前对可能引起事故的危险信号能有准确的感知,这就需要驾驶人首先通过自己的各种感觉器官获得各种信息,比如眼睛从车窗看到车外各种物体的亮度和颜色,双手感受到方向盘的操作力量,右脚感受到加速及制动状况,耳朵听到发动机的响声,鼻子闻到各种气味等。这些人脑直接作用于感觉器官的客观事物个别属性的反映就是感觉。然而在驾驶过程中,各种有关、无关的信息以及安全、危险的信息总是混杂在一起的,还要靠驾驶人对直接作用于感觉器官的客观事物做整体反映,这就是知觉。在驾驶活动中,感知觉对安全行车起到非常重要的作用。

(2) 注意　注意是人的心理活动对一定对象的指向和集中。驾驶人所面临的信息总是扑面而来,他没有办法、实际也没有必要将每一样刺激都如实记录并反映到大脑中,事实上驾驶人总是通过注意只选择他认为对行车安全有用的信息并调动能量只集中在所选择的对象上。所以,注意对交通安全有着至关重要的作用。注意分有意注意和无意注意,有意注意是那些有预定目的的,需要付出一定意志努力才能维持的注意;无意注意是没有预定目的,不需要意志努力就能维持的注意,比如强度大的、对比鲜明的、突然出现的、变化运动的、新鲜刺激的、自己感兴趣的等刺激总是容易引起驾驶人的无意注意。所以驾驶人要学会合理分配注意,并能克服"不注意"对安全行车的影响。

(3) 情绪、情感和意志　人们在实践活动中,不仅能认识客观事物,而且对事物表现出不同的好恶态度，对这些态度的体验就是情绪和情感。人的情绪和情感是极其复杂的，它的一个重要性质就是具有两极性，即可按照对比的性质配合成对（如肯定与否定，积极与消极等）。积极的情绪和情感能使人精神焕发、干劲倍增，具有"增力作用"；反之消极的情绪和情感则使人精神萎靡，心灰意懒，对人的活动起着"减力作用"。除在紧急避险中需要增力情绪外，驾驶人应以平常心态进行操作。意志是人有意识地确立目的，调节和支配行动，并通过克服困难和挫折，实现预定目的的心理过程。驾驶人应具备一定意志品质：不随波逐流、不屈服于外界压力而独立判断的自觉性；善于观察、能够抓住机会当机立断的果断性；经得住诱劝的自制性和不知退缩的坚韧性。

（4）驾驶疲劳、不良嗜好、服用药物对行车安全的影响　《中华人民共和国道路交通安全法》第二十二条规定："……饮酒、服用国家管制的精神药品或者麻醉药品，或者患有妨碍安全驾驶机动车的疾病，或者过度疲劳影响安全驾驶的，不得驾驶机动车。"

① 驾驶疲劳，包括身体疲劳与心理疲劳，是指驾驶人长时间（或长期）从事驾驶工作，导致驾驶人生理机能和心理机能失调，产生迟钝现象和心理厌烦、迟缓情绪。

暂时（急性）的身心疲劳，可以通过休息、疗养恢复。长期（或慢性的、永久性的）疲劳，不再适合于汽车驾驶工作。

② 饮酒对驾驶人的影响。驾驶人饮酒后，酒精被人体吸收，渗透到各组织，对人的中枢神经产生麻醉作用，导致感觉模糊、判断失误、反应不当，对行车安全造成严重危害。

世界各国的交通法规中均有饮酒禁驾的规定，对酒后驾车给予十分严厉的处罚。

2. 行人与交通安全

根据行人对交通安全法律意识，对交通安全的认识态度及其行为特点，可将行人分以下几类。

（1）品行傲慢，不避让汽车的人　这种人对交通法律意识淡薄，品行傲慢，在道路行走时我行我素，无论车速快与否，也无论车辆离他远近，甚至明知汽车已经逼近，也毫无避让之意。这种人对喇叭声、行车信号灯无动于衷。行车中遇有这种人时，应主动减速，注意避让，切不可与之斗气，以免发生交通事故。

（2）注意力高度集中的人　这种人边走路边思考，注意力高度集中在某一事物上，对道路交通状态视而不见，车辆行至面前也无动于衷。行车中遇有这种人时，应主动减速，注意视情避让，切不可临其身时按声喇叭，弄得双方不知所策，以致发生交通事故。

（3）缺乏避让常识的人，遇车惊慌失措的人　这种人特别怕车，且缺乏避让常识，横过马路时顾此失彼，车距足够远时，以为汽车马上就会身临其境，站在原地不动；继而又突然横穿马路，当车辆逼近时则惊慌失措，突然改变方向往回退。另一种是从停放在路边的车辆前方横过马路的人，这种人只注意对方车辆行驶动态，而不注意与该车同向车辆的行驶动态，或是注意了这一辆而忽略下一辆，而对其身后车辆的动态更是全然不知。因此，驾驶人遇有这种人横过马路，或与停放于路边的车辆错车时，必须小心谨慎。

（4）缺乏安全感，横冲直撞过马路的人　遇有风雨来临前，狂风大作，风沙迷漫，年龄大的特别是年龄稍大的女同胞，为避风沙雨淋，往往将衣服蒙头盖耳抢过马路；或下雨天积水路为躲避因车辆飞驰而溅起的水幕，慌不择路的人。驾驶人遇刮风下雨、天气突变、路面坑洼积水时，应主动降低车速，密切注意行人动态，以免发生意外。

（5）老弱病残的人　遇有老年人、小孩、腿脚不方便的残疾人、孕妇在马路上行走活动时，这些弱势群体，行为动作不如正常人，驾驶人应多一份爱心，要主动避让，或停车让行。

（6）少年儿童　少年儿童这些群体，天性幼稚，活泼顽皮，尤其三五成群、成队结伴时，喜欢搞恶作剧，争强好胜，有时在车水马龙地段突发奇想，玩起了比赛过马路的游戏。驾驶人行经学校附近，特别是放学期间，应小心驾驶。

行人在交通中的最大特点是：可以在极短的时间和极短的距离内变更自己的意志和行为。比如，在横穿马路时可以陡然站住、跑步或变更方向等；行人的步行心理因人而异，步行速度没有一定的规律。所以，驾驶机动车遇行人时的交通安全问题，要引起高度重视，积极预防交通事故的发生。

《道路交通安全法》确立了以人为本、关爱和保护人身安全的原则。这部法律的许多规定，如：机动车行经人行横道时，应当减速行驶，遇有行人通过的，应当让行；机动车行经没有交通信号的道路时遇有行人横过道路应当避让等等，都说明了人的生命是最重要的。机动车在行驶过程中，一定要遵守这些规定，千方百计保证路上行人的安全。同时，注意分析道路上行人活动的特点，积累行车经验，也有利于预防与行人交通事故的发生。

知识链接　行人是交通事故中的弱者，极易受到伤害

应急要点：
- 行人与机动车发生事故后，应立即报警，并记下肇事车辆的车牌号，等候交通警察前来处理。
- 行人被机动车严重撞伤，驾车人应立即拨打110、122报警，并拨打120求助，同时检查伤者的受伤部位，并采取初步的救护措施，如止血、包扎或固定。应注意保持伤者呼吸通畅。如果呼吸和心跳停止，应立即进行心肺复苏法抢救。
- 行人与非机动车发生交通事故后，在不能自行协商解决的情况下，应立即报警。
- 遇到撞人后驾车或骑车逃逸的情况，应及时追上肇事者。在受伤的情况下，应求助周围群众拦住肇事者。
- 发生重大交通事故时，伤者很可能会脊椎骨折，这时千万不要翻动伤者。如果不能判断脊椎是否骨折，也应该按脊椎骨折处理。

专家提示：
- 行人横过马路时，应走人行横道、过街天桥、地下通道。过人行横道时还应先看左后看右，在确保安全的情况下迅速通过。
- 行人不得跨越、倚坐道路隔离设施，不得扒车、强行拦车或实施妨碍道路交通安全的其他行为。
- 学龄前儿童、精神疾病患者、智力障碍者出行应有人带领。
- 严禁在机动车道上兜售物品、卖报纸、散发小广告等。
- 不要在街上滑旱冰、踢足球等。

知识链接　乘车意外事故

乘车意外事故容易造成群死群伤的严重后果。

应急要点：
- 乘客在车内闻到烧焦物品的气味或看到有不明烟雾时，要及时通知司售人员。司售人员有责任停车检查，将乘客疏散到安全区域，并做到有序撤离，同时照顾和保护老人、妇女和儿童。
- 司售人员应在后面来车方向50～100m处设置专用的警示标志。
- 司售人员应安排乘客免费换乘后续同线路、同方向车辆或者另调派车辆。
- 乘坐公交车遇到火灾事故，乘客应迅速撤离着火车辆，不要围观。
- 公交车辆运行中，乘客如发现可疑物，应迅速通知司售人员，并撤离到安全位置，切勿自行处置。
- 出现伤亡情况时应及时拨打110、120救助电话。

专家提示：
- 发生乘车意外事故，切忌惊慌、拥挤。应及时报警，并服从司售人员的指挥，积极开展自救、互救。
- 不要让儿童在行驶的车内跑跳、打闹。

案例

许某系京郊居民。其在回家途中为抄近路，从京沈高速公路护栏破损处进入高速公路。当其行至高速公路出京方向二车道时，撞上详某驾驶的奥迪轿车。许某受撞击飞出10余米，当场死亡。

9.1.2 车与行车安全

这里所指车辆是除驾驶人驾驶的车辆以外的机动车与非机动车。

在目前的社会经济和交通状况下，自行车仍然是众多老百姓的代步工具。自行车的特点是机动灵活，稳定性差。自行车对交通安全的影响与骑车人有关。

中老年人处世稳重，一般能自觉在自行车道或道路边侧行驶，遇有情况事先注意主动避让；青少年尤其是中小学生，车速快，我行我素，喜欢在马路上来回穿梭。

摩托车具有自行车的灵活、汽车的快捷，但其稳定性能、安全防护性能最差。

知识链接　非机动车交通事故

驾驶非机动车应在非机动车道内行驶，在没有非机动车道的道路上，应靠车行道的右侧行驶。非机动车不得进入高速公路行驶。

应急要点：

- 非机动车与机动车发生事故后，非机动车驾驶人应记下肇事车的车牌号，保护好现场，及时报警。如伤势较重，要记下肇事车的车牌号并报警，求助他人标明现场位置后，及时到医院治疗。
- 非机动车之间发生事故后，在无法自行协商解决的情况下，应迅速报警，并保护好事故现场。如当事人受伤较重，应求助其他人员，立即拨打110、122报警，并拨打120求助。
- 非机动车与行人发生事故后，应及时了解伤者的伤势，保护好事故现场并报警。如伤者伤势较重，在征得伤者同意的情况下，应迅速求助他人将伤者及时送往医院救治。

专家提示：

- 骑自行车时，不要抢行、猛拐、争道，不要在机动车道内行驶，不要打闹。
- 严格遵守交通信号灯指示通行；通过人行横道时，要注意避让行人；停车等信号灯时，不要越过停车线；拐弯时要伸手示意。

9.1.3 道路条件与行车安全

1. 公路交通网的构织

我国地域辽阔，公路交通网十分发达，公路按其在公路网中的地位分为国道网、省道网和县乡公路网，按技术等级分为普通公路网和高速公路（"7918"）网。

（1）国道高速公路（"7918"）网　国道高速公路网采用放射线与纵横网格相结合的布局方案，形成由中心城市向外放射以及横连东西、纵贯南北的大通道，由7条首都放射线、9条南北纵向线和18条东西横向线组成，总规模约8.5×10^4km，其中：主线6.8×10^4km，地区环线、联络线等其他路线约1.7×10^4km。具体是：

首都放射线7条：北京—上海、北京—台北、北京—港澳、北京—昆明、北京—拉萨、北京—乌鲁木齐、北京—哈尔滨。

南北纵向线9条：鹤岗—大连、沈阳—海口、长春—深圳、济南—广州、大庆—广州、二连浩特—广州、包头—茂名、兰州—海口、重庆—昆明。

东西横向线18条：绥芬河—满洲里、挥春—乌兰浩特、丹东—锡林浩特、荣成—乌海、青岛—银川、青岛—兰州、连云港—霍尔果斯、南京—洛阳、上海—西安、上海—成都、上海—重庆、杭州—瑞丽、上海—昆明、福州—银川、泉州—南宁、厦门—成都、汕头—昆明、广州—昆明。

（2）国道普通公路网　国道普通公路网又分为国道干线网、国道放射线网、北南纵线网及东西横线网。

① 国道主干线网。国道主干线网由国道标识符"G"、主干线标识"0"加两位数字顺序号组成。

② 国道放射线网。国道放射线网由国道标识符"G"、放射线标识"1"和两位数字顺序号组成，以北京为起始点，放射线止点为终点，按路线的顺时针方向排列编号，如G101北京至沈阳（简称京沈线）。

③ 国道北南纵线网。国道北南纵线网由国道标识符"G"、北南纵线标识"2"（偶数）和两位数字顺序号组成，如G204烟台至上海（简称烟沪线）。

④ 国道东西横线网。国道东西横线网由国道标识符"G"、东西横线标识"3"（奇数）和两位数字顺序号组成，如G318上海至聂拉木（简称沪聂线）。

(3) 省道公路网　又分为省道放射线网、省道北南纵线网及省道东西横线网。省道放射线的编号由省道标识符"S"、放射线标识"1"和两位数字顺序号组成，如S120；北南纵线的编号由省道标识符"S"、北南纵线标识"2"（偶数）和两位数字顺序号组成；省道东西横线的编号，由省道标识符"S"、东西横线标识"3"（奇数）和两位数字顺序号组成。

(4) 县道公路网　原则上以所在行政区域为范围编制，方法在此不再赘述。

2. 公路网的技术等级

(1) 高速公路　高速公路是全封闭、全立交、控制出入口，设有中央分隔带及多种安全、管理、服务设施，一般能适应按各种汽车折合成小客车的年平均昼夜交通量为25000辆以上，具有特别重要的政治、经济意义，专供机动车高速行驶的公路。高速公路由中央分隔带、行车道、路肩、加速车道、减速车道、上坡车道、跨路桥、匝道、外环和内环、入口和出口等组成部分；行车道又分为内侧车道（亦称超车道）和外侧车道。

(2) 普通公路　普通公路又分为一级公路、二级公路、三级公路和四级公路。

① 一级公路。一级公路是一般能适应按各种汽车折合成小客车的年平均昼夜交通量为10000~25000辆，为连接重要政治、经济中心，通往重点工矿区、港口、机场，专供汽车分道行驶并部分控制出入的公路。

② 二级汽车专用公路。二级汽车专用公路是一般能适应按各种汽车折合成中型载重汽车的年平均昼夜交通量为4500~7000辆，为连接政治、经济中心或大工矿区、港口、机场等地的专供汽车行驶的公路。

③ 三级公路。三级公路是一般能适应按各种车辆折合成中型载重汽车的年平均昼夜交通量为2000辆以上，为沟通县以上区域或城市的公路。

④ 四级公路。四级公路是一般能适应按各种车辆折合成中型载重汽车的年平均昼夜交通量为2000辆以下，为沟通县、乡（镇）、村等的公路。

9.1.4　交通环境与行车安全

交通环境是指道路及周围对交通安全有影响的各种工程设施、公路附属设施、交通标志、交通标线、交通信号及道路交通流等。

1. 建筑设施

建筑设施是指跨越、穿越公路的桥梁、渡槽架设或者埋设的管线等设施。按照国家有关法律规定，所修建、架设或者埋设的设施应当符合公路工程技术标准的要求，并设置明显的限载标志，不得妨碍交通、影响交通安全。

超过公路、公路桥梁、公路隧道或者汽车渡船的限载、限高、限宽、限长标准的车辆，不得在有限定标准的公路、公路桥梁上或者公路隧道内行驶。

超过公路或者公路桥梁限载标准确需行驶的，必须经县级以上地方人民政府交通主管部门批准，并按要求采取有效的防护措施；影响交通安全的，还应当经同级公安机关批准；运载不可解体的超限物品的，应当按照指定的时间、路线、时速行驶，并悬挂明显标志。

2. 公路附属设施

公路附属设施是为保护、养护公路和保障公路安全畅通所设置的公路防护、排水、养护、管理、服务、交通安全（车辆补给、修理，人员休整）、渡运、监控、通信、收费等设施、设备以及专用建筑物、构筑物等。

3. 交通标志

交通标志是用简单形状、醒目颜色、简捷（明快且具有跨文化的图像）文字等绘制的，用以向驾驶人、行人传递有关交通信息、道路信息，用以管理、引导道路交通的揭示牌。

道路交通标志分为指示标志、警告标志、禁令标志、指路标志、旅游区标志、道路施工安全标志和辅助标志等，共200多种。

（1）警告标志　采用顶角朝上，黄底、黑边、黑图案的等边三角形，是用以警告车辆、行人注意危险地点的标志。警告标志共49种，设置在车辆驶入危险地点15～30m左右的地方。

（2）禁令标志　采用圆形或倒三角形，白底、红圈、红杠黑图案（个别除外），是用以禁止或限制车辆、行人某种交通行为的标志。禁令标志共42种，设置在禁止通行的地方。

（3）指示标志　采用圆形或正方形，蓝底、白字、白图案，是用以指示车辆、行人通行的标志。指示标志共29种，设置在车辆、行人必须驶入（或改变行驶方向）路段的适当位置。

（4）指路标志　是传递道路方向、地点、距离信息的引导车辆顺利到达目的地的标志。指路标志共131种，一般设置在道路右侧或右侧上方醒目位置。

指路标志的形状，除地点识别标志外，为长方形或正方形。

指路标志的颜色，除里程碑、百米桩、公路界碑外，一般公路为蓝底、白图案，共59种。高速公路为绿色、白图案，共72种。

（5）辅助标志　是采用长方形、白底、黑字、黑图案、黑边框，对主标志起辅助（运用时间、车辆种类、区间或距离、警告或禁止理由）说明作用的标志，不能单独使用。辅助标志共5种，设置在主标志下。

（6）旅游标志　用以向旅游者传递旅游信息，共10种。

4. 道路交通标线

道路交通标线分为指示标线、警告标线、禁止标线三类，是由各种白色（或黄色）路面线条、箭头、文字、立面标记以及突起路标和路边线轮廓标等所构成的用以管制、引导交通的交通安全设施。道路交通标线可以与交通标志配合使用，也可单独使用。

（1）车行道中心线　用以分隔对向行驶的车辆，一般设在车行道中心（不一定是在道路几何中心）线上。车行道中心线分为中心虚线、中心单实线、中心虚实线和中心双实线。

在保证交通安全的情况下，车辆在超车或向左转弯时，可以跨越虚线行驶，在画有两条平行双实线的道路，禁止车辆越线超车、向左转弯或压线行驶。车行道中心线为虚实线的，实线一侧禁止车辆越线超车或向左转弯，虚线一侧准许车辆越线超车或向左转弯。

（2）车道分界线　用以分隔同向行驶的车辆，分为车道分界线（虚线）和导向车道分界线（实线——车辆不准许越线变更车道）。

（3）车行道边缘线　用以表明路面或车行道的外边线，分虚线和实线。实线用于弯道、陡坡、桥梁等危险地段和视线受限制的路段以及画有中心双实线的路段。

(4) 停止线　用以表示车辆等候放行信号或停车让行停车位置。

(5) 停车让行线　表示车辆让干路车或火车先行的停车位置，与停车让行标志配合使用。

(6) 减速让行线　表示车辆减速让行位置，与减速让行标志配合使用。

(7) 人行横道线　用以表示准许行人横穿车行道的标志。

(8) 导流线　一般设置在道路过宽、不规则或行驶条件比较复杂的交叉路口。表示不准许车辆驶入并按该标线指引的方向行驶。

5.交通信号

交通信号是用以指示车辆、行人的行和停、怎么行和怎么停的各种交通指挥信号，分为机动车信号灯、非机动车信号灯、人行横道信号灯、车道信号灯、方向指示信号灯、闪光警告信号灯、道路与铁路平面交叉道口信号灯。

(1) 机动车信号灯和非机动车信号灯　绿灯亮时，准许车辆通行，但转弯的车辆不得妨碍被放行的直行车辆、行人通行；黄灯亮时，已越过停止线的车辆可以继续通行；红灯亮时，禁止车辆通行。

在未设置非机动车信号灯和人行横道信号灯的路口，非机动车和行人应当按照机动车信号灯的表示通行。

红灯亮时，右转弯的车辆在不妨碍被放行的车辆、行人通行的情况下，可以通行。

(2) 人行横道信号灯　绿灯亮时，准许行人通过人行横道；红灯亮时，禁止行人进入人行横道，但是已经进入人行横道的，可以继续通过或者在道路中心线处停留等候。

(3) 车道信号灯　绿色箭头灯亮时，准许本车道车辆按指示方向通行；红色叉形灯或者箭头灯亮时，禁止本车道车辆通行。

(4) 闪光警告信号灯　闪光警告信号灯为持续闪烁的黄灯，提示车辆、行人通行时注意瞭望，确认安全后通过。

(5) 道路与铁路平面交叉道口信号灯　道路与铁路平面交叉道口有两个红灯交替闪烁或者一个红灯亮时，表示禁止车辆、行人通行；红灯熄灭时，表示允许车辆、行人通行。

9.2　汽车的安全驾驶

9.2.1　汽车的安全设施

汽车安全设计要从整体上来考虑，不仅要在事故发生时尽量减少乘员受伤的概率，而且更重要的是要在轻松和舒适的驾驶条件下帮助驾驶员避免事故的发生。现代汽车的安全技术包括主动安全技术和被动安全技术两方面。而被动安全技术和主动安全技术是保证汽车乘员安全的重要保障。过去，汽车安全设计主要考虑被动安全系统，如设置安全带、安全气囊、保险杠等。现在汽车设计师们更多考虑的则是主动安全设计，使汽车能够主动采取措施，避免事故的发生。

1.汽车主动安全技术

汽车主动安全技术又称积极安全技术，它是汽车上避免发生交通事故的各种技术措施的统称。汽车主动安全技术旨在通过提高汽车的安全性能来确保行驶安全，目的在于"防止事故"。

汽车的主动安全技术包括行驶安全、环境安全、感觉安全和操作安全等几个方面。

(1) 汽车视野　指的是驾驶人在驾驶室就座后所能看到的车外空间范围。它与人眼的视野范围有关。

(2) **车辆灯光与指示装置** 汽车灯光按其功能及目的不同可分为两类：一类为夜间的车辆内外部照明，另一类为向其他交通参与者传递车辆的动态信息。汽车指示装置则包括指示仪表和信号系统等。

(3) **汽车轮胎** 凡是与驾驶的起步、运行、制动、停车等动态有关的问题都和轮胎有联系。轮胎与安全行驶有关的特性有负荷、气压、高速性能、侧偏性能、水滑效应、耐磨耐穿孔性等。

(4) **盘式制动器** 优点是能够有效散发制动过程中产生的摩擦热，冷却效果好，因此能够持续保持较好的制动效能。

(5) **ABS、BAS、ASR** 汽车制动防抱死系统（Ant-Lock Braking System，简称 ABS）对于汽车在各种行驶条件下的制动效能及制动安全意义重大，特别是在紧急制动情况下，能够充分利用轮胎和路面之间的峰值附着性能，提高汽车抗侧滑性能并缩短制动距离，并在充分发挥汽车制动效能的同时，增加汽车在制动过程中的方向可控性。刹车辅助系统（Brake Assist System，简称 BAS）使现有的 ABS 具有一定的智能，能测出驾驶人的紧急刹车并让 ABS 工作。驱动防滑系统（Automatic Slip Regulation，简称 ASR）主要用来防止汽车在起步、加速时车轮的滑转，保证汽车在加速过程中的稳定性，并改善在不良路面上的驱动附着条件。

(6) **悬架和转向系统** 悬架的电子控制系统能够根据汽车的瞬时驾驶条件自动调节悬架组件的性能，使汽车具有更好的操纵响应性，更易于驾驶人控制。转向助力装置可以减轻驾驶人的转向操作用力，使汽车停放和低速行驶时的转向轮调动更加容易，同时缓解驾驶人的驾驶疲劳。速度控制转向还提供了根据汽车的速度自动调节转向力的能力。

(7) **车速自动控制系统** 由速度控制模块、真空控制伺服机构及操纵开关组成。它通过接受操纵机构输入的控制指令，并经由速度控制模块及真空伺服系统调整和反馈到发动机节气门的工作状态上，以达到调整和稳定车速的目的。

当行车速度在 40km/h 以上时，该装置可使车辆自动保持以某一恒定速度行驶而无需踩加速踏板。

由于电子系统能准确地控制车辆的设定工况，使高速行驶车辆的运行更加安全、平稳，从而特别适用于在现代高速公路上行驶的车辆。

2. 其他主动安全措施

(1) **交通标志**

交通标志对驾驶人行为的影响，多数情况下取决于标志的情报编码方法、汽车的交通量、标志在道路上的适当位置、驾驶人对道路特征的评定。

标志应位于从车内最容易看见的地方；当在一处有几个标志时，标志不要聚集在一起，并应选择最适当的排列方式；重要的交通标志应设法使驾驶人容易集中注意力；交通标志之间不要有矛盾和重复；能尽量设置预告性交通标志；标志应容易辨认，为防止前照灯的反射，可将标志倾斜 3°～5°；标志附近不要设置容易引起视觉混淆的其他设施；对需要驾驶人采取新的驾驶操作，关系到驾驶行动的标志，应当加深并重点设置；标志应经常保持完好及显示效果；尽量少使用辅助标志。

(2) **交通标线** 交通标线能协助驾驶人更好地识别道路方向和正确选择汽车的行车位置，虚线则还能帮助驾驶人估计车速。因此，如果交通标线设计、施划得完善、明了，可大大提高道路上行驶车辆的安全性。

(3) **防眩设施** 眩光会使驾驶人获得视觉信息的能力显著降低，造成视觉机能的损伤和心理的不舒适感觉。

(4) 道路照明　汽车在夜间运行时发生交通事故的可能性比白天高 1~1.5 倍，并且所发生事故的损害后果都比较严重。研究表明，这与驾驶人的视认条件差和驾驶疲劳有关。

(5) 其他安全设施　包括人行横道上安全岛、行人过街天桥、过街地道等。

3. 被动安全性措施

被动安全性措施又称消极安全技术，是对各种在交通事故中避免人员及车辆等遭受损害，或者使损害程度减轻的技术措施的统称。一般意义的被动安全性措施主要是针对汽车的被动安全而言的，其目的主要在于避免或减轻车辆内外人员在交通事故中的伤害。

随着科学技术的发展，汽车主动安全技术在确保道路交通安全方面发挥着越来越大的作用，但仍然不可避免地会发生各种意外情况，此时，汽车的被动安全技术就成为了减轻人员伤害和财物损失的唯一保障。汽车的被动安全技术主要体现在安全的车身结构、保险杠、安全带、安全气囊、能量吸收式转向轴、座椅、头枕及内饰件等方面。

通常将减轻车内乘员受伤和货物损失的性能称为内部被动安全性；将减轻车外其他人员伤害和其他车辆损坏的性能称为外部被动安全性。

(1) 汽车车身安全结构

① 被正面碰撞时保护车内乘员的安全对策。正面碰撞在汽车事故中发生频率最高，采用适当的碰撞保护措施，可明显减轻因交通事故造成的车内乘员伤亡。在汽车车身结构方面的车内碰撞保护措施主要包括利用汽车前部的压溃变形吸收能量来缓解车身的碰撞减速度，以及通过加固车身中部结构，来保证车辆因碰撞变形之后仍然能够为乘员保留足够的生存空间。

② 被后面碰撞时保护车内乘员的安全对策。车身后部遭受碰撞时的能量吸收方式与车身前部遭受碰撞基本相同。一般来讲，车身后部遭受碰撞时乘员的减速度相对较小。

③ 被侧面碰撞时保护车内乘员的安全对策。车身被侧面碰撞时的变形空间较小，所以乘员在车身侧面遭受碰撞时受伤的危险性比车身正面遭受碰撞时高许多。为了加强对车身被侧面碰撞时乘员的保护，车门、门槛和立柱都要设计成刚性结构，并且尽量采用防侧碰安全气囊来减轻乘员因二次碰撞造成的伤害。

④ 车辆发生翻车时保护车内乘员的安全对策。车辆在行驶过程中，由于急速转向以及遭受外力碰撞等原因时，容易发生翻车，为了确保车内乘员在这种情况下有足够的生存空间，车身结构必须进行加强。

⑤ 车辆碰撞车外人员的安全对策。为了保护行人和非机动车驾驶人的安全，降低汽车对他们的伤害程度，同时保护汽车重要部件免遭损坏，一般都将汽车头部设计为"软"外形。

a. 减轻一次碰撞伤害。为了减轻行人与汽车保险杠发生一次碰撞时所遭受的下肢伤害，汽车多采用能量吸收式保险杠，筒状能量吸收装置，利用泡沫材料作为能量吸收体，蜂窝状能量吸收装置。

b. 减轻二次碰撞造成的伤害。二次碰撞造成的人体损伤以对头部的伤害最为严重。从碰撞部位来说，风窗玻璃的框架起着重要的作用。将其外部设计成软结构，可以有效缓解对行人的二次碰撞。

c. 减轻三次碰撞造成的伤害。对三次碰撞的防护，一般采用安装防止行人摔到路面上的救助网等人体接收装置。

(2) 乘员安全保护装置

① 安全带。汽车座椅安全带是重要的车内乘员保护约束系统，对减轻碰撞事故中车内

乘员的伤害程度有着重要的作用。

安全带对乘员的保护原理是：当碰撞发生时，利用安全带将乘员"束缚"在座椅上，使乘员的头部和胸部不会因为大幅向前倾伏而与方向盘、仪表板及挡风玻璃发生车内的二次碰撞，同时使乘员不会因为碰撞而被抛离座椅。

无安全带时驾驶人的减速度比汽车质心的减速度高出一倍以上，而采用三点式安全带可使人体头部的减速度降低一半。

② 安全气囊。实验证明，安全气囊对乘员的保护效果总的说来不如安全带，但它与安全带配合使用可大大降低事故中乘员的伤害指数，尤其是可大大减轻驾驶人面部的伤害。

③ 能量吸收式转向轴。除了能满足转向轴常规的功能外，在汽车发生正面碰撞时，能够有效地吸收能量，防止或减少碰撞能量伤及驾驶人的转向轴被称为能量吸收式转向轴。

案例

司机苏某驾驶制动不良的大货车（未年检）由北向南逆向行驶，与相向行驶的驾驶员张某驾驶的农用三轮车刮擦，致三轮车车厢与车体大架分离，造成三轮车上4名乘车人当场死亡，乘车人刘某送医院抢救无效死亡。另3名乘车人受伤，两车不同程度受损的特大交通事故。

事故原因分析及教训：

根据现场勘验，车辆痕迹检验、车辆技术鉴定、尸表检验、调查取证所获得的证据材料进行综合分析。

1.造成此次事故的主要原因为：苏某驾驶未经检验合格、制动不良的大货车逆向行驶，并且在车辆行驶过程中低头点火吸烟，致使所驾车辆与相对方向行驶的农用三轮车刮擦。

2.造成这起事故的次要原因为：张某驾驶农用三轮车违反规定在车厢内载人，该三轮车车厢内共搭载10人，而该车行驶证上规定驾驶室前排共乘1人。三轮车与大货车相向刮擦后车厢与车体大架分离，造成车厢内乘车人伤亡，并加重了事故的损害后果。

交通法规严禁农用车载人，特别是三轮农用车由于其稳定性差，在发生碰撞、相刮的情况下极易发生翻覆，导致人员的损伤。

9.2.2 驾驶员的安全意识

为保证汽车安全行驶，驾驶者应有正确的安全意识。驾驶者应从思想上高度重视行车安全的意义，要有良好的职业道德和高度的责任心，自觉遵守各项交通规则。汽车安全行驶关系到驾驶者和他人的幸福，要知道生命是最宝贵的。人的生命只有一次，应该好好享受汽车带来的快乐和幸福，更应该爱惜自己和他人的生命。

驾驶者要居安思危，防患于未然。当驾车畅行之际，危险几乎与你伴行：行人突然冲出、自行车粗心拐弯、前车紧急制动后车高速追尾，所驾车辆车轮打滑或瞬间失控，或轮胎爆裂，或撞向路边的护栏、车辆和行人……后果不可想象。驾驶时，要多想一想可能发生的意外，警钟长鸣才会保持清醒的头脑，才会时刻小心谨慎、手脚灵敏，才能最大限度地避免发生危险。

案例

2004年元月20日（腊月29）午夜零时10分左右，雪雨交加，寒风刺骨，气温骤降至摄氏零度左右，南充市的豪华大客车，从成都驶往南充南部县，在成南高速公路138km+200m路段（位于遂宁市船山区桂花镇涪江大桥桥头）冲出高速公路防护栏掉入悬崖，致使11人当场死亡，14人重伤，32人轻伤。

经交警查实，该车该载47人，实载57人，超载达21%，其中7个小孩。乘客大部分是返乡过年的民工。该车1月18日才上户，上路两天就发生事故了。据悉，可能是由于驾驶员疲劳驾驶，车速过快造成。

9.2.3 驾驶员的驾驶技术

为保证汽车安全行驶，驾驶者应有熟练的驾驶技术。熟练的驾驶者在驾驶车辆过程中，能够对车辆的速度、位置、所处的空间，以及与周围各种动态或静态物体的间距了如指掌，能够在遇到紧急交通情况时迅速做出正确判断，并采取有效措施，化险为夷，保障汽车的安全行驶。

驾驶者应加强基本功训练，努力锻炼应变能力，灵活掌握操作要领，做到遇事不慌、沉着冷静、操作自如，紧急情况时，能果断迅速处理。通常，紧急情况处理的原则是先踩制动踏板后打方向，转向盘不能只打不回，以免造成新的危险。

9.2.4 驾驶行为与习惯

良好的驾驶习惯对于安全行车非常重要，下面介绍一些非常有益的驾驶习惯。

（1）避免使用快车道　如果使用中间或者右边的车道，在紧急情况下就有更好的避让空间，可以迅速改变车道或者把车开到路边的紧急停车带上去。大多数的交通事故发生在快车道上。

（2）注意让视线到达整个车前范围　不要只看到跟着的车，更要注意前方车辆再前面的情况。这样做可以更早地发现情况并且有足够的时间来做出反应。当前面的车突然停止的时候也更容易避免追尾。

（3）注意车的盲点　调整好车的左右以及车内的后视镜，能观察到整个后方的情况，但是不要只依赖这些镜子。更好的方法是直接扭头去看旁边的车道上面的情况，这样能看到在后视镜里容易忽略的东西。同时也要考虑其他司机的盲点，特别是大卡车司机的盲点，尽量减少处于他们的盲点区的时间。

（4）驾驶的时候，把手放在方向盘的 9 点和 3 点钟位置　开车的时候很多人偷懒只把一只手放在方向盘的 12 点钟位置，或者两手放在方向盘的底部休息。在需要快速的操控车身以避免发生车祸时，正确的握方向盘姿势可以最好地控制车身。

（5）赛车一样操作方向盘　最佳握方向盘的技巧就是把座位前移至后背可靠在椅子背上，手臂可以搁在方向盘的上方。好处一是胳膊不容易疲劳，二是在紧急情况下需要做"最后一分钟"回避机动的时候，这种驾驶姿势的动作范围是最好的。

（6）从别人的车外观判断他/她的驾驶性格或习惯　车身上的损伤和脏兮兮的车窗玻璃可以看出这个人可能是个大大咧咧的，开车注意力不集中的人。如果看到在车道上面晃来晃去的车，可以判定那个司机可能疲劳或者醉酒驾驶，或者正在打手机。因此，要离他/她远点。

（7）了解自己车的极限能力　无论开的是小货车还是运动型车，都应该了解这些车的性能极限。注意在一定的路况条件下车的一些特殊表现。如果拐弯的时候车身倾斜很多，这表明在高速行驶时转动方向盘是极其危险的动作。另外一个要点就是要熟悉车的刹车和轮胎的极限。在踩死刹车的情况下多远车才能停下来？轮胎还有多深的胎线？如果把车的标配轮胎换成便宜一点的轮胎，那么车的刹车性能和操控性都会减少。

（8）保持好的车况　合理维护车辆，坚持按照厂家推荐的保养手册对车进行保养。这样在需要的时候能保证车的加速、刹车性能和转向能力。记住不要让车辆机件超负荷运转。

（9）晚上不是开车的好时间　晚上开车也伴随着一定的危险，如自己会疲劳增加和视野不清等。

> 知识链接　**影响行车安全的生活习惯**
>
> *不吃早餐。不吃早餐容易发生低血糖，会感到头晕、四肢无力、精神疲倦，严重时会心慌意乱、冷汗*

不止、甚至虚脱。如果司机发生低血糖、就容易发生车祸。

饮水过少。水是维持人体正常生理活动的主要物质之一。为了维持人体正常的生理需要，必须维持水的平衡，补充人体排除的水量。因而驾驶员每天大约需要 2500 毫升左右的水。

不及时排尿。有的驾驶员为了减少行车中的麻烦，经常长时间不排尿，容易形成结石，还容易患肾炎、膀胱炎等疾病。经常憋尿，可造成尿意失禁。

不及时排便。粪便在大肠中停留过久，就会因过多的水分被吸收而变的干硬，引起便秘。由于便秘，还容易产生食欲减退、缓气、头痛、头昏、疲乏无力等。

开车吸烟。吸烟有百害而无一利。吸烟还会使司机注意力分散，从而影响交通安全。

9.3 道路交通事故与处理

9.3.1 道路交通事故概述

1. 道路交通事故的相关定义

根据中华人民共和国《道路交通安全法》第一百一十九条定义下列述语的含义。

（1）"道路"——是指公路、城市道路和虽在单位管辖范围但允许社会机动车通行的地方，包括广场、公共停车场等用于公众通行的场所。

（2）"车辆"——是指机动车和非机动车。

（3）"机动车"——是指以动力装置驱动或者牵引，上道路行驶的供人员乘用或者用于运送物品以及进行工程专项作业的轮式车辆。

（4）"非机动车"——是指以人力或者畜力驱动，上道路行驶的交通工具，以及虽有动力装置驱动但设计最高时速、空车质量、外形尺寸符合有关国家标准的残疾人机动轮椅车、电动自行车等交通工具。

（5）"交通事故"——是指车辆在道路上因过错或者意外造成的人身伤亡或者财产损失的事件。

2. 道路交通事故分类

对道路交通事故进行分类，目的是对道路交通事故进行分析研究和处理。分析的角度、方法不同，对道路交通事故所分出的类别也不相同。根据我国目前道路交通管理和事故处理工作状况，主要有如下三种分类方法。

（1）按后果分类

轻微事故：指一次交通事故造成轻伤 1~2 人；或直接经济损失，机动车事故损失折款在 200 元以下，非机动车事故折款在 100 元以下的。

一般事故：指一次交通事故造成重伤 1~2 人；或轻伤 3 人及 3 人以上；或直接经济损失在 30000 元以下的。

重大事故：指一次交通事故造成死亡 1~2 人；或重伤 3~10 人；或直接经济损失折款在 30000~60000 元；或虽未造成人身伤亡，但危及首长、外宾、知名人士的安全，政治影响很坏的。

特大事故：指一次交通事故造成死亡 3 人或 3 人以上；或重伤 11 人以上；或死亡 1 人，同时重伤 8 人以上；或死亡 2 人，同时重伤 5 人以上；或者直接经济损失折款在 60000 以上的事故。

 知识链接　死、伤界定

- 死亡：是指因道路交通事故而当场死亡，和伤后 7 天内抢救无效死亡的（日本：24 小时内；法国：

6天内；澳大利亚：3天内；美国、加拿大：30天内；瑞士：事故后即时死亡的）。
- 重伤：主要指下列情况：

(1) 经医生诊断成为残废者，或可能成为残废者；

(2) 伤势严重，需要进行较大手术才能挽救生命的；

(3) 人身要害部位严重烧伤、烫伤；或非要害部位，但烧伤、烫伤面积占全身1/3的；

(4) 严重骨折，如胸骨、肋骨、脊椎骨、锁骨、肩胛骨、腕骨、腿骨、脚骨等骨折，以及严重脑震荡等；

(5) 眼部严重受伤，有失明可能的；

(6) 手部受伤，如大拇指轧断一节；中指、食指、无名指、小指任何一只轧断两节或任何两只各轧断一节；局部肌腱受伤甚剧，引起机能障碍，有不能自由伸屈残疾可能的；

(7) 脚部受伤，如脚趾断三只以上；局部肌腱受伤甚剧，引起机能障碍，有不能行走自如的残疾可能的；

(8) 内部伤害、内脏损伤，或内出血，腹膜伤害等。

- 轻伤：是指经医务人员诊断，需要休息一天以上，且不致重伤者。
- 直接经济损失：是指修复损坏车辆的材料费用，物品、货物，牲畜损失的折价费用。没有计算人员伤亡的误工费、赔偿费、补助费等，也不包括因事故所用的间接费用。

(2) 按原因分类　任何交通事故的发生都有其必备的原因。因此，从原因上可以把交通事故分为两大类，即主观原因类和客观原因类。

客观原因类是指由于道路条件（包括气候、水文、环境、车辆突发性故障等）不利因素导致的交通事故。这类事故虽然没有因驾驶人员主观原因发生的事故所占比例高，但在某种情况下，它却常常是产生事故的诱因。

主观原因类是指造成交通事故的当事人本身内在的因素，即主观故意或过失。主要包括：违反规定、疏忽大意、操作技术等方面的错误行为。

违反规定：是指当事人由于思想方面的原因，不按交通法规和其他交通安全规定行驶或行走，致使正常的交通秩序紊乱，发生事故。如酒后开车、非驾驶员开车、超速行驶、争道抢行、故意不让、违章超车、违章装载、非机动车走快车道、行人不走人行道等原因造成交通事故。

疏忽大意：是指当事人由于心理或生理方面的原因，没有正确地观察和判断外界事物而造成的失误。如心理烦恼、情绪急躁、身体疲劳都可能造成精力分散，反应迟钝，表现出了望不周、措施不及或措施不当；也有的当事人凭主观想象判断事物，或过高地估计自己的技术，过分自信，引起行为不当而造成事故。

操作不当：是指驾驶车辆的人员技术生疏，经验不足，对车辆、道路情况不熟悉，遇有突然情况惊慌失措，发生误操作错误。如有的驾驶人刹车时误踩油门踏板，有的骑自行车人遇情况不能停车而造成事故。

从道路交通事故的具体情况看，一般来说，原因往往不是单一的，但任何一起道路交通事故都有其促成事故发生的主要情节和造成后果的主要原因。在诸多交通事故中，绝大部分都是当事人主观原因造成的。

(3) 按车种分类　根据构成道路交通事故的车辆，可以把交通事故分为三大类。

机动车事故：是指在事故当事方中机动车负主要以上责任的事故。但在机动车与非机动车或行人发生的事故中，机动车负同等责任的，也应视为机动车事故。因为在道路上行驶，机动车相对为强者。

非机动车事故：是指畜力车、三轮车、自行车等非机动性能车辆负主要以上责任的事故。在非机动车与行人发生的事故中，非机动车负同等责任的应视为非机动车事故。因为在道路上行驶，两者比较，非机动车为强者。

行人事故：是指行人负主要以上责任的事故。

9.3.2 交通事故的影响因素

交通事故是在特定的交通条件下，由于人、车、路、环境诸要素配合失调而引发的。

1. 人的因素

根据道路交通具体情况不同，交通环境中人的组成情况不尽相同。在我国目前情况下，主要涉及机动车驾驶人、行人、骑自行车人（包括兽力车驭手）及车辆乘员。而在有些国家，则主要是汽车驾驶人和乘员。

从各种交通事故统计分析资料中都可证明，人在交通事故中所起的作用相对于车辆、道路来说是主要的。这是因为，人的个体经常受其身体及心理状态的影响，而人的群体又受制于个体之间的差异、教育与道德以及环境等，从而使人在交通活动中成为难以控制和最不稳定的因素。

2. 车辆因素

这里所说的车辆主要是指机动车辆。在我国城市道路及公路上行驶的机动车辆有汽车（包括大、小客车，大、小货车，客货两用车等）、拖拉机（包括转向盘式、手扶式拖拉机）、摩托车（包括三轮式、二轮式摩托车）。由于车辆原因所引发的交通事故及严重程度，与车辆先期的安全性能、车辆后期使用的技术状况以及车辆管理工作的有效程度等因素有关。

车辆的安全性能包括两个方面：一是车辆所具备避免事故主动安全性，如制动和转向系统的性能、驾驶室视野、前照灯配光性能等；二是车辆具有发生事故后减轻人身伤害和车辆损毁的被动安全，如坐椅安全带、缓冲防撞部件、安全气囊、油电路自动防护措施等。

车辆后期使用的技术状况与汽车使用的合理性、车辆维护和修理质量密切相关。车辆管理工作包括车辆技术管理、运行管理、户籍管理等。在车辆管理工作中，使用必要的行政手段和法律措施对车辆的生产和运行进行有利于交通安全的引导和约束，可在预防车辆事故方面发挥重要作用。

由于车辆所引起的交通事故的起因，通常是制动失灵、机件失灵和车辆装载超高、超宽、超载及货物未拴牢固等原因所致；另外，因维修制度不完善，车辆检测方法落后，维修质量不高，常使一些车辆带"病"行驶，也是因车辆技术状况不良而导致交通事故的重要原因。

3. 道路与环境因素

道路与环境作为构成道路交通的基本要素，对交通安全的影响不容忽视。在某些情况下，道路与环境因素可能成为导致交通事故的主要原因。

（1）道路线形几何要素不合理及不良的线性组合，是导致交通事故的重要原因。

路面状况不良（如潮湿、结冰等），使轮胎与路面间附着系数下降，严重影响汽车的行驶稳定性和制动性能，易于导致交通事故。

不同类型的道路，由于车道宽度、车道数、路肩、中央分隔带等设置的不同，对交通安全也有极大影响。

（2）在交通环境中对交通安全影响最大的是交通流量。交通流量大小直接影响驾驶人的心理紧张程度，从而影响着交通事故率的高低。交通流量大时，因车辆相互干扰、互成障碍，常导致交通事故的发生；交通流量小时，往往由于以过高车速行驶而导致交通事故。

4. 交通管理

交通管理是有关部门依据具体交通情况所采取的一系列针对性措施。交通管理的目的在于协调人、车、路诸要素在交通过程中的相互关系，保障交通畅通和安全。交通管理范围包括：机动车驾驶人考核、发证、审验；交通安全宣传、教育；机动车登记、发放牌证及对机动车的安全检验；交通指挥疏导，维护交通秩序，处理交通事故；清除路障，设置与管理交通标志、标线等设施。交通管理的完善与有效程度对交通事故的影响十分重大。

9.3.3 交通事故的预防措施

必须把人-车-路-环境作为一个有机整体，谋求系统的平衡与协调。

道路交通事故一般都要经历"道路交通违法行为—道路交通事故—人员伤亡"三个发展过程。针对在道路交通事故三个发展过程开展预防工作所具有的不同特点、重点和要求，就产生了道路交通事故预防的三个层次问题。

第一层次：通过采取各项措施，尽量预防和减少道路交通违法行为发生，从而最大限度地预防和减少道路交通事故发生。

国内外道路交通事故处理的实践证明，各类交通违法行为的存在是导致道路交通事故发生的根本原因。因此，预防和减少道路交通事故，从根本上讲，要从预防和减少交通违法行为做起。

预防和减少交通违法行为工作，宣传部门要深入开展道路交通安全宣传；教育部门要加大道路交通安全宣传的力度，公安部门要加强车辆和驾驶员源头管理；建设部门要加强对城市道路的规划、建设和验收的监督和管理，强化对城市公共交通的管理，提高城市道路管理科技含量，不断完善城市道路交通安全基础设施等。这些方方面面工作，都有明确的法规或者规章的规定，哪一方面没有做好，都会产生道路交通违法行为，成为引发道路交通事故的隐患。

第二层次：在已发生道路交通违法行为的情况下，要尽量预防和减少其向道路交通事故转化。

如果说第一层次是侧重于加强正面建设、预防交通违法行为发生的话，那么第二层次就侧重于对各种已发生交通违法行为的打击并建立相应的预警机制。

打击和遏制交通违法行为工作，要在各部门依法查处本部门业务范围内的交通违法行为的基础上，重点抓住四个主要方面的工作：一是公安部门组织交通秩序整治，查处交通违章行为，并在驾驶员考试、发证、违章处罚、记分等环节加大管理力度，加大对交通事故多发点段和交通安全隐患路段的排查和治理力度，依法办理交通事故安全，严惩交通肇事犯罪；二是建设部门清理整顿城市道路违规占道行为，加大对城市道路交通事故多发点段和交通安全隐患路段的排查和治理力度；三是交通部门加大对交通事故多发点段和交通安全隐患路段、桥梁的排查和治理力度，整治和规范公路广告设置，对机动车超限超载运输进行整治，取缔公路占道路经营和乱摆乱卖行为；四是农机管理部门要加大对农机及农机驾驶员违法行为的查处力度。

在严格依法查处交通违法行为的同时，还要进一步建立系统的预防道路交通事故的预警机制。一般来说，各类交通违法行为是道路交通事故发生的内在原因，所以预防和治理各类交通违法行为是预防道路交通事故的主要着力点。建立道路交通事故预防预警机制，主要就是着眼于交通事故发生的外在原因，积极地遏制交通违法行为向交通事故转化。预警机制主要包括五个方面的内容：一是对特定气象条件的预警，二是对特定地理条件的预警，三是对特定道路交通状况的预警，四是对特定驾驶人群的预警，五是对特定机动车类型的预警。

第三层次：要尽量预防和减少道路交通事故中的人员伤亡。

研究如何避免和减少交通事故中的人员伤亡,具有十分重要的意义。

要建立我国预防和减少道路交通事故人员伤亡的六个快速反应机制。一是公安部门的快速反应机制。一方面要对前一阶段造成交通事故人员伤亡最多的"杀人"交通违章种类和伤亡人员最多的"杀人"事故类型快速反应,迅速在本阶段组织开展重点的整治,并在此基础上形成整治重点交通违章的长效机制;另一方面,对有人员伤亡的道路交通事故,要建立由当地派出所、巡警、消防警先期联动出警进行抢救的机制,对于一些特大道路交通事故高发而常规救援较为困难的山区,要组建专门的搜救队伍。交通、建设部门要坚持建设新路与改造旧路并重的方针,要普遍地在路中间设置隔离设施,在路两旁设置保护设施。卫生部门要建立健全道路交通事故伤员快速抢救"绿色通道"机制,努力减少交通事故人员伤亡。

9.3.4 交通事故的处理程序

1. 交通事故现场处理的规定

(1) 简易程序　根据《道路交通事故处理程序规定》第五十四条规定:"案情简单、因果关系明确、当事人争议不大的轻微和一般事故,可由一名交通事故办案人员处理。"

① 案情简单,仅造成车物损失或人员受轻微伤的轻微、一般事故,当事人对事故事实及责任认定无争议的,可适用简易程序。

② 执勤民警使用《快速处理交通事故现场记录表》处理的交通事故,可适用简易程序。

③ 当事人根据快速处理事故现场的有关规定自行处理现场后,经事故科(组)确认无误的,可适用简易程序。

适用简易程序的,可以由一名交通警察处理。

(2) 一般程序　对不适用简易程序的其他交通事故,及当事人不同意使用简易程序的交通事故,应使用一般程序处理事故现场。

2. 交通事故处理程序

(1) 受理报案　公安交通管理部门接到当事人或其他人的报案之后,按照管辖范围予以立案。

(2) 现场处理　公安交通管理部门受理案件后,立即派员赶赴现场,抢救伤者和财产,勘查现场,收集证据。

(3) 责任认定　在查清交通事故事实的基础上,公安交通管理部门根据事故当事人的违章行为与交通事故的因果关系、作用大小等,对当事人的交通事故责任作出认定。

(4) 裁决处罚　公安交通管理部门应依据有关规定,对肇事责任人予以警告、罚款、吊扣、吊销驾驶证或拘留的处罚。

(5) 损害赔偿调解　对交通事故造成的人员伤、亡及经济损失的赔偿,按照有关规定和赔偿标准,根据事故责任划分相应的赔偿比例,由公安交通管理部门召集双方当事人进行调解。双方同意达成协议,由事故调解人员制作并发给损害赔偿调解书。

(6) 向法院起诉　如双方当事人在法定期限内调解无效,公安交通管理部门终止调解,并发给调解终结书,由当事双方向法院提起民事诉讼。

3. 交通事故责任认定的规定

公安机关在查明交通事故原因后,应当根据当事人的违章行为与交通事故的因果关系,以及违章行为在交通事故中的作用,认定当事人的交通责任事故。

无法查明交通事故原因,按下列规定认定事故责任:

当事人逃逸或者故意破坏、伪造现场、毁灭证据，使交通事故责任无法认定的，应当负全部责任。

当事人一方有条件报案而未报案或者未及时报案，使交通事故责任无法认定的，应当负全部责任。

当事人各方有条件报案而均未报案或者未及时报案，使交通事故责任无法认定的，应当负同等责任；但机动车与非机动车、行人发生交通事故的，机动车一方应负主要责任，非机动车、行人一方负次要责任。

交通事故责任认定完毕后，应当制作责任认定书，并按规定宣布和送达当事人。

4．有关工作时限

（1）暂扣车辆　因检验、鉴定需要，暂扣肇事车辆，期限为 20 日，经上级批准可延长 20 日。

（2）尸体处理　公安交通管理部门检验或鉴定后，通知死者家属在 10 日内办理丧葬事宜。

（3）责任认定期限　轻微事故 5 日内；一般事故 15 日内；重大、特大事故 20 日内。经上级批准，可分别延长 5 日、15 日、20 日。

（4）损害赔偿调解期限　为 30 日，必要时可延长 15 日。

5．交通肇事的刑事责任

《中华人民共和国刑法》一百三十三条规定：违反交通运输管理法规，因而发生重大事故，致人重伤、死亡或者使公私财产遭受重大损失的，处三年以下有期徒刑或者拘役；交通运输肇事后逃逸或者有其他特别恶劣情节的，处三年以上七年以下有期徒刑；因逃逸致人死亡的，处七年以上有期徒刑。

根据《最高人民法院最高人民检察院关于严格依法处理道路交通肇事案件的通知》，对于构成交通肇事罪，应负事故主要或全部责任的肇事者，要追究刑事责任。

（1）具有下列情节之一的，处 3 年以下有期徒刑或者拘役：

造成死亡 1 人或重伤 3 人以上的。

重伤 1 人以上，情节恶劣，后果严重的。

造成公私财产直接损失的数额，起点在 3 万元至 6 万元之间的。

（2）具有下列情节之一的，可视为"情节特别恶劣"，处 3 年以上 7 年以下有期徒刑：

造成 2 人死亡。

造成公私财产直接损失的数额，起点在 6 万元至 10 万元之间的。

（3）具有下列情节之一，并符合上述"（1）"或"（2）"的规定，按照"（1）"或"（2）"的规定从重处罚：

① 犯交通肇事罪，畏罪潜逃，或有意破坏、伪造现场，毁灭证据，或隐瞒事故真相，嫁祸于人的。

② 非司机驾驶机动车辆的。

③ 驾驶无牌照车辆的。

④ 明知机动车辆关键部件失灵仍然驾驶的。

⑤ 具有其他特别恶劣情节的。

从 2011 年 5 月 1 日后开始执行《中华人民共和国道路交通安全法》中的有关酒后驾驶的决定：

① 饮酒后驾驶机动车的，处暂扣六个月机动车驾驶证，并处一千元以上二千元以下罚款。因饮酒后驾驶机动车被处罚，再次饮酒后驾驶机动车的，处十日以下拘留，并处一千元以上二千元以下罚款，吊销机动车驾驶证。醉酒驾驶机动车的，由公安机关交通

管理部门约束至酒醒，吊销机动车驾驶证，依法追究刑事责任；五年内不得重新取得机动车驾驶证。

② 饮酒后驾驶营运机动车的，处十五日拘留，并处五千元罚款，吊销机动车驾驶证，五年内不得重新取得机动车驾驶证。

③ 醉酒驾驶营运机动车的，由公安机关交通管理部门约束至酒醒，吊销机动车驾驶证，依法追究刑事责任；十年内不得重新取得机动车驾驶证，重新取得机动车驾驶证后，不得驾驶营运机动车。

④ 饮酒后或者醉酒驾驶机动车发生重大交通事故，构成犯罪的，依法追究刑事责任，并由公安机关交通管理部门吊销机动车驾驶证，终生不得重新取得机动车驾驶证。

知识链接　发生交通事故该怎么办？

1. 发生交通事故的车辆必须立即停车，迅速抢救伤员，并对伤者迅速止血，处理休克等，就近寻找合适的场地，临时安置伤员，包扎伤口，同时密切注意周围环境，防止其他危险再度发生。

2. 迅速向"110"、"120"报警，向车属单位和所投保的保险公司报案，如实陈述事故发生的经过。

3. 报警后，要注意保护现场，维护秩序，照顾好受伤人员，等待医疗急救或将受伤人员送往就近医院进行抢救。

4. 赶去医院，安置伤员。

小　　结

1. 介绍了汽车的安全行驶以及安全行驶的影响因素；详尽描述了交通过程所涉及的人、车、路和环境的各自特点与安全行车之间的关系。

2. 说明了车辆安全行驶过程中汽车的安全设施的重要性，并且指出了驾驶员的安全意识、驾驶技术与行为习惯对于安全行车的影响。

3. 说明了道路交通事故的分类，指出了道路交通事故的主要影响因素：人、车、路、环境和管理；描述了道路交通事故的预防措施以及处理流程。

思考与练习

一、填空题

1. 现代汽车的安全技术包括_____和_____两方面。

2. 责任认定期限：轻微事故_____日内；一般事故_____日内；重大、特大事故_____日内。经上级批准，可分别延长_____日、_____日、_____日。

3. 适用简易程序的，可以由_____名交通警察处理。

4. 道路交通事故按照后果可分为轻微事故、_____、_____和_____四类。

二、名词解释

1. 道路
2. 车辆

3. 机动车
4. 交通事故
5. 汽车主动安全技术

三、问答题

1. 道路交通事故的影响因素有哪些？
2. 道路交通事故的预防有哪几个层次的问题？
3. 交通事故处理程序是什么？

第10章 汽车的运用效率和成本

【学习目标】

能力目标	知识目标
1. 能应用提高汽车利用程度的方法;	1. 掌握汽车利用程度的评价指标;
2. 能提出合理降低汽车运输成本的方案。	2. 掌握汽车运输成本的组成。

10.1 汽车运输工作过程和运输工作条件

10.1.1 汽车运输工作过程

汽车运输工作过程是指利用汽车或汽车列车运送货物或旅客的工作过程,通过汽车运输,使货物或旅客移动一定距离,即完成运输工作。

汽车运输工作过程的主要环节包括以下几方面。

(1) 准备工作阶段　向起运地点提供运输汽车(空车或空位)。如图10-1所示,汽车由停车场(库)N 点空驶一段距离 L_v 到达起运地点 A 准备装货或上客,称为准备工作阶段。

(2) 装载工作阶段　在起运地点进行货物装车或旅客上车。如图10-1所示,在 A 点完成货物装载或上客的过程,称为装载工作阶段。

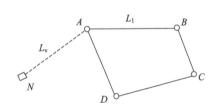

图 10-1　汽车运输过程示意图

(3) 运送工作阶段　在运送路线上由运输汽车运送货物或旅客。如图10-1所示,把货物或旅客由 A 点运输一段距离 L_1 到达目的地 B,称为运送工作阶段。

(4) 卸载工作阶段　在达到地点卸货或下客。如图10-1所示,在目的地 B 将货物卸下或使旅客下车,称为卸载工作阶段。

完成一个包括准备、装载、运送和卸载四个工作阶段的运输过程即为一个运次。如果汽车在 B 点卸载完毕后,又空车从 B 点出发开往 C 点装载,之后再将货物或旅客运送至目的地 D 点卸货或下客,也完成了一个运次的运输工作。如果汽车在 D 点卸载完毕后,又在原地另装货物或旅客,将其运送至目的地 A 点卸货或下客,也完成了一个运次的运输工作。

如果在完成运输工作的过程中,汽车从起运点至到达地点,中途为了部分货物的装卸和部分旅客上、下车而停歇,则这一运输过程称为单程或车次。就运输对象而言,单程(车次)由两个或两个以上的运次构成。

如果在完成运输工作的过程中,又周期性地返回到第一个运次的起点 A,则该过程称为周转。一个周转可由一个或几个运次组成。周转的行车路线,称为循环回路。

10.1.2 汽车运输效果和运输质量

1. 汽车运输效果统计指标

(1) 运量　运量包括货运量和客运量。汽车在每一运输过程中,所运送货物的质量称为货运量，单位为吨（t）；所运送旅客的人数称为客运量，单位为人次。

（2）单车产量　是指运输企业在统计期内平均每辆汽车所完成的运量（t或人次）和周转量（t·km或人·km）。

（3）车吨（客位）产量　是指运输企业在统计期内平均每吨（客位）所完成的周转量，单位为km。

（4）周转量　是指运量与货物或旅客移动的距离之积，单位为t·km或人·km。

（5）运输量（或产量）　是汽车运输所完成的运量和周转量的统称。运输量包括运量和周转量两种指标。

（6）车时　是指营运汽车在企业内的保有小时数。企业所有营运汽车的车时总数，等于营运汽车数与其在企业保有日内小时数的乘积。根据车辆的技术状况和工作状况，总车时 T 分为工作车时 T_d 和停驶车时 T_p。车辆在运输工作中具有行驶和停歇两种状态，所对应的车时分为行驶车时 T_t 和停歇车时 T_s。行驶车时 T_t 包括重车行驶车时 T_{tl} 和空车行驶车时 T_{tv}。根据引起车辆停歇的原因，停歇车时 T_s 包括装载车时 T_l、卸载车时 T_u、技术故障车时 T_{st} 和组织故障车时 T_{so}。根据导致车辆停驶的具体原因，停驶车时 T_p 分为维修车时 T_m、待运车时 T_w 和待废车时 T_b。

（7）车日　是指运输企业的营运汽车在企业内的保有日数。在统计期内，企业所有营运汽车的车日总数，称为总车日（D）；根据车辆的技术状况和工作状况，总车日 D 分为完好车日 D_a 和非完好车日 D_n；完好车日 D_a 包括工作车日 D_d 和待运车日 D_w；非完好车日 D_n 包括维修车日 D_m 和待废车日 D_b。由于待运车日、维修车日和待废车日中，汽车均处于非运输工作状态，因而总称为停驶车日 D_p。

2.汽车运输质量

（1）安全　安全是汽车运输生产的最基本要求。交通运输安全包括运输对象安全和运输工具安全。

运输对象安全是指在运输过程中，不能使旅客造成心理和生理的损伤，不能改变货物的物理性质（如数量和件数不能减少，不能破损、变形或掺入其他杂质等）和化学性质（如不能受到污染、不能腐败变质等），也不能改变货物的完整性。运输工具安全是指交通运输工具在运行过程中，应保证自身和有关行人、其他交通工具和沿线交通设施的安全。

（2）舒适　对旅客运输而言，舒适是一种重要的汽车运输质量要求，主要指乘客在购票、候车和乘车的过程中身心感到舒适的程度。

（3）经济　良好的经济性是各行各业都重视的内容，因此运价就成为运输管理部门和公众关心的重要方面。采取有效的措施促进运输企业降低运输成本，可以降低运价，减轻旅客和货主的负担，更好地促进社会发展和人民生活水平的提高。

（4）便利　狭义的便利是指旅客和货主在办理旅行和运输时方便、简易；广义的便利还包括运输网的四通八达、畅通无阻，旅客和货主的各种需求都能得到充分满足。

（5）迅速　旅客和货物的运送速度快。在旅客运输中，运送速度越快，旅客在途中消耗越小，还能改变人们的生活和工作方式。货物运送速度越快，物质在运输过程中的时间越短，资金周转就越快，还能减少货物的耗损，增强克服物质流通所受到的空间障碍的能力。

（6）准确　准确包括时间上准确、空间上准确和信息活动准确三个方面。时间上准确是指按照时刻表规定正点运送旅客，或按照货物运输规程中对运到期限的规定，及时送达货物；空间上准确是指运输部门必须按照目的地准确地进行运输，不发生旅客的误乘或货物的误交付等情况。旅客或货物的移动伴随着相关信息的传递活动，信息准确对于旅客出行、货主和运输企业组织运输，起着越来越重要的作用。

（7）清洁　实现清洁运输，是降低运输工作对环境污染的重要途径。例如推广使用清洁燃料，减少汽车排放的有害污染物；妥善处理旅客在旅行过程中产生的各种废弃物，保持车厢内外的整洁。

（8）文明　文明服务主要体现在候车乘车环境，驾驶员和乘务员的仪表、谈吐以及服务水平，车容车貌等。运输企业为旅客或货主提供文明服务，既符合市场营销的规则，又是社会主义精神文明在运输工作中的体现。

10.1.3　汽车运输工作条件

1. 运输区域道路状况因素

运输区域的道路状况是汽车运输过程的直接影响因素。道路状况是指道路等级、路面质量、公路网完善程度、公路附属设施（如停车场、加油站、信号标志和通信设施等）等因素的状况；交通条件则包括公路的交通流量、立体交通和交通管理水平等因素的状况。

道路状况的好坏不仅对车辆的行驶安全、行驶速度、运行材料的消耗、车辆运输服务质量和驾驶员的劳动强度等产生直接影响，而且影响着人们对运输方式的选择和利用。

2. 运输区域季节气候因素

受自然气候条件影响，汽车运输所使用的车辆类型和品种应该与之相适应；同时，汽车运输组织工作也应随自然气候的变化而调整。

3. 运输对象特性因素

主要指货物的种类和特性，客货的流向、流时、流量或运量，客货的运送距离和送达期限等。

4. 运输企业的运输组织技术因素

运输组织技术是指运输企业的运输组织水平和技术水平，包括：车辆运行、保管、维护修理制度；工作人员的工作组织和工作制度；装卸作业的机械化程度；运行材料供应和运输企业内部的各项管理工作水平。

5. 社会制度和经济活动因素

社会制度的微小变化会引起社会经济活动的改变，影响运输生产经营活动的方式和效果。计划经济时期，全国一盘棋，运输经济市场整齐划一，运输企业国有化；市场经济时期，运输市场被激活，在国家政策的宏观调控下，独立地依法从事各项经营活动。经济体制的改革为汽车运输企业的生存和发展带来了机遇，同时也带来了挑战。

10.2　汽车利用程度评价指标

汽车的结构、性能和运输工作条件等，在汽车运输过程中，影响着汽车在速度、时间、行程和运载能力等方面的利用程度。

10.2.1　速度利用指标

在相同的运行时间和运载条件下，汽车行驶的快慢影响着完成的运输量。因此，发挥汽车的速度性能，提高运输速度，是提高各汽车运用效率的重要方面。

1. 汽车的技术速度 v_t

是指汽车在行驶车时内的平均速度，用驶过的距离（行程）L（km）和行驶车时 T_t（h）的比值表示。

$$v_t = \frac{L}{T_t} \text{（km/h）}$$

影响因素：汽车结构、汽车性能、道路交通状况、驾驶技术、气候条件和运输组织水平等。

2. 汽车的营运速度 v_d

指汽车在工作车时内的平均速度，用驶过的距离 L（km）和工作车时 T_d（h）的比值表示。

$$v_d = \frac{L}{T_d} = \frac{L}{T_t + T_s} \quad (km/h)$$

影响因素：车辆的技术速度、运输距离、运输组织和装卸机械化水平等。

3. 运送速度 v_c

指车辆运送货物或旅客的平均行驶速度，用驶过的距离 L（km）和运送时间 T_c（h）的比值表示。

$$v_c = \frac{L}{T_c} \quad (km/h)$$

影响因素：汽车技术速度、运输组织、途中旅客乘车秩序或货物紧固和包装状况等。

4. 平均车日行程 $\overline{L}_d$

是指统计期内平均每一工作车日汽车所行驶的里程，用汽车在统计期工作车日内的总行程 ΣL（km）和工作车日 D_d（车日）的比值表示。

$$\overline{L}_d = \frac{\Sigma L}{D_d} \quad (km/车日)$$

影响因素：车辆技术速度和车辆时间利用程度。

10.2.2　时间利用指标

1. 完好率（α_a）

指统计期内企业营运车辆的完好车日（D_a）与营运总车日（D）之比。反映营运车辆总车日利用的最大可能性。

$$\alpha_a = \frac{D_a}{D} \times 100\%$$

影响因素：汽车的技术性能、汽车的使用合理性、汽车的维修组织、汽车的维修质量和处理报废汽车的及时性等。

2. 工作率（α_d）

指统计期内企业营运车辆的工作车日（D_d）与营运总车日（D）之比。反映营运车辆总车日的实际利用程度。

$$\alpha_d = \frac{D_d}{D} \times 100\%$$

影响因素：汽车完好率、气候条件、道路交通条件、运输工作的组织和管理水平等。

3. 总车时利用率 ρ

指统计期内企业营运车辆的工作车日内的工作车时 T_d 和总车时之比。反映汽车工作车日中出车时间所占的比例。

$$\rho = \frac{T_d}{24 D_d} \times 100\%$$

单辆汽车在一个工作日内总车时利用率为：

$$\rho = \frac{T_d}{24} \times 100\%$$

影响因素：运输工作的组织管理水平，合理组织、合理调度资源和采用多班制等均可提高汽车的总车时利用率。

4. 工作车时利用率 δ

指统计期内营运汽车在运输过程中的行驶车时 T_t 和工作车时 T_d 之比。

$$\delta = \frac{T_t}{T_d} \times 100\% = \frac{T_d - T_s}{T_d} \times 100$$

影响因素：运输工作组织水平和装卸机械化水平。

10.2.3 行程利用指标

行程利用率 β：指统计期内车辆载重行程 L_1 与总行程 L 之比，它反映车辆总行程的有效利用程度。

$$\beta = \frac{L_1}{L} \times 100\%$$

总行程＝载重行程＋空车行程

空车行程＝空载行程＋调空行程

调空行程：由停车场空驶到装货地点，或由最后一个卸货点空驶回停车场；或空车驶往加油站、维修点的行程。

影响因素：客、货源及运送目的地分布、运输组织和汽车对不同运输对象的适应能力等。

10.2.4 载质量（客位）利用指标

1. 载质量（客位）利用率 γ

指车辆实际完成的运输周转量与车辆载重行程额定载重（客）量得以充分利用时所能完成的运输周转量之比，表示车辆在载重行程额定载重（客）量的利用程度。

$$\gamma = \frac{\sum P}{\sum P_0} \times 100\% = \frac{\sum(qL_1)}{\sum(q_0 L_1)} \times 100\%$$

式中 $\sum P$——统计期内实际完成的运输周转量之和，t·km 或人·km；

$\sum P_0$——统计期内，若载重行程汽车额定载重（客）量充分利用时所能完成的运输周转量，t·km 或人·km；

q——车辆的实际载重（客）量，t 或人；

q_0——车辆的额定载重（客）量，t 或人。

影响因素：货（客）流特性、运距、车辆容量、汽车对运输任务的适应性和运输组织水平等。

2. 实载率 ε

是指车辆实际完成的运输周转量和汽车在总行程中额定载重（客）量得以充分利用时所能完成的运输周转量之比，表示汽车在总行程中额定载重（客）量的利用程度。

$$\varepsilon = \frac{\sum(qL_1)}{\sum(q_0 L)} \times 100\%$$

其中 $L = \frac{L_1}{\beta}$，则有

$$\varepsilon = \frac{\sum(qL_1)}{\sum(q_0 L)} \times 100\% = \gamma\beta$$

由此可见，实载率综合反映了车辆行程利用率 β 和载重（客）量利用率 γ 对运输过程的影响。

10.3 汽车运输生产率

运输生产率是指单位时间内运输车辆所完成的产量。单位时间可采用小时、日、月、年等不同统计时间；产量可采用货（客）运量或周转量、出租汽车客运的收费里程或收费停歇时间等；运输汽车则可根据统计计算目的采用单车或车组、车队、企业的全部汽车，也可采用汽车的一个吨位或客位。

10.3.1 载货汽车运输生产率

1. 工作生产率

是指平均每工作车时汽车所完成的货运量或周转量，用以评价汽车在工作时间内的生产效率。

一般情况下，载货汽车的运输工作是以运次为基本运输过程进行组织的。一个运次内的货运量 Q_c（t）和周转量 P_c（t）分别为：

$$Q_c = q_0 \gamma$$
$$P_c = Q_c L_1 = q_0 \gamma L_1$$

式中 L_1——平均到一个运次的载重行程，km。

完成一个运次的工作车时 T_d 为完成该运次的行驶车时 T_t（h）和停歇车时 T_s（h）之和。其中，汽车在一个运次中的停歇车时主要包括装卸货物而停歇的车时，即

$$T_d = T_t + T_s = \frac{L_1}{\beta v_t} + T_s$$

单位工作车时完成的货运量 W_q（t/h）和周转量 W_p（t·km/h）分别为：

$$W_q = \frac{Q_c}{T_d} = \frac{q_0 \gamma}{L_1/(\beta v_t) + T_s}$$

$$W_p = \frac{P_c}{T_d} = \frac{q_0 \gamma L_1}{L_1/(\beta v_t) + T_s}$$

2. 总生产率

指平均每（在册车时）车辆所完成的货运量或周转量，用于评价车辆在汽车在册时间内的生产效率和运用效果。

在统计期平均每一总车时内，车辆在线路上的实际工作车时 T'_d 为：

$$T'_d = \frac{D_d T_d}{24 D} = \left(\frac{D_d}{D}\right) \times \left(\frac{T_d}{24}\right) = \alpha_d \rho \text{（h）}$$

载货汽车每一总车时完成的货运量 W'_q（t/h）和收费停歇时间 W'_p（t·km/h）分别为：

$$W'_q = \alpha_d \rho W_q \quad \text{（t/h）}$$
$$W'_p = \alpha_d \rho W_p \quad \text{（t·km/h）}$$

10.3.2 载客汽车运输生产率

1. 工作生产率

是指平均每工作车时车辆所完成的客运量或周转量，用于评价客运汽车在线路上工作时间内的利用效果。

汽车客运含市内公共汽车客运和公路客运两类，一般以单程为基本运输过程进行组织，

其共同特点是在一个单程内，乘客在沿途各停车站上、下车而使车辆在各路段的实际载客人数有所不同。

在一个单程内，汽车实际完成的客运量 Q_n（人次）和周转量 P_n（人·km）分别为：

$$Q_n = q_0 \gamma \eta_a \quad (\text{人次})$$

$$P_n = Q_n \overline{L_p} \quad (\text{人·km})$$

式中 γ——满载额；

q_0——额定载客人数，人；

η_a——乘客交替系数；

$\overline{L_p}$——平均运距，km；

平均运距 $\overline{L_p}$ 是指统计期内所有乘客的平均乘车距离；乘客交替系数 η_a 是指一个单程内，各路段平均载客客位中，每客位实际运送的乘客人数，以单程的路线长度 L_n 和平均运距 $\overline{L_p}$ 之比表示：

$$\eta_a = L_n / \overline{L_p}$$

客运车辆完成一个单程的工作车时 T_n（h）包括行驶时间 T_t（h）和在沿途各站的停歇时间 T_s：

$$T_n = T_t + T_{ns} = \frac{L_n}{\beta v_t} + T_s$$

这样，客运汽车平均每工作小时完成的客运量 W_q 和周转量 W_p 分别为：

$$W_q = \frac{Q_n}{T_d} = \frac{q_0 \gamma \eta_a}{L_n/(\beta v_t) + T_s}$$

$$W_p = \frac{P_n}{T_d} = \frac{q_0 \gamma \eta_a \overline{L_p}}{L_n/(\beta v_t) + T_s} = \frac{q_0 \gamma L_n}{L_n/(\beta v_t) + T_s}$$

2. 总生产率

客运汽车总生产率是指单位总车时内汽车所完成的客运量 W'_q（人次/h）和周期量 W'_p（人·km/h）。其中生产率公式的推导过程和货运汽车总生产率的推导过程类似，所得客运总生产率计算公式和货运汽车总生产率计算公式在形式上完全一致。但各因素的含义有所不同，并应采用相应不同的单位。

10.3.3 出租汽车运输生产率

1. 工作生产率

出租汽车客运一般按运次为基本运输过程组织，每运次所用的时间包括：收费里程 L_g（km）的行驶时间，不收费里程 L_n（km）行驶时间，收费停歇时间 T_g（h）和不收费停歇时间 T_n（h）。出租汽车的工作车时 T_d（h）为：

$$T_d = \frac{L_g + L_n}{v_t} + T_g + T_n$$

出租汽车的行程利用率 β（也称收费行驶系数）是指收费行程 L_g 和总行程 L 之比，表明出租汽车的工作车时 T_d（h）为：

$$\beta = \frac{L_g}{L} = \frac{L_g}{L_g + L_n}$$

因此，T_d 可表示为：

$$T_d = \frac{L_g}{\beta v_t} + T_g + T_n$$

出租汽车单位工作时间内完成的收费行程 W_1（km/h）和收费停歇时间 W_t（h/h）分别为：

$$W_1 = \frac{L_g}{T_d} = \frac{L_g}{L_g/(\beta v_t) + T_g + T_n}$$

$$W_t = \frac{T_g}{T_d} = \frac{T_g}{L_g/(\beta v_t) + T_g + T_n}$$

2. 总生产率

出租汽车客运的总生产率是指单位车时内完成的收费行程 W_1（km/h）和收费停歇时间 W_t（h/h），参照汽车货运总生产率计算公式的确定方法，可得：

$$W'_1 = \alpha_d \rho W_1$$

$$W'_t = \alpha_d \rho W_t$$

10.3.4 使用因素对汽车运输生产率的影响

上述各公式建立了反映汽车运输工作效率的综合指标——汽车运输生产率和反映汽车利用率的有关单项指标之间的关系。这些单项指标称为对汽车运输生产率有影响的使用因素。公式不仅提供了汽车运输生产率的计算方法，而且说明可提高生产率的有效途径。在汽车运输实践中，通过对各使用因素对生产率的影响特征和影响的分析研究，并据此优化各使用因素的状态，以使汽车因素生产率得以提高。

绘制并分析生产率特性图是分析各使用因素对生产率的影响特性，并确定应优先改进哪个使用因素对提高生产率最为有利的有效方法。特性图的绘制过程如下：

首先根据汽车运输生产率计算公式逐一分析各使用因素与生产率间的关系。当分析某一使用因素对生产率的影响时，将其看做变量，而将其他使用因素看成常量。若作为常量的使用因素的当前数值已知，就可在坐标图上绘出所分析的使用因素和生产率之间的关系曲线。重复以上过程，可逐一绘出各使用因素和生产率之间关系的一组曲线。绘制时，通常以纵坐标表示生产率，横坐标分别表示各使用因素。将一组曲线叠加绘制在一张坐标图上，即为汽车运输生产率特性图，如图 10-2 所示为以运量为单位的汽车货运生产率特性图。

图 10-2 中，直线 $A—A$ 表示当前生产率，直线 $B—B$ 表示希望实现的生产率目标。直线 $A—A$ 与某曲线的交点所对应的横坐标数值，为相应使用因素的当前值；直线 $B—B$ 与某曲线的交点所对应的横坐标值，表示在其他使用因素的当前值不变的前提下，为实现生产率目标所研究的使用因素应达到的值。这就为确定提高汽车运输生产率的措施提供了依据。

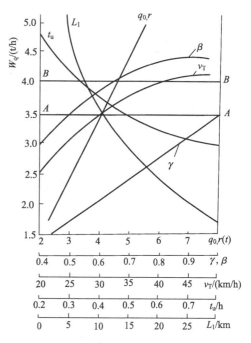

图 10-2 汽车货运生产率特性图

从图 10-2 中可以看出：各单项指标因素对汽车生产率影响程度的大小顺序为：实际载质量 γq_0、载质量利用率 γ、装卸工作停歇时间 T_s、行程利用率 β 和技术速度 v_t 等。因此，提高载质量利用率是提高生产率最有效的途径。

10.4 汽车运输成本

汽车的运输成本是评价汽车运输效果的综合性指标。不断降低汽车运输成本是增加企业利润的基础。在汽车运输生产过程中，汽车运输生产力的高低、汽车维修质量的好坏、运输组织水平的高低、人力和物质的节约或浪费、运输服务质量的好坏，最终都以货币形式反映到成本指标上来，影响着汽车运输成本的大小，决定着汽车运输利润的高低。因此在保证汽车运输服务质量的前提下，不断降低运输成本，对于运输企业的生存和发展起着至关重要的作用。

10.4.1 汽车运输费用

汽车运输的全部费用，按照其与汽车运行和产量的关系，可分为变动费用（C_c）、固定费用（C_f）和装卸费用（C_s）三项。其中，各运输企业在确定成本时，装卸费用实行单独核算，故汽车运输费用主要考虑变动费用和固定费用两部分。

汽车的变动费用C_c（元/km）也称为汽车运行费用，是指和汽车行驶有直接关系的费用，通常按照每千米行程消耗的费用计算，包括燃料费、汽车检测维修费、通行费、过渡费和其他与汽车行驶有关的费用。

固定费用C_f（元/h）也称为企业管理费用，是指和汽车行驶无直接关系的费用，即不论汽车行驶与否，企业总要支付的费用，包括汽车保险费、汽车折旧费、职工工资和奖金、行政办公费、水电费、房屋维修费、职工培训费、宣传费和固定设施折旧费等，出租车还包括运营证权证费。

10.4.2 汽车运输成本

汽车运输成本是汽车运输单位为完成客货运输任务所支出各种费用的总和。由于汽车运输成本费用C分为变动费用C_c和固定费用C_f两项，与之相对应，汽车运输成本S也分为变动成本S_c和固定成本S_f两项，即汽车运输成本S为变动成本S_c与固定成本S_f之和：

$$S = S_c + S_f$$

式中　S——运输成本，统计期内单位运输量的运输费用；

　　　S_c——变动成本，统计期内单位运输量的变动费用；

　　　S_f——固定成本，统计期内单位运输量的固定费用。

1. 货运汽车的运输成本

货运汽车的运输成本S〔元/（t·km）〕可表示为每吨公里货物周转量的变动费用S_c〔元/（t·km）〕和固定费用S_f〔元/（t·km）〕之和。S_c和S_f计算公式如下：

$$S_c = \frac{v_d C_c}{W_p} \quad \text{〔元/（t·km）〕}$$

$$S_f = \frac{C_f}{W_p} \quad \text{〔元/（t·km）〕}$$

式中　v_d——汽车的营运速度，km/h；

　　　C_c——折算到汽车每公里行程的变动费用，元/km；

　　　W_p——汽车工作生产率，t·km/h；

　　　C_f——折算到车辆每工作车时的固定费用，元/km。

v_d可表示为：

$$v_d = \frac{L}{T} = \frac{L_1/\beta}{L_1/(\beta v_t) + T_s} = \frac{L_1 v_t}{L_1 + \beta v_t T_s} \quad \text{(km/h)}$$

利用营运速度 v_d 和货运生产率 W_p 的计算公式,可以得到货运汽车运输成本 S_g 的表达式为:

$$S_g = \frac{1}{q_0 \gamma \beta} \left[C_c + \frac{C_f (L_1 + \beta \cdot v_t \cdot T_s)}{v_t L_1} \right] \quad (元/t \cdot km)$$

2. 客运汽车的运输成本

用与上述计算货运汽车成本相类似的方法,可以求得客运汽车运输成本 S_b 的计算公式为:

$$S_b = \frac{1}{q_0 \gamma \beta} \left[C_c + \frac{C_f (L_n + \beta v_t T_s)}{v_t L_n} \right] \quad (元/t \cdot km)$$

3. 出租客运汽车的运输成本

对于出租客运汽车,其运输成本可以按照每公里收费里程和每小时收费停歇时间来确定。折算到每公里收费里程的变动费用 S_c(元/km)固定费用 S_f(元/km)分别为:

$$S_c = \frac{C_c}{\beta}$$

$$S_f = \frac{C_f}{\beta v_d}$$

式中 C_c——出租汽车每公里行程的变动费用,元/km;
C_f——出租汽车单位工作车时的变动费用,元/h;

营运速度 v_d 可表示为:

$$v_d = \frac{L}{T_d} = \frac{L_g v_t}{L_g + (T_g + T_n) \beta v_t} \quad (km/h)$$

由此可以计算出以单位收费里程表示的出租客运汽车运输成本 S_1 为:

$$S_1 = \frac{1}{\beta} \left\{ C_c + \frac{C_f [L_g + \beta v_t (T_g + T_n)]}{v_t L_g} \right\} \quad (元/km)$$

出租汽车按照每小时收费停歇时间的运输成本计算公式推导过程与以上类似。

10.4.3 使用因素对汽车运输成本的影响

上述公式不仅可以计算汽车的运输成本,还建立了反映汽车运输经营效果的综合性指标,即汽车运输成本与汽车运输使用因素间的关系。通过分析各使用因素对汽车运输成本的影响特性和影响程度,找到降低汽车运输成本的有效措施。

按照和绘制汽车生产率特性图相同的方法绘制汽车运输成本特性图,如图 10-3 所示。

图 10-3 中,直线 A—A 表示当前运输成本的值,与某曲线的交点所对应的横坐标数值,为相应使用因素的当前值;直线 B—B 表示希望实现的运输成本的值,与某曲线的交点所对应的横坐标数值,表示在其他使用因素的当前值保持不变的前提下,为实现运输成本目标所研究的使用因素应达到的值。这就为确定降低汽车运输成本的措施提供了依据。

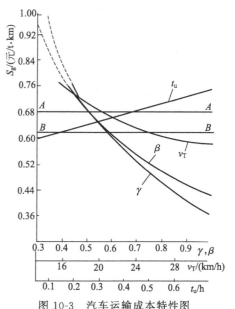

图 10-3 汽车运输成本特性图

从图 10-3 中可以看出，各使用因素对运输成本的影响程度按照以下顺序由大到小排列：载重利用率 γ、行程利用率 β、装卸停歇时间 T_s 和车辆技术速度 v_t。由此可见，提高载重利用率 γ 和行程利用率 β 比缩短停歇车时 T_s 更能够减低运输成本，是降低运输成本的最为有效的措施。

10.4.4 降低汽车运输成本的途径

① 提高公路等级。这是降低汽车运输成本的有效途径。

② 提高汽车的技术性能，大力发展大吨（座）位汽车，是降低汽车运输成本的有力措施。

③ 改善经营管理是降低汽车运输成本的重要途径。提高劳动生产率，力求以最少的人力消耗完成最多的运输任务；优化运输生产结构、提高运输效率，充分发挥汽车运用的效能；强化经营管理，节约各项物质消耗；大力开展技术革新，逐步采用先进技术，提高运输生产率。

小　　结

1. 说明汽车利用程度的评价指标；学习提高汽车利用程度的方法。
2. 说明汽车运输成本的组成。掌握降低汽车运输成本的途径。

思考与练习

一、填空题

1. 汽车运输工作过程的主要环节包括　　　　、　　　　、　　　　和　　　　。
2. 汽车运输效果统计指标有　　　　、　　　　、　　　　、　　　　、车日、　　　　和　　　　。

二、问答题

1. 评价汽车利用程度的指标主要有哪些？
2. 试分析使用因素对汽车运输生产率的影响。
3. 从哪几个方面可以降低汽车的运输成本？

参 考 文 献

[1] 张永杰.汽车运用基础.第2版.北京：电子工业出版社，2008.
[2] 陈焕江.汽车运用基础.第2版.北京：机械工业出版社，2008.
[3] 高延龄.汽车运用工程.第3版.北京：人民交通出版社，2004.
[4] 雷琼江.汽车使用与技术管理.北京：人民交通出版社，2009.
[5] 王海林，迟瑞娟.汽车运用技术.北京：北京理工大学出版社，2007.
[6] 赵英君.汽车性能检测.北京：科学出版社，2009.
[7] 余志生.汽车理论.北京：机械工业出版社，2000.
[8] 戴良鸿.汽车使用与日常维护.上海：复旦大学出版社，2007.
[9] 陈家瑞.汽车构造.第3版.北京：人民交通出版社，2007.
[10] 方锡邦.汽车检测技术.合肥：安徽科学技术出版社，2000.
[11] 马勇智，汪贵行.汽车检测技师培训教材.北京：人民交通出版社，2003.
[12] 代汝泉.汽车运行性能.北京：国防工业出版社，2003.
[13] 浦维达.汽车技术基础.上海：上海交通大学出版社，2008.
[14] 姜立标，张黎骅.汽车运用工程基础.北京：北京大学出版社，2008.
[15] 陈曙红.汽车环境污染与控制.北京：人民交通出版社，2005.
[16] 万海军.汽车使用性能与检测.北京：中国劳动社会保障出版社，2008.
[17] 扶爱民.汽车运用基础.北京：电子工业出版社，2005.
[18] 黄俊平.汽车性能与使用.北京：机械工业出版社，2005.
[19] 杨柏青，王凤军.汽车使用与技术管理.北京：北京大学出版社，2005.
[20] 边伟.汽车使用与技术管理.西安：西安电子科技大学出版社，2007.
[21] 鲍贤俊.汽车维修业务管理.北京：人民交通出版社，2005.
[22] 王一斐.汽车维修企业管理.北京：机械工业出版社，2008.
[23] 祁翠琴.汽车维修业务管理.北京：高等教育出版社，2007.
[24] 沈树盛，安国庆.汽车维修企业管理.北京：人民交通出版社，2008.
[25] 熊永森.汽车后服务管理.北京：化学工业出版社，2010.
[26] 熊永森.汽车后养护.北京：科学出版社，2009.
[27] 丁卓.汽车售后服务管理.北京：机械工业出版社，2007.
[28] 栾琪文.现代汽车维修企业管理实务.北京：机械工业出版社，2005.
[29] 梁军.汽车保险与理赔.北京：人民交通出版社，2007.
[30] 祁翠琴.汽车保险与理赔.北京：机械工业出版社，2010.
[31] 董恩国.汽车保险与理赔.北京：清华大学出版社，2009.
[32] 张铠锋.汽车保险与理赔.北京：科学出版社，2007.
[33] 王伟.机动车辆保险与理赔实务.北京：人民交通出版社，2004.
[34] 曾娟.机动车辆保险与理赔实务.北京：电子工业出版社，2005.
[35] 王云鹏，鹿应荣.车辆保险与理赔.北京：机械工业出版社，2003.